Wissenschaftlicher Beirat beim
Bundesministerium für Wirtschaft und Technologie

Gutachten vom Januar 2007 bis November 2011

Der Wissenschaftliche Beirat beim Bundesministerium für Wirtschaft und Technologie

18. Band

Gutachten vom Januar 2007 bis November 2011

Herausgegeben vom Bundesministerium für Wirtschaft und Technologie

Lucius & Lucius Stuttgart, 2013

Bisher erschienen folgende Einzelbände:

1. Band: Gutachten 1948 bis Mai 1950
2. Band: Gutachten vom Juni 1950 bis November 1952
3. Band: Gutachten vom Dezember 1952 bis November 1954
4. Band: Gutachten vom Januar 1955 bis Dezember 1956
5. Band: Gutachten vom Januar 1957 bis März 1961
6. Band: Gutachten vom April 1961 bis März 1966
7. Band: Gutachten vom Juni 1966 bis Dezember 1972
8. Band: Gutachten vom März 1973 bis November 1975
9. Band: Gutachten vom November 1976 bis November 1977
10. Band: Gutachten vom Dezember 1978 bis Februar 1980
11. Band: Gutachten vom Januar 1981 bis Juni 1983
12. Band: Gutachten vom Dezember 1984 bis Dezember 1986
13. Band: Gutachten vom Juni 1987 bis März 1990
14. Band: Gutachten vom Juni 1990 bis Juli 1992
15. Band: Gutachten vom August 1994 bis Juni 1997
16. Band: Gutachten vom Februar 1998 bis Juli 2000
17. Band: Gutachten vom Dezember 2000 bis Dezember 2006

(Die Bände 1 bis 14 sind vergriffen)

Bibliografische Information der Deutschen Nationalbibliothek

Die Deutsche Bibliothek verzeichnet diese Publikation in der Deutschen Nationalbibliografie; detaillierte bibliografische Daten sind im Internet über http: / /dnb.ddb.de abrufbar

ISBN 978-3-8282-0550-5

Herausgeber: Bundesministerium für Wirtschaft und Technologie

Gerokstraße 51 · D-70184 Stuttgart · www.luciusverlag.com

Gestaltung: Claudia Rupp, Stuttgart
Druck und Bindung: Rosch-Buch, Scheßlitz
Printed in Germany

Inhaltsverzeichnis

I. Mitglieder des Wissenschaftlichen Beirats beim Bundesministerium für Wirtschaft und Technologie

Professor Dr. Claudia M. Buch	Professor für Wirtschaftstheorie, insbesondere Geld und Währung, an der Eberhard-Karls-Universität Tübingen (Vorsitzende)
Professor Achim Wambach, Ph. D.	Professor für wirtschaftliche Staatswissenschaften an der Universität zu Köln (Stellvertretender Vorsitzender)
Professor Axel Börsch-Supan, Ph. D	Professor für Volkswirtschaftslehre, insbes. Makroökonomik und Wirtschaftspolitik Direktor des Munich Center for the Economics of Aging (MEA) am Max-Planck-Institut für Sozialrecht und Sozialpolitik, München (Vorsitzender vom 1.5.2004–30.4.2008)
Professor Dr. Hermann Albeck	Professor em. für Volkswirtschaftslehre an der Universität Saarbrücken
Professor Dr. Peter Bernholz	Professor em. für Nationalökonomie, insbesondere Geld- und Außenwirtschaft, an der Universität Basel
Professor Dr. Norbert Berthold	Professor für Volkswirtschaftslehre an der Bayerischen Julius-Maximilians-Universität in Würzburg
Professor Dr. Charles B. Blankart	Professor em. für Wirtschaftswissenschaften an der Humboldt-Universität zu Berlin
Professor Dr. Dres. h.c. Knut Borchardt	Professor em. für Wirtschaftsgeschichte und Volkswirtschaftslehre an der Universität München
Professor Dr. Friedrich Breyer	Professor für Volkswirtschaftslehre, insbesondere Wirtschafts- und Sozialpolitik, an der Universität Konstanz
Professor Dr. Ernst Dürr	Professor em. für Volkswirtschaftslehre an der Universität Erlangen-Nürnberg

Professor Dr. Eckhard Janeba	Professor für Volkswirtschaftslehre, insbesondere Finanzwissenschaft und Wirtschaftspolitik an der Universität Mannheim
Professor Dr. Günter Knieps	Direktor des Instituts für Verkehrswissenschaft und Regionalpolitik; Wirtschaftswissenschaftliche Fakultät der Albert-Ludwigs-Universität Freiburg
Professor Dr. Dr. h.c. Wernhard Möschel	Professor em. für Bürgerliches Recht, Handels- und Wirtschaftsrecht an der Universität Tübingen
Professor Dr. Manfred J. M. Neumann	Professor em. für Wirtschaftliche Staatswissenschaften, insbesondere Wirtschaftspolitik, an der Universität Bonn
Professor Dr. Manfred Neumann	Professor em. für Volkswirtschaftslehre an der Universität Erlangen-Nürnberg
Professor Dr. Axel Ockenfels	Professor für Wirtschaftliche Staatswissenschaften Staatswissenschaftliches Seminar an der Universität zu Köln
Professor Regina T. Riphahn, Ph.D.	Professorin für Statistik und empirische Wirtschaftsforschung, an der Universität Erlangen-Nürnberg
Professor Dr. Albrecht Ritschl	Professor für Wirtschaftsgeschichte an der London School of Economics
Professor Dr. Dr. h.c. mult. Helmut Schlesinger	Präsident der Deutschen Bundesbank i.R. Honorarprofessor an der Deutschen Universität für Verwaltungswissenschaften Speyer
Professor Dr. Monika Schnitzer	Professor für Volkswirtschaftslehre an der Ludwig-Maximilians-Universität München
Professor Dr. Dr. h.c. Horst Siebert	Präsident des Instituts für Weltwirtschaft i.R. Professor em. für Theoretische Volkswirtschaftslehre an der Universität Kiel (verstorben 02.06.2009)

Professor Dr. Olaf Sievert	Präsident der Landeszentralbank in den Freistaaten Sachsen und Thüringen, Leipzig i.R. Honorarprofessor an der Universität des Saarlandes
Professor Dr. Dr. h.c. Hans-Werner Sinn	Präsident des Ifo-Instituts München Professor für Nationalökonomie und Finanzwissenschaft an der Universität München
Professor Dr. Manfred E. Streit	Professor em. Wissenschaftliches Mitglied des Max-Planck-Instituts zur Erforschung von Wirtschaftssystemen in Jena (Mitgliedschaft endete 04.05.2009)
Professor Dr. Roland Vaubel	Professor für Volkswirtschaftslehre an der Universität Mannheim
Professor Dr. Christian Watrin	Professor em. für wirtschaftliche Staatswissenschaften an der Universität Köln
Professor Dr. Ludger Wößmann	Professor für Volkswirtschaftslehre insb. Bildungsökonomik an der Ludwig-Maximilians-Universität München Bereichsleiter, Humankapital und Innovation ifo Institut für Wirtschaftsforschung, München
Professor Dr. Carl Christian von Weizsäcker	Professor em. für Volkswirtschaftslehre an der Universität zu Köln
Professor Dr. Dr. h.c. mult. Hans F. Zacher	Professor em. für öffentliches Recht an der Universität München, em. Wissenschaftliches Mitglied des Max-Planck-Instituts für Sozialrecht und Sozialpolitik in München

Ruhende Mitgliedschaften

Professor Dr. Dr. h.c. mult. Wolfgang Franz	Professor für Volkswirtschaftslehre an der Universität Mannheim Präsident des Zentrums für Europäische Wirtschaftsforschung Mannheim
Professor Dr. Eberhard Wille	Professor für Volkswirtschaftslehre und Finanzwissenschaft an der Universität Mannheim

II. Vorwort des Bundesministers für Wirtschaft und Technologie

Der 18. Band der Gutachten und Briefe des Wissenschaftlichen Beirats beim Bundesministerium für Wirtschaft und Technologie fasst Expertisen aus den Jahren 2007 bis 2011 zusammen. Zwei zentrale Themen prägen diese Zeit: Die Finanzmarkt- und Wirtschaftskrise 2008/09 hat die wirtschaftliche Entwicklung weltweit erschüttert; Deutschland war aufgrund seiner internationalen Verflechtungen von dieser Krise besonders betroffen. In jüngerer Zeit wird das Vertrauen in eine stabile europäische Währung auf die Probe gestellt; es gilt nun, Europa zu einer Stabilitätsunion mit gemeinsamen Werten und glaubwürdigen Regeln zu machen.

In diesen Zeiten ist es die größte Herausforderung für die Wirtschaftspolitik, nicht mit kurzfristigen Strohfeuer-Programmen auf Krisen zu reagieren, sondern deren strukturelle Ursachen nachhaltig anzugehen. Die im vorliegenden Band zusammengefassten Expertisen des Wissenschaftlichen Beirats sind von diesem Ansatz geprägt. So setzte sich der Wissenschaftliche Beirat bereits seit dem Jahr 2008 in mehreren Briefen und einem ausführlichen Gutachten mit der Neuordnung des Banken- und Finanzsystems auseinander. Seine Botschaft ist eindeutig: Das Vertrauen in einen funktionsfähigen Banken- und Finanzsektor kann nur gefestigt werden, wenn die bewährten Grundsätze der Ordnungspolitik stärkere Anwendung finden. Viele der in den Expertisen des Wissenschaftlichen Beirats angesprochenen Lösungsvorschläge – beispielsweise die Erhöhung der Eigenkapitalbasis der Banken, damit das Eigenkapital seine Haftungsfunktion besser übernehmen kann, oder eine stärkere persönliche Haftung der Verantwortlichen in Leitungs- und Aufsichtsgremien – wurden inzwischen aufgegriffen und durch eine deutlich verbesserte Bankenregulierung auf nationaler und internationaler Ebene angegangen.

Mit dem Gutachten „Realwirtschaftliche Weichenstellungen für einen stabilen Euro“ aus dem Jahr 2011 hat der Beirat eindrucksvoll aufgezeigt, dass die europäischen Länder – trotz aller Zweifel – das Potenzial für eine gemeinsame Währungsunion haben. Voraussetzung für die Stabilität dieser Währungsunion aber ist, dass sich alle Länder an gemeinsame Werte und Spielregeln halten. Sie müssen übermäßige Verschuldung vermeiden und strenge Sanktionen akzeptieren, wenn sie haushaltspolitische Kriterien verletzen. Insbesondere die Länder, die Defizite bei ihrer Wettbewerbsfähigkeit haben, müssen zudem weit reichende Strukturreformen auf Arbeits- und Produktmärkten angehen. Was eine europäische Währungsunion dagegen für ein Funktionieren nicht braucht, ist der Ausbau fiskalischer Transfersysteme.

Auch Deutschland steht immer wieder vor der Aufgabe, die Grundlagen für Wachstum und Wohlstand zu verbessern. Der Wissenschaftliche Beirat hat in den vergangenen sechs Jahren hierzu wertvolle Hinweise gegeben, die in Politik und Öffentlichkeit intensiv, teilweise auch kontrovers diskutiert wurden. Dazu gehören beispielsweise die Briefe über das Europäische System des Handels von CO_2-Emissionen aus dem Jahr 2009 und über die Novelle des Erneuerbare-Energien-Gesetzes aus dem Jahr 2011. Beim Aufgreifen solch aktueller, kontroverser Themen zahlt sich in ganz besonderer Weise die Unabhängigkeit des Wissenschaftlichen Beirates beim Bundesministerium für Wirtschaft und Technologie aus.

Die Anwendung der ordnungspolitischen Prinzipien auf aktuelle Fragestellungen – sei es die Regulierung des Bankensektors oder die Energiewende in Deutschland – ist für mich das herausragende Kennzeichen aller Expertisen des Wissenschaftlichen Beirats. Umso entscheidender ist, stets für diese Grundsätze zu werben. Der Wissenschaftliche Beirat fragt in einem Gutachten aus dem Jahr 2009 nach der „Akzeptanz der Marktwirtschaft“. Er stellt fest, dass die Zustimmung zu unserem Wirtschaftssystem im Zuge der weltweiten Wirtschafts- und Finanzkrise 2008/09 weiter abgenommen hat. Hierin sehe ich eine große Herausforderung unserer Zeit.

Ich danke den Mitgliedern des Beirats und insbesondere den beiden in den Jahren von 2007 bis 2011 amtierenden Vorsitzenden, Professor Axel Börsch-Supan (von 2004 bis 2008) und Professor Claudia Buch (von 2008 bis 2012), für ihr großes Engagement.

Berlin, im September 2012

Dr. Philipp Rösler
Bundesminister für Wirtschaft und Technologie

III. Gutachten vom Januar 2007 bis November 2011

Brief an den Bundesminister für Wirtschaft und Technologie Michael Glos vom 20. Januar 2007

Thema: Gesundheitsreformgesetz

Sehr geehrter Herr Bundesminister,

im Februar 2007 soll der Deutsche Bundestag das Gesundheitsreformgesetz verabschieden. Es trägt den Titel „Wettbewerbsstärkungsgesetz“. Gleichzeitig wird jedoch deutlich, dass jene Gesetze, welche die Funktionsfähigkeit des Wettbewerbs schützen sollen, nämlich das Gesetz gegen Wettbewerbsbeschränkungen (GWB) und das Gesetz gegen den Unlauteren Wettbewerb (UWG), auf das Verhalten der gesetzlichen Krankenkassen nicht mehr anwendbar sind. Der Beirat warnt eindringlich vor dieser Schutzlücke.

Im Jahre 2000 hatte der deutsche Gesetzgeber § 69 Sozialgesetzbuch V verabschiedet. Danach sollten die Rechtsbeziehungen zwischen den gesetzlichen Krankenkassen und den Leistungserbringern (wie zum Beispiel den Arzneimittelherstellern, Apothekern, Ärzten und Krankenhäusern) sich ausschließlich nach öffentlichem Recht richten. In einem Urteil vom März 2006 hat das oberste Gericht in Zivilsachen, der Bundesgerichtshof, endgültig entschieden: § 69 SGB V enthält nicht lediglich eine Rechtswegezuweisung an die Sozialgerichte, sondern eine echte Bereichsausnahme von GWB und UWG. Diese Gesetze hindern gesetzliche Krankenkassen nicht mehr daran, im Bereich der Einzelverträge Kartelle zu bilden, Leistungserbringer zu diskriminieren, die Zugänge zum Markt zu sperren oder sonst unlauteren Wettbewerb zu treiben.

Zur gleichen Zeit fiel auch der Schutz des Wettbewerbs durch die Regeln des europäischen Gemeinschaftsrechts weg. Abweichend von den sonst beachteten methodischen Standards entschied der Gerichtshof der Europäischen Gemeinschaften: Gesetzliche Krankenkassen in Deutschland sind nicht nur im Aktivgeschäft mit ihren Versicherungsnehmern keine Unternehmen, sondern auch bei ihrer Beschaffungstätigkeit gegenüber den Leistungserbringern. Sie fallen damit mangels Unternehmenseigenschaft weder unter das Kartellverbot noch unter das Missbrauchsverbot der Artikel 81 und 82 des EG-Vertrages. Auf die Anwendung dieser Vorschriften hat der deutsche Gesetzgeber keinen Einfluss.

Damit ist eine Schutzlücke entstanden. Die beabsichtigte Gesundheitsreform 2007 soll die Wettbewerbskräfte innerhalb des deutschen Gesundheitssystem stärken; die einschlägigen Gesetze zum Schutz des Wettbewerbs sind jedoch auf nationaler wie auf gemeinschaftsrechtlicher Ebene für die gesetzlichen Krankenkassen außer Kraft gesetzt.

Überdies sieht das Reformgesetz von 2007 vor, dass die gesetzlichen Krankenkassen Leistungen grundsätzlich im Wege von Ausschreibungen beschaffen sollen. Die Absicht, die Kosten des deutschen Gesundheitswesens mittels Ausschreibungen im Griff zu halten, ist gewiss begrüßenswert. Die Nichtanwendbarkeit der Wettbewerbsgesetze führt jedoch zu dem großen Risiko, dass durch die Art des Verfahrens monopolistische Strukturen auf der Anbieterseite befördert werden. Es würden dann kurzfristige Kostenvorteile mit langfristig kostentreibenden Strukturnachteilen erkauft.

Wir halten aufgrund dieser Schutzlücke Ihr Einschreiten für unerlässlich:

- Die wettbewerbspolitisch beste Lösung wäre es, § 69 SGB V ersatzlos zu streichen.
- Helfen würde auch eine Klarstellung durch den Gesetzgeber, dass die Norm, falls man an ihr festhalten will, lediglich eine Zuweisung des Rechtsweges an die Sozialgerichte enthält und keine Bereichsausnahme von den Wettbewerbsgesetzen.
- Nicht zu empfehlen wäre der Versuch, für die erwähnten Ausschreibungen der Kassen ein Sonderkartellrecht zu schaffen.

Sehr geehrter Herr Minister: Ihr Ministerium hat innerhalb der Bundesregierung die Zuständigkeit für Novellierungen des GWB. Es verteidigt insoweit eine stolze Tradition. Der hier geschilderte Rechtszustand bedarf dringend einer Korrektur: Er steht in krassem Widerspruch zum Anspruch eines „Wettbewerbsstärkungsgesetzes“ und der Absicht, auch langfristig im Gesundheitswesen die Kosten zu senken.

Mit stets freundlichen Grüßen
verbleibe ich Ihr

Prof. Axel Börsch-Supan, Ph. D.

Vorsitzender des Beirats

Gutachten vom 24. März 2007

Thema: Patentschutz und Innovation

Der Wissenschaftliche Beirat beim Bundesministerium für Wirtschaft und Technologie hat sich in mehreren Sitzungen, zuletzt am 24. März 2007, mit dem Thema

„Patentschutz und Innovation"

befasst und ist dabei zu der nachfolgenden Stellungnahme gelangt.

I. Anlass des Gutachtens

Patente haben Konjunktur. Sie sind kein trockenes Thema mehr, das allenfalls ein paar technische Spezialisten interessiert. Wirtschaftspolitiker werden nicht müde, Patentstatistiken zu zitieren und intellektuelles Eigentum als Baustein der Wissenschaftsgesellschaft zu rühmen. In Beiträgen zur Managementliteratur werden Patente zu bisher unerkannten Rembrandt-Gemälden hochstilisiert, deren Entdeckung Unternehmen Millioneneinnahmen verspricht.[1] Mehr Patente werden zum Rezept für mehr Innovation. Und wer ist schon gegen mehr Innovation?

Patente haben in den letzten Jahren in der öffentlichen Diskussion hauptsächlich aus zwei Gründen Aufmerksamkeit gefunden. Zum einen wird häufig auf die Verletzung der Schutzrechte deutscher Unternehmen in anderen Ländern (namentlich China) verwiesen. Zum anderen ist – insbesondere im Kontext der Diskussion um Patentschutz für Software – auf die potenziell innovationshemmende Wirkung von Patenten hingewiesen worden.[2]

Beide Sorgen bedürfen einer detaillierten Betrachtung. Es ist richtig, dass Imitation Innovationsanreize senken kann. Es besteht in der Tat die Gefahr, dass deutsche Unternehmen (und insbesondere Mittelständler), die sich in China oder anderen Ländern schneller Imitation ausgesetzt sehen, ihre Innovationsbemühungen einschränken werden. Dieses Problems nimmt sich die Politik bevorzugt an, und Patentschutz wird als Teil einer Lösung des Problems verstanden. Hierbei wird Wissen als öffentliches Gut betrachtet, dessen Bereitstellung aufgrund der Möglichkeit der Imitation nicht ausreichend erfolgt. Die Rechtsordnung beantwortet diesen Sachverhalt mit der Schaffung eines Ausschlussrechts: der imitative Wettbewerb wird beschränkt, um innovativen Wettbewerb zu

1 Vgl. „Rembrandts in the Attic" von Rivette/Kline (2000).

2 Dies war vor allem ein Anliegen der Open-Source-Bewegung. Sie hat auf die Gefahr von „Trivialpatenten" aufmerksam gemacht.

befördern. Der Konflikt zwischen *underproduction* im Falle fehlenden Schutzes und *underutilization* im Falle vorhandenen Schutzes wird im Grundsatz zugunsten der Wissensproduktion aufgelöst. In welchem Umfang solche Ausschlussrechte tatsächlich diese Leistung erbringen, ist bis heute eine hochkontrovers gebliebene Frage. Sie wird sich nicht für alle Zeiten, für alle Rechts- und Wirtschaftsordnungen, für alle Branchen, für alle gewerblichen Schutzrechte einheitlich beantworten lassen.

Den Vorteilen von Patenten – die Korrektur eines Mangels an Ausschlussrechten, der gesamtwirtschaftlich für zu geringe Innovationsanreize sorgt – stehen aber Kosten gegenüber. Mit den vom Staat erteilten Ausschlussrechten kann Wettbewerb auch missbräuchlich behindert werden. Produktive, auch weitere innovative Tätigkeiten können ganz unterbleiben, weil es nicht gelingt, Lizenzen für alle patentierten Elemente zu erwerben, die für die Leistungserbringung erforderlich sind. Wenn missbräuchliche Nutzungen nicht verhindert werden, können die volkswirtschaftlichen Kosten der Patente deren Nutzen überwiegen. Der Beirat wendet sich in diesem Gutachten primär dieser zweiten, von der Politik häufig übersehenen Frage zu und gibt Empfehlungen, wie die innovationsfördernde Wirkung des Patentsystems erhalten und gestärkt werden kann.

Patente sind heute ein wichtiger Bestandteil des Wirtschaftslebens geworden. Der Beirat diskutiert ihr Für und Wider nicht, als stünde ihre völlige Abschaffung zur Debatte. Der Beirat mahnt jedoch an, dass jede Ausweitung des Patentsystems sehr sorgfältig zu prüfen ist, denn die Dichte von Schutzrechten kann exzessiv werden.[3] Vor allem darf das Patentsystem nicht in ein Instrument des *allgemeinen* Investitionsschutzes umfunktioniert werden.[4] Für eine mehr oder minder schleichende Ausweitung des Patentsystems gibt es gute empirische Belege, die im Gutachten vorgestellt werden. Zu den hier diskutierten Fehlentwicklungen gehören das starke Wachstum der Patentanmeldungen und -erteilungen bei

3 Vgl. das Beiratsgutachten *Mehr Vertragsfreiheit, geringere Regulierungsdichte, weniger Bürokratie*. (http://www.bmwi.de/BMWi/Navigation/Service/publikationen,did=177992.html).

4 Ähnliches kann über andere Schutzrechte gesagt werden. Ein interessantes Beispiel einer übermäßig optimistischen Einschätzung von Schutzrechten durch die Politik ist die Direktive zum Schutz von Datenbanken. Im Jahr 1996 unternahm die Europäische Union den ungewöhnlichen Schritt, eine völlig neue Art von Schutzrechten zu schaffen (vgl. Directive 96/9/EC of the European Parliament and of the Council of 11 March 1996). Die Einführung erfolgte in großer Eile und ohne jegliche wissenschaftliche Analyse, die einen innovationsfördernden Effekt der neuen Schutzrechte nahegelegt hätte. Sämtliche Untersuchungen, die bisher den Einfluss der Direktive auf die Schaffung von Datenbanken betrachtet haben, kommen zu einer negativen Einschätzung ihrer Wirkung.

gleichzeitig relativ geringem Zuwachs der FuE-Aufwendungen; die sinkende Qualität der Patentanmeldungen; die immer stärker werdende Vernetzung von Patentrechten, die zu sogenannten Patentdickichten führt; sowie das Nachlassen der Qualitätskontrolle durch die Einspruchsmechanismen an den Patentämtern. Der Beirat hält diese Entwicklungen für steuerbar, da Wirtschaftspolitik und Patentämter über vielfältige Möglichkeiten verfügen, auf das Verhalten der Beteiligten Einfluss zu nehmen. Daher spricht sich der Beirat dafür aus, die beschriebenen Entwicklungen zu unterbinden und wo nötig rückgängig zu machen. Ein ausuferndes Patentsystem würde nach Auffassung des Beirats Innovation und Wettbewerb in Europa behindern; in den USA kann man diese Wirkung bereits beobachten.

Im Gutachten stehen die Probleme des Europäischen Patentsystems im Vordergrund, da rein nationale Entwicklungen in diesem Feld zunehmend von koordinierten europäischen Verfahren und Institutionen abgelöst werden. *Adressaten dieses Gutachtens* sind somit nicht ausschließlich die deutsche Wirtschaftspolitik, sondern alle europäischen Institutionen, die maßgeblichen Einfluss auf die Gestaltung des Europäischen Patentsystems ausüben. Der Beirat erinnert daran, dass das gesamtwirtschaftliche Ziel des Patentsystems – die Förderung von Innovationen – im Vordergrund stehen sollte.

II. Zentrale Elemente von Patentsystemen

Ein Patent erlaubt es seinem Inhaber, andere Parteien von der Nutzung des patentierten Gegenstandes auszuschließen. Dieses Ausschlussrecht gilt grundsätzlich nur territorial – um Schutz in einem bestimmten Land zu erhalten, wird ein Patent eines zuständigen Patentamtes benötigt. In der Regel werden Anmelder Patentrechte zunächst bei einem nationalen Patentamt beantragen. Innerhalb des ersten Jahres nach der Erstanmeldung (des Prioritätsjahres) kann eine Patentanmeldung an andere nationale oder regionale Ämter weitergeleitet werden. Das Europäische Patentamt (EPA) bietet Patentanmeldern seit 1978 ein harmonisiertes Anmelde- und Prüfungsverfahren für die Länder an, die dem Europäischen Patentübereinkommen (EPÜ) beigetreten sind. Sofern das EPA das Patent gewährt, hat der Anmelder das Recht, es in den von ihm benannten EPÜ-Ländern in Kraft treten zu lassen.[5] Nationale Patentan-

[5] Ein großer Teil der beim EPA eingehenden Anmeldungen wird zum Ende des Prioritätsjahres eingereicht, nachdem zuvor eine nationale Erstanmeldung erfolgt ist. Die Publikation der Anmeldung und des Rechercheberichts des EPA erfolgt 18 Monate nach Prioritätsdatum, somit meist etwa 6 Monate nach Anmeldung am EPA.

meldungen können innerhalb des Prioritätsjahres auch unter dem Patent Cooperation Treaty (PCT) beim World Intellectual Property Institute (WIPO) eingereicht werden. Die Anmelder können dann innerhalb von 30 Monaten nach dem Prioritätsdatum diejenigen PCT-Staaten benennen, in denen sie Patentschutz beantragen wollen. Zu diesem Zeitpunkt tritt die Patentanmeldung dann in die regionale oder nationale Phase und wird vom jeweiligen Patentamt bearbeitet.

Ein Patent ist nur in seltenen Fällen gleichbedeutend mit einem ökonomischen Monopol, denn für die Erstellung eines bestimmten Produktangebots gibt es häufig mehrere technische Ansätze, die als Substitute verstanden werden können. Jedoch erhöhen Patente regelmäßig die Kosten für Wettbewerber und haben daher eine Schutzwirkung für den Patentinhaber. Schon die Notwendigkeit, Patentrecherchen durchzuführen, um Patentverletzungen zu vermeiden, erhöht die Kosten der Wettbewerber.

Fast alle Patentsysteme sind heutzutage Prüfungssysteme, d. h. die Erteilung des Patentes wird an das Erfüllen bestimmter *inhaltlicher* Kriterien geknüpft. Der Prüfungsvorgang wird von Mitarbeitern des jeweiligen Patentamts vollzogen, wobei sich zwischen diesen Ämtern durchaus unterschiedliche Bewertungen der Patentierbarkeit ergeben können. Die am Europäischen Patentamt anzuwendenden Kriterien der Prüfung lauten i) Neuheit (EPÜ Art. 54), ii) erfinderische Tätigkeit (EPÜ Art. 56) und iii) gewerbliche Anwendbarkeit (EPÜ Art. 57). Eine Erfindung gilt als *neu*, wenn sie nicht zum Stand der Technik gehört. Sie gilt als auf einer *erfinderischen Tätigkeit* beruhend, wenn sie sich für den Fachmann nicht in nahe liegender Weise aus dem Stand der Technik ergibt. Und sie gilt als *gewerblich anwendbar*, wenn ihr Gegenstand auf irgendeinem gewerblichen Gebiet einschließlich der Landwirtschaft hergestellt oder benutzt werden kann.

Das erste und dritte Kriterium lassen sich in der Praxis häufig besonders leicht erfüllen. Das zweite Kriterium, das Vorliegen einer erfinderischen Tätigkeit, wird somit zum oft wichtigsten Kriterium der Prüfung. Vollzogen wird die Prüfung durch einen Vergleich der in der Anmeldung beschriebenen Erfindung mit dem Stand der Technik. Der Stand der Technik wird durch den Prüfer (oder andere Fachexperten) recherchiert und üblicherweise in einem Recherchebericht für Patentanmelder und Öffentlichkeit zusammengefasst. Im Recherchebericht wird auch angegeben, welche Ansprüche der Patentanmeldung durch den Stand der Technik bereits vorweggenommen wurden.

Wichtige Elemente des Patentsystems sind somit i) die Recherche, ii) die eigentliche (materielle) Prüfung, iii) Institutionen zur Überprüfung der Prüfungsentscheidung innerhalb des Patentamtes und iv) die jeweils zu-

Abbildung 1: Vergleich von Elementen der Patentsysteme des EPA und des USPTO

System	Recherche	Prüfung	Kontrollinstanzen	Gerichtssystem
Europäisches Patentamt (EPA)	• Stand der Technik wird von EPA-Personal erstellt • vom Anmelder benannter Stand der Technik wird in geringem Umfang berücksichtigt	• Erteilungswahrscheinlichkeit ca. 67 Prozent • Prüfer oft mit Universitätsausbildung und Promotion • Verfahrensdauer: etwa 4 Jahre	• Einspruch und Beschwerde • p = 7,9 Prozent (historisch) • etwa ein Drittel widerrufen, ein Drittel eingeschränkt	• national fragmentiert • durchschnittliche Kosten ca. € 300.000 • p = 0,9 Prozent
United States Patent and Trademark Office (USPTO)	• Stand der Technik wird hauptsächlich vom Anmelder beschrieben • inflationäre Zahl von Referenzen	• Erteilungswahrscheinlichkeit > 90 Prozent • Prüfer häufig mit Fachhochschulausbildung • Verfahrensdauer: etwa 2–2,5 Jahre	• Re-Examination • p < 0,5 Prozent (historisch) • oft vom Patenteigner selbst initiiert	• durchschnittliche Kosten ca. $4 Mio. • p = 1,1 – 3,2 Prozent • inhaberfreundliche Rechtsprechung

Quelle: eigene Darstellung, Daten aus Hall und Harhoff (2004).

ständigen Gerichte, vor denen Patentverletzungsklagen oder aber Patentnichtigkeitsklagen verhandelt werden. In Abb. 1 werden diese vier Elemente der Patentsysteme in den USA und in Europa dargestellt und hinsichtlich wichtiger Charakteristika miteinander verglichen.

Recherche. Nach Einreichung einer Patentanmeldung an einem nationalen oder dem Europäischen Patentamt[6] erfolgt zunächst eine Prüfung des Patents im Hinblick auf rein formale Kriterien. Danach wird ein Recherchebericht erstellt, der den Stand der Technik zusammenfasst. In den USA hat der Anmelder die Pflicht, den ihm bekannten Stand der Technik anzugeben. Um sich abzusichern, geben Anmelder in den USA relativ umfangreiche Listen von möglichen Beiträgen zum Stand der Technik ab. Teilweise erschweren sie dem Prüfer damit auch die Prüfungsaufgabe und reduzieren die Wahrscheinlichkeit, dass ein der Anmeldung

6 Die meisten Anmeldungen werden direkt am jeweiligen nationalen Amt vorgenommen. Der Anmelder kann dann zunächst den nationalen Recherchebericht abwarten, um dann zu entscheiden, ob eine relativ teure Anmeldung am EPA verfolgt werden soll. Praktiker weisen darauf hin, dass die nationalen Ämter in Europa indirekt mit dem Europäischen Patentamt in Konkurrenz stehen und im Wettbewerb für die Ämter Anreize entstehen, bei der Patentvergabe anmelderfreundlich zu agieren.

schädlicher Stand der Technik entdeckt wird. In Europa sind die Recherchen darauf ausgerichtet, eine relativ knappe Darstellung des Stands der Technik zu erstellen.[7] Hinweise auf existierenden Stand der Technik durch den Anmelder können vom Prüfer aufgenommen werden. Dies geschieht jedoch nur selten (in etwa 7 Prozent aller Fälle). Der Recherchebericht liegt üblicherweise etwa 6 Monate nach Einreichen der Anmeldung am EPA vor.

Prüfung. Am Europäischen Patentamt muss der Anmelder innerhalb von 6 Monaten nach Vorliegen des Rechercheberichts die Prüfung beantragen (EPÜ Art. 94). Tut er dies nicht, weil beispielsweise der Recherchebericht gezeigt hat, dass die Erfindung nicht hinreichend über den Stand der Technik hinausgeht, so gilt die Anmeldung als zurückgezogen. In der eigentlichen Prüfungsphase werden Patentanmeldungen, wie erwähnt daraufhin untersucht, ob die zugrunde liegenden Erfindungen neu sind, einen erfinderischen Schritt vollziehen und gewerblich nutzbar sind. Kritische Ansprüche werden vom Prüfer ggf. aus dem Patent gestrichen oder im Wortlaut verändert. Der „Verhandlungsprozess" zwischen Prüfer und Anmelder kann sehr lange dauern und vom Anmelder hinausgezögert werden, um z. B. Marktentwicklungen in der endgültigen Patentformulierung berücksichtigen zu können. Im Durchschnitt dauert die gesamte Patentbearbeitung (von Anmeldung bis Erteilung bzw. Zurückweisung der Anmeldung) am EPA 4,2 Jahre. Wenn der Prüfer das Patent in der vom Anmelder vorgesehenen Form nicht akzeptiert, kann es zu einer Zurückweisung der Anmeldung kommen, oder der Anmelder zieht seinerseits die Anmeldung zurück. Prüfungen am Europäischen Patentamt sind in den letzten 25 Jahren trotz steigender Anmeldungszahlen mit einer fast konstanten Quote der Patenterteilung verbunden gewesen (etwa 67 Prozent).[8] Damit ist das Europäische Patentamt selektiver als das US-Patentamt, bei dem eine Erteilungsquote von über 90 Prozent besteht.[9, 10]

7 Vgl. Michel/Bettels (2000) für eine Diskussion der unterschiedlichen Vorgehensweisen.

8 Vgl. Harhoff/Wagner (2006).

9 Diese Quote gilt nach Korrektur für sogenannte *continuations*. Im US-amerikanischen Patentsystem haben die Prüfer nur stark eingeschränkte Möglichkeiten, eine Patentanmeldung endgültig zurückzuweisen. Anmelder können eine Verfahrensfortführung (*continuation* oder *continuation in parts)* beantragen, mit der die Patentanmeldung in veränderter Form, aber mit dem Prioritätsdatum der ursprünglichen Anmeldung wieder in den Prüfungsprozess gelangt. Quillen und Webster (2001/2002) machen darauf aufmerksam, dass das USPTO in seinen Statistiken die zurückgezogene Erstanmeldung und die nachfolgenden *continuations* als unabhängige Patentanmeldungen ausgewiesen haben.

10 Vgl. Quillen/Webster (2001/2002).

Kontrollinstanzen. Wie am Deutschen Patent- und Markenamt DPMA beinhaltet das System am Europäischen Patentamt ein Einspruchsverfahren, das es dritten Parteien erlaubt, vom EPA erteilte Patente anzufechten. Dieses Verfahren erlaubt eine nachgelagerte Kontrolle der Patenterteilung. Da das Einspruchsverfahren nicht unerhebliche Kosten (zwischen 5.000€ und 15.000€) für den Angreifer verursacht, werden vornehmlich besonders wichtige Patente angegriffen, deren Wegfall dem Angreifer einen entsprechend hohen Nutzen verspricht.[11] Diese werden dann im Einspruchsverfahren einer intensiven zweiten Prüfung unterzogen. Der gesamtwirtschaftliche Vorteil einer solchermaßen veranlassten Kontrolle sollte nicht gering geschätzt werden. Für wertvolle Patente ist eine genaue Abgrenzung des Patentschutzes besonders wichtig, um Wohlfahrtsverluste zu vermeiden. Von den Angreifern werden häufig Informationen zur Verfügung gestellt, die dem Patentamt bei der ersten Prüfung nicht zugänglich waren. Historisch betrachtet sind knapp 8 Prozent der am EPA gewährten Patente im Einspruchsverfahren angegriffen worden. In manchen Industriezweigen (z. B. Kosmetik, waschaktive Substanzen) liegt die Einspruchshäufigkeit bei über 15 Prozent. Das Verfahren hat spürbare Kontrolleffekte – etwa ein Drittel der angegriffenen Patente wird gänzlich widerrufen, ein weiteres Drittel wird im Schutzumfang eingeschränkt. Diese relativ weit reichenden Korrekturen finden im US-System nicht statt. Zwar existiert eine Kontrollinstanz (*reexamination*), allerdings ist ihre Wirksamkeit stark eingeschränkt.[12] Ein Einspruchsverfahren (*post-grant review*) nach europäischem Vorbild wird derzeit in verschiedenen Reformvorhaben diskutiert.[13] Ein Nachteil des europäischen Einspruchsverfahrens ist jedoch seine Dauer – erstinstanzlich dauert die Klärung des Einspruchs ca. 2 Jahre. Schließt sich eine Beschwerde des Patentinhabers oder des Einsprechenden an, verlängert sich das Verfahren durchschnittlich um weitere 2 Jahre. Für eine schnelle Klärung ist das Verfahren daher oft nicht attraktiv. Zudem wird es immer weniger genutzt (vgl. Abschnitt III). Mit dem Einspruchsverfahren kann ein Angreifer außerdem nur einzelne Patente angreifen. Da Patentanmelder verstärkt dazu übergehen, mehrere relativ ähnliche Patentanmeldungen einzureichen, können sie die Kosten des Einsprechenden durch Aufbau eines Patentportfolios erhöhen.

11 Ein Einspruch gegen eine Patenterteilung stellt für Wettbewerber des Patentinhabers ein öffentliches Gut dar. Einsprüche sind somit mit den üblichen Problemen öffentlicher Güter konfrontiert.

12 Unterschiede zwischen *reexamination* und Einspruchsverfahren werden ausführlich von Graham et al. (2003) dokumentiert und analysiert.

13 Vgl. Hall/Harhoff (2004).

Patentgerichtsbarkeit. Nach der Patenterteilung (und etwaigem Einspruchsverfahren) kann der Anmelder das vom EPA gewährte Patent in den von ihm gewählten EPÜ-Unterzeichnerstaaten validieren und in ein nationales Patentrecht umwandeln lassen. In den jeweiligen Ländern muss für das Aufrechterhalten des Patents eine jährliche Gebühr gezahlt werden, die im Laufe der Zeit ansteigt. Die Aufrechterhaltungsgebühren fließen jeweils zur Hälfte dem nationalen Amt und dem EPA zu. Patentverletzungsfälle müssen vor den nationalen Gerichten geklärt werden. Eine übergeordnete europäische Gerichtsbarkeit mit Zuständigkeit für die vom EPA erteilten Patente gibt es derzeit nicht. Genaue Angaben für die Häufigkeit von Klagen vor nationalen Gerichten gibt es nicht. Schätzungen zufolge liegt die Häufigkeit in Deutschland bei etwa 1 Prozent (bezogen auf die Zahl der gültigen Patente). Die gerichtliche Überprüfung mag auf den ersten Blick nachrangig erscheinen. Immerhin werden ja nur wenige Patente Gegenstand einer Verletzungs- oder Nichtigkeitsklage. Da diese Patente aber häufig besonders wertvoll sind und von den Urteilen Signalwirkungen für andere Patentanmeldungen ausgehen, spielt das Gerichtssystem eine besonders wichtige Rolle.[14]

Diese Beobachtungen haben unter Umständen für die zukünftige Ausgestaltung eines harmonisierten Patentgerichtswesens in Europa Bedeutung. Der Wunsch nach Vereinheitlichung ist an sich verständlich. Das Europäische Patentamt entscheidet zwar einheitlich über die Anmeldungen und – im Wege des Einspruchsverfahrens – über die Gültigkeit der erteilten Patente. Die anschließende gerichtliche Kontrolle im Wege des Nichtigkeitsverfahrens liegt aber bei den Gerichten der Mitgliedstaaten. Deshalb kann es geschehen, dass ein Patent, das das EPA erteilt hat, in einigen Ländern von den Gerichten aufgehoben wird, in anderen Ländern dahingegen Bestand hat.[15]

Für die Analyse der Patentgerichtsbarkeit in den USA sind zwei Aspekte von besonderer Bedeutung. In US-amerikanischen Verfahren trägt jede Seite ihre eigenen Kosten, unabhängig davon, wie der Prozess ausgeht. Außerdem können die Parteien die Kosten der jeweils anderen Seite massiv beeinflussen. Daher ist – ungeachtet der Charakteristika des Streitfalls – eine gütliche Einigung für den Beklagten häufig sinnvoller als ein Durchfechten des Streitfalls. Eine gerichtliche Überprüfung der Gültigkeit der betroffenen Patente findet dann aber nicht mehr statt.

Zweitens sind maßgebliche Entscheidungen, beispielsweise zugunsten der Ausdehnung der Patentierbarkeit auf Software und Geschäftsmo-

14 Vgl. Graham/Harhoff (2005).
15 Vgl. Straus (2000, 405).

delle, durch den United States Court of Appeals for the Federal Circuit erfolgt, der im Jahr 1982 als zentrale Instanz für Berufungsverfahren im Patentbereich geschaffen worden war. Die Entscheidungen dieses Gerichts haben häufig weit reichende Ansprüche von Patentanmeldern und -inhabern unterstützt und so mittelbar die Patenterteilungspraxis des amerikanischen Patentamtes „aufgeweicht".

Diese vergleichenden Betrachtungen legen nahe, dass das europäische Patentsystem gegenüber dem der USA durchaus institutionelle Vorteile aufweist. Kritik richtet sich jedoch auf die besondere Konstruktion des europäischen Patentsystems.[16] Die Europäische Patentorganisation (EPO) ist eine durch das Europäische Patentübereinkommen (EPÜ) geschaffene zwischenstaatliche Organisation. Die Organe der Europäischen Patentorganisation sind das Europäische Patentamt und der Verwaltungsrat. Die EPO hat die Aufgabe, europäische Patente nach dem Europäischen Patentübereinkommen (EPÜ) zu erteilen. Die Aufgabe wird vom Europäischen Patentamt durchgeführt und vom Verwaltungsrat überwacht. Das Europäische Patentübereinkommen spezifiziert die Kriterien für eine Patenterteilung sehr abstrakt. Die Europäische Patentorganisation hat somit erhebliche Freiräume in der Festlegung der tatsächlichen Erteilungspraxis.

Das Europäische Patentamt umfasst u. a. die folgenden Organisationseinheiten: eine Eingangsstelle für die formale Prüfung eingereichter Patentanmeldungen, Rechercheabteilungen für die Ermittlung des Stands der Technik, Prüfungsabteilungen für die Sachprüfung der Anmeldungen, Abteilungen zur Bearbeitung von Einsprüchen gegen Patenterteilungen, eine Rechtsabteilung sowie die technischen und juristischen Beschwerdekammern und eine Große Beschwerdekammer, die über Rechtsfragen entscheidet. Die Beschwerdekammern des Europäischen Patentamts sind Gerichten gleichgestellt und genießen eine gewisse Unabhängigkeit. Das EPA wird von einem Verwaltungsrat überwacht (EPÜ Art. 4 (3)), der das zweite Organ der EPO darstellt und aus den von den Vertragsstaaten Vertretern und deren Stellvertretern besteht (EPÜ Art. 26 (1)). Üblicherweise entsenden die Vertragsstaaten neben Vertretern von Ministerien die Leiter und Präsidenten der jeweiligen nationalen Patentämter in den Verwaltungsrat.

Die durchschnittlichen Kosten[17] für ein direkt am EPA angemeldetes europäisches Patent beliefen sich im Jahr 2005 auf 32.000 €. Davon stellten die Gebühren des EPA mit 4.600 € nur 14 Prozent der Gesamtkosten

16 Vgl. Schneider in STOA (2007), S. 47 ff.

17 Vgl. http://www.european-patent-office.org/epo/new/costs_ep_2005_de.pdf. (letzter Abruf am 27. 3. 2007). Alle Kostenangaben stammen aus dieser Darstellung des EPA.

dar. Die Kosten der Vertretung vor dem EPA beliefen sich auf ca. 31 Prozent der Gesamtkosten, die Validierung in den Vertragsstaaten nach der Erteilung des Patents durch das EPA auf ca. 22 Prozent. Den größten Kostenanteil machten die nationalen Verlängerungsgebühren in den Vertragsstaaten und die verbundenen Anwaltskosten aus – sie betrugen ca. 10.000 € (32 Prozent der Gesamtkosten). Etwa die Hälfte dieser Kosten waren Jahresgebühren, von denen EPA und nationale Ämter jeweils die Hälfte erhalten. Eine europäische Recherche wurde mit einer Gebühr von 690 €, die Prüfung selbst mit 1.430 € belegt. Die Erteilungsgebühr belief sich auf 715 €. Ein Großteil der Einnahmen des Patentamtes ist somit an Erteilung und Verlängerung gekoppelt, die arbeitsintensiven Prozesse von Recherche und Prüfung selbst werden dahingegen aus den nachgelagerten Einnahmen quersubventioniert. Da die im Verwaltungsrat vertretenen Institutionen jeweils die Hälfte der in ihrem Land anfallenden Verlängerungsgebühren vereinnahmen, gibt es auch für die Mitglieder des Verwaltungsrates starke Anreize zugunsten einer erteilungsfreundlichen Patentpolitik.

III. Fehlentwicklungen im Europäischen Patentsystem

Ebenso wie in den Vereinigten Staaten haben Patentanmeldungen und -erteilungen am Europäischen Patentamt sehr viel schneller zugenommen als die FuE-Aufwendungen in den OECD Staaten (vgl. Abb. 2). Zwischen 1990 und 2000 stieg die Zahl der jährlichen Anmeldungen am EPA von 70.955 auf 145.241 (mit einer durchschnittlichen jährlichen Wachstumsrate von 7,4 Prozent), während die realen Aufwendungen für FuE (bezogen auf das Jahr 1995) in den OECD Staaten von $ 398 auf $ 555 Milliarden anstiegen, also mit einem durchschnittlichen jährlichen Wachstum von 3,4 Prozent. Die Zahl der Anmeldungen wächst also mehr als doppelt so schnell wie das Wachstum der FuE-Aufwendungen.[18] Weitere Steigerungen sind für die nächsten Jahre prognostiziert worden.[19] Verschiedene Studien haben gezeigt, dass diese Entwicklung nicht auf eine erhöhte Produktivität im Erfindungsprozess, sondern auf Veränderungen des Verhaltens der Patentanmelder zurückgeht.[20]

18 Die Entwicklung ist teilweise auf die starke Zunahme von Sekundäranmeldungen (innerhalb des Prioritätsjahres) zurückzuführen. Die Zunahme der Patentanmeldungen geht vornehmlich auf große Patentanmelder zurück – so merkt das DPMA in seinem Jahresbericht 2004 an, dass Patentanmelder im Jahr 1994 mindestens 138 Anmeldungen aufweisen mussten, um zu den 50 wichtigsten Patentanmeldern am DPMA zu zählen. Im Jahr 2004 lag der Mindestwert bereits bei 329 Anmeldungen.

19 Vgl. EU Observer, „Europe faces surge in patent applications" (http://euobserver.com/9/22731, letzter Abruf am 15. 3. 2007)

20 Vgl. insbesondere Hall und Ziedonis (2001).

Abbildung 2: FuE in OECD-Ländern und Patentanmeldungen am EPA (1985 = 100)

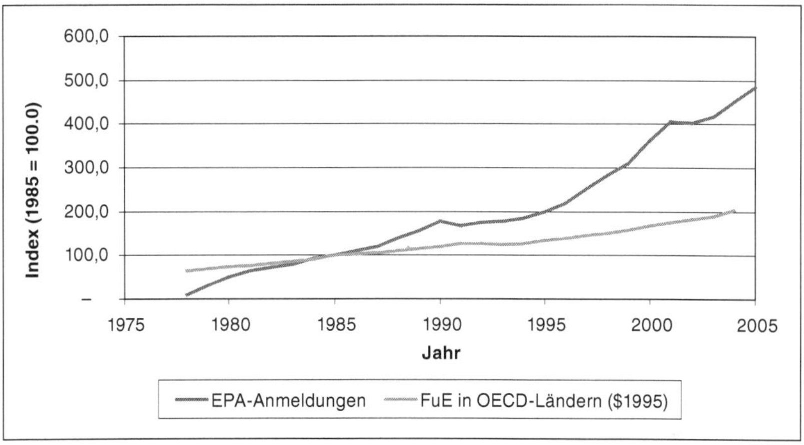

Quelle: EPA Jahresberichte (verschiedene Jahrgänge) sowie eigene Berechnungen auf der Grundlage von EPOLINE-Daten des Europäischen Patentamts.

Abbildung 3: Zahl der Ansprüche nach Anmeldejahr

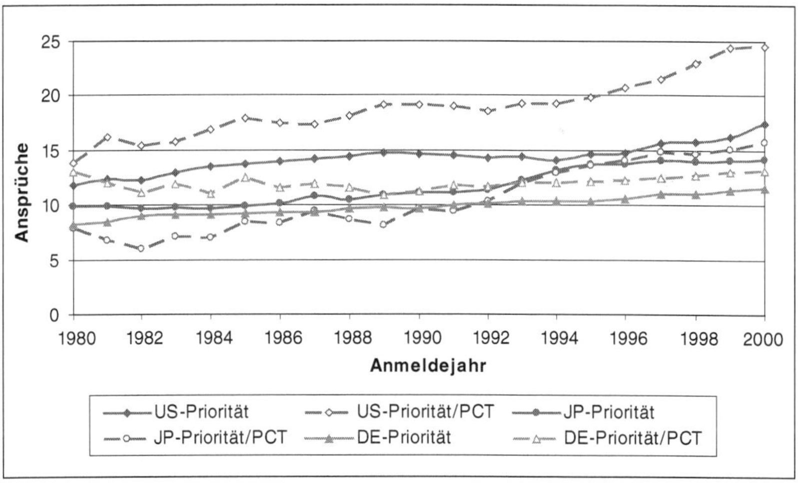

Quelle: eigene Berechnungen auf der Grundlage von EPASYS-Daten des EPA

Parallel zur Zunahme der Zahl der Patentanmeldungen sind diese erheblich komplexer geworden. In den Jahren von 1980 bis 2000 ist die durchschnittliche Zahl der Ansprüche in EPA-Patentanträgen von 10,1 auf 16,9 angewachsen (vgl. Abb. 3). Auch dieser Effekt führt zu einer er-

Abbildung 4: Anmeldungen mit gemeinsam genutzten Prioritäten – Elektrotechnik

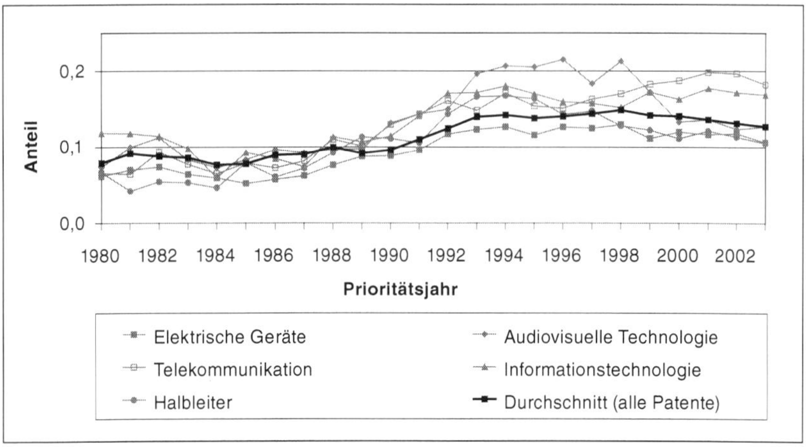

Quelle: eigene Berechnungen auf der Grundlage von Daten aus EPOLINE (www.epoline.org)

Abbildung 5: X-klassifizierte Referenzen nach Anmeldungsjahr

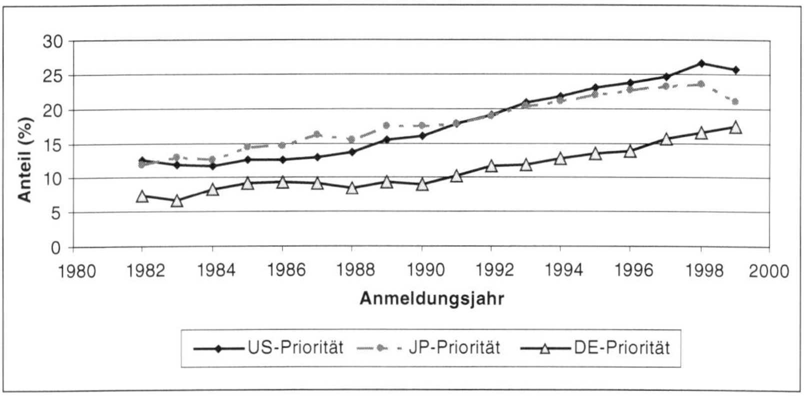

Quelle: eigene Berechnungen auf der Grundlage von Daten aus EPOLINE (www.epoline.org)

heblichen Mehrbelastung der Patentämter.[21] Ein Beispiel für eine systematische Überflutung der Patentämter mit einer extrem hohen Zahl von Ansprüchen wird in Kasten 1 als Fall 1 vorgestellt.

Die eingereichten Anmeldungen sind zunehmend untereinander vernetzt. Anmelder gehen verstärkt dazu über, Bündel von relativ ähnlichen Anmeldungen einzureichen, um ihre Patentportfolios aufzubauen. Während üblicherweise aus einer Prioritätsanmeldung an einem nationalen Patentamt eine Patentanmeldung am EPA abgeleitet wird, ist die Zahl von EPA-Anmeldungen mit Bezug auf eine gemeinsame Priorität stark angestiegen (vgl. Abb. 4). In einigen Industrien (Telekommunikation, Informationstechnologie) beruhen inzwischen fast 20 Prozent der Anmeldungen auf gemeinsamen Prioritäten.[22] Die Beschreibung von Fall 2 im folgenden Kasten erläutert diesen Effekt anhand eines Extrembeispiels. In diesem Beispiel kann der Anmelder mit mehrfachen EPA-Anmeldungen die Kosten eines Angriffs auf sein Patent (bspw. im Einspruchsverfahren) stark erhöhen. Unter Umständen kann er – in der Sprache der Praktiker – ein komplexes „Minenfeld" von sehr ähnlichen Anmeldungen erstellen.

Zudem ist die Qualität der eingehenden Patentanmeldungen gesunken. Im Verlauf der Recherchen am EPA wird ein Maß für die Qualität von Patentanmeldungen generiert. In den Rechercheberichten des EPA werden die Patent- und Nichtpatentdokumente genannt und klassifiziert, die den Stand der Technik beschreiben. Der Anteil der Anmeldungen, denen laut Rechercheberichten wichtiger Stand der Technik entgegensteht, die also von den Prüfern kritisch betrachtet werden, ist kontinuierlich gestiegen (vgl. Abb. 5). Die Qualität der im Patentamt ankommenden Anmeldungen ist also stetig schlechter geworden.[23]

Die tatsächliche Patenterteilungsrate am Europäischen Patentamt, also der Anteil der Patentanmeldungen, die zur Erteilung des Patentschutzes führten, lag im Zeitraum von 1978 bis 1995 (Anmeldejahre) trotz der steigenden Zahl von Anmeldungen und trotz der sinkenden Qualität der An-

21 Eine genaue Beschreibung und Analyse dieser Entwicklung wird von Archontopoulos et al. (2006) vorgelegt.

22 Der in Abb. 4 dargestellte Effekt beruht etwa hälftig auf dem verstärkten Auftreten von sogenannten Teilungsanmeldungen, die im Laufe des Prüfungsverfahrens entstehen, und auf der Zunahme von. Anmeldungen am EPA, die schon zum Anmeldungszeitpunkt auf gemeinsame Prioritäten zurückgehen. Beide Entwicklungen spiegeln strategisches Verhalten der Anmelder wieder.

23 Guellec und Pottelsberghe (2007, 164) kommentieren diese Entwicklung im Detail: „(...) This increase in X and Y citations is probably the consequence of the new patent strategies that consist in inventing around, creating patent thickets (...) which finally end up in a snowball effect: more and more applications are applied with a clear inflation in the number of claims."

Kasten 1 – Extremfälle von Anmeldungsverhalten

Fall 1 – WO2005/051444 A2

Die Anmeldung gehört zu einer Gruppe von 7 PCT-Einreichungen[24], die sich durch eine besonders hohe Zahl von Ansprüchen auszeichnen. Die PCT-Anmeldung WO2005/051444 A2 hat 19.368 Ansprüche, WO 2005/046746 A2 10.247 Ansprüche und WO 2005/046747 A2 1.738 Ansprüche. Alle anderen Anmeldungen in dieser Gruppe haben mehr als 1.000 Ansprüche.

Aufbauend auf den 7 WO/PCT-Anmeldungen, hat der Anmelder mehr als 50 USPTO-Anmeldungen eingereicht. Die Zahl der Ansprüche wurde jeweils massiv reduziert (ca. 100 Ansprüche per USPTO-Anmeldung). Im Fall der Anmeldung US2005/0182468 wurde der Anmelder vom USPTO aufgefordert, eine Gebühr von 1.3 Millionen US$ für zusätzliche Ansprüche zu zahlen. Der Anmelder reduzierte die Zahl der Ansprüche dann von 13,305 auf weniger als 70.

Das EPA hat die Bearbeitung der Anmeldung WO2005/051444 mit einer „no search decision“ abgelehnt. Der Antragsteller kann jedoch die sich aus diesem Antrag ergebenden Prioritätsrechte aufrecht erhalten, bis eine Verringerung der Zahl der Ansprüche erfolgt ist und eine Recherche durch das EPA beginnen kann. Der Antragsteller kann diese Situation ausnutzen, etwa um den Such- und Prüfprozess zu verzögern oder um spätere Teilungen der Anmeldung zu ermöglichen. Außerdem stellt die Anmeldung einen potenziellen Ausgangspunkt für spätere Klagen gegen andere Anmelder oder Wettbewerber dar, die in ihren Anmeldungen einen bestimmten kritischen Anspruch (in 19.368 Ansprüchen verborgen) nicht beachtet oder entdeckt haben.

Fall 2 – US19920991074

In diesem Fall wurden auf der Grundlage der Prioritätsanmeldung US19920991074 (Set Top Terminal for Cable Television Delivery Systems, 91 Ansprüche, 183 Seiten Umfang) am USPTO 7 Anmeldungen am EPA eingereicht, die alle zu einer Patenterteilung führten. Der Anmelder teilte außerdem seine Anmeldungen, was zu 16 weiteren Teilungsanmeldungen führte. Diese Teilungsanmeldungen wurden in drei Fällen wieder geteilt. Insgesamt wurden somit aus einer Prioritätsanmeldung insgesamt 26 EPA-Anmeldungen erzeugt, von denen 18 bisher zu einer Patenterteilung führten.

[24] Vgl. Abschnitt 2 zu PCT-Anmeldungen.

meldungen fast konstant bei ca. 67 Prozent.[25] Kritik an diesen Zahlenverhältnissen kommt nicht nur von Praktikern innerhalb und außerhalb des EPA[26], sondern sogar vom Vorsitzenden des Verwaltungsrats des EPA, der dazu rät, Patentanmeldungen häufiger als bisher zurückzuweisen.[27] Eine aktuelle Studie (Friebel et al. 2006) der Motivationsstrukturen im EPA nennt eine Reihe von Faktoren, die zu Verzerrungen im Entscheidungsverhalten *zugunsten* einer Patentgewährung führen. Dazu gehören ein Mangel an Kontrollen durch Vorgesetzte ebenso sowie die Vernachlässigung des Mehraufwands für ein Zurückweisen der Anmeldung im Controlling des Amtes.[28] Während eine Zurückweisung den Aufwand für die Bearbeitung eines Falles um 70 Prozent erhöht, wird sie in der Leistungsbewertung wie eine weniger arbeitsintensive Patentgewährung behandelt.

Leider können auch die Kontrollinstanzen des EPA diese Effekte nicht vollständig korrigieren. Die Analyse der Häufigkeit von Einspruchsverfahren am EPA zeigt, dass die Zahl der angestrengten Verfahren relativ zur Gesamtzahl der gewährten Patente in den letzten zwanzig Jahren in den meisten Technikfeldern um etwa 50 Prozent gesunken ist (vgl. Abb. 6). Die Häufigkeit von Einsprüchen ist in allen Technikfeldern zurückgegangen. Der Rückgang ist in den Bereichen der Elektro- und Informationstechnik am stärksten ausgeprägt. Die Kontrollfunktion des Einspruchsverfahrens ist also erheblich schwächer geworden. Daraus folgt: die Wirtschaftspolitik kann sich nicht damit beruhigen, dass es ja das Einspruchsverfahren gibt. Wenn unberechtigt ein Patent erteilt worden ist, ist die Wahrscheinlichkeit hoch, dass es bestehen bleibt. Aktuell wurden im Jahr 2003 59.992 Patente durch das EPA gewährt und nur 2.634 Einsprüche eingelegt. Damit war die Einspruchstätigkeit an einem historischen Tiefpunkt angekommen.[29]

25 Eine exakte Ermittlung der Patenterteilungsrate ist schwierig, da die lange Prüfungsdauer am EPA dazu führt, dass für viele Anmeldungen noch kein Prüfungsergebnis vorliegt. Vgl. die ausführliche Darstellung in Guellec und Pottelsberghe (2007, 174).

26 Guellec und Pottelsberghe (2007) ist ein Beitrag aus der Perspektive eines früheren sowie des jetzigen Chefökonomen am EPA. Hagel (2004) bezieht eine kritische Position aus der Sicht eines Anmelders.

27 Interview mit Roland Grossenbacher: "(...) We should grant fewer patents (...). It is about changing a mindset. We have sent out a message that it's good to grant patents but we never speak about the need to reject applications. Examiners need to be more like judges. They are not there simply to grant patents to 'customers'." http://www.managingip.com/includes/magazine/PRINT.asp?SID=648386&ISS=22412&PU.

28 Vgl. Tab. 23 in Friebel et al. (2006) sowie die Ausführungen auf S. 93ff.

29 Die Einspruchshäufigkeit ist in den Folgejahren marginal gestiegen und betrug im Jahr 2004 5.6 % und 2005 5.3 % (Einsprüche bezogen auf die im Zeitraum gewährten Patente). Die erteilten Patente können in den einzelnen EPÜ-Ländern auch noch im

Abbildung 6: Einspruchshäufigkeit nach Technikbereich

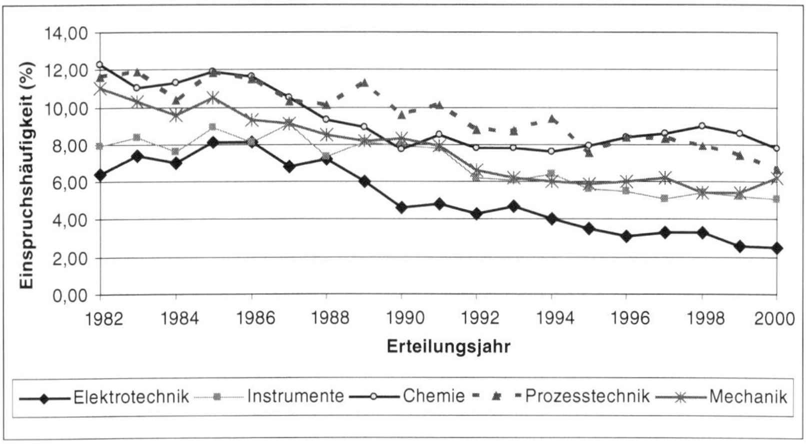

Quelle: eigene Berechnungen auf der Grundlage von Daten aus EPOLINE (www.epoline.org)

IV. Erklärungsansätze

Die beschriebenen Fehlentwicklungen lassen sich zum Teil gut im Licht der modernen theoretischen Literatur interpretieren, selbst wenn zu konstatieren ist, dass eine umfassende theoretische Durchdringung des Patentsystems noch aussteht.[30] Erste modelltheoretische Untersuchungen, die den Ausgleich zwischen statischen und dynamischen Aspekten des Patentschutzes abbilden, sind in den 60er Jahren vorgenommen worden. So zeigt Nordhaus in einem theoretischen Modell, dass die optimale *Dauer* des Patentschutzes von den technologischen Eigenschaften des Forschungsprozesses und den Nachfrageparametern abhängt. In einer kurzen Ergänzung legt Nordhaus auch die Grundlagen für ein vertieftes Verständnis der *Breite* des Schutzumfangs. Dieser Dimension des Patentschutzes wird dann in den 80er Jahren weitere Bedeutung beigemessen. Dabei wird die Überlegung aufgegriffen, dass einige Patente einen sehr

Nichtigkeitsverfahren angegriffen werden. Solche Verfahren sind jedoch um ein Vielfaches teurer als ein Einspruchsverfahren und werden daher seltener initiiert.

30 Das Patentrecht wird gelegentlich mit Argumenten begründet, die auf den Einzelerfinder zugeschnitten sind. Wir vernachlässigen diese Begründungen hier. In der Erfindungswirklichkeit ist das ein seltener Fall. In der Hand eines Einzelerfinders ist ein Monopol recht viel weniger problematisch als in der Hand von Unternehmen. Denn der Einzelerfinder verdient gerade und nur dadurch Geld, dass er die Erfindung als solche kommerzialisiert. Er kann sie normalerweise nicht mit einer Stellung auf Produktmärkten verbinden, die auf der Erfindung aufbauen.

engen Schutzbereich aufweisen, während andere „breite Wirkung“ haben und auch eine Vielzahl technischer Varianten der Erfindung vor Imitation schützen. „Patentbreite“ ist vor allem eine Folge der rechtlichen Ausgestaltung des Patentsystems. Neuartige chemische Substanzen erhalten üblicherweise einen sehr breiten Schutz, wohingegen in vielen Bereichen der Mechanik eine legale Umgehung einer Erfindung (*invent around*) relativ leicht möglich ist. In den meisten Branchen erhöht ein Patent die Kosten der legalen Umgehung nur um einen Bruchteil der Kosten einer eigenen Erfindung.[31] Die von FuE-Managern wahrgenommene Effektivität des Patentschutzes weist erhebliche Variation über Industriezweige auf. Lediglich in der Pharmazeutik und Chemie wird Patentschutz als besonders effektiv angesehen. In den ersten theoretischen Modellen zur Frage der Patentbreite wurde diese mit den Kosten gleichgesetzt, die für eine legale Umgehung eines Patents erforderlich sind. In einer inzwischen sehr umfänglichen Literatur wird die Abwägung zwischen Dauer des Patentschutzes und Patentbreite ausgiebig diskutiert. Breite und kurzlebige Patente empfehlen sich aus theoretischer Sicht, wenn Patentbreite die Innovationsneigung stärker befördert, als die Dauer des Patentschutzes dies tut. Das ist zum Beispiel dann der Fall, wenn ohnehin zu erwarten steht, dass mittelfristig eine neue Technologie zur Verfügung steht, deren Leistungsfähigkeit auch vor Auslaufen des Patentschutzes die patentierte Erfindung dominiert.

Diese Überlegungen gelten aber nur dann, wenn Patentrechte und Erfindungen nicht sequenziell aufeinander aufbauen und keine starken Beziehungen (kontemporär) untereinander aufweisen. In der Innovationsforschung wird ein solches Szenario gelegentlich mit dem Begriff der „diskreten Technologie“ belegt. Als diskrete Technologien werden Bereiche bezeichnet, in denen schon eine Erfindung bzw. ein Patentrecht Grundlage für ein neues Produkt sein kann. Als Beispiel seien pharmazeutische Produkte genannt, die häufig durch wenige Patente (z.B. Stoffpatente auf die molekulare Struktur eines Präparats) geschützt sind. Es gibt derzeit keine Hinweise, dass im Bereich diskreter Technologien besonders schwerwiegende Probleme aufgetreten sind. Diese sind vielmehr mit der intertemporalen und kontemporären Interaktion mehrerer Patentrechte verbunden. Durch das Ineinandergreifen zahlreicher Patentrechte, die in der Hand unterschiedlicher Eigentümer sind, können Transaktionskosten und strategisches Verhalten stärker zur Geltung kommen und negative wirtschaftliche Effekte hervorrufen.

31 Vgl. Levin et al. (1987). Ähnliche Ergebnisse sind mit den Daten der Community Innovation Survey (CIS) für verschiedene europäische Länder nachgewiesen worden. Vgl. Gottschalk et al. (2002).

Die industrieökonomische Literatur[32] hat sich in den 90er Jahren dem wichtigen Problem sequenzieller Erfindungen zugewandt. Erfindungen bauen häufig aufeinander auf – der erste Erfinder auf einem neuen Forschungspfad eröffnet mit seinem Beitrag die Möglichkeit für weitere Verbesserungen und Modifikationen der ursprünglichen Erfindung. Folgeerfindungen oder Anwendungen können aber oft von größerem sozialen Nutzen sein als die Ersterfindung. So ist die „Entzifferung" von Gensequenzen *per se* gesamtwirtschaftlich nur von geringem Interesse, wohingegen ihre Verwendung in neuen Medikamenten großen wirtschaftlichen Nutzen stiften kann. Erhält der Ersterfinder zu starken Patentschutz, so müssen Folgeerfinder Lizenzen für die Nutzung der Ersterfindung erwerben. Wenn Lizenzierung – wie empirisch vielfach beobachtet – mit hohen Transaktionskosten einhergeht, können Folgeerfindungen verzögert auftreten oder ganz ausbleiben. Die optimale Ausgestaltung des Patentschutzes in sequenziellen Prozessen dieser Art wird nach wie vor kontrovers diskutiert.

In vielen Technologien tritt inzwischen das Phänomen auf, dass ein Produkt oder Herstellungsprozess zahlreiche (oft mehrere hundert) Patentrechte nutzt und vielfach auch ungeklärt ist, ob eine Verletzung von Patentrechten eines Rivalen vorliegt oder nicht. Shapiro hat jüngst den Sprachgebrauch der Praxis aufgegriffen und spricht von „Patentdickichten"[33]. In vielen Branchen kann ein Unternehmen am Markt nur bestehen, wenn es strategisch in den Aufbau eines Patentportfolios investiert, um bei Lizenzverhandlungen über Tauschmasse zu verfügen. Selbst staatlich finanzierte Forschungsinstitute gehen manchmal so vor. Die Komplementarität zahlreicher Patentrechte kann zu Hold-up-Situationen führen und aus Sicht der betroffenen Unternehmen defensives Patentieren – den Aufbau umfangreicher Patentportfeuilles – sinnvoll erscheinen lassen, um bei Rechtsstreitigkeiten oder Kreuzlizenzierungsverhandlungen eine attraktive Verhandlungsposition zu erreichen. So werden in der Halbleiterindustrie drohende Konflikte dadurch entschärft, dass sich die wichtigsten Patentinhaber per Kreuzlizenzierung gegenseitig Nutzungsrechte für die Patente der Konkurrenten einräumen. Um Asymmetrien im Umfang und in der Bedeutung der Patentportfeuilles auszugleichen, werden häufig außerdem Lizenzzahlungen vereinbart. Parteien mit einem umfangreichen Patentportfolio können in diesem Prozess darauf hoffen, nur geringe Zahlungen leisten zu müssen oder sogar Lizenzeinnahmen erzielen zu können. Empirische Studien ha-

32 Vgl. zusammenfassend Scotchmer (2004). Eine frühe Analyse sequenzieller Erfindungen wird in von Weizsäcker (1980) vorgenommen.

33 Vgl. Shapiro (2001).

ben gezeigt, dass diese Motivation für die Patentierung in den letzten 20 Jahren erheblich an Bedeutung zugenommen hat.[34]

Eine damit verwandte theoretische Einordnung der Beobachtungen wird von Heller und Eisenberg (1998) vorgenommen. Sie argumentieren, dass das Patentwesen zur Bildung von *anti-commons* geführt hat. Der Begriff bezeichnet eine Situation, in der die Nutzung wertvoller Ressourcen blockiert ist, weil die Zustimmung einzelner Inhaber von Abwehrrechten nicht zu erlangen ist. Dazu kommt es, wenn die einzelnen Elemente zueinander komplementär sind und es für die Elemente keine erschwinglichen oder hinreichend wirksamen Substitute gibt. Vernetzte Patente haben diese Wirkung. Jeder einzelne Inhaber eines Teilrechts hat Verhinderungsmacht. Er kann damit drohen, sein Vetorecht auszuüben, falls er nicht einen besonders großen Teil des Ertrags erhält. Besonders wirksam wird die Drohung, wenn die meisten anderen Teilrechtsinhaber bereits zugestimmt haben. Deshalb hat jeder einen Anreiz, seine Zustimmung so spät wie möglich zu erteilen. Die Entwicklung neuer Technologien wird blockiert.

Es ist festzuhalten, dass schlecht voneinander abgegrenzte Patentrechte sehr hohe Transaktionskosten verursachen können. In diesem Fall können Patentrechte Innovationen massiv behindern. Verkürzt gesprochen kann ein Patentsystem, das auf die Produktion möglichst vieler Patentrechte ausgerichtet ist, seinen zentralen Auftrag – Anreize für Innovation zu stärken – nicht mehr erfüllen. Vielmehr wird es zum Innovationshemmnis.[35] Eine Rückbesinnung auf hohe Qualitätsstandards bei Recherche und Prüfung in den Patentämtern ist daher dringend zu fordern – höhere Anforderungen an die Patentierbarkeit würden die Zahl marginaler Patente – also auf Patente, die auf einem geringen erfinderischen Schritt beruhen – verringern, die Komplexität des Patentdickichts reduzieren und die Nutzung solcher Patente für strategische Zwecke einschränken.

V. Patentdickichte und Wettbewerbspolitik

Aus den oben beschriebenen Entwicklungen ergeben sich auch wichtige Implikationen für die Wettbewerbspolitik. Die Federal Trade Commission (FTC) hat eine detaillierte Untersuchung der Wettbewerbseffekte von Patenten durchgeführt[36]. Die Untersuchung wurde motiviert durch die Beobachtung der US-Wettbewerbsaufsicht, dass intellektuelles Eigentum und Patente in einer zunehmenden Zahl von Wettbewerbsfällen

34 Vgl. Hall und Ziedonis (2001).

35 Eine detaillierte Begründung dieser Zusammenhänge wird in der Studie der Federal Trade Commission (2003) gegeben.

36 Vgl. die Studie der Federal Trade Commission (2003).

eine wichtige Rolle spielten. Das ist nicht verwunderlich. Das Auftreten von Patentdickichten impliziert eine zusätzliche Nachfrage nach Patentrechten und kann – so die FTC-Studie – für Wettbewerb *und* Innovation negative Konsequenzen mit sich bringen. Solange die Patentämter nicht mit rigorosen Prüfungsstandards und einer Senkung der Erteilungswahrscheinlichkeit reagieren, steigt die Nachfrage nach Patentrechten weiter.[37]

Appelle an das Wohlverhalten der Unternehmen richten hier nichts aus. Unternehmen im Wettbewerb müssen ihre Patentierungsstrategie letztlich auf das Verhalten der Rivalen abstimmen. Es wird also keine endogenen Kontrollmechanismen geben, die der Erhöhung der Zahl der Patente bei gleichzeitiger Reduzierung der Qualität Einhalt gebieten können. Gleichzeitig werden die Akteure aber neue Vertragsformen, neue Arrangements, neue Institutionen schaffen, um sich irgendwie in einer Welt der Patentdickichte zu behaupten. Um die Kosten für mögliche Auseinandersetzungen um intellektuelles Eigentum zu begrenzen, werden die Akteure auf kooperative Verhaltensweisen wie Kreuzlizenzierung oder Patentverbünde (*patent pools*) zurückgreifen. Die zunehmende Verwendung dieser Instrumente ist bereits empirisch belegt worden.[38] Solche Vorgehensweisen können sehr wohl wettbewerbsfördernde Wirkung entfalten. Patentpools und Lizenzierung können beispielsweise Sperrpositionen bei sich blockierenden oder sich ergänzenden Patenten überwinden. Die Kooperation zwischen den Parteien kann zeit- und kostenraubende Verletzungsstreitigkeiten vermeiden helfen. In Patentverbünden können außerdem Transaktionskosten erheblich reduziert werden, da die Technologienutzer nur noch einen Lizenzvertrag mit dem Patentverbund abschließen.

Beide Vorgehensweisen werden von Wettbewerbshütern aber mit begründeter Skepsis betrachtet. Mit geschickt konstruierten Kreuzlizenzierungsverträgen lässt sich in einem Oligopol eine perfekte kollusive Lösung realisieren – dies gehört längst zu den anerkannten Einsichten der industrieökonomischen Forschung und der Rechtsprechung.[39] Mit Patentverbünden (wie mit Lizenzinstrumenten) lässt sich außerdem der Eintritt in Märkte beschränken, wenn neu eintretenden Unternehmen die Nutzung des intellektuellen Eigentums verwehrt oder nur zu prohibitiven Bedingungen erlaubt wird.

[37] Eine empirische Bestätigung des Zusammenhangs zwischen Patentnachfrage und Erteilungswahrscheinlichkeit findet sich bei Sanyal und Jaffe (2005). Die Verfasser zeigen, dass eine Erhöhung der Erteilungswahrscheinlichkeit die Patentnachfrage (Zahl der Anmeldungen) steigen lässt.

[38] Vgl. Hall und Ziedonis (2001) sowie Lerner und Tirole (2004).

[39] Vgl. Scherer (1980, S. 173).

Eine ökonomische Bewertung von Kreuzlizenzierung und Patentverbünden ist aus theoretischer Sicht zunächst recht einfach – sofern die lizenzierten bzw. in den Pool eingebrachten Schutzrechte komplementär zueinander sind, gibt es keinen Grund für wettbewerbsrechtliche Bedenken. In diesem Fall werden die Puzzlestücke, die für die Durchführung von Innovationen erforderlich sind, lediglich in relativ effizienter Weise zusammengefügt. Sind die in den Patentverbund eingebrachten Erfindungen dahingegen Substitute, so besteht die Gefahr, dass der Wettbewerb eingeschränkt wird und der Verbund zur Durchsetzung kollusiver Lösungen verwendet werden kann.

In diesen Fällen muss durch die Wettbewerbsbehörden gewährleistet werden, dass Eintritt in den Markt nicht durch opportunistische Lizenzierung oder restriktive Handhabung von Patentverbünden reduziert oder gänzlich ausgeschlossen werden kann. Allerdings zieren sich die Aufsichtsbehörden in Europa, sich damit zu beschäftigen, ob komplementäre oder substitutive Beziehungen zwischen Schutzrechten vorliegen. Die Problematik wird in einem Umfeld umso brisanter, in dem die Unternehmen systematisch Patentportfolios aufbauen, in denen eine Vielzahl sehr ähnlicher Patentrechte enthalten ist und auch marginale Variationen geschützt sind. Es kann nicht angehen, dass die Wettbewerbsbehörden in diesem Umfeld auf das Patentamt als Quelle des Übels verweisen, ansonsten die Begegnung mit Patenten aber eher scheuen.

Die Wettbewerbsaufsicht muss sich – trotz vieler Vorbehalte – in einem solchen Kontext auch wieder mit einem besonders unbeliebten, weil schwer handhabbaren Instrument, der Zwangslizenzierung, beschäftigen. Intellektuelles Eigentum kann nicht außerhalb der Wettbewerbsordnung stehen – es muss sich einfügen. In Fällen, in denen die vorgelagerten Institutionen versagen, muss die Wettbewerbsaufsicht einschreiten.

VI. Geplante Veränderungen im Europäischen Patentsystem

In den kommenden Jahren werden unter Umständen neue Institutionen im Europäischen Patentsystem eingeführt, deren Ausgestaltung einen starken Einfluss auf das Verhalten der Anmelder und der europäischen Ämter nach sich ziehen dürfte. Dabei sind insbesondere das *Londoner Protokoll* und das *Europäische Patentstreitübereinkommen* (EPLA) zu nennen. Diese Neuerungen führen – so sie wie derzeit vorgesehen oder in ähnlicher Form umgesetzt werden – zu einer Reduzierung der Kosten der Patentierung sowie möglicherweise zu einer erleichterten Durchsetzung von Patentrechten auf europäischer Ebene. Der Beirat erwartet, dass die Nachfrage nach Schutzrechten infolge der Einführung dieser Neuerungen zunehmen wird. Eine Abschätzung des Nachfrageeffekts ist derzeit schwierig – die Kostenreduktion durch das Londoner Protokoll dürfte jedoch erheblich sein.[40] Unter diesen Umständen ist es besonders wichtig, dass die Prüfung von Patentanmeldungen ausreichend stringent erfolgt und nicht fragwürdige Ausschlussrechte schafft, die nur geringe oder keine Anreizwirkung für Innovationen entfalten, gleichzeitig den Wettbewerb aber einschränken oder Transaktionskosten verursachen.

Kasten 2 – Gemeinschaftspatent und Londoner Protokoll

Seit 1974 hatte die Europäische Kommission den Plan verfolgt, ein **Gemeinschaftspatent** mit Gültigkeit im gesamten EU-Raum einzuführen. Derzeit sind die vom Europäischen Patentamt erteilten Schutzrechte nur in den jeweils designierten Zielländern gültig und unterliegen dort den – durchaus unterschiedlichen – nationalen Patentgesetzen. Die Konzeption des Gemeinschaftspatents beinhaltete den Plan, Patentanmeldungen für den gesamten EU-Raum in einer geringen Zahl von Amtssprachen einzureichen und prüfen zu lassen. Außerdem sollte ein Europäisches Patentgerichtssystem geschaffen werden. Die Pläne zur Einführung des Gemeinschaftspatents sind jedoch in eine Sackgasse geraten, da kein Übereinkommen bezüglich der Sprachregelung für Gemeinschaftspatente gefunden werden konnte. Im September 2006 hat die Kommission daher ihre Bemühungen um das Gemeinschaftspatent in der bisher vorgeschlagenen Form aufgegeben. In ihrer Mitteilung COM(2006) 502 hat die Kommission stattdessen erstmals das Londoner Protokoll unterstützt.

Das **Londoner Protokoll** basiert auf Artikel 65 des Europäischen Patentübereinkommens, der den Unterzeichnerstaaten das Recht einräumt, die Forderung nach Übersetzung eines europäischen Patents in die jeweilige Sprache fallen zu lassen. Das Londoner Protokoll tritt in Kraft, sobald acht EPÜ-Unterzeichnerstaaten – darunter Deutschland, Großbritannien und Frankreich – das Protokoll ratifizieren oder ihm beitreten. Im Juli 2006 hatten 10 Staaten (Dänemark, Deutschland, Island, Lettland, Monaco, Slowenien, Schweiz, Niederlande, Schweden und Großbritannien) ihren Beitritt erklärt bzw.

[40] Vgl. hierzu die vom EPA veröffentlichten Kostenabschätzungen auf http://patlaw-reform.european-patent-office.org/london_agreement/_pdf/london_agreement_en.pdf. Der Kostenreduktionseffekt ist besonders groß für umfangreiche Anmeldungen mit relativ vielen Ansprüchen, da die Übersetzungskosten bisher stark vom Umfang der Patentschrift abhängig waren.

das Protokoll ratifiziert. Die Französische Nationalversammlung und der Französische Senat haben die Ratifizierung durch Frankreich empfohlen. Die Unterzeichner erklären sich damit einverstanden, dass europäische Patente nicht mehr in die jeweilige Landessprache übersetzt werden müssen, um in diesem Land Gültigkeit zu haben.

Hinsichtlich des Europäischen Patentstreitübereinkommens weist der Beirat darauf hin, dass die Einführung einer zentralisierten Patentgerichtsbarkeit in den USA mit einer erheblichen Erweiterung des patentierfähigen Stoffumfangs verbunden gewesen ist (vgl. Abschnitt 3). Bei der Ausgestaltung des EPLA muss darauf geachtet werden, dass die politisch gewollten Anforderungen an die Patentfähigkeit nicht durch das harmonisierte EPLA-System unterlaufen werden. Allerdings würde von der Kostenreduktion für Streitfälle auch die Möglichkeit von Nichtigkeitsklagen betroffen sein. Bei aller Harmonisierung ist jedoch immer zu bedenken: Zentralisierung erhöht das Risiko einer Potenzierung von Fehlern.

Kasten 3 – Das Europäische Patentstreitübereinkommen (European Patent Litigation Agreement – EPLA)

Das EPLA schafft ein optionales Gerichtssystem und sieht die Einrichtung einer neuen internationalen Organisation, der Europäischen Patentgerichtsbarkeit (EPG) vor. Die EPG würde als Organe den Europäischen Patentgerichtshof (EPGh mit einem Gericht erster Instanz und einem Berufungsgericht) sowie einen Verwaltungsausschuss aufweisen. Das Gerichtssystem soll die Sprachenregelung des Europäischen Patentamtes anwenden, d. h. Fälle am EPGh werden in einer der drei offiziellen Sprachen des EPA verhandelt. Die Fälle werden von drei oder fünf Richtern gehört, wobei zumindest ein Richter technisch und mindestens zwei Richter juristisch qualifiziert sein müssen.

VII. Empfehlungen

Das europäische Patentsystem hat bisher die extremen Fehlentwicklungen des US-Systems vermeiden können.[41] Andererseits sind die hier dokumentierten Trends ein klares Zeichen, dass das Europäische Patentsystem an einem Scheideweg angekommen ist. Mit dieser Einschätzung steht der Beirat nicht allein.[42] Innovation und Produktivitätswachstum basieren auf Kreativität und neuen Ideen, nicht auf Papierkonstrukten, die von findigen Experten beim Patentamt eingereicht werden. Ausschlussrechte, mit denen Wettbewerb behindert werden kann, liefern keinen Beitrag zu mehr Forschung und Innovation.

Vor dem Hintergrund der hier beschriebenen Entwicklung spricht sich der Beirat dafür aus, gewerbliche Schutzrechte in der wirtschaftspolitischen Diskussion auf ihren ökonomisch begründbaren Kern zurückzuführen. In wichtigen Bereichen der Wirtschaftspolitik bedeutet dies eine – gemessen am gegenwärtigen Rechtszustand – Begrenzung ihrer Reichweite und eine sorgfältigere Prüfung der von den Anmeldern beantragten Rechte. Patente dürfen nicht zur Massenware werden – ihre Erteilung muss an strenge Kriterien gebunden bleiben, damit eine innovationsfördernde Wirkung überhaupt auftreten kann. Außerdem sollten Kontrollmöglichkeiten für dritte Parteien gestärkt und Anreize im Patentsystem, die zu einer quantitätsorientierten Patentgewährungspolitik führen, beschränkt werden. Die Governance-Struktur des Patentsystems muss neu überdacht werden. Die Empfehlungen sind in den folgenden Abschnitten im Detail aufgeführt.

41 Zum US-System beispielhaft die Stellungnahme von Robert Barr vor der Federal Trade Commission. Barr war zum Zeitpunkt der Aussage Chief Patent Counsel bei Cisco: „(...) But in my experience at Cisco and my prior experience representing a variety of companies, the negative effects of stockpiling patents, the consequences of innocent infringement through independent development, the cost of proving noninfringement or invalidity through patent litigation and the exploitation of the patent system as a revenue generating tool in its own right have hindered true innovation and outweighed the benefits." Vgl. www.ftc.gov/opp/intellect/barrrobert.doc (Abruf am 9.5.2005).

42 Eine im Tenor ähnliche Bestandsaufnahme wird von Guellec und van Pottelsberghe (2007) durchgeführt. Friebel et al. (2006, 119) merken in einer umfangreichen Studie zu den Anreizen im Prüfungsverfahren am Europäischen Patentamt an: „(...) The biggest risks for the future operation of the EPO that we identified are the feedback effects from the patent system of potential shifts in the quality of patent examination outcomes – possibly even creating a vicious circle of downward spiraling quality and increasing workload – and the detrimental effects on staff recruitment and retention. Such potential negative effects on the ability of the EPO to fulfill its mission have direct bearing on the intellectual property protection system as a whole and its role in promoting innovation and economic growth in Europe and beyond."

- Governance und Anreize im Patentsystem
  - Die Patentprüfung wird quersubventioniert durch Verlängerungsgebühren. Daraus entsteht unmittelbar ein finanzieller Anreiz zugunsten einer anmelderfreundlichen Gewährungspolitik. Zwar begünstigen geringe Anmeldekosten kleine und mittlere Unternehmen – ein unter Umständen gewünschter Effekt. Dieser lässt sich jedoch auch anders erzielen. Auch die relativ hohen Verlängerungsgebühren haben für sich betrachtet positive Effekte, da sie verhindern, dass Ausschlussrechte ungenutzt über lange Zeit existieren. Die Zuweisung der Verlängerungsgebühren an das Patentamt kann jedoch auch Fehlanreize zugunsten einer Einnahmenorientierung erzeugen, die beseitigt werden sollten.
  - Genau zu beleuchten ist auch die Governance-Struktur des EPA. Dessen höchste Entscheidungsinstanz ist der Verwaltungsrat. Solange die nationalen Ämter, die im Verwaltungsrat vertreten sind, die Hälfte der Verlängerungsgebühren erhalten, haben diese nur geringe Anreize, für eine restriktivere Patentgewährung zu votieren.
  - Die Kriterien für die Erteilung von Patenten sollten konsequent angewendet und bei Bedarf verschärft werden. Patente sollten Innovationen unterstützen, aber nicht Investitionen absichern. Die operative Umsetzung dieser Aufgabe fällt den Patentämtern zu, beispielsweise durch Erhöhung der Anforderungen an den erfinderischen Schritt einer Erfindung. Es ist hier nicht notwendig, den Gesetzgeber zu bemühen.
  - Die Anreize für die Mitarbeiter des EPA müssen neu ausgerichtet werden. Solange die Zurückweisung einer Patentanmeldung mehr Aufwand für den Prüfer bedeutet als eine Patentgewährung, aber keine angemessene Anerkennung in der Leistungsbewertung erfolgt, läuft das EPA Gefahr, eine mengenorientierte Erteilungspolitik zu unterstützen.
  - Die Transparenz über die Vorgehensweise der Patentämter muss erhöht werden. Die Aufklärungsaufgabe der Patentämter kann nicht in der Glorifizierung von Patentrechten bestehen. Die nationalen Patentämter und das EPA sollten den nationalen Parlamenten bzw. dem Europäischen Parlament regelmäßig über die Entwicklung der Qualität der Anmeldungen, die Stringenz ihrer Prüfung und die Ergebnisse der Patentprüfungen Bericht erstatten.
  - Die Gebührenstruktur am EPA sollte darauf abgestellt werden, dass exzessiv hohe Zahlen von Ansprüchen und andere die Transparenz senkende Strategien der Anmelder mit Gebührenzah-

lungen an das EPA sanktioniert werden können. Diese Maßnahmen würden für weniger voluminöse Anmeldungen sorgen und den Prüfungsaufwand senken.

- Patentämter sollten größere Freiräume für die eigenständige Korrektur von Fehlentscheidungen erhalten. Es ist sachwidrig, dass das EPA auf die Intervention dritter Parteien angewiesen ist, wenn es selbst feststellt, dass es eine Fehlentscheidung getroffen hat.[43] Der Präsident des EPA sollte in die Lage versetzt werden, während der Einspruchsfrist die Erteilung von Patenten durch die Beschwerdekammern überprüfen zu lassen.
- Kontrollmechanismen wie das Einspruchsverfahren und Nichtigkeitsklagen müssen gestärkt und für einsprechende Parteien wieder attraktiver gemacht werden. Das kann durch Straffung des Verfahrens geschehen, was allerdings eine entsprechende Ressourcensteuerung des EPA zugunsten einer zügigen Bearbeitung von Einspruchsfällen voraussetzt. Weiterhin ist zu prüfen, ob Einsprüche gegen mehrere Patente mit identischen oder sehr ähnlichen Ansprüchen (vgl. Fall 2 in Kasten 1) gebündelt in einem Verfahren und somit kostengünstig für den Angreifer behandelt werden können.
- Wenn die Konkurrenten in einem Patentpool oder durch Kreuzlizenzen miteinander verbunden sind, gibt es niemanden mehr, der einen Anreiz hätte, Einspruch zu erheben. Deshalb fehlt dem Patentsystem gerade dort das Korrektiv, wo es besonders dringend gebraucht würde: in Patentdickichten. Bei der Gestaltung der Rechtsordnung sollte die Einrichtung von Substituten in Erwägung gezogen werden, etwa in Form eines Ombudsmanns im Europäischen Patentamt mit einem eigenen Klagerecht, nach dem Vorbild der Vertreter des öffentlichen Interesses in der deutschen Verwaltungsgerichtsbarkeit (§ 36 VwGO).

– Ausgestaltung des materiellen Patentrechts

  - Die Ausweitung des Schutzumfangs von Patenten ist an einen klaren Nachweis einer innovationsfördernden Wirkung zu knüpfen; in anderen Gebieten ist der Schutzumfang so zurückzuführen, dass das Ausweisen von Ausschlussrechten ohne Anreizwirkung zugunsten von Innovationen vermieden wird.

43 So geschehen im Fall des „Edinburgh-Patents“ EP 0695351. Vgl. http://www.european-patent-office.org/news/pressrel/pdf/backgr_3_d.pdf (letzter Abruf am 12. 1. 2007).

- Je mehr verschiedene Nutzer auf die patentierte Erfindung angewiesen sind, umso problematischer wird die Gewährung des Schutzrechts. Patente sollten deshalb normalerweise nicht „breit" vergeben werden. Je stärker sich die Erfindung einem Forschungsergebnis der Grundlagenforschung annähert, desto problematischer wird das Schutzrecht. Einen Patentschutz für bloße Ideen darf es ebenso wenig geben wie einen Schutz für die Aufklärung von Tatsachen, etwa von Gensequenzen. Das europäische Patentsystem muss dem Drängen widerstehen, den Schutz auf solche Gegenstände auszudehnen.
- Die Harmonisierung der Patentgerichtsbarkeit in Europa sollte nach Kosten-Nutzen-Aspekten betrachtet werden. Die Kosten der Divergenz können u.U. sehr klein sein. Eine fragmentierte Patentgerichtsbarkeit, in der es ein sehr strenges nationales Gericht gibt, hat unter Umständen auch Vorteile.
- Harmonisierung mit den USA ist mit großer Vorsicht zu betrachten. Das Abkommen zum Schutz des geistigen Eigentums im Rahmen der WTO (TRIPS) dient als warnendes Beispiel. Die USA haben in diesem Abkommen ihre überzogene Vorstellung von einem Patentschutz für alle Bereiche der Technik durchgesetzt.
- Weil das Patent niemals eine perfekte Lösung darstellt, sollte der Gesetzgeber alternative Lösungen erproben und erleichtern. Insbesondere sollte der institutionelle Rahmen für open source-Lösungen verbessert werden. Eine aktuelle Studie der Kommission bewertet sie volks- und privatwirtschaftlich positiv.[44]

– Wettbewerbspolitik und -aufsicht

- Die Abstimmung zwischen Patentsystem und Wettbewerbsaufsicht sollte verbessert werden. Die Zahl der Wettbewerbsfälle, in denen intellektuelles Eigentum eine zentrale Rolle spielt, wird mit hoher Wahrscheinlichkeit weiter zunehmen. Sofern weiterhin schlecht abgegrenzte Patentrechte zu wettbewerbsrechtlichen Problemen führen, sollte gegebenenfalls auch von dem Instrument der Zwangslizenz wieder häufiger Gebrauch gemacht werden.
- Die Wettbewerbsaufsicht muss neue Kompetenz im Umgang mit Patenten und anderen Schutzrechten entwickeln. Zur Beherrschung von Patentdickichten müssen Lösungen gefunden werden,

[44] Vgl. http://ec.europa.eu/enterprise/ict/policy/doc/2006-11-20-flossimpact.pdf.

die die Transaktionskosten der beteiligten Unternehmen gering halten, ohne gleichzeitig kollusive Praktiken zu begünstigen. Den Firmen in einem Patentpool wird oft auferlegt, durch private Unternehmen die Komplementarität der gepoolten Patente prüfen zu lassen. Diese Überprüfung muss objektiviert werden.

Der Beirat betont, dass die Qualitätsvorteile, die die europäischen Patentinstitutionen derzeit gegenüber anderen Regionen, insbesondere den USA, haben, bewahrt und ausgebaut werden müssen. Einer Harmonisierung der Patentsysteme auf dem niedrigen Qualitätsniveau der Patentprüfung in den USA muss entschieden widersprochen werden. Ein solcher Schritt würde die europäische Wirtschaft einem System aussetzen, das Innovation behindert und nicht unterstützt. Die Diskussion lässt sich mit einem sehr weitsichtigen Satz aus der Feder von William D. Nordhaus abschließen: „(...) Die beste Vorgehensweise zur Vermeidung von Missbrauch ist sicherzustellen, dass triviale Erfindungen erst gar keinen Patentschutz erhalten.“[45]

Berlin, den 24. März 2007

Der Vorsitzende des Wissenschaftlichen Beirats
beim Bundesministerium für Wirtschaft und Technologie

Prof. Axel Börsch-Supan, Ph. D.

[45] Vgl. Nordhaus (1972, S. 430 f., eigene Übersetzung). Im englischsprachigen Original: „(...) The best way to prevent abuse is to ensure that trivial inventions do not receive patents.“

Das Gutachten wurde vorbereitet von folgenden Mitgliedern des Wissenschaftlichen Beirats beim Bundesministerium für Wirtschaft und Technologie

Professor Dietmar Harhoff, Ph. D. *(Federführung)*
Professor für Betriebswirtschaftslehre
Vorstand des Instituts für Innovationsforschung,
Technologiemanagement und Entrepreneurship
an der Ludwig-Maximilians-Universität München

Professor Dr. Christoph Engel (Stellvertretender Vorsitzender)
Direktor am Max-Planck-Institut zur Erforschung
von Gemeinschaftsgütern und
Professor für Rechtswissenschaften
an der Universität Osnabrück

Professor Dr. Wernhard Möschel
Professor für Bürgerliches Recht,
Handels- und Wirtschaftsrecht
an der Universität Tübingen

Literaturverweise

Archontopoulos, E., D. Guellec, N. Stevensborg, B. Van Pottelsberghe, N. Van Zeebroeck (2006). When Small is Beautiful: Measuring the Evolution and Consequences of the Voluminosity of Patent Applications at the EPO, CEPR Discussion Paper No. 5970. Centre for Economic Policy Research, London.

Boldrin, M. und D. Levine (2002). The Case against Intellectual Property, American Economic Review, Vol. 92, S. 209–212.

Heller, Michael A. und Rebecca S. Eisenberg (1998). Can Patents Deter Innovation? The Anticommons in Biomedical Research, Science, Vol. 280, 698–701.

Federal Trade Commission (2003). To Promote Innovation: The Proper Balance between Competition and Patent Law and Policy. Washington, D.C.: FTC.

Friebel, G., A. Koch, D. Prady und P. Seabright (2006). Objectives and Incentives at the European Patent Office, Gutachten im Auftrag der Staff Union of the European Patent Office (SUEPO), Institut d'Economie Industrielle, University of Toulouse. http://www.idei.fr/doc/by/seabright/report_epo.pdf (letzter Abruf am 7.1.2007)

Gottschalk, S., N. Janz, B. Peters, C. Rammer und T. Schmidt (2002). Innovationsverhalten der deutschen Wirtschaft: Hintergrundbericht zur Innovationserhebung 2001. (ftp://ftp.zew.de/pub/zew-docs/mip/01/Schwerpunktbericht2001.pdf – letzer Abruf am 7.1.2007).

Graham, Stuart J. H., Bronwyn H. Hall, Dietmar Harhoff, and David C. Mowery (2003). Postissue patent "quality control": A comparative study of US patent re-examinations and European patent oppositions, in Wesley M. Cohen, and Stephen A. Merrill, ed.: Patents in the Knowledge-Based Economy (The National Academies Press: Washington, D.C.).

Graham, Stuart J. H., and Dietmar Harhoff (2006). Would the US benefit from patent post-grant reviews? Evidence from a 'twinning study', SFB/TR 15 Governance and the Efficiency of Economic Systems Discussion Paper No. 38.

Guellec, D. und B. van Pottelswberghe de la Potterie (2007). The Economics of the European Patent System. Oxford: Oxford University Press.

Hagel, F. (2004). La politique pro-déposant de l'OEB a des conséquences négatives, EPI Information, 29–31.

Hall, B. H. und D. Harhoff (2004). Post-grant patent reviews in the U.S. patent system – design choices and expected impact, Berkeley Technology Law Journal 19, 989–1016.

Hall, Bronwyn H. (2002). Testimony for the FTC/DOJ (Antitrust) Hearings on Competition and Intellectual Property Law in the Knowledge Economy, Febr. 22nd 2002 (verfügbar unter: http://emlab.berkeley.edu/users/bhhall/papers/BHH Prozent20FTCDOJFeb02.pdf)

Hall, Bronwyn H. (2005). Exploring the Patent Explosion, Journal of Technology Transfer, Vol. 30, S. 35–48.

Hall, Bronwyn H./Harhoff, Dietmar (2004). Post Grant Review Systems at the U.S. Patent Office – Design Parameters and Expected Impact, Berkeley Law Technology Journal, Vol. 19, 989–1016.

Hall, Bronwyn H./Ziedonis, Rosemarie H. (2001). The Patent Paradox Revisited: An Empirical Study of Patenting in the U.S. Semiconductor Industry, 1979-1995, RAND Journal of Economics, Vol. 32, S. 101–128.

Harhoff, D. und S. Wagner (2006). Modeling the Duration of Patent Examination at the European Patent Office, Discussion Paper SFB/TR-15/GESY – http://www.gesy.uni-mannheim.de /dipa/170.pdf

Levin, Richard C., Alvin K. Klevorick, Richard R. Nelson, Sidney G. Winter (1987). Appropriating the Returns from Industrial Research and Development, Brookings Papers on Economic Activity: 783–831.

Mansfield, Edwin, Mark Schwartz und Samuel Wagner (1981). Imitation Costs and Patents. An Empirical Study, Economic Journal 91: 907–918.

Michel, J. und Bettels, B. (2001). Patent citation analysis – a closer look at the basic input data from patent research reports, Scientometrics, Vol. 51, S. 181–201.

Nordhaus, William D. (1969). Invention, Growth and Welfare: A Theoretical Treatment of Technological Change. Cambridge,MA: MIT Press.

Nordhaus, William D. (1972). The Optimum Life of a Patent: Reply, American Economic Review, Vol. 62, S. 428–431.

Quillen, Cecil D., Webster, Ogden H. und Eichmann, Richard (2002). Continuing Patent Applications and Performance of the U.S. Patent and Trademark Office – Extended, The Federal Circuit Bar Journal, Vol. 12, S. 35–55

Quillen, Jr., Cecil D., and Ogden H. Webster (2001). Continuing patent applications and performance of the U.S. patent office, Federal Circuit Bar Journal 11, 1–21.

Sanyal, P. and A. Jaffe (2005). Peanut Butter Patents Versus the New Economy: Does the Increased Rate of Patenting Signal More Invention or Just Lower Standards? Working Paper, Brandeis University.

Scherer, F. M. (1980). Industrial Market Structure and Economic Performance (2. Aufl.). Chicago: Rand-McNally.

Scotchmer, Suzanne (2004). Innovation and Incentives. Cambridge, Mass., MIT Press.

Shapiro, Carl (2001). Navigating the Patent Thicket: Cross Licences, Patent Pools, and Standard Setting. in: Adam B. Lerner et .al. (eds.): Innovation Policy and the Economy, Cambridge (MIT Press) 119–150.

Somaya, Deepak (2002). Patent Litigation in the United States (1970–2000), Working Paper, Robert H. Smith School of Managment, University of Maryland.

STOA (2007). Policy options for the European patent system, Scientific and Technological Options Assessment, Transkript der Anhörungen vom 9. November 2006, Europäisches Parlament, Brüssel. (http://www.tekno.dk/pdf/projekterpatent-system-STOA/background_document.pdf, letzter Abruf am 10.4.2007)

Straus, Joseph (2000). Patent Litigation in Europe – A Glimmer of Hope? Present Status and Future Perspectives, Washington University Journal of Law and Policy, Vol. 2, S. 403–428.

Wagner, Stefan (2005). Business Method Patents in Europe and their Strategic Use – Evidence from Franking Device Manufacturers, Discussion Paper, LMU München, (http://papers.ssrn.com/sol3/papers.cfm?abstract_id=599743).

Weizsäcker, C. C. von (1980). *Barriers to Entry. A Theoretical Treatment.* Lecture Notes in Economics and Mathematical Systems Nr. 185. Springer-Verlag, Heidelberg.

Gutachten vom 12. Mai 2007

Thema: Öffentliches Beschaffungswesen

Der Wissenschaftliche Beirat beim Bundesministerium für Wirtschaft und Technologie hat sich in mehreren Sitzungen, zuletzt am 12. Mai 2007, mit dem Thema

„Öffentliches Beschaffungswesen"

befasst und ist dabei zu der nachfolgenden Stellungnahme gelangt.

I. Anlass des Gutachtens

(1) Seit einiger Zeit mehren sich die Vorschläge, im öffentlichen Beschaffungswesen neben dem Ziel der Wirtschaftlichkeit, d. h. der Beschaffung guter Qualität zu günstigen Preisen, auch andere, politische Ziele zu berücksichtigen. So beschlossen die Regierungen der OECD-Länder 2002, die Vergabe öffentlicher Aufträge verstärkt auch zur Förderung umweltpolitischer Nachhaltigkeit einzusetzen. Die Europäische Kommission schlug den Mitgliedstaaten der Europäischen Union 2005 vor, dass sie im Hinblick auf die Lissabon-Agenda der EU die Vergabe öffentlicher Aufträge auch zur Entwicklung neuer Technologien nutzen. In Deutschland wird derzeit die Umsetzung der EU-Richtlinie 2004/18 diskutiert, die in Art. 26 die Möglichkeit einräumt, bei den Bedingungen für die Ausführung öffentlicher Aufträge insbesondere auch soziale und umweltpolitische Aspekte zu berücksichtigen.

(2) Der Einsatz des Einkaufs der öffentlichen Hand zur Verfolgung sonstiger politischer Ziele wirft grundsätzliche Probleme auf. So ist zu befürchten, dass bei diesem Modus der Verfolgung der betreffenden Ziele die damit verbundenen Kosten verschleiert werden und dass es an der für die politische Willensbildung erforderlichen Transparenz über Kosten und Nutzen der eingesetzten Mittel fehlt. Sofern die anderweitigen, politischen Kriterien zu Lasten der Wirtschaftlichkeit gehen, leidet die Leistungsfähigkeit der betreffenden staatlichen Institutionen. Das nachfolgende Gutachten geht ausführlich auf diese Probleme ein und entwickelt politische Empfehlungen für den Umgang mit anderweitigen Zielen im öffentlichen Beschaffungswesen. Darüber hinaus weist das Gutachten auf verschiedene Möglichkeiten zur Steigerung der Wirtschaftlichkeit der öffentlichen Beschaffung hin. Wirtschaftlichkeit der öffentlichen Beschaffung ist von großer Bedeutung für den Staatshaushalt und für die Wirtschaft insgesamt. Das öffentliche Auftragswesen machte 2002 ca. 17 Prozent des Bruttoinlandsprodukts (BIP) aus, etwa 360 Mrd. Euro pro Jahr. Dazu kommen Beschaffungen der öffentlichen Unternehmen

im Umfang von ca. 60 Mrd. Euro pro Jahr. Gelänge es, durch Verbesserungen beim Beschaffungswesen die Kosten der öffentlichen Beschaffung um 10 Prozent zu senken, so würde das Defizit der öffentlichen Haushalte dramatisch verringert, in der Größenordnung von jährlich 1,7 Prozent des BIP.

(3) Das öffentliche Beschaffungswesen ist durch das Vergaberecht geregelt. Die konkrete Ausgestaltung der Verfahrensregeln befindet sich in den sog. Verdingungsordnungen VOB (Vergabe- und Vertragsordnung für Bauleistungen) und VOL (Verdingungsordnung für Leistungen). Diese werden von den öffentlichen Auftraggebern gemeinsam mit Vertretern der anbietenden Wirtschaft in sog. Verdingungsausschüssen erarbeitet. In allen OECD Staaten gibt es derzeit Bestrebungen, das öffentliche Beschaffungswesen transparenter und wettbewerbsförderlicher zu gestalten. In Deutschland wird dieses Ziel durch die anstehende umfassende Novellierung des Vergaberechts verfolgt. Der Gesetzesentwurf des BMWi wird derzeit innerhalb der Bundesregierung abgestimmt. Anschließend sollen die Verdingungsordnungen von den zuständigen Verdingungsausschüssen überarbeitet und substantiell vereinfacht werden.

(4) Vor dem Hintergrund der großen wirtschaftlichen Bedeutung des öffentlichen Auftragswesens, der anstehenden Reform des Vergaberechts und der zunehmenden Befrachtung des Einkaufs mit vergabefremden Zielen möchte der Beirat mit diesem Gutachten Prinzipien des öffentlichen Vergabewesens entwickeln, welche Reformen des Vergaberechts und -wesens leiten sollten. Wirtschaftlichkeitspotentiale in den Institutionen der öffentlichen Beschaffung werden aufgezeigt und sinnvolle Vergaberegeln abgeleitet.

(5) Das Gutachten gliedert sich in folgende Abschnitte: Ausgangspunkt bilden in Abschnitt II die Prinzipien eines wettbewerbsförderlichen und damit wirtschaftlichen Einkaufs. In Abschnitt III werden die Bestrebungen, den Einkauf für vergabefremde Ziele einzusetzen, kritisch analysiert. Abschnitt IV diskutiert Ansätze zur Weiterentwicklung und Modernisierung der Institutionen des öffentlichen Beschaffungswesens. Kriterien einer wettbewerbskonformen Implementierung des öffentlichen Einkaufs finden sich in Abschnitt V. Abschnitt VI zieht ein Fazit

Kasten – Stand der Gesetzgebung

Die Vergabe von öffentlichen Aufträgen erfolgt derzeit durch

- das offene Verfahren bei Vergaben oberhalb der EU-Schwellenwerte[46], bei dem nach einer europaweiten Bekanntmachung alle interessierten Unternehmen ein Angebot abgeben können, unter denen der öffentliche Auftraggeber dann das wirtschaftlichste Angebot auswählt (das korrespondierende Verfahren bei Vergaben unterhalb der EU-Schwellenwerte ist die öffentliche Ausschreibung),
- das nicht offene Verfahren bei Verfahren oberhalb der EU-Schwellenwerte, bei dem nach einer europaweiten Bekanntmachung die interessierten Unternehmen ihren Teilnahmewunsch bekunden können, sodann wählt der öffentliche Auftraggeber unter den Interessierten eine begrenzte Anzahl (mindestens 5) zur Angebotsabgabe aus (unterschwellig: Beschränkte Ausschreibung mit oder ohne Teilnahmewettbewerb),
- das Verhandlungsverfahren mit oder ohne europaweiter Bekanntmachung für die oberschwelligen Aufträge, bei dem mit ausgewählten Unternehmen verhandelt wird (unterschwellig: die freihändige Vergabe mit oder ohne Teilnahmewettbewerb),
- den wettbewerblichen Dialog für die oberschwelligen Aufträge, wenn besonders komplexe Leistungen vergeben werden sollen, bei denen nach einer europaweiten Bekanntmachung zur Teilnahme aufgefordert und sodann mit (mindestens drei) ausgewählten Interessenten in einem strukturierten Verfahren verhandelt wird.
- Es können auch Wettbewerbe (Auslobungen) durchgeführt werden, bei denen mittels unabhängigem Preisgericht nach europaweiter Bekanntmachung die Vergabe eines „Preises“ erfolgt (z. B. Architektenwettbewerbe).

[46] Die Schwellenwerte, oberhalb derer EG-Vergaberecht zwingend anzuwenden ist, liegen bei Bauten bei ca. 5,2 Mio. €, bei Lieferungen und Dienstleistungen bei 137.000 € (für die Bundesministerien), 211.000 € für andere Bundeseinrichtungen, Länder und Gemeinden, bei sektoriellen Auftraggebern wie Wasser-, Strom- und Gasversorger sowie bestimmte Verkehrsleister (Flughäfen, DB AG, kommunale Verkehrsbetriebe) bei 422.000 €. Rat und Parlament der EU haben am 31. März 2004 geänderte EU-Vergaberichtlinien beschlossen (Richtlinien 2004/17-EG u. 2004/18-EG) mit dem Ziel, das EU-Vergaberecht zu vereinfachen und zu modernisieren.

Nach EU-Recht können die öffentlichen Auftraggeber zur Ermittlung des wirtschaftlichsten Angebotes in allen Vergabeverfahren auch elektronische Auktionen durchführen. Diese sollen besonderen Formvorschriften genügen.

Die Auftraggeber können in Rahmenvereinbarungen für Standardleistungen gemeinsam (z. B. mehrere Kommunen) auftreten. Schließen sie bei den oberschwelligen Aufträgen Rahmenvereinbarungen mit mehreren Unternehmen und legen die Bedingungen für die Vergabe der Einzelaufträge nicht genau fest, ist ein Wettbewerbsverfahren mit diesen Unternehmen als Vertragspartner der Rahmenvereinbarung durchzuführen.

Ein spezieller Rechtsschutz für übergangene Bieter besteht nur bei den oberschwelligen Aufträgen (auf der Grundlage des GWB vor Vergabekammern und den Oberlandesgerichten). Die an öffentlichen Aufträgen interessierten Unternehmen haben einen Anspruch darauf, dass die öffentlichen Auftraggeber die Vergaberegeln einhalten (§ 97 Abs. 7 GWB). Dazu gehört insbesondere eine Pflicht der Auftraggeber zur vorherigen Information der Bieter darüber, wer den Auftrag erhalten soll (§ 13 VgV).

Unterhalb der EU-Schwellenwerte bestehen lediglich Ansprüche aus dem Gleichbehandlungsgebot des Art. 3 Abs. 1 GG, ohne einen speziellen Rechtsschutz.[47] Auch eine Pflicht zur Information über die beabsichtigte Zuschlagserteilung (§ 13 VgV) besteht nicht.

II. Wirtschaftlichkeit im öffentlichen Einkauf durch Wettbewerbsförderung

(6) Grundlegend für die Wirtschaftlichkeit im Einkauf ist ein funktionierender Wettbewerb auf der Angebotsseite. Ohne Wettbewerb haben die Anbieter keinen Anreiz, für einen gegebenen Preis eine hohe Qualität anzubieten oder bei gegebener Qualität die Preise zu senken. Das öffentliche Beschaffungswesen sollte daher auf Prinzipien basieren, die den Wettbewerb zwischen den Anbietern fördern.

(7) Wettbewerb wird grundsätzlich dann gefördert, wenn möglichst viele Anbieter die Möglichkeit haben, an öffentlichen Vergaben teilzunehmen. Eine größere Anzahl an Wettbewerbern führt meist dazu, dass Unternehmen aggressiver bieten, und erschwert zusätzlich die Möglichkeit

[47] siehe auch Beschluss des Bundesverfassungsgerichtes vom 13. 6. 2006 (1 BvR 1160/03)

zu Absprachen zwischen den Unternehmen. Grundlegend für eine hohe Anbieterzahl sind die Transparenz der Verfahren von der Ausschreibung bis zu den Zuschlagskriterien sowie Nicht-Diskriminierung der Anbieter. Das „Government Procurement Agreement" der WTO basiert deshalb auf den Grundsätzen von (1) Gleichbehandlung der Anbieter und (2) Transparenz der Verfahren.

(8) In der EU sind die Prinzipien des öffentlichen Auftragswesens durch die Binnenmarktfreiheiten zur Verwirklichung der Wettbewerbswirtschaft im Binnenmarkt festgelegt: Durch Verfahrenstransparenz und Gleichbehandlung aller Interessenten sollen möglichst viele Anbieter die Möglichkeit der Beteiligung an öffentlichen Vergaben erhalten (vgl. Handler (2005)). Die Vorgaben der EU werden im deutschen Vergaberecht durch den Wettbewerbsgrundsatz, das Transparenzgebot und das Diskriminierungsverbot in § 97 des Gesetzes gegen Wettbewerbsbeschränkungen (GWB) für Vergaben oberhalb der EU-Schwellenwerte festgelegt. Diese Vergaben müssen in einem offenen Verfahren mit Ausschreibung in einem speziellen Publikationsorgan erfolgen. Die offene Ausschreibung ermöglicht allen Anbietern, Kenntnis von der Vergabe zu erhalten und an dieser teilzunehmen. Nur in spezifischen Fällen wie bei hoher Dringlichkeit oder besonderen technischen Anforderungen kann bei Vergaben oberhalb der EU-Schwellenwerte vom offenen Verfahren abgewichen werden und ein nichtoffenes (ausgewählte Teilnehmer mit vorheriger Transparenz) oder ein Verhandlungsverfahren (mit oder ohne Transparenz) gewählt werden.

(9) In einer Studie der EU von 2004 wurde das publizierte Vergabevolumen (Ausschreibung) als Anteil des Gesamtvergabevolumens geschätzt. EU-weit lag dieser Wert 2002 bei 16,2 Prozent; in Deutschland war der Anteil der Ausschreibungen mit 7,5 Prozent der niedrigste der EU15. Ursächlich hierfür ist die stark fragmentierte Struktur des öffentlichen Einkaufs in Deutschland. Sie führt dazu, dass Vergaben unterhalb der EU-Schwellenwerte etwa 80-90 Prozent aller Vergaben ausmachen. Diese Vergaben unterliegen nicht den Bestimmungen des GWB, sondern dem Haushaltsrecht und sind in den gemeinsam mit Wirtschaftsverbänden erarbeiteten Verdingungsordnungen geregelt.[48] Auch diese bestimmen zwar ein Ausschreibungsverfahren ähnlich dem offenen Verfahren als grundsätzliches Vergabeverfahren, von dem nur unter bestimmten Voraussetzungen abgewichen werden darf. Die Praxis zeigt aber, dass gerade für Vergaben unterhalb der Schwellenwerte die öffentliche Ausschreibung umgangen wird und intransparente Verfahren gewählt werden.

48 Die Verdingungsordnungen gelten neben dem GWB und der Vergabeverordnung auch für Vergaben oberhalb der Schwellenwerte.

Im Jahr 2005 hatten freihändige Vergaben bei den Behörden und Einrichtungen des Bundes einen Anteil von 88,4 Prozent an allen Vergaben (siehe Monetäre Wirtschaftlichkeitsbetrachtung des Beschaffungsamtes des Bundesministeriums des Inneren für die elektronische Vergabe (WiBe 4.0)).

(10) Vereinzelt wird primär in der deutschen Diskussion neben dem Transparenzprinzip und dem Prinzip der Nichtsdiskriminierung auch ein Prinzip der dezentralen Beschaffung sowie ein Konsensprinzip genannt (vgl. OECD 2004). Die Organisation der Beschaffung ist Thema des Abschnitts IV.

(11) Das Problem des Konsensprinzips ist nicht die erwünschte Zusammenarbeit der beteiligten Parteien bei der Erarbeitung der Verdingungsordnungen in Verdingungsausschüssen, sondern das Vetorecht, das den Industrieverbänden dabei eingeräumt wird. Da bei der Vereinfachung des Vergaberechts sowie bei der Anpassung des Vergaberechts an EU-Normen eine Stärkung des Anbieterwettbewerbs im Fokus steht, ist ein Vetorecht kritisch zu sehen. Es ist bezeichnend, dass sich die Arbeitsgruppe zur Verschlankung des Vergaberechtes, die im Frühjahr 2003 u. a. mit Vertretern der Ministerien und der Industrieverbände eingesetzt wurde, nicht auf ein gemeinsames Konzept verständigen konnte.

III. Vergabefremde Ziele

(12) Eine sich abzeichnende Entwicklung im öffentlichen Beschaffungswesen ist die Nutzung der Nachfrage als Lenkungsinstrument durch den Staat. Vergabefremde Ziele wie die Innovations- und Nachhaltigkeitsförderung sowie soziale Bestrebungen und die Wirtschaftsförderung im Rahmen der Förderung kleiner und mittlerer Unternehmen (KMUs) sollen über den Einkauf erreicht werden.

(13) Das Einbringen von vergabefremden, d. h. politischen Zielen über die wirtschaftliche Beschaffung eines Produktes oder einer Leistung hinaus, kann auf zwei Arten erfolgen: zum einen, indem zusätzlich zu den auch in der Privatwirtschaft üblichen Kriterien wie Eignung und Zuverlässigkeit weitere Auflagen an den *Produzenten* gemacht werden, wie etwa das Einhalten von Umweltstandards über das gesetzlich erforderte Maß hinaus; zum anderen, indem auf der *Produkt- oder Leistungsebene* über den funktionalen Leistungskatalog hinaus weitere Ansprüche gestellt werden, wie etwa bei der Förderung von Innovation.

(14) Auf EU-Ebene sind für diese Politik vor kurzem die Vorgaben gelockert worden: Mehreren diesbezüglichen Urteilen des Europäischen Gerichtshofs folgend, ist es mit dem neuen Legislativpaket von 2004 für

Vergaben oberhalb der Schwellenwerte zulässig, z.B. soziale und umweltpolitische Ausschreibungskriterien festzulegen. In Deutschland wird derzeit die Frage einer möglichen Umsetzung der diesbezüglichen Artikel der EU-Richtlinien in nationales Vergaberecht diskutiert.[49]

(15) Der Einsatz des Einkaufs der öffentlichen Hand zu Lenkungszwecken wirft jedoch grundsätzliche Probleme auf. Eine wesentliche Problematik der Einbindung vergabefremder Ziele liegt in deren Wirkung auf die Wettbewerbsintensität und auf die Korruptionsanfälligkeit der Vergabe. Werden diese durch spezifische Ausschreibungskriterien in Form der Anforderungen an Unternehmen eingebracht, wie Tariftreue, Ausbildung von Lehrlingen oder die Einhaltung von Umweltklauseln, schränken sie die Anzahl der Wettbewerber ein und können als Mechanismus zur versteckten Begünstigung bestimmter Anbieter genutzt werden.

(16) Hinzu kommt, dass die Kosten für die Erreichung vergabefremder Ziele bei Einbindung in den öffentlichen Einkauf äußerst intransparent sind: Die Auswirkungen einer Einschränkung der zugelassenen Bieter aufgrund sozialer oder umweltpolitischer Kriterien sind kaum quantifizierbar. Damit fehlt die für eine angemessene politische Willensbildung erforderliche Transparenz über Kosten und Nutzen der Maßnahmen. Diese Verschleierung der gesamtwirtschaftlichen Kosten mag der Grund dafür sein, dass die Einbindung vergabefremder Ziele in den Einkauf politisch leichter durchsetzbar ist und deshalb so stark vorangetrieben wird.

(17) Schließlich wird es bei der Verfolgung zusätzlicher vergabefremder Ziele unweigerlich zu einer Vernachlässigung des Hauptziels, wirtschaftlicher Einkauf, kommen. So wurde in einer Studie der EU von 2004 festgestellt, dass Sozialklauseln in Vergaben die Preise substantiell erhöhten.

(18) In vielen Fällen ist es fraglich, ob das öffentliche Beschaffungswesen das geeignete Instrument für die Verfolgung bestimmter politischer Ziele ist. Durch das öffentliche Beschaffungswesen agiert der Staat als Nachfrager am Markt und beeinflusst dadurch das Marktgeschehen und das Handeln privater Akteure diskretionär und partiell. Im Gegensatz dazu kann der Staat durch eine Veränderung der Rahmenbedingungen den Gesamtmarkt dauerhaft beeinflussen. So wurde beispielsweise beschlossen, das Klima durch die Einführung von CO2-Zertifikaten zu schützen. Eine sorgsame Abwägung der Kosten und Nutzen des politischen Ziels, wenn der öffentliche Einkauf als Instrument eingesetzt wird, ist erfor-

[49] Die Berücksichtigung sozialer und Umweltaspekte bei der Leistungsbeschreibung und den Zuschlagskriterien im Rahmen des wirtschaftlichsten Angebotes ist bereits zulässig, offen in der Diskussion ist noch Art. 26 RL 2004/18, der sich auf die zusätzlichen Bedingungen der Auftragsausführung bezieht.

derlich, um die gesamtwirtschaftliche Effizienz des Instrumentes im Vergleich mit anderen Politikinstrumenten bewerten zu können.

(19) Wenn vergabefremde Ziele dennoch über die Beschaffung verfolgt werden sollen, so ist es ökonomisch angebracht, diese Ziele über konkrete Preispräferenzen einzubringen, die politisch zu legitimieren sind. Preispräferenzen bedeuten, dass ein Unternehmen, welches spezifische Kriterien wie z.B. Umweltkriterien erfüllt, einen Preisvorsprung vor anderen Unternehmen erhält: Ist die Preispräferenz 5 Prozent, müssen Unternehmen, welche die Kriterien nicht erfüllen, 5 Prozent günstiger sein, um den Auftrag zu erhalten. Preispräferenzen sind transparent, so dass die direkten Kosten des politischen Ziels besser quantifizierbar sind, und sie vermeiden den expliziten Ausschluss von Unternehmen.

(20) Preispräferenzen sind mit den derzeitigen europäischen Vergaberichtlinien nicht vereinbar. Die Berücksichtigung vergabefremder Ziele wird allerdings über Spezifikationen in der Leistungsbeschreibung und den Ausschreibungs- und Zuschlagskriterien ermöglicht (vgl. KOM 2001 (274)). Dies lässt aber Spielraum für eine verdeckte positive oder negative Diskriminierung und verschleiert die Kosten vergabefremder Ziele. Gegenwärtig erzwingt das europäische Gemeinschaftsrecht also die schlechtere Lösung. Die EU sollte deshalb in ihrem Gemeinschaftsrecht die Beurteilung von Preispräferenzen überdenken.

(21) Es ist auch umstritten, ob Preispräferenzen gegen das EU-Beihilferecht verstoßen. Wesentlich für eine beihilfefreie Auftragsvergabe ist, dass das Vergabeverfahren transparent, diskriminierungsfrei und marktkonform erfolgt. Insbesondere könnte die mit einer Preispräferenz verbundene Quantifizierung der Zusatzkriterien das Verfahren beihilferechtlich angreifbar machen, da die öffentliche Hand damit implizit eine nicht marktkonforme Bewertung der Kosten der Zusatzkriterien durchführt. Allerdings ist auch hier die Alternative, der Ausschluss von Unternehmen, die die Kriterien nicht erfüllen können oder wollen, zwar beihilferechtlich zulässig, aber dem Wettbewerb nicht förderlich. Eine Preispräferenz würde auch solchen Unternehmen die Teilnahme ermöglichen.

(22) Durch moderate Preispräferenzen kann der Wettbewerb sogar intensiviert werden, da sie die Bieteranzahl tendenziell erhöhen. Wenn zusätzlich ansonsten schwächere Bieter durch eine Preispräferenz zu ernsthaften Konkurrenten werden, kann dies kompetitiveres Verhalten aller Bieter bewirken (vgl. McAfee und McMillan 1989). In diesem Fall bestünde auch kein Zielkonflikt mit dem Hauptziel eines wirtschaftlichen Einkaufs. Eine empirische Analyse der Auktion von Telekommunikationslizenzen in den USA 1993 ergab, dass Preispräferenzen an Unternehmen, die von Angehörigen von Minderheitengruppen geführt wur-

den, die öffentlichen Einnahmen um mehr als 12 Prozent erhöhten. Auch in Experimenten zu Vergabeauktionen wurde gezeigt, dass angemessene Preispräferenzen sowohl Kosteneinsparungen als auch höhere Zielgruppenpartizipation realisieren können (vgl. Corns und Schotter 1999).

(23) Der Beirat ist sich bewusst, dass der öffentliche Einkauf schon immer als Instrument zur Durchsetzung politischer Ziele, insbesondere der Industrie- und Regionalpolitik eingesetzt wurde. Es darf jedoch nicht Aufgabe des Vergaberechts sein, diesen Bestrebungen, die mit einer Wettbewerbsverfälschung durch Intransparenz und Vetternwirtschaft einhergehen, Tür und Tor zu öffnen. Im Weiteren soll auf die wichtigsten vergabefremden Ziele im Einzelnen eingegangen werden.

IV. Innovationsförderung

(24) Im Rahmen der Innovationsförderung im öffentlichen Beschaffungswesen muss unterschieden werden zwischen einem innovativen Beschaffungswesen und der Beschaffung von Innovationen. Ein innovatives Beschaffungswesen bedeutet die innovative Gestaltung der Beschaffungsprozesse und -organisationen selbst. Beschaffung von Innovationen bedeutet Nachfrage nach innovativen Produkten und Technologien als Ergebnis des Beschaffungsvorgangs (vgl. BMWi 2006).

(25) Ein innovatives Beschaffungswesen, wie z. B. die Nutzung von e-Procurement, kann u. a. durch Senkung der Prozesskosten sowohl bei den öffentlichen Vergabestellen als auch den Anbietern zu signifikanten Kosteneinsparungen führen. So schätzt das BMWi, dass die Durchführung von inversen Online-Auktionen für standardisierte Güter Kosteneinsparpotentiale von jährlich etwa 1–1,5 Mrd. Euro für die öffentliche Hand birgt (vgl. BMWi 2003).

(26) Der Koalitionsvertrag zwischen CDU, CSU und SPD weist ausdrücklich auf die Rolle des Staates als Nachfrager von Innovationen hin, und diesbezügliche Maßnahmen sind geplant. Als Argumente für die verstärkte Nachfrage des öffentlichen Beschaffungswesen nach Innovationen wird vorgebracht, dass vor allem bei einem hohen Nachfragevolumen der öffentlichen Hand relativ zum Markt der Markt für neue Produkte vergrößert und die Einführung von Standards erleichtert werden kann.

(27) Der Referenzcharakter, als Signal an potentielle Kunden über die erfolgreiche Umsetzbarkeit der Innovation, wird als ein Hauptargument für die öffentliche Nachfrage nach Innovationen vorgebracht. Anbieter innovativer Produkte sollten aber in Antizipation zukünftiger Gewinne bereit sein, diese in ihr Preisangebot einzukalkulieren, sofern

sie nicht durch Kapitalmarktunvollkommenheiten finanziell beschränkt sind. Somit wäre eine besondere Bevorzugung dieser Unternehmen unangebracht. Zudem ist fraglich, ob Informationsdefizite, die ursächlich für mögliche Kapitalmarktunvollkommenheiten sowie die Notwendigkeit eines Referenzprojektes sind, durch die öffentliche Hand reduziert werden können. Warum sollte der Staat die Wirtschaftlichkeit einer Innovation besser einschätzen können als der private Sektor? In diesem Zusammenhang ist auf das Risiko hinzuweisen, dass verfehlte Innovationsförderung die Innovationsfähigkeit an anderer Stelle belasten kann. So hat die Privilegierung von Siemens bei der Beschaffung von Computern an deutschen Universitäten in den 70er Jahren zu einer erheblichen Benachteiligung der deutschen Wissenschaft beigetragen.

(28) Das Vorliegen von Netzwerkeffekten kann zu ineffizienten Marktlösungen führen, wenn sich beispielsweise neue und bessere Produkte nicht am Markt etablieren können, da diese wegen der Netzwerkeffekte erst bei einer ausreichend hohen Kundenbasis für Neukunden attraktiv werden. In diesem Fall können durch staatliche Nachfrage eine kritische Masse an Benutzern erreicht und Standards gesetzt werden, was das Marktversagen mildern würde (vgl. Cabral et al. 2006). Nicht nur wegen fehlender Informationen ist jedoch zu hinterfragen, ob der Staat die geeignete Instanz ist, Standards über diskretionäres Einkaufsverhalten zu setzen. Andere Politikmaßnahmen, wie etwa eine gemeinsam mit den Wirtschaftsverbänden erarbeitete Empfehlung zur Einführung bestimmter Standards, können diesem Marktversagen wirksamer begegnen.

(29) Öffentliche Beschaffung dient grundsätzlich der wirtschaftlichen Bedarfsdeckung der öffentlichen Institutionen. Die Beschaffung von innovativen Leistungen sollte daher kein primäres Ziel des Beschaffungswesens sein (vgl. BMWi 2006). Allerdings sollte beim Vorliegen wirtschaftlicher innovativer Produkte und Dienstleistungen das öffentliche Beschaffungswesen auch in der Lage sein, den Innovationsvorsprung zu berücksichtigen. Eine Sensibilisierung des öffentlichen Einkaufs, welche ein Bewusstsein für innovative Produkte schafft, wie auch eher funktionale statt technische Spezifikationen in Ausschreibungen ermöglichen die Partizipation innovativer Unternehmen im Wettbewerb mit anderen Unternehmen.

V. Berücksichtigung von Umweltaspekten

(30) Während der Einkauf von Innovationen auf der Produktebene ansetzt, werden Umweltaspekte sowohl bei der Beschreibung des Produktes wie auch durch Anforderungen an die Produzenten in den Beschaffungsprozess eingebracht. Die gezielte Förderung der Nachhaltigkeit durch umweltfreundlichen öffentlichen Einkauf ist seit Ende der 90er Jahre

international zu beobachten. Für Deutschland wurde ermittelt, dass 30 Prozent der Vergabestellen in Deutschland bei der Mehrzahl ihrer Vergaben Umweltkriterien berücksichtigen. Der EU-Durchschnitt liegt bei 19 Prozent der Vergabestellen (vgl. Europäische Kommission 2003).

(31) Argumente für umweltbewussten Einkauf sind einerseits die Vorgabe, dass der Staat zumindest die externen Effekte seines eigenen Kaufverhaltens internalisieren sollte, sofern keine anderen Mechanismen dafür bereitstehen, und andererseits die Förderung von neuen umweltfreundlichen Technologien (Vgl. Marron 1997). Ebenso wie bei der Innovationsförderung soll die staatliche Nachfrage den Markteintritt erleichtern und die Möglichkeit der Ausnutzung von Skalen- und Lerneffekten durch staatliche Nachfrage induzieren. Zusätzlich wird das auf die Nachfrageseite bezogene Argument des „Leading by example" vorgebracht (vgl. OECD 2003). Weiterhin wird argumentiert, dass umweltfreundliche Beschaffungspolitik dazu beitrage, international eingegangene Abkommen zum Klimaschutz zu erfüllen. So wird geschätzt, dass bei einem Wechsel aller öffentlichen Stellen Europas zu umweltfreundlicher Elektrizität der CO2-Ausstoß um 60 Millionen Tonnen reduziert würde; dies entspricht 18 Prozent der EU-Verpflichtungen im Rahmen des Kyoto-Protokolls (DG Research 2003).

(32) Grundsätzlich gelten hier die gleichen Argumente wie bei der allgemeinen Diskussion zu vergabefremden Zielen: Die Förderung umweltfreundlicher Produkte ist unproblematisch in Situationen, in denen der Beschaffungsprozess derart gestaltet wird, dass die Berücksichtigung der Nachhaltigkeit auch wirtschaftlich sinnvoll ist, also kein Zielkonflikt vorliegt. Dies ist beispielsweise der Fall, wenn im Beschaffungsverfahren die Kosten für den gesamten Lebenszyklus berücksichtigt werden und dadurch z. B. Produkte mit geringeren Lebenszeit-Energiekosten gewählt werden, obwohl sie zunächst höhere Anschaffungskosten verursachen.

(33) Der öffentliche Einkauf muss aber auch in der Lage sein, diese wirtschaftlichen Vorteile zu nutzen. So gaben öffentliche Stellen an, dass hauptsächlich Budgetbeschränkungen eine Hürde für umweltfreundlichere Beschaffung waren (vgl. ICLEI 2003). Die geläufige Praxis von einjährigen Budgetzyklen und einer Trennung der Verantwortlichkeiten für Kapital- und für operative Kosten ist nicht geeignet, Kosten über den Lebenszyklus zu berücksichtigen (Vgl. OECD 2003).

(34) Für das Argument des „Leading by example" müssen die genauen Interdependenzen beim Kaufverhalten von staatlichen und privaten Akteuren beachtet werden. Während bei hohen Skalenvorteilen umweltfreundlicher Güter durch das beispielgebende Nachfrageverhalten des

Staates die Bereitstellungskosten sinken und dementsprechend mehr private Nachfrager die umweltfreundlichen Güter kaufen, ist bei steigenden Grenzkosten der Produktion umweltfreundlicher Güter eine Verdrängung von privater Nachfrage zu erwarten (vgl. Marron 1996).

(35) Im Übrigen ist wieder die Frage zu stellen, ob das öffentliche Beschaffungswesen mit seiner partiellen Beeinflussung des Marktes das geeignete Instrument für den Klima- und Umweltschutz ist. Eine Veränderung der Rahmenbedingungen auf der Angebotsseite, z. B. durch Obergrenzen für CO2-Emissionen und den Handel mit Zertifikaten, könnte die Externalität wirksamer internalisieren als der partielle Eingriff in den Markt durch privatwirtschaftliches Handeln.[50]

(36) Denkbar wäre es, umweltfreundliches Produzieren und umweltfreundliche Produkte durch eine Preispräferenz zu fördern. Dies macht die Kosten der Maßnahme transparent und kann den Wettbewerb intensivieren. In vielen Staaten der USA werden beispielsweise für recyceltes Papier Preispräferenzen von 5 Prozent bis zu 20 Prozent gewährt. In einer Studie der OECD wird vorgeschlagen, dass die öffentliche Hand Schattenpreise[51] für Externalitäten der Produktion ansetzen und diese in den Preiskalkulationen berücksichtigen solle (vgl. OECD 2003). Dies wird z. B. in der Schweiz praktiziert (vgl. OECD 2003).

VI. Tariftreue

(37) Tariftreue als Voraussetzung für öffentliche Aufträge setzt rein auf der Unternehmensebene an und ist damit ein Beispiel für ein vergabefremdes Ziel par excellence. Der Beirat spricht sich dezidiert gegen die Forderung der Tariftreue im öffentlichen Einkauf aus, da ein Unternehmen nicht benachteiligt werden darf, wenn es rechtlich einwandfrei seine Produkte und Leistungen herstellt.

[50] In allen diesen Fällen sind aber stets die ökonomischen Rückwirkungen zu beachten. Werden etwa durch eine einseitige Aktion Umweltzertifikate in Deutschland eingespart, so entstehen zwar u. U. erhebliche Kosten. Doch der CO2-Effekt beträgt exakt null, weil die eingesparten Zertifikate auf dem gesamteuropäischen Markt anderswo angeboten und nachgefragt werden und die Gesamtzahl der Zertifkate EU-weit gegeben ist (vgl. Gutachten des *Wissenschaftlichen Beirats beim Bundesministerium für Wirtschaft und Arbeit, Förderung erneuerbarer Energien*, BMWA-Dokumentation 534, Juli 2004.)

[51] Schattenpreise eines Gutes sind definiert als die gesellschaftlichen Grenzkosten der Produktion des Gutes. Diese können bei Externalitäten der Produktion von den privatwirtschaftlichen Grenzkosten abweichen und werden somit nicht (vollständig) in der Preisbildung am Markt berücksichtigt.

(38) Die Tariftreuegesetze wurden von der Monopolkommission bereits im 14. Hauptgutachten für 2001/2002 kritisiert. Insbesondere wurde dabei die Verpflichtung von Generalunternehmen zur Wahrnehmung von Kontrollaufgaben im Hinblick auf die Einhaltung der Tariftreuegesetze als ordnungspolitisch bedenkliche Übertragung hoheitlicher Aufgaben auf Private angesehen. Hinzu wurde in dem Gutachten eine Erhöhung der Kosten öffentlicher Aufträge sowie die Benachteiligung ostdeutscher Bauunternehmen erwartet (vgl. Monopolkommission 2003). Aus rechtlicher Sicht ist strittig, ob die Tariftreuegesetze gegen Europäisches Primärrecht (Artikel 49 EG, Dienstleistungsfreiheit) verstoßen[52].

(39) Die Erfahrung einiger Bundesländer mit Tariftreuegesetzen zeigt exemplarisch weitere Probleme der Einbindung vergabefremder Ziele in den Einkauf. Im Jahre 2002 haben 8 Bundesländer Tariftreuegesetze erlassen, nachdem das vom Deutschen Bundestag verabschiedete Tariftreuegesetz im Bundesrat am 12. Juli 2002 abgelehnt worden war.[53] In Nordrhein-Westfalen wurde das Tariftreuegesetz im November 2006 wieder aufgehoben. Die Aufhebung folgte unter anderem einem Gutachten der Sozialforschungsstelle Dortmund, welche das Tariftreuegesetz in NRW für den Zeitraum 2004–2005 evaluierte.

(40) In dem Gutachten wurde festgestellt, dass 70 Prozent der Kreise und 96 Prozent der Gemeinden die Einhaltung der Tariftreue nicht prüfen. Weiterhin gaben 80 Prozent der Vergabestellen an, erhebliche Schwierigkeiten bei der Abgrenzung der jeweils anzuwendenden Tarifverträge zu haben. Weitere 70 Prozent gaben an, dass die Nachprüfung der Kalkulationen schwierig sei und sich das Gesetz nicht korrekt umsetzen lasse. Seitens der Bauunternehmen stellten 70 Prozent fest, dass die Kontrolltätigkeit und damit der Verwaltungsaufwand auf Generalunternehmer abgewälzt werde.

VII. Mindestsozialstandards

(41) Der Einsatz der Vergabepolitik zur Einhaltung von Mindestsozialstandards wird auf internationaler Ebene zunehmend forciert.[54] Eingang in die deutsche Diskussion fand die Thematik u.a. durch einen Bericht des Spiegel, in dem auf die Schwierigkeit für Kommunen hingewiesen wurde, den Kauf von angeblich mit Kinderarbeit hergestellten indischen Pflastersteinen unter geltendem Vergaberecht zu verweigern.

[52] Das OLG Celle hat eine entsprechende Vorlagefrage an den EuGH formuliert, eine Entscheidung steht noch aus.

[53] In zwei Ländern (Schleswig-Holstein, Hamburg) ist dieses Gesetz befristet.

[54] So wurde bereits 1999 den amerikanischen Bundesbehörden der Kauf von mit Kinderarbeit hergestellten Waren untersagt.

(42) Es ist im westlichen Kulturkreis unstrittig, dass Kinder in die Schule gehen und nicht durch Arbeitseinsatz vom Schulbesuch abgehalten werden sollten. Des weiteren wird gefordert, dass der Staat sich nicht durch sein (privatwirtschaftliches) Handeln der Komplizenschaft an der Nichteinhaltung dieser und anderer Mindestsozialstandards schuldig machen dürfe. Weiterhin wird wie bei umweltpolitischen Aspekten das Argument des „Leading by example“ zur Durchsetzung der Normen vorgebracht.

(43) Die Wirkung von Mindestsozialstandards ist ambivalent. So argumentieren die Entwicklungsländer auf der Ebene der WTO, dass Sozialstandards einen versteckten Protektionismus darstellen sowie einen Engriff in die staatliche Souveränität bedeuten.

(44) Man sollte sich zu den Einflussmöglichkeiten des öffentlichen Einkaufs auf die Einhaltung von Mindestsozialstandards keinen Illusionen hingeben: Der Großteil der Kinderarbeit findet in informellen Sektoren und nur etwa 5 Prozent im exportierenden Sektor statt (vgl. OECD 2000). Häufig ist die Durchsetzbarkeit im Rahmen der privatwirtschaftlichen Nachfrage fraglich: Bei internationaler Beschaffung ist es schwierig, die Herstellungsbedingungen zu kontrollieren. Dies könnte über Zertifizierung, international anerkannte und kontrollierte „Codes of Conduct“ oder „Product labeling“ gewährleistet werden.

(45) Die Wirkungen von Mindestsozialstandards können sogar kontraproduktiv sein: So kann durch „Product labeling“ zwar ein neuer Exportsektor entstehen, der keine Kinder beschäftigt. Dadurch könnte die Kinderarbeit aber noch stärker in den nicht-exportierenden und in den informellen Sektor abgedrängt werden (vgl. Brown 1999). Generell ist zu fragen, ob andere Instrumente wie die Entwicklungshilfe hier nicht zielgenauer wirken können.

VIII. Förderung kleiner und mittlerer Unternehmen (KMUs)

(46) Im Beschluss der Bundesregierung vom 28. Juni 2006 zur Vereinfachung des Vergaberechts im bestehenden System wird ausgeführt, dass auf eine mittelstandsgerechte Ausgestaltung des künftigen Vergaberechts besonders zu achten sei. Grundsätzlich sollte auch hier die Förderung von KMUs vor dem Hintergrund des Primärziels des öffentlichen Beschaffungswesens, eines wirtschaftlichen Einkaufs, betrachtet werden.

(47) Mittelstandsförderung ist nicht automatisch Wettbewerbsförderung. Vergaberegeln, die zu einer Schlechterstellung von KMUs führen und damit den Wettbewerb einschränken, sollten geändert werden. Eine Förderung des Mittelstands auf Kosten der Wirtschaftlichkeit ist hingegen nicht angebracht.

(48) Die gängige Vergabepraxis zur Unterstützung der Teilnahme von KMUs an öffentlichen Vergaben nutzt unter anderem folgende Mechanismen (vgl. Piga und Zanza 2004): Teilung des Vergabevolumens in kleinere Losgrößen, Definition weniger restriktiver Teilnahmebedingungen, Zulassung von Bietergemeinschaften kleiner Unternehmen, intensive Bereitstellung von Informationen zur Verringerung von Informationsasymmetrien sowie die Möglichkeit, Unteraufträge für Teile des Vertrages zu vergeben.

(49) Primär diskutiert wird aktuell vor allem die Aufteilung in Lose und die Reservierung von Losen für KMUs. § 97 Abs. 3 GWB gibt der Losvergabe explizit Vorrangwirkung zur Berücksichtigung mittelständischer Interessen oberhalb der Schwellenwerte. Für Aufträge unterhalb der Schwellenwerte besagt § 5 der Verdingungsordnung für Leistungen, dass der Auftraggeber, sofern dies nach Art und Umfang der Leistung zweckmäßig ist, diese in Lose zerlegen soll, damit sich KMUs um Lose bewerben können. Dabei sind aber die Auswirkungen auf den Wettbewerb und die Effizienz der Vergabe zu beachten: Liegen Skaleneffekte in der Produktion für den gesamten Auftrag vor, so kann eine Teilung des Auftrages zu ineffizienter Produktion und höheren Beschaffungskosten führen (vgl. Grimm et al. 2006). Auf der anderen Seite kann der Wettbewerb bei Teilung des Auftrages intensiviert werden, wenn einige Unternehmen wie KMUs nur Teile des Auftrages bearbeiten können. Dies ist besonders dann der Fall, wenn kleine Unternehmen sich auf bestimmte Teile spezialisiert haben. Eine Aufteilung in Lose sollte daher nur in den Fällen in Betracht bezogen werden, bei denen diese Aufteilung den Wettbewerb fördert.

(50) Zusätzlich ist sowohl aus Kosten- als auch Effizienzsicht zu überlegen, ob eine Teilung des Auftrags das beste Verfahren ist, um die Teilnahme von KMUs zu fördern: Alternativen sind die Zulassung von Bietergemeinschaften kleinerer Unternehmen sowie die Möglichkeit des Unternehmens, welches den Zuschlag erhält, Unteraufträge zu vergeben. Bietergemeinschaften sind nach EU-Vergaberecht zulässig, die Vergabe von Unteraufträgen ist nicht geregelt. Bietergemeinschaften können dazu dienen, Synergien zu nutzen und durch Informationsaustausch den Informationsstand der Bieter zu verbessern (vgl. Albano et al. 2006). Unteraufträge erlauben eine optimale Allokation des Auftragsvolumens auf die Unternehmen und können im Vergleich zu einer von der Vergabestelle vorgenommenen Teilung die Beschaffungskosten senken (vgl. Marechal und Morand 2004).

(51) Außerdem muss beachtet werden, dass die Teilung in kleinere Losgrößen die Möglichkeit zu Absprachen und zur Aufteilung der Lose erhöht. Diese Problematik, die in der Literatur unter dem Schlagwort der

„Strategic Demand Reduction" untersucht wird (vgl. z.B. Brusco und Lopomo 2002), ist bei Verkaufsverfahren gut dokumentiert. So war die strategische Nachfragereduktion ursächlich dafür, dass bei der Versteigerung der UMTS-Lizenzen in Österreich die Einnahmen pro Kopf der Bevölkerung nur ein Sechstel der Einnahmen in Deutschland betrugen.

IX. Kosteneinsparung durch Optimierung des öffentlichen Einkaufs

(52) Mit einem Beschaffungsanteil von über 50 Prozent des Umsatzes hat die Privatwirtschaft die Bedeutung des Einkaufs erkannt und entsprechend reagiert. Der Einkauf wird zunehmend als entscheidender Wertschöpfungstreiber im Unternehmen gesehen. Eine Befragung von 1500 mittelständischen und großen Unternehmen ergab, dass die höchsten Kostensenkungen im Einkauf durch Unternehmen erreicht wurden, die sich durch einen hohen Stellenwert der Einkaufsfunktion im Unternehmen und direkten Bericht des Einkaufs an die Geschäftsführung, Standardisierung und Rationalisierung des Bedarfs, Straffung des Lieferantenstammes, einen hohen Grad an Ausschreibungsbündelung und langfristige Verträge, sowie den Einsatz von eTools auszeichneten (vgl. BME/SynerDeal 2005).

(53) Auch die öffentliche Hand sollte die Beschaffung nicht als Verwaltungsaufgabe, sondern als wesentliches Element des öffentlichen Handelns wahrnehmen. Dies beinhaltet die Stärkung des Einkaufs in der Behördenstruktur und Kompetenzaufbau über die Vergaberichtlinien hinaus sowie den Aufbau eines Systems der kontinuierlichen Evaluierung der Beschaffungsprozesse für die Implementierung von Best Practice im Einkauf.

(54) In Deutschland wird der öffentliche Einkauf der etwa 8000 Gebietskörperschaften von ca. 30.000 Vergabestellen des Bundes, der Länder und der Kommunen durchgeführt (BMWi 2006). Es existieren nur wenige große Vergabestellen, wie z.B. auf Bundesebene das Beschaffungsamt des Bundesministeriums des Innern (BESCHA) sowie die Beschaffungsämter des Bundesministeriums der Verteidigung und das Beschaffungsamt der Bundeszollverwaltung.

X. Optimaler Grad an Bündelung

(55) Optimierung des öffentlichen Einkaufs bedeutet auch, abzuwägen zwischen den Vorteilen eines dezentralen Einkaufs wie der Anpassung des Bedarfs an die örtliche Nachfrage sowie der Vermeidung einer zu starken Einkaufsmacht einerseits und den Vorteilen einer größeren Bün-

delung durch Ausnutzen von Synergien, stärkere Professionalisierung sowie eine Verbesserung der Verhandlungsmacht andererseits. Diese Aspekte werden im Folgenden thematisiert.

(56) Vergabe in dezentralen Strukturen ist sinnvoll, wenn der Bedarf an die örtliche Nachfrage angepasst werden muss. Die Akteure großer zentraler Vergabestellen stehen vor einem Informations- und einem Anreizproblem. So ist es für sie nicht einfach, die Intensität der Bedürfnisse dezentraler Nachfrager, die dezentral erwünschte Produktvielfalt einerseits sowie Kompromissmöglichkeiten in Richtung Standardisierung andererseits zu erkennen und einzuschätzen. Poollösungen versus Einzellösungen hängen nicht nur vom Einkauf, sondern auch von der Zweckmäßigkeit der dezentralen Organisation der Verwaltung ab. Weil den Vergabe- wie den Nutzerbehörden das gemeinsame Ziel der Gewinnmaximierung fehlt, haben in den jetzigen Strukturen beide wenig Anreiz, sich gegenseitig abzustimmen. Dezentraler Einkauf kann dieses Anreizproblem umgehen, entschärfen und dadurch unkoordinierten Leerlauf vermeiden.

(57) Der Verzicht auf Einkaufsmacht durch dezentrale Beschaffung vermeidet auch die negativen Wirkungen einer Konzentration der staatlichen Beschaffung. Diese entstehen dann, wenn Nachfragemacht langfristig die Anzahl der Wettbewerber verringert. Während in der Privatwirtschaft davon auszugehen ist, dass Käufer mit Nachfragemacht langfristig selbst ein Interesse an einer hohen Anzahl an Wettbewerbern haben und dies in ihr Beschaffungskalkül einbeziehen, ist dies bei der öffentlichen Hand nicht unbedingt gegeben. Einjährige Budgetzyklen sowie eine de facto Verpflichtung zum Kauf beim Billigstanbieter ohne Rücksicht auf die Marktstruktur führen zu einer Vernachlässigung der langfristigen Gesichtspunkte.

(58) Durch eine stärkere Bündelung der Beschaffungstätigkeit können Synergien in den Beschaffungsvorgängen genutzt werden. Die Reduktion der Wiederholung vieler kleiner Beschaffungsprozesse und die erleichterte Standardisierung bestimmter Beschaffungsprozesse können zu einer Senkung der gesamten Prozesskosten beitragen. Dabei können größere Beschaffungsstellen gerade die Beschaffung standardisierter Produkte, bei denen keine individuellen Lösungen erforderlich sind, durch effiziente, transparente Verfahren und unter Ausnutzung der zumeist vorliegenden Skaleneffekte in der Produktion kostengünstig durchführen. Hinsichtlich der Beschaffungsprozesse wird insbesondere die Einführung von e-Procurement über das Internet erleichtert: Bei Bündelung lohnen sich die Investitionen in den Aufbau der IT-Infrastruktur zur Durchführung von e-Procurement, wodurch deren Kostensenkungspotential genutzt werden kann.

(59) Eine Bündelung der Beschaffungstätigkeit kann weiterhin eine stärkere Konzentration von qualifizierten Mitarbeitern ermöglichen und somit zur Professionalisierung der Beschaffung beitragen. In größeren Beschaffungsstellen oder Serviceeinheiten können spezialisierte Vergabeexperten, Marktanalysten und Juristen Teams bilden und kontinuierlich die Beschaffungsprozesse verbessern. Diese Vergabeexpertise kann dann, wenn dies explizit Teil der Aufgabe der Vergabestelle ist, in Weiterbildungen und durch ständigen Informationsaustausch an andere Vergabestellen weitergegeben werden und somit die Orientierung an Best Practice vereinfachen.

(60) Eine stärkere Bündelung der Beschaffung würde die Nachfrageposition der Vergabestellen stärken. Dies kann zu Kostensenkungen führen. Die Europäische Kommission geht auf Basis einer Studie davon aus, dass eine um 25 Prozent größere Menge im Durchschnitt zu einer Preisreduktion von 7 Prozent führt (vgl. Europäische Kommission 2004). So können Preisvorteile unter anderem dadurch entstehen, dass es für Anbieter schwieriger sein kann, einen großen Käufer zu ersetzen, wodurch dieser Preisnachlässe verlangen kann (vgl. Inderst und Wey 2007). Hinzu kommt, dass durch die Bündelung der Beschaffung eine kollusive Marktaufteilung zwischen Anbietern erschwert wird (vgl. Snyder 1996).

(61) In Europa existiert generell der Trend, höhere Beschaffungsvolumina in einer kleineren Anzahl an Beschaffungsstellen zu aggregieren (vgl. Piga und Zanza 2004), wobei der Grad der Umsetzung international sehr heterogen ist (vgl. Carpetini et al. 2006): Der Anteil zentraler Beschaffungsstellen am gesamten Beschaffungsvolumen lag 2003 zwischen 10–12 Prozent bei Statskontoret (Schweden), Statens og Kommunernes Indkøbs Service A/S (Dänemark) und dem Directorate of Public Procurement (Ungarn) und 5–6 Prozent bei der General Services Administration (USA), Consip (Italien) und der Bundesbeschaffung GmbH (Österreich). Im Vergleich dazu: Das BESCHA in Deutschland hatte einen Anteil von weniger als ein Prozent.

(62) Vor dem Hintergrund der obigen Diskussion sollte das Effizienzpotential in der Organisation des öffentlichen Beschaffungswesens in Deutschland aufgearbeitet und realisiert werden. Bei standardisierten Produkten und Leistungen erscheint eine stärkere Bündelung der Einkaufstätigkeit z.B. innerhalb von Bundes- oder Landesbehörden oder Gemeindeverbänden sinnvoll. Diese Maßnahmen würden zudem zu einer Erhöhung der Transparenz im Vergabewesen beitragen, da die Volumina dann eher oberhalb der EU-Schwellenwerte liegen und somit eher öffentlich ausgeschrieben werden.

XI. Aufbau von Serviceeinheiten

(63) Ergänzt werden könnten die Maßnahmen zur Optimierung des öffentlichen Einkaufs durch den Aufbau von Serviceeinheiten, welche neben Dienstleistungen wie Weiterbildung, Kompetenzaufbau und Beratungen auch die Beschaffung von standardisierten Produkten z. B. über Rahmenverträge, auf die kleinere Beschaffungseinheiten Zugriff haben, übernehmen könnte. Diese Einheiten könnten auch wirtschaftliche Vergleiche zwischen den Beschaffungseinheiten (‚Benchmarking') vornehmen und ‚Best-Practice-Standards' entwickeln.

(64) Ein Beispiel für eine solche zentrale Serviceeinheit ist die „OGCbuying.solutions" in Großbritannien, die aus einer Fusion verschiedener Beschaffungsstellen hervorgegangen ist und öffentliche Einrichtungen mit mehr als 500.000 Gütern und Dienstleistungen durch Rahmenverträge versorgt und beratend tätig ist. OGCbuying.solutions erzielte im Fiskaljahr 2005/06 Kosteneinsparungen in Höhe von 412 Millionen Pfund bei einem Volumen von 2.7 Milliarden Pfund.

XII. Lenkung des öffentlichen Einkaufs

(65) Mit einer Reform des Vergaberechts sollte auch die Lenkung („Governance") des öffentlichen Einkaufs verbessert werden (vgl. z. B. Kelman 2002). In Großbritannien erfolgt dies z. B. dadurch, dass im Rahmen einer Effizienzinitiative im öffentlichen Sektor der Finanzminister der zentralen Beschaffungsorganisation OGCbuying.solutions jährliche Einsparziele vorgibt.

(66) Auf diese Weise sollen Mitarbeiter motiviert werden, das Ziel des wirtschaftlichen Einkaufs zu verfolgen. Dazu gehört, dass sie den Entscheidungsspielraum haben, die für den bestimmten Beschaffungsvorgang effiziente Lösung zu suchen. In Deutschland ist der öffentliche Einkauf durch die Beschaffungsvorschriften vom GWB bis zu den einzelnen Punkten in den Verdingungsordnungen hochgradig reglementiert und komplex. Dies verursacht nicht nur einen hohen Verwaltungsaufwand, sondern kann auch den Entscheidungsspielraum derart einschränken, dass die Beschaffung nur als Verwaltungsaufgabe wahrgenommen wird und nach altbekannten Mustern abläuft.

(67) Wie in den Abschnitten zu umweltbewusstem Einkauf und zur Bündelung aufgeführt, wird bei den jetzigen Strukturen die langfristige Perspektive im öffentlichen Einkauf nicht ausreichend beachtet. Eine konsequente Berücksichtung von Lebenszykluskosten, gemeinsame Verantwortlichkeit von Kapital- und Betriebskosten sowie wirtschaftliches

Handeln jenseits der kameralistischen Haushaltsführung wären Schritte hin zu einem Einkauf gemäß eines Gesamtkosten-Ansatzes.

(68) Die kontinuierliche Verbesserung des Beschaffungswesens erfordert einen Informationsaustausch über Methoden, die erfolgreich sind. Auf EU-Ebene existiert dafür das Public Procurement Learning Lab, in dem zumeist die zentralen Beschaffungsorganisationen der EU-Staaten Ergebnisse neuer Beschaffungsmethoden z. B. durch das Vorstellen von Pilotstudien diskutieren. Dieser Ansatz des Lernens von „Best Practice" sollte Bestandteil der Beschaffungskultur sein.

XIII. Aspekte zur Reform der Vergaberegeln

(69) Neben der geeigneten Organisation und Führung des Einkaufs ist die sachgerechte Gestaltung der Vergaberegeln für einen wirtschaftlichen Einkauf entscheidend. Grundsätzlich sollte das Vergaberecht die allgemeinen Kriterien einer Vergabe bestimmen, die spezifischen Vergaberegeln jedoch nicht beschränken. So war Ziel der Vergaberechtsreform der 90er Jahre in den USA, die Regeldichte signifikant zu verringern, damit für den jeweiligen Kontext passende und effiziente Vergabelösungen gefunden werden können (vgl. Kelman 2002).

(70) Unterschiedliche Rahmenbedingungen verlangen nach unterschiedlichen Vergabeformen und somit nach situationsspezifischem Vergabedesign. Dass beim Kauf eines Neuwagens anders verhandelt wird als bei einem Gebrauchtwagen, ist jedem einleuchtend, der beide Verhandlungen geführt hat. Den Einkäufern der öffentlichen Hand müssen die notwendigen Freiräume gewährt werden, um die Vergabeform den Umständen anpassen zu können.

XIV. Kollision zwischen Anbietern

(71) Insbesondere in wenig dynamischen Industriezweigen mit relativ homogenen Gütern ist die Gefahr der expliziten oder impliziten Preisabsprache zwischen den Unternehmen groß. Damit Preisabsprachen glaubwürdig sind, muss es möglich sein, auf eine Preisunterbietung heute mit einem Preiskrieg morgen zu reagieren. Wesentlich für die Stabilität einer Absprache ist es daher, dass den Teilnehmern bewusst ist, wer welches Gebot abgegeben hat, um somit mögliche Abweichler identifizieren zu können. Im Umkehrschluss gilt, dass zur Vermeidung von Kollision in solchen Industriezweigen die Vergabe eher in Form eines verdeckten Gebots ablaufen sollte. Vor diesem Hintergrund ist es mit Sorge zu betrachten, wenn die auf EU-Ebene vorgegebenen Regeln zum Vergaberecht so

interpretiert werden, dass nun primär elektronische Englische Auktionen durchgeführt werden sollen, bei denen jeder Bieter die Gebote der anderen sieht und darauf reagieren kann.

(72) Aber auch bei den alternativen Verfahren ist es zumindest im Hinblick auf die Bekämpfung von Absprachen nicht zielführend, wenn das Gebot und die Identität des Gewinners unmittelbar nach Abgabeschluss den mitbietenden Unternehmen offen gelegt werden. So bestimmt Artikel 41 Abs. 2 der Richtlinie 2004/18-EG, dass für Vergaben über den Schwellenwerten sowohl Gebot als auch Zuschlagsempfänger auf Anfrage der Bieter mitgeteilt werden müssen.[55] Im Hinblick auf das nationale Vergaberecht sollte jedoch überlegt werden, zumindest das Gebot des erfolgreichen Bieters nicht offen zu legen, zumal keine subjektiven Bieterrechte gewährt werden. Damit der Rechtsschutz der Konkurrenten nicht verkürzt wird, könnte das Recht der Akteneinsicht durch das „in camera" Verfahren nach § 99 II VwGO ersetzt werden. Bei diesem Verfahren kann jeder Konkurrent erwirken, dass das Gericht die vollständigen Akten erhält und prüft, ob die Rechte konkurrierender Bieter gewahrt worden sind. Wenn alles mit rechten Dingen zugegangen ist, erfährt der Konkurrent selbst dagegen nur das Ergebnis der Überprüfung, nicht ihre tatsächlichen Grundlagen.

(73) Dem wird entgegengehalten, dass Transparenz bezüglich des Gewinners zur Vermeidung von Korruption erforderlich ist. Es besteht in der Tat ein Konflikt zwischen der Vermeidung von Korruption einerseits durch vollständige Transparenz ex ante und ex post und der Vermeidung von Kollision andererseits durch Transparenz in der Ausschreibung, aber nicht nach der Vergabe. Durch interne Kontrollen, verzögerte Offenlegung oder durch Anwendung des „in camera" Verfahrens könnte hier ein Mittelweg gefunden werden.

(74) Neben der Vergabe über verdeckte Gebote gibt es weitere Möglichkeiten, Kollision zu erschweren: Grundsätzlich ist Kollision umso schwerer, je höher die Anzahl der Bieter ist. Auch vor diesem Hintergrund kann die Förderung der Partizipation von KMUs an Vergaben sinnvoll sein. Weiterhin kann es hilfreich sein, wenn zum Zwecke der Kollisionsbekämpfung Vergaben über hohe Volumina erfolgen und nicht zu oft durchgeführt werden: Bei einer geringen Frequenz der Vergaben kann die „Bestrafung" von Abweichlern durch das Bieterkartell nicht sofort erfolgen und das Abweichen wird attraktiver.

[55] Art. 54 Abs. 6 der RL 2004/18 legt fest, dass bei elektronischen Auktionen während der Phasen der Auktion die Identität der Bieter keinesfalls bekannt gegeben werden darf. Dies schließt aber nicht aus, dass anschließend offen gelegt wird, wer den Auftrag gewonnen hat.

XV. Insolvenz von Auftragnehmern

(75) Namentlich im Baugewerbe und bei IT-Dienstleistungen ist zu beobachten, dass einzelne Unternehmen vor oder während der Erstellung eines Auftrags insolvent werden. Eine Studie in den USA zeigt, dass zwischen 1990 und 1997 über 80.000 Unternehmen bei öffentlichen Ausschreibungen Insolvenz anmelden mussten. Der volkswirtschaftliche Schaden, der dadurch entstand, betrug 21 Mrd. US $. Nicht nur der unmittelbare Schaden ist beachtlich: Die Möglichkeit der Insolvenzanmeldung führt auch zu Verzerrungen beim Vergabeprozess. Unternehmen mit beschränkter Haftung sind im Insolvenzfall gegen hohe Forderungen abgesichert, können aber im Gewinnfall voll am Gewinn partizipieren. Dadurch haben diese Unternehmen einen Anreiz, sehr aggressiv bei Vergaben mitzubieten, und werden dadurch tendenziell solvente Unternehmen verdrängen. Diese extrem aggressiven Gebote werden auch als „abnormally low tenders" bezeichnet, eine Problematik, die schon die Enterprise Section der Europäischen Kommission in einer Studie von 1999 beschäftigt hat.

(76) In den USA wird zur Vermeidung von „abnormally low tenders" verlangt, dass Unternehmen bei Aufträgen über 100.000 US $ so genannte „surety bonds" vorlegen. Surety bonds ähneln der deutschen Bürgschaft. Sie haben den Charakter einer Versicherung: Gegen Zahlung einer Prämie garantiert der Aussteller des Bonds, im Insolvenzfall entweder den Auftrag zu Ende zu führen oder aber eine vorher festgelegte Summe zu zahlen. Diese Interessenlage führt dazu, dass surety-bond-Emittenten einen hohen Anreiz haben, die Solvenz und Güte eines Unternehmens, das solche bonds nachfragt, im Vorhinein abzuklären. Ähnliche Regeln gibt es in Kanada und Japan.

(77) Mit Methoden des Vergabedesigns gegen ungewöhnlich niedrige Angebote vorzugehen, ist nicht einfach. Nach Artikel 55 der Richtlinie 2004/18-EG soll der Einkäufer eine schriftliche Aufklärung über Einzelposten des Angebots verlangen, die ungewöhnlich niedrig ausfallen. In der Praxis ist diese Vorgehensweise selten zu beobachten. Grundsätzlich empfiehlt es sich in solchen Situationen, Druck aus dem Verfahren zu nehmen, indem beispielsweise ein Auftrag an zwei Unternehmen vergeben wird, etwa über Bietergemeinschaften oder Teilung des Auftrags (vgl. Engel et al. 2006). Allerdings sollte man nicht, wie aus den USA und Italien berichtet wird, Aufträge an den Bieter vergeben, dessen Gebot am nächsten am Durchschnitt aller Gebote liegt. Auch wenn dieses Verfahren den Anschein erweckt, dass extreme Gebote vermieden werden, so ändert eine solche Regelung doch das Verhalten der Unternehmen entscheidend: Wenn jedes Unternehmen versucht, nur das Durch-

schnittsgebot zu erreichen, endet dies in dem krampfhaften Bemühen, nicht zu unterbieten. In der Folge ist mit sehr hohen Preisen zu rechnen.

XVI. Korruption

(78) Korruption ist ein weit verbreitetes Problem im Beschaffungswesen. Die Weltbank schätzt das Volumen von Bestechungen bei öffentlichen Vergaben weltweit auf etwa 200 Mrd US$ jährlich (vgl. Kaufmann 2005). Korruption kann verschiedene Formen annehmen, beobachtet wurden das sogenannte Bid rigging, bid orchestration und die Verzerrung von Qualitätsrankings (vgl. Lengwiler und Wolfstetter 2006).

(79) Bid rigging bedeutet im Zusammenhang mit einer Beschaffungsauktion, dass der Auktionator nach Erhalt aller Gebote einem bevorzugten Bieter die Möglichkeit gibt, sein Gebot zu ändern. Der bevorzugte Bieter erhält damit die Möglichkeit, sein Gebot dem niedrigsten aller anderen Gebote anzupassen. Dies ist eine Form der Korruption (oder Diskriminierung), weil nur ein ausgewählter Bieter und nicht alle Bieter die Möglichkeit haben, ein Nachgebot abzugeben. Dadurch ist nicht garantiert, dass der Bieter mit den geringsten Kosten gewählt wird. E-Procurement würde die Gefahr des Nachbietens verhindern.

(80) Selbst wenn Gebote nicht nachträglich geändert werden können, kann ein Auktionator das Bieterverhalten als Koordinator eines Bieterkartells vor der eigentlichen Gebotsabgabe festlegen (Bid orchestration). Ein Beispiel hierfür aus dem privaten Sektor ist der Versicherungsbroker-Fall in den USA: Der Generalstaatsanwalt New Yorks verklagte führende Versicherungsbroker mit der Begründung, diese hätten in impliziter Absprache mit der Versicherungsbranche für den Anschein von Wettbewerb künstliche Gebote für Versicherungsverträge eingeholt (vgl. Economist, 21.10.2004).

(81) Bei Auktionen, in denen der Zuschlag neben dem Preis auch von anderen Produktmerkmalen wie Qualität abhängt und für den Zuschlag ein Scoring-Modell aus Preis und anderen Merkmalen verwendet wird, kann Korruption die Form der Manipulation der Qualitätsbewertung annehmen. Dagegen kann vorgegangen werden, indem die endgültigen Bewerter erst *nach* Gebotsabgaben bestimmt werden.

(82) Die Regeldichte im Vergabewesen wird z. T. mit einer Verringerung der Korruptionsanfälligkeit der Vergabe begründet. Ein modernes Vergabewesen sollte jedoch die Strukturen der Beschaffungsvorgänge so gestalten, dass Korruption schwierig ist, indem z. B. Gebote dokumentiert werden, jedoch nicht zur Verringerung von Korruption den Handlungs-

spielraum der Entscheidungsträger durch hoch reglementiertes Vergaberecht derart einschränken, dass Vergaben nicht mehr an das jeweilige ökonomische Umfeld angepasst werden können. So schließt Kelman (2002), Professor an der Harvard University und ehemals Vorsitzender („Administrator") des Office of Federal Procurement Policy:

„...the major justification of many rules is to prevent abuse, not to produce generally good decisions..."
und fordert als Priorität einer Vergabereform die Befreiung von einer Überreglementierung zur Ermöglichung guter und effizienter Vergabelösungen (vgl. Kelman 2002).

XVII. Fazit

(83) Mit einem Volumen von über 15 Prozent des Bruttoinlandprodukts ist der öffentliche Einkauf eine wichtige Aufgabe der öffentlichen Hand. Es zeichnet sich ab, dass das öffentliche Beschaffungswesen neben dem Ziel der Wirtschaftlichkeit vermehrt für andere politische Ziele eingesetzt wird. Die Wirtschaftlichkeit wird auch durch den in Deutschland im europäischen Vergleich geringen Transparenzgrad und durch ein hochkomplexes Regelwerk behindert. Das Vergabewesen in Deutschland hat Reformbedarf.

(84) Es ist sinnvoll und notwendig, die anstehende Reform des Vergaberechts zum Anlass zu nehmen, die richtigen Weichenstellungen vorzunehmen, um die Überlagerung des Einkaufs mit vergabefremden Zielen zu limitieren und die bestehenden Kostensenkungspotentiale zu realisieren. Folgende Maßnahmen schlägt der Beirat vor:

1. Erhöhung der Transparenz. Dies kann über eine Absenkung der Schwellenwerte oder durch eine Erweiterung der Publikationspflichten für Vergaben unterhalb der Schwellenwerte gewährleistet werden.
2. Beschränkung der Einbindung vergabefremder politischer Ziele. Maßnahmen zur Durchsetzung der Tariftreue, Nachhaltigkeitsförderung oder Innovationsförderung sind nicht die Aufgabe des öffentlichen Einkaufs. Ist die Berücksichtigung vergabefremder Ziele jedoch z.B. durch internationale Verpflichtungen geboten, sollten diese explizit durch Preispräferenzen eingebracht werden.
3. Optimierung der Bündelung im öffentlichen Einkauf. Zur Erhöhung der Transparenz, zur Vermeidung von Korruption und zum Nutzen von Synergieeffekten kann eine stärkere Bündelung z.B. durch Zu-

sammenlegung von Vergabestellen innerhalb von Behörden angebracht sein.

4. Einrichtung von Serviceeinheiten. Diese Einheiten sollen vergabetechnische Kompetenz aufbauen und Beratungsleistungen sowie Weiterbildungen für Vergabestellen aller föderalen Ebenen anbieten. Die Pflege der Rahmenverträge, die derzeit beim Kaufhaus des Bundes angesiedelt sind, sowie die Unterstützung beim Einkauf von komplexen Produkten, könnten weitere Aufgaben dieser Einheiten sein. Sie müssen klaren Zielvorgaben hinsichtlich der Steigerung der Wirtschaftlichkeit im Einkauf unterliegen.

5. Vereinfachung des Vergaberechts. Hier besteht hoher Reformbedarf. Das Vergaberecht sollte auf den Prinzipien des Wirtschaftlichkeitsgebots, des Wettbewerbsgebots, des Transparenzgebots und des Diskriminierungsverbots basieren und damit lediglich die allgemeinen Kriterien der Vergabe bestimmen. Die derzeitige hohe Regelungsdichte verhindert eine sachgerechte wirtschaftliche Vergabe. Neben der Umsetzung der Empfehlungen der Arbeitsgruppe zur Verschlankung des Vergaberechts sollte eine Zusammenlegung der Vergabeverfahrensregelungen für alle Aufträge in einer Rechtsverordnung geprüft werden.

6. Abschaffung des Konsensprinzips. Das Vergaberecht und die Umsetzung des Vergaberechts in Verdingungsordnungen sollten auf den oben genannten Prinzipien beruhen und dürfen keine durch das Vetorecht der deutschen Wirtschaft hochkomplexe, der Berücksichtigung von Spezialinteressen unterworfene Regelwerke sein, wie es derzeit der Fall ist. Eine Zusammenarbeit mit den Verbänden ohne Vetorechte ist hingegen erstrebenswert.

Berlin, den 12. Mai 2007

Der Vorsitzende des Wissenschaftlichen Beirats
beim Bundesministerium für Wirtschaft und Technologie

Prof. Axel Börsch-Supan, Ph.D.

Gutachten vom 12. Mai 2007

Das Gutachten wurde vorbereitet von folgenden Mitgliedern des Wissenschaftlichen Beirats beim Bundesministerium für Wirtschaft und Technologie

Professor Achim Wambach, Ph. D. *(Federführung)*
Professor für wirtschaftliche Staatswissenschaften
an der Universität zu Köln

Professor Dr. Charles B. Blankart
Professor für Wirtschaftswissenschaften
an der Humboldt-Universität zu Berlin

Professor Dr. Wernhard Möschel
Professor für Bürgerliches Recht,
Handels- und Wirtschaftsrecht
an der Universität Tübingen

Literaturverweise

Albano, G. L., Spagnolo, G. und M. Zanza (2006). Joint bidding in procurement, International Public Procurement Conference Proceedings.

BME/SynerDeal (2005). Effizienz und Best-Practice im Einkauf.

BMWi (2003). Elektronische Vergabe von Aufträgen der Bundesverwaltung.

BMWi (2006). Impulse für Innovationen im öffentlichen Beschaffungswesen.

Brown, D. K. (1999). Can consumer product labels deter foreign child labor exploitation? Department of Economics, Tufts University, Working Paper No. 99–19.

Brusco, S. und G. Lopomo (2002). Collusion via signalling in simultaneous ascending bid auctions with heterogeneous objects, with and without complementarities, *Review of Economic Studies* 69(2), 407–36.

Cabral, L., Cozzi, G. Denicolo V., Spagnolo G. und M. Zanza (2006). Procuring innovation, in Dimitri, N., Piga, G. und G. Spagnolo (Eds.), Handbook of Procurement, Cambridge University Press, Cambridge.

Carpetini, L., Piga, G., und M. Zanza (2006), The variety of procurement practices: evidence from public procurement, in Dimitri, N., Piga, G. und G. Spagnolo (Eds), Handbook of Procurement, Cambridge University Press, Cambridge.

Consip (2007). Riflessioni sull'impatto economico degli strumenti innovativi del codice dei contratti pubblici relativi a lavori, servizi e furniture, Documento Ufficio Studi (private Kommunikation)

Corns, A. und A. Schotter (1999). Can affirmative action be cost effective? An experimental examination of price-preference auctions, *American Economic Review* 89(1), 291–305.

DG Research (2003). Potential for the environment: Results of the RELIEF project, Präsentation am 2.6.03 im Rahmen der „Grünen Woche" in Brüssel.

Engel, A., Ganuza, J. J., Hauk, E. und A. Wambach (2006). Managing risky bids, in Dimitri, N., Piga, G. und G. Spagnolo (Eds.), Handbook of Procurement, Cambridge University Press, Cambridge.

Europäische Kommission (2003). „Study on monitoring public procurement in the European Union using panel data", Lot 1 and Lot 2, final report, DG Internal Market, July.

Europäische Kommission (2004). A report on the functioning of public procurement markets in the EU: benefits from the application of EU directives and challenges for the future.

Grimm, V., Pacini R., Spagnolo, G. und M. Zanza (2006). Division into lots and competition in procurement, in Dimitri, N., Piga, G. und G. Spagnolo (Eds.), Handbook of Procurement, Cambridge University Press, Cambridge.

Handler, H. (2005). Das öffentliche Auftragswesen im gesamtwirtschaftlichen Zusammenhang, WIFO Working Paper Nr. 250.

ICLEI (2003). Study contract to survey the state of green public procurement in the European Union, Final Report.

Inderst, R. und C. Wey (2007). Buyer power and supplier incentives, *European Economic Review* 51, 647–667.

Kaufmann, D. (2005). Six questions on the cost of corruption with World Bank Institute Global Governance Director Daniel Kaufmann, in *News*. Washington, D.C., Worldbank.

Kelman, S. (2002). Remaking federal procurement, *Public Contracts Law Journal* (Summer 2002).

Lengwiler, Y. und E. Wolfstetter (2006). Corruption in procurement auctions, in Dimitri, N., Piga, G. und G. Spagnolo (Eds.), Handbook of Procurement, Cambridge University Press, Cambridge.

Marechal, F. und P.-H. Morand (2004). Allotment and subcontracting in procurement bidding, *Cahiers de Recherches Economiques du Département d'Econométrie et d'Economie politique* (DEEP) from Université de Lausanne, Ecole des HEC, DEEP, no. 04.06.

Marron, D. B. (1997). Buying green: Government Procurement as an instrument of environmental policy, *Public Finance Review* 25(3), 285–305.

McAfee, R. P. und J. McMillan (1989). Government procurement and international trade, *Journal of International Economics*, 26(3/4), 291–308.

OECD (2000). International trade and core labour standards. A survey of the recent literature. Paris.

OECD (2003). The environmental performance of public procurement: Issues of policy coherence. Paris.

Piga, G. und M. Zanza (2004). An exploratory analysis of public procurement practices in Europe, Kapitel 10 in K. V. Thai, A. Aranjo, R. Y. Carter, G. Cullender, D. Prabkin, R. Grimm, K. R. E. Jense, R. E. Lloyd, C. P. Mecue und J. Telgen (Eds.), *Challenges in Public Procurement: an International Perspective*, Princeton Academic Press, 227–247.

Snyder, C. M. (1996). A dynamic theory of countervailing power, *RAND Journal of Economics* 27, 747–69.

The Economist (2004). Just how rotten?, 21.10.2004.

Brief an den Bundesminister für Wirtschaft und Technologie Michael Glos vom 09. Juli 2007

Thema: Gesetzentwurf Wagniskapitalbeteiligung (WKBG) und Unternehmensbeteiligungsgesellschaften (UBGG)

Der Wissenschaftliche Beirat beim Bundesministerium für Wirtschaft und Technologie hat sich mit dem folgenden Schreiben zum Thema

„Gesetzentwurf Wagniskapitalbeteiligung (WKBG) und Unternehmensbeteiligungsgesellschaften (UBGG)“

an Bundesminister Michael Glos gewandt:

Sehr geehrter Herr Bundesminister,

das Bundesministerium für Finanzen hat am 25. Juni 2007 einen Gesetzentwurf zur Modernisierung der Rahmenbedingungen für Kapitalbeteiligungen (MoRaKG) vorgelegt. Er enthält Vorschläge für ein Wagniskapitalbeteiligungsgesetz (WKBG) und ein Gesetz über Unternehmensbeteiligungsgesellschaften (UBGG). Der Beirat begrüßt es, dass die Bundesregierung bemüht ist, die Rahmenbedingungen für die Beteiligungsfinanzierung junger und mittelständischer Unternehmen zu verbessern. Der nunmehr vorgelegte Entwurf enthält deutliche Verbesserungen gegenüber dem Eckpunktepapier vom 09. Mai 2007.

Gleichwohl hält der Beirat den jetzt vorgelegten Entwurf für problematisch. Mit diesem Entwurf wird eine Chance vergeben, die in Deutschland nach wie vor bestehenden Hemmnisse bei der Beteiligungsfinanzierung junger und mittelständische Unternehmen abzubauen. Die steuerrechtlich begründeten Verzerrungen der Finanzierungsmöglichkeiten, die durch die gerade verabschiedete Reform der Unternehmensbesteuerung noch verstärkt wurden, werden nur in geringem Maße abgebaut.

(1) Hintergrund

Zur Bedeutung der Beteilungsfinanzierung junger Unternehmen hat sich der Beirat grundsätzlich in seinem Gutachten „Wagniskapital“ im April 1997 geäußert. Die wichtigsten Punkte der damaligen Analyse sind nach wie vor gültig:

Deutschland ist auf Innovationen angewiesen, wenn es die Herausforderungen der Globalisierung und der demographischen Entwicklung meistern will. Die Stellung Deutschlands in der Weltwirtschaft beruht darauf, dass deutsche Unternehmen mit ihren in der Vergangenheit entwickelten, damals neuen Produkten und Produktionsverfahren auf den Märkten der Welt gute Preise erzielen können. Die mit der Integration neuer Akteure in Osteuropa und in den Schwellenländern verbundene Intensivierung des Wettbewerbs bedroht diese Stellung. Kontinuierliche Innovationstätigkeit ist nötig, um dem entgegenzuwirken. Um so kritischer ist es zu sehen, dass die Beteiligung deutscher Unternehmen an den Entwicklungen der jüngeren Vergangenheit – bei Informations- und Kommunikationstechnologien, Biotechnologie und im Finanzsektor – ungleich geringer war als die Beteiligung deutsche Unternehmen in den Innovationssektoren früherer Jahrzehnte – in der Chemie, der Elektroindustrie und dem Automobilsektor.

Neue Produkte und neue Produktionsverfahren werden sowohl von bestehenden als auch von neuen Unternehmen entwickelt. Neue Unternehmen spielen erfahrungsgemäß eine besondere Rolle bei der Entwicklung besonders bahnbrechender Innovationen. Um so bedenklicher ist es, dass neue Unternehmen als Träger von Innovationen in Deutschland eine geringere Rolle spielen als in anderen Ländern.

In diesem Zusammenhang spielt das Finanzsystem eine wichtige Rolle. In Deutschland werden Investitionen traditionell vor allem durch einbehaltene Gewinne und Kredite finanziert, wobei für letztere zumeist Sicherheiten zu stellen sind. Bei einem neuen Unternehmen, dessen Gründer nicht viel mehr zu bieten hat als seine Idee, stehen einbehaltene Gewinne aus anderen Aktivitäten und Sicherheiten nicht zur Verfügung. Auch ohne die Erfordernis, Sicherheiten zu stellen, weist eine Kreditfinanzierung das Problem auf, dass die Aufteilung der Erträge zwischen Gläubiger und Schuldner nicht zu den Besonderheiten der Gründungsfinanzierung passt: Die Erträge der Gründungsfinanzierung weisen eine sehr schiefe Verteilung auf, mit sehr häufigen Fehlschlägen und wenigen, aber oft spektakulären Erfolgen. Bei einer Kreditfinanzierung mit erfolgsunabhängiger Schuldendienstverpflichtung wird der Kapitalgeber an den Fehlschlägen beteiligt, nicht aber an den spektakulären Erfolgen. Die für Deutschland typische Konzentration des Finanzsystems auf Kreditfinanzierung benachteiligt Gründungsfinanzierungen, insbesondere solche, bei denen aufgrund der Radikalität der Innovation die Risiken besonders groß sind.

Bei Beteiligungsfinanzierungen ist es eher möglich, die Aufteilung der Erträge zwischen Kapitalgeber und Unternehmer an die Besonderheiten der Ertragsverteilung bei der Gründungsfinanzierung anzupassen. Jedoch ist mit Verteilungskonflikten zu rechnen, wenn das Unternehmen wirklich ein spektakulärer Erfolg wird. Die negativen Auswirkungen dieser Konflikte auf die Funktionsfähigkeit der Finanzierung können begrenzt werden, wenn der Zugang zu einem Markt für Unternehmensbeteiligungen die Bindungsdauer des Kapitalgebers beschränkt und im übrigen beiden Seiten den Anreiz gibt, entstehende Konflikte so zu bereinigen, dass der betreffende Markt das Unternehmen hoch bewertet. In diesem Kontext spielt in den USA die Möglichkeit des schnellen Börsengangs eine wichtige Rolle. In Deutschland ist diese Möglichkeit nur begrenzt gegeben; um so wichtiger sind andere Formen der Veräußerung und des Erwerbs von Beteiligungen an jungen Unternehmen.

Zur Steuerpolitik hat der Beirat 1997 formuliert:

„*Zugleich sollte das Steuersystem im Grundsatz entscheidungsneutral wirken. Neutral wäre ein Steuersystem, das alle Arten letztendlicher Einkommensverwendung in gleicher Weise belastet. Das bedeutet konkret, [...] dass die Entscheidungen der Unternehmen über die Finanzierung von Investitionen entweder aus Gewinnen und neu aufgenommenem Beteiligungskapital oder mit Bankkrediten sowie die Wahl der Unternehmensrechtsform nicht durch das Steuerrecht beeinflusst werden sollten. [...] Jede Abweichung wäre im einzelnen zu begründen.*“

Von diesem Grundsatz weicht das deutsche Steuerrecht heute noch mehr ab als 1997. Finanziert ein Unternehmen seine Investitionen durch eine Kreditaufnahme, so sind die Zinsen grundsätzlich als Betriebsausgaben abzugsfähig, und die Erträge der die Kredite refinanzierenden Anleger sind lediglich mit der Abgeltungssteuer von rd. 27,4 Prozent belastet. Finanziert es die Investitionen dagegen durch Ausgabe von Eigenkapital, so kommt es sowohl bei Kapital- als auch bei Personengesellschaften zu einer steuerlichen Gesamtbelastung auf Unternehmens- plus Gesellschafterebene von nahe 50 Prozent. Die dadurch begründete Mehrbelastung des Eigenkapitals wurde bisher in ihren Wirkungen zumindest teilweise dadurch neutralisiert, dass Kapitalgewinne jenseits der Spekulationsfristen beim Anteilseigner steuerfrei waren. Dadurch, dass diese Steuerfreiheit in Zukunft entfällt, wird die doppelte Besteuerung der Eigenkapitalerträge – einmal beim Unternehmen und einmal beim Anleger – voll wirksam werden. Die ohnehin vorhandene steuerliche Diskriminierung der Eigenkapital- und sonstigen Beteiligungsfinanzierung wird durch die soeben beschlossene Steuerreform also noch einmal deutlich verstärkt werden.

Das Postulat der Steuerneutralität wird bei Kapitalanlagen in mehrfacher Hinsicht verletzt:

- Erträge aus einer durch Fremdkapital, insbesondere von Banken, finanzierten Investition werden günstiger besteuert als Erträge aus einer Investition, die durch Eigenkapital finanziert wird.

- Noch ungünstiger ist die Besteuerung für Erträge aus einer Investition, die durch Beteiligungskapital finanziert wird, weil Gewinne aus der Veräußerung von Beteiligungstiteln besteuert werden.
- Selbst Erträge aus Kapitalbeteiligungen werden nicht einheitlich besteuert. So werden Erträge aus Beteiligungen an Unternehmen („Private Equity“) und aus Beteiligungen an bestimmten Immobilienfonds („Real Estate Investment Trusts“: REITs) unterschiedlich besteuert, ohne dass der Unterschied steuersystematisch begründet wäre.
- Das Aufbringen von Beteiligungskapital über inländische Beteiligungsgesellschaften wird de facto steuerlich ungünstiger behandelt als das Aufbringen von Beteiligungskapital über ausländische Beteiligungsgesellschaften.

Diese Verletzungen der Steuerneutralität werden durch die Unternehmenssteuerreform deutlich verschärft. Es ist damit zu rechnen, dass es in Deutschland noch mehr als bisher schon zu einer Verdrängung von Eigenkapital- und Beteiligungsfinanzierungen durch Fremdkapitalfinanzierungen kommen wird. Manche Investitionen werden auch unterbleiben, weil sie sich bei erhöhter steuerlicher Belastung des Eigenkapitals nicht mehr lohnen. Soweit Eigenkapital- und Beteiligungsfinanzierungen nach wie vor stattfinden, ist zu erwarten, dass Ausländer bzw. ausländische Gesellschaften dabei eine relativ größere und Deutsche bzw. deutsche Gesellschaften eine relativ kleinere Rolle spielen werden als bisher. Da die Diskriminierung der Eigen- und Beteiligungskapitalfinanzierung in anderen Ländern weniger ausgeprägt ist als in Deutschland, wird der Kauf deutscher Eigenkapitalanlagen für Steuerausländer attraktiver als für Steuerinländer.

Die Zusatzbelastung der Eigenkapitalfinanzierung gegenüber der Fremdkapitalfinanzierung wird sich bei jungen Unternehmen besonders drastisch auswirken. Diese sind, wie erwähnt, in besonderem Maße von Beteiligungsfinanzierungen abhängig. Bei ihnen ist auch weniger als bei großen Kapitalgesellschaften damit zu rechnen, dass ausländische Investoren an die Stelle inländischer Eigenkapitalgeber treten werden. Der Spielraum für die Gründung und Entwicklung von neuen Unternehmen wird daher insgesamt noch weiter eingeschränkt werden.

Dies alles steht im Gegensatz zu dem auch im Koalitionsvertrag genannten Ziel, durch Wagniskapital mehr Innovationen zu fördern. Das eingangs erwähnte Defizit Deutschlands bei der Entwicklung neuer Produkte und neuer Produktionsverfahren durch neue Unternehmen würde durch diese Entwicklung noch weiter verstärkt werden. Die Folgen der im Gutachten „Wagniskapital“ von 1997 ausführlich besprochenen und hier nur kurz skizzierten Anreiz-, Informations- und Kontrollprobleme in der Beziehung zwischen Kapitalgebern und Unternehmern würden durch das Steuersystem weiter verschärft. Dabei handelt es sich nicht um Details mit geringem Stellenwert, sondern, wie eingangs erwähnt, um wichtige Determinanten der Innovationsfähigkeit der deutschen Wirtschaft und damit der lang- und mittelfristigen Entwicklung von Lebensstandard und Beschäftigungsmöglichkeiten in Deutschland.

(2) Gesetzentwurf zur Wagniskapitalbeteiligung

Der jetzt vorliegende Gesetzentwurf versucht im Bereich der Wagniskapitalfinanzierung die u. a. durch die Unternehmensteuerreform 2008 begründeten Verzerrungen zu mildern. Dabei werden folgende Einzelmaßnahmen ergriffen. Erstens gelten Wagniskapitalbeteiligungen (WKB) als vermögensverwaltend. Eine Besteuerung findet daher ausschließlich beim Anleger statt („transparente Besteuerung"). Zweitens gilt eine Ausnahme von der ab 2008 neu eingeführten Verlustabzugsbeschränkung bis zur Höhe der stillen Reserven. Diese Maßnahmen sind für WKB-Gesellschaften vorgesehen, die bei Anteilserwerb maximal zehn Jahre alt sind und ein Eigenkapital von maximal 20 Mio. € bei Anteilserwerb aufweisen. Die Höchsthaltedauer von Beteiligungen beträgt 15 Jahre. WKB-Gesellschaften müssen mindestens 70 Prozent des verwalteten Vermögens in solchen Portfoliounternehmen anlegen.

Der Entwurf des WKBG geht also in die richtige Richtung, gleicht die vorhandenen Asymmetrien aber keineswegs aus. Er bleibt in vielen Aspekten hinter den international üblichen steuerlichen Rahmenbedingungen zurück, so dass Investitionen in Deutschland für WKB-Gesellschaften auch nach Umsetzung dieser Pläne weniger attraktiv wären als Investitionen in anderen europäischen Ländern. Der Beirat konzentriert sich auf fünf Punkte:

Die vorgesehenen Schranken für den Ausgleich der Schlechterstellung sind nach wie vor sehr eng gefasst. So wird die Schranke von 20 Mio. € in der zweiten oder dritten Finanzierungsrunde von Biotechnologieunternehmen oder von Unternehmensgründungen, die neue Infrastrukturen aufbauen (z. B. im Bereich von Telekommunikationstechnologien) leicht überschritten. Das Gesetz baut daher von vorneherein eine Wachstumsbremse ein. Wenn aber die späteren Finanzierungsrunden durch Wagniskapital erschwert werden, sinken automatisch auch die Aussichten auf die Erstfinanzierung.

Die geplante Gegenfinanzierung auf der Ebene des Managements (Senkung des steuerfreien Anteils der Gewinne der Managements – der so genannte „Carried Interest" – auf 40 Prozent) konterkariert den oben skizzierten Ausgleich wieder und führt zu einer Diskriminierung von Steuerinländern. In Großbritannien wird dieser Gewinn zum Beispiel nach einer Mindesthaltedauer von 2 Jahren nur mit 10 Prozent versteuert.

Die erst kürzlich eingeführte Umsatzsteuerpflicht von Management-Vergütungen der WKB-Gesellschaften wird vom Gesetzentwurf überhaupt nicht behandelt. Hier ist zu anzumerken, dass Großbritannien, Luxemburg, Frankreich, Italien, Spanien, die Niederlande und die Schweiz keine Umsatzsteuerpflicht für diese Entlohnungskomponente für die Intermediäre vorsehen und eine solche Umsatzsteuerpflicht in der entsprechenden EU-Richtlinie nach der bislang üblichen Auslegung deutscher und ausländischer Finanzbehörden auch nicht vorgesehen ist.

Die Begrenzungen der Ausnahme von der neu eingeführten Verlustabzugsbeschränkung (nur bis zur Höhe der stillen Reserve, Haltedauer mindestens vier Jahre) verstärken die Risikoaversion von Wagniskapitalunternehmen, da die stillen Reserven dem Wiederverkaufswert des Unternehmens entsprechen. Bei einem niedrigen Wiederverkaufswert können tatsächlich angefallene Verluste also nicht in voller Höhe vorgetragen werden.

Vom Gesetzentwurf ausgeblendet bleibt vor allem die für die Wagniskapitalfinanzierung zentrale Frage der Besteuerung der Veräußerungsgewinne. Die nun vorgesehene kumulative Dreifachbesteuerung eines Gewinns durch Veräußerung ist im internationalen Vergleich nicht wettbewerbsfähig. Dies ist für Wagniskapitalbeteiligungsgesellschaften besonders relevant, weil Veräußerungen sehr häufig vorkommen und der Veräußerungsgewinn einen besonders großen Anteil an der Gesamtrendite des Investors hat.

Diese Abweichung von der Steuerneutralität im Inland und die starke Abweichung von der ausländischen Besteuerung führen dazu, dass inländische Investoren eher in klassische Finanzprodukte investieren als in Wagniskapital. Die steuerliche Behandlung bevorzugt zudem ausländische Investoren. Diese können aufgrund von mangelnden lokalen Informationen die entfallenden inländischen Investitionen nicht vollständig ersetzen. Insgesamt werden also tendenziell zu wenige Investitionen im Wagnisbereich getätigt, damit entstehen zu wenig Innovationen, mit der Folge, dass das langfristige Wachstum darunter leidet.

Der Beirat folgert daraus:

Die Beschränkungen auf 20 Mio. € Eigenkapital und ein Firmenalter von 10 Jahren sollten fallen gelassen werden. Der Ausgleich der Schlechterstellung sollte für alle Wagniskapitalbeteiligungen gelten und nicht neue steuerliche Asymmetrien vorsehen. Wenn überhaupt an einer Beschränkung festgehalten werden muss, dann sollte diese nur für die erste Finanzierungsrunde einer Unternehmensgründung gültig sein und nachfolgendes Wachstum nicht bestrafen. Viele Studien weisen darauf hin, dass deutsche Gründungen schon jetzt nicht mit derselben Geschwindigkeit wachsen wie britische oder US-amerikanische Unternehmensgründungen.

Bei der Vergütung von Managementleistungen („Carried Interest“) sollte das Halbeinkünfteverfahren beibehalten werden und sowohl auf den vermögensverwaltenden wie den gewerblichen Anteil angewandt werden, damit die Besteuerung sich dem internationalen Niveau annähert.

Deutschland sollte die entsprechende EU-Richtlinie so interpretieren wie andere EU-Länder mit einem bedeutsamen Markt für Wagniskapitalbeteiligungen und folglich die kürzlich eingeführte Umsatzsteuerpflicht von Managementvergütungen wieder abschaffen. Damit würde eine Neutralität der Besteuerung im internationalen Vergleich wiederhergestellt.

Der Verlustvortrag sollte nicht auf die stillen Reserven begrenzt, sondern in voller Höhe möglich sein, um eine Neutralität von Gewinnen und Verlusten wiederherzustellen.

Die vom Gesetzentwurf vorgesehene Besteuerung der Veräußerungsgewinne sollte entfallen. Das europäische Recht der Beihilfekontrolle lässt dies allerdings nur unter der Voraussetzung zu, dass es sich um einen Tatbestand des „Marktversagens“ handelt. Dieser liegt bei der Wagniskapitalfinanzierung zumeist vor.

(3) Gesetzentwurf zu Unternehmensbeteiligungsgesellschaften („Private-Equity“)

Auch das vorgesehene Gesetz für Unternehmensbeteiligungsgesellschaften (UBGG) wird dem Ziel nicht gerecht, Steuerneutralität wiederherzustellen.

Zum einen sieht der Beirat im derzeitigen Gesetzentwurf wie beim Wagniskapital die Funktionsweise globalisierter Kapitalmärkte nicht ausreichend berücksichtigt. Der Gesetzentwurf ist unzureichend, weil andere Länder wie Großbritannien und Frankreich für Unternehmensbeteiligungen („Private Equity“) deutlich günstigere Rahmenbedingungen bieten als Deutschland. Der jetzige Entwurf überwindet nicht die Asymmetrie zwischen Eigen-, Fremd- und Beteiligungskapital, die bei Unternehmensbeteiligungen besonders stark wirkt, da Rechtsunsicherheit darüber besteht, wie hoch der vermögensverwaltende und wie hoch der gewerbliche Anteil ist. Im Ergebnis führt der Gesetzentwurf dazu, dass ausländische Gesellschaften den Markt für Unternehmensbeteiligungen dominieren und deutsche Anleger verdrängen.

Zum zweiten gibt es keinen ökonomischen Grund, Unternehmensbeteiligungen gegenüber Beteiligungen an Immobilienfonds („Real Estate Investment Trusts", REITs) und anderen Investmentfonds zu benachteiligen. Während die quasi-transparente Besteuerung bei REITs als steuersystematische Durchbrechung angesehen werden kann, ist die Einordnung von Unternehmensbeteiligungsgesellschaften nach dem OECD-Musterübereinkommen und den meisten deutschen Doppelbesteuerungsabkommen als vermögensverwaltend steuersystematisch unstrittig und stellt keine Begünstigung der Kapitalgeber dar. Andere Länder wie Luxemburg, Frankreich, Italien oder Großbritannien haben vorgeführt, dass eine einheitliche Behandlung von Wagnis- und Beteiligungskapital möglich ist.

Der Beirat plädiert daher für eine klare Festlegung, dass Unternehmensbeteiligungsgesellschaften in der Rechtsform der Personengesellschaft vermögensverwaltend handeln, so dass sich eine „transparente" Besteuerung der Erträge ergibt, d. h. dass die Besteuerung lediglich auf der Ebene des Anlegers stattfindet.

Die mit der Unternehmenssteuerreform verbundenen Verzerrungen sind gravierend. Die damit verbundenen Schäden sind besonders schwerwiegend bei der Wagniskapitalfinanzierung. Die Korrektur im Rahmen des Referentenentwurfs geht nicht weit genug. Daher ist immer noch mit erheblichen Schäden für Innovationstätigkeit und Produktivitätswachstum zu rechnen.

Der Beirat empfiehlt Ihnen daher, sehr geehrter Herr Minister, in den Verhandlungen über die Reform auf eine weitergehende Korrektur des jetzigen Entwurfs hinzuwirken, um die Rahmenbedingungen für die Eigenkapitalfinanzierung in Deutschland international und im Vergleich zu anderen Finanzierungsformen wettbewerbsfähig zu gestalten. Deutschland muss sich an den Maßstäben orientieren, die im internationalen Kapitalmarkt gesetzt werden. Eine deutsche Sonderposition ist nicht aufrecht zu halten.

Mit stets freundlichen Grüßen
verbleibe ich Ihr

Prof. Axel Börsch-Supan, Ph. D.

Vorsitzender des Beirats

Brief an den Bundesminister für Wirtschaft und Technologie Michael Glos vom 09. Dezember 2007

Thema: Schuldenbegrenzung nach Artikel 115 GG

Sehr geehrter Herr Bundesminister,

Anlass dieses Briefes, den der Beirat mehrheitlich am 7. Dezember verabschiedet hat, ist die Aufforderung des Bundesverfassungsgerichtes an den Gesetzgeber in seinem Urteil vom 9. Juli 2007, die Staatsverschuldung wirksam zu begrenzen: „Die dynamisch angewachsene Verschuldung in Bund und Ländern hat gegenwärtig bereits einen verbreitet als bedrohlich bewerteten Stand erreicht. Das Regelungskonzept des Art. 115 Abs. 1 Satz 2 GG hat sich als verfassungsrechtliches Instrument rationaler Steuerung und Begrenzung staatlicher Schuldenpolitik in der Realität nicht als wirksam erwiesen."

Der Beirat möchte Ihnen in diesem Brief einen Vorschlag unterbreiten, wie Artikel 115 GG, der die Schuldenfinanzierung des Bundes regelt, restriktiver und zugleich justiziabler gefasst werden könnte. Der Vorschlag erfolgt in Kenntnis des 2003 in der Schweiz eingeführten Budgetverfahrens einer ‚Schuldenbremse', das auch der wissenschaftliche Beirat beim Bundesministerium der Finanzen unterstützt, sowie einer Variante dieses Verfahrens, die der Sachverständigenrat in seinem Gutachten „Staatsverschuldung wirksam begrenzen" vom 12. März 2007 für den Bund und die Länder entwickelt hat.

Motivation für den Beiratsvorschlag ist Einfachheit und Transparenz. Er hat drei Elemente:

(1) *Materieller Budgetausgleich.* – Ausgaben dürfen grundsätzlich nur durch ordentliche Einnahmen wie Steuern, Gebühren und Gewinne, aber nicht durch Kreditaufnahme finanziert werden. Eine Sonderregelung für staatliche Investitionen ist nicht mehr vorgesehen.

(2) *Finanzierung der automatischen Stabilisatoren.* – Abweichend vom materiellen Budgetausgleich soll zur Finanzierung konjunkturell bedingter und sonstiger überraschender Einnahmeausfälle und Mehrausgaben auf Schwankungsreserven und/oder Kreditaufnahmen zurückgegriffen werden.

(3) *Kreditaufnahmeregeln.* – Bis zu 5 Prozent des Ausgabenvolumens (das entspricht derzeit ca. 0,5 Prozent des BIP) können Kredite wie bisher vom Bundestag mit einfacher Mehrheit beschlossen werden. Für darüber hinausgehende Kredite ist die qualifizierte Mehrheit von

Drei-Fünfteln der Mitglieder des Bundestages erforderlich. Die daraus entstehende Neuverschuldung muss nach maximal vier Jahren wieder getilgt worden sein.

Konkret schlägt der Beirat die folgende **Neufassung** des Artikels 115 GG vor:

(1) Die Aufnahme von Krediten sowie die Übernahme von Bürgschaften, Garantien oder sonstigen Gewährleistungen, die zu Ausgaben in künftigen Rechnungsjahren führen können (Kredite), bedürfen einer der Höhe nach bestimmten oder bestimmbaren Ermächtigung durch Bundesgesetz.

(2) [1]Mit einfacher Mehrheit können Kredite in Höhe von bis zu 5 v. H. der Ausgaben des Bundes aufgenommen werden. [2]Eine darüber hinausgehende Aufnahme von Krediten bedarf einer Mehrheit von drei Fünfteln der Mitglieder des Bundestages. [3]Kredite sind innerhalb der folgenden drei Haushaltsjahre in gleichen Raten zu tilgen.

Begründung

Im folgenden soll der Vorschlag kurz begründet werden. Eine ausführliche Begründung wird in einem Gutachten des Beirats folgen.

Absatz 1 Satz 1 ist unverändert. Er bestimmt wie bisher, dass jegliche Kreditaufnahme einer gesetzlichen Ermächtigung bedarf und in ihrer Höhe nachvollziehbar begrenzt sein muss.

Der bisherige Absatz 1 Satz 2 und Satz 3 werden gestrichen. Satz 2 ließ Kredite zur Abwehr einer Störung des gesamtwirtschaftlichen Gleichgewichts zu. Satz 3 verwies auf das Stabilitäts- und Wachstumsgesetz. Der Ermächtigung im bisherigen Absatz 2 bedarf es nicht mehr, durch Bundesgesetz Ausnahmen für Sondervermögen des Bundes zuzulassen.

Stattdessen lässt Absatz 2 Satz 1 der vorgeschlagenen Neufassung zu, dass Kredite für besondere Ereignisse aufgenommen werden. Dies schließt Konjunktureinbrüche ebenso ein wie einmalige außergewöhnliche Ereignisse (z. B. eine Bankenkrise oder eine Naturkatastrophe).

Die *automatischen Stabilisatoren* sollen voll zur Entfaltung kommen. Für den Bundeshaushalt bedeutet dies auch bei sinkenden Steuereinnahmen und konjunkturell bedingten Mehrausgaben (vor allem für das Arbeitslosengeld II) eine Verstetigung der sonstigen Ausgaben.

Dafür sind zum einen *Schwankungsreserven* vorgesehen. Die Mittel der Schwankungsreserven dürfen nur für die Finanzierung der automatischen Stabilisatoren verwendet werden. Zudem muss es Auffüllregeln geben, die z. B. nach dem Vorbild der Schwankungsreserve der Gesetzlichen Rentenversicherung ausgestaltet werden können. Das Nähere soll im Haushaltsgrundsätzegesetz geregelt werden.

Zum anderen ist *Kreditaufnahme* möglich, jedoch wird die Hürde dafür höher als bisher gelegt. Lediglich für Kredite bis zu 5 Prozent des Ausgabenvolumens genügt wie bisher eine einfache Mehrheit. Jede darüber hinausgehende Neuverschuldung bedarf einer qualifizierten Mehrheit der Mitglieder des Bundestags. Dadurch wird eine übermäßige Kreditaufnahme erschwert. Eine Bundesregierung, die sich ihre Entscheidungsfreiheit erhalten will, muss eine Schwankungsreserve ansammeln.

Absatz 2 Satz 3 bestimmt zudem, dass der Bund spätestens zum Ende des auf das Jahr der Kreditaufnahme folgenden Haushaltsjahres mit der Rückzahlung beginnt und dass er den Kredit spätestens in drei gleichen Jahresraten tilgt. Die Dauer der Kreditaufnahme beträgt also maximal vier Jahre.

Damit wird im Gegensatz zur bisherigen Anbindung an das unscharf definierte gesamtwirtschaftliche Gleichgewicht und den ebenso schwierig zu bestimmenden Begriff der investiven Ausgaben ein transparenter und damit justiziabler Tatbestand geschaffen. Ein fortdauerndes Revolvieren des Kredits, d. h. eine dauerhafte Finanzierung der Tilgung durch neu aufgenommene Kredite, ist im Ergebnis zwar möglich. Wenn der noch nicht getilgte Rest 5 Prozent des Ausgabevolumens übersteigt, ist aber auch dafür die qualifizierte Mehrheit von drei Fünfteln erforderlich.

Der Beiratsvorschlag lässt bewusst offen, ob sich eine Regierung für den Aufbau einer Schwankungsreserve entscheidet oder einen Kredit aufnimmt. Übersteigt der Kredit 5 Prozent des Haushaltsvolumens, greifen aber zwei sich gegenseitig ergänzende Auflagen, nämlich die Verabschiedung durch den Bundestag mit einer Drei-Fünftel-Mehrheit und der vorab definierte Rückzahlungsmodus. Sinn dieser Auflagen ist deren präventive Wirkung. Sie sollen die Ausgabendisziplin befördern und den Bund dazu bewegen, eher Überschüsse zu erwirtschaften, als Kredite aufzunehmen.

Im Unterschied zur bisherigen Regelung sieht die Neufassung des Art. 115 GG nicht mehr vor, dass *Investitionen* generell durch Schuldenaufnahme finanziert werden dürfen. Das entspricht der Regelung der Schweizer Schuldenbremse und den Verschuldungsregeln des europäischen Stabilitäts- und Wachstumspaktes („close to balance or surplus“). Ausschlaggebend für diese Neuregelung ist die Unschärfe des Begriffs der „staatlichen Investitionen“: Der derzeit im Haushaltsgrundsätzegesetz festgelegte Investitionsbegriff ist aus zwei Gründen ökonomisch nicht tragfähig. Erstens ist die Trennung zwischen staatlichen Investitionen und staatlichem Konsum ebenso wie die Definition der Sachinvestitionen im Haushaltsgrundsätzegesetz weitgehend willkürlich. Aus ökonomischer Sicht könnten viele Ausgabenarten vom Straßenbau über das BAFöG bis hin zur äußeren Sicherheit als Investitionen betrachtet werden; immer könnten zukünftige Generationen profitieren. Es ist allerdings problematisch, solche intergenerativen Verteilungserwägungen punktuell einzubringen, zumal aufgrund der anstehenden demographischen Verschiebung das Umlagesystem der Altersversorgung die nachfolgende Generation ohnehin schon in erheblichem Maße zu Gunsten der heute aktiven Generation belastet. Zweitens stellt das Haushaltsgrundsätzegesetz auf die Bruttoinvestitionen ab, während bei ordnungsgemäßer Bilanzierung Abschreibungen abzuziehen wären.

Abweichend von der Schweizer Schuldenbremse und dem Vorschlag des Sachverständigenrates verzichtet der Beirat auf ein Ausgleichskonto. Dadurch entfallen die Schwierigkeiten bei dessen Berechnung und die Notwendigkeit einer Vielzahl von Ausnahmeregelungen. Beide würden zu großer Intransparenz führen, da die Bewertungsspielräume von Gesetzgeber und Verwaltung groß sind. Dies mindert den Anreiz, Defizite zu vermeiden. Beispielsweise ist die Festsetzung, wann eine „Rezession“ eintritt, von ökonometrischen Schätzverfahren wie z. B. dem Hodrick-Prescott-Filter abhängig, die methodisch bedingt ausgerechnet die jeweils jüngste Entwicklung nicht zuverlässig abbilden können.

Schließlich spricht sich der Beirat entgegen dem Vorschlag des Sachverständigenrates dafür aus, Kreditaufnahme für Ausgaben, die die Folgen von Natur- und sonstige Katastrophen mildern sollen, und Kreditaufnahme für Ausgaben, die die Folgen einer Rezession mildern sollen, gleich zu behandeln; d. h., sie sollten ab einer gewissen Grenze der gleichen qualifizierten Mehrheit der Mitglieder des Bundestages bedürfen.

Der Beirat begreift seinen Vorschlag als eine notwendige nationale Ergänzung der ohnehin bestehenden 3 Prozent-Regel des Stabilitäts- und Wachstumspaktes der Europäischen Gemeinschaft. Was die Verschuldung der Bundesländer angeht, weist der Beirat auf die Empfehlungen seines Gutachtens „Zur finanziellen Stabilität des deutschen Föderalstaates“ vom 24. Mai 2005 hin.

Mit stets freundlichen Grüßen
verbleibe ich Ihr

Prof. Axel Börsch-Supan, Ph. D.

Vorsitzender des Beirats

Gutachten vom 24. Januar 2008

Thema: Zur Begrenzung der Staatsverschuldung nach Art. 115 GG und zur Aufgabe des Stabilitäts- und Wachstumsgesetzes

Der Wissenschaftliche Beirat beim Bundesministerium für Wirtschaft und Technologie hat sich in mehreren Sitzungen, zuletzt am 24. Januar 2008, mit dem Thema

„Zur Begrenzung der Staatsverschuldung nach Art. 115 GG und zur Aufgabe des Stabilitäts- und Wachstumsgesetzes"

befasst und ist dabei zu der nachfolgenden Stellungnahme gelangt.

Zusammenfassung

Anlass des Gutachtens ist die Aufforderung des Bundesverfassungsgerichtes an den Gesetzgeber in seinem Urteil vom 9. Juli 2007, die Staatsverschuldung wirksam zu begrenzen.

Ziel des Gutachtens ist es, Artikel 115 GG, der die Schuldenfinanzierung des Bundes regelt, restriktiver und zugleich justiziabel zu fassen. Dabei soll die Wirksamkeit der Schuldenbegrenzung in ihrer Einfachheit und Transparenz liegen.

Der Vorschlag des Wissenschaftlichen Beirats beim BMWi hat drei Elemente:

(1) *Materieller Budgetausgleich.* – Ausgaben dürfen *grundsätzlich* nur durch ordentliche Einnahmen wie Steuern, Gebühren und Gewinne, und nur in Ausnahmefällen durch Kreditaufnahmen finanziert werden. Eine Sonderregelung für staatliche Investitionen ist ebenso nicht mehr vorgesehen wie Ausnahmen für „Störungen des gesamtwirtschaftlichen Gleichgewichts".

(2) *Überbrückungsfinanzierung* . – In Abweichung vom Grundprinzip kann zur überbrückenden Finanzierung konjunkturell bedingter und anderer überraschender Einnahmeausfälle und Mehrausgaben auf *Schwankungsreserven* und/oder *Kreditaufnahmen* zurückgegriffen werden. Dabei lässt der Beiratsvorschlag bewusst offen, für welche dieser Alternativen sich eine Regierung entscheidet. Es greifen aber zwei sich ergänzende Auflagen:

(3) *Kreditaufnahmeregeln.* – Nur bis zu 5 Prozent des Ausgabenvolumens (das entspricht derzeit ca. 0,5 Prozent des BIP) können Kredite wie bisher vom Bundestag mit einfacher Mehrheit beschlossen werden. Für darüber hinausgehende Kredite ist die qualifizierte Mehrheit

von drei Fünfteln der Mitglieder des Bundestages erforderlich. Zudem muss jede Neuverschuldung nach maximal vier Jahren wieder getilgt worden sein. Sinn dieser Auflagen ist deren *präventive Wirkung*, eher Überschüsse zu erwirtschaften als Kredite aufzunehmen.

Abweichend von der Schweizer Schuldenbremse und dem Vorschlag des Sachverständigenrats verzichtet der Beiratsvorschlag auf ein *Ausgleichskonto*, das konjunkturell bedingte Schuldenaufnahme ohne strenge Auflagen zulässt. Die Lösung des Beirats vermeidet die Schwierigkeiten der Berechnung eines Ausgleichskontos und die Notwendigkeit einer Vielzahl von Ausnahmeregelungen. Diese führen zu großer Intransparenz, da die Bewertungsspielräume von Gesetzgeber und Verwaltung erheblich sind. Letztlich werden dadurch die Absichten der Schweizer Schuldenbremse und des Sachverständigenratsvorschlags untergraben.

Da der vom Beirat vorgeschlagene Schuldenbegrenzungsmechanismus keine Ausnahmen für die im *Stabilitäts- und Wachstumsgesetz* angesprochenen „Störungen des gesamtwirtschaftlichen Gleichgewichts“ mehr vorsieht und auch die im Gesetz genannten fiskalpolitischen Interventionsinstrumente obsolet geworden sind, sollte als Beitrag zur Entschlackung des Gesetzesbestandes im Zuge der Reform des Artikels 115 GG das Stabilitäts- und Wachstumsgesetz aufgehoben werden.

I. Anlass

(1) Unmittelbarer Anlass dieses Gutachtens ist die Aufforderung des Bundesverfassungsgerichts an den Gesetzgeber in seinem Urteil vom 9. Juli 2007, eine wirkungsvollere Schuldenbegrenzung einzurichten: „[…An] der Revisionsbedürftigkeit der geltenden verfassungsrechtlichen Regelungen [ist] gegenwärtig kaum noch zu zweifeln: Unabhängig von der Frage, wie das Grundkonzept einer nachfrageorientierten diskretionären Fiskalpolitik nach keynesianischem Vorbild inhaltlich zu beurteilen ist, ergibt sich dies aus der Erfahrung, dass die staatliche Verschuldungspolitik in der Bundesrepublik in den seit der Finanz- und Haushaltsreform 1967/69 vergangenen nahezu vier Jahrzehnten nicht antizyklisch agiert, sondern praktisch durchgehend einseitig zur Vermehrung der Schulden beigetragen hat. Die dynamisch angewachsene Verschuldung in Bund und Ländern hat gegenwärtig bereits einen verbreitet als bedrohlich bewerteten Stand erreicht. Das Regelungskonzept des Art. 115 Abs. 1 Satz 2 GG hat sich als verfassungsrechtliches Instrument rationaler Steuerung und Begrenzung staatlicher Schuldenpolitik in der Realität nicht als wirksam erwiesen.“ (BVerfGE 2 BvF 1/04, Randnummer 133, parenthetische Verweise entfernt).

(2) Das Bundesverfassungsgericht hat damit den Finger in eine offene Wunde gelegt: Seit langem legen Politiker die im Grundgesetz und in den Länderverfassungen enthaltenen Regeln und Begrenzungen der Verschuldung so extensiv wie möglich aus, weil sich Vorschläge für zusätzliche Ausgaben politisch leichter durchsetzen lassen, wenn zur Finanzierung Kredite aufgenommen werden können und daher weder eine Kürzung anderer Ausgaben noch Steuererhöhungen in Erwägung gezogen werden müssen. Um dieser Verlockung zu wehren, gibt es verfassungsrechtliche Begrenzungen der Kreditaufnahme. Da die derzeit bestehenden Begrenzungen aber offensichtlich nicht greifen, müssen sie neu gefasst werden.

(3) Der deutliche Rückgang der Neuverschuldung 2007 unter die im Vertrag von Maastricht festgelegte Grenze von 3 Prozent des BIP scheint dem Verdikt des Bundesverfassungsgerichtes etwas den Wind aus den Segeln zu nehmen. Aber das wäre eine vorschnelle Schlussfolgerung, da die verbesserte Situation der öffentlichen Haushalte vor allem der guten Konjunkturentwicklung zu verdanken ist und das strukturelle Haushaltsdefizit trotz des Überwachungsverfahrens im Rahmen des Stabilitäts- und Wachstumspaktes fortbesteht. Es bleibt abzuwarten, ob es tatsächlich bis zum Jahr 2011 abgebaut werden wird, wie das derzeit von der Politik in Aussicht gestellt wird.

(4) Der Beirat macht in diesem Gutachten einen Vorschlag, wie der Art. 115 GG, der die Schuldenfinanzierung des Bundes betrifft, restriktiver und zugleich justiziabler gefasst werden könnte. Der Vorschlag erfolgt in Kenntnis des 2003 in der Schweiz eingeführten Budgetverfahrens einer ‚Schuldenbremse' sowie einer Variante dieses Verfahrens, die der Sachverständigenrat in seinem Gutachten „Staatsverschuldung wirksam begrenzen" vom 12. März 2007 für den Bund und die Länder entwickelt hat.

(5) Dieses Gutachten bezieht sich nur auf den Bund. Was die Kreditfinanzierung der Länder angeht, so könnte der vom Beirat für den Bund entwickelte Vorschlag mutatis mutandis auch von den Ländern zur Verstärkung ihrer Haushaltsverantwortung nach Art. 109 Abs. 1 GG angenommen werden. Im Übrigen verweist der Beirat auf sein Gutachten „Zur finanziellen Stabilität des deutschen Föderalstaates" vom 8. Juli 2005.

Das vorliegende Gutachten beantwortet drei Leitfragen:

- Welche Gründe sprechen für, welche gegen eine staatliche Kreditaufnahme (Teil II)?

- Wie kann Artikel 115 Grundgesetz neu gefasst werden, so dass es zu einer wirksamen Begrenzung der Verschuldung kommt, die auch im politischen Prozess stabil ist (Teile III und IV)?
- Hat das Stabilitäts- und Wachstumsgesetz dann noch eine Aufgabe (Teil V)?

II. Zur Rolle der staatlichen Kreditaufnahme

(6) Es sind vor allem zwei Gründe, die in der heutigen Volkswirtschaftslehre genannt werden, um staatliche Kreditaufnahme zu rechtfertigen: zum einen das Bestreben, durch kreditfinanzierte Ausgabenpolitik Konjunkturschwankungen auszugleichen, zum anderen die Absicht, die Steuerlast über die Zeit so zu verteilen, dass die Bürger einen möglichst stetigen Konsum genießen können. Die Bewertung dieser Gründe hat sich in den vergangenen Jahrzehnten stark geändert (Abschnitt 1). Die Ergebnisse makroökonomischer Forschung veranlassen heute zu einer wesentlich skeptischeren Einschätzung der Möglichkeiten, mithilfe von Fiskalpolitik den Konjunkturverlauf wirksam zu beeinflussen (Abschnitt 2). Dementsprechend ist die allokative Aufgabe einer konjunkturübergreifenden Konsumglättung in den Vordergrund getreten. Aber auch hier gibt es gute Gründe, diese Aufgabe auf ein Minimum zu beschränken (Abschnitt 3). Als Fazit ergibt sich die Empfehlung des Beirats, die staatliche Kreditaufnahme strengen prozeduralen und ergebnisbezogenen Restriktionen zu unterwerfen. Diese Empfehlung wird verstärkt durch die in der politischen Ökonomie der Schuldenaufnahme begründeten Verzerrungen (Abschnitt 4).

1. Zur konjunkturbedingten Kreditaufnahme

(7) In den fünfziger und sechziger Jahren des letzten Jahrhunderts war trotz der anhaltenden und kräftigen Wachstumsdynamik der Nachkriegsjahrzehnte nach und nach fast weltweit die Überzeugung vorherrschend geworden, der Staat müsse dafür gewappnet sein, der Volkswirtschaft, wenn sie einmal aus dem Gleichgewicht geraten sei, zum Gleichgewicht zurück zu verhelfen. Die Koordinationsmechanismen des marktwirtschaftlichen Systems, die im Prinzip Selbsthilfe versprechen, reichten dafür nicht aus.

(8) Die neue Wirtschaftslehre ging vor allem auf den britischen Nationalökonomen John Maynard Keynes zurück und brachte Erfahrungen und Ängste aus der großen weltweiten Depression der dreißiger Jahre zum Ausdruck. Dabei ging es um die Möglichkeit eines Koordinationsversa-

gens des Marktsystems. Die Instabilität wirtschaftlicher Erwartungen, zumal der Erwartungen der Investoren, die in der Marktwirtschaft den Hauptteil aller wirtschaftlichen Risiken tragen, birgt die Gefahr in sich, dass eine gesamtwirtschaftlich erhebliche Verschlechterung der wirtschaftlichen Erwartungen, zum Beispiel als Folge einer zunächst harmlos, weil vorübergehend erscheinenden Konjunkturabschwächung, eine solche Abschwächung und die mit ihr verbundene Arbeitslosigkeit perpetuiert. Ungünstige Randbedingungen wie eine unzureichende Flexibilität von Löhnen und Güterpreisen sowie eine vom gegenwärtigen Einkommen dominierte Konsumneigung spielen hier eine wichtige Rolle. Nur ein ausgabefreudiger und temporär verschuldungsbereiter Staat könne da helfen und müsse es deshalb auch tun, und wo er nicht wirklich helfen könne oder müsse, habe er es doch zumindest zu unterlassen, eine gesamtwirtschaftliche Abschwächung zu verstärken, indem er bei konjunkturbedingt schwindenden Steuereinnahmen auch seinerseits die Ausgaben kürzt oder die Steuern erhöht.

(9) In der Bundesrepublik gewann die neue Lehre erst spät an Boden. Das historische Gedächtnis der Deutschen war durch die große Inflation nach dem Ersten und die ebenfalls tief greifende nach dem Zweiten Weltkrieg stärker geprägt als durch die Erinnerung an die Arbeitslosigkeit in den frühen dreißiger Jahren. Außerdem hielt Ludwig Erhard, der Vater des Wirtschaftswunders, das noch andauerte, nichts davon. Erst in den Jahren der ersten großen Regierungskoalition und unter dem Eindruck der ersten ernsthaften Rezession der Nachkriegszeit (1966/67) kam es zu einer Neuausrichtung der Makropolitik und mit der Schaffung des Stabilitäts- und Wachstumsgesetzes (1967) zu einer Neuregelung von wirtschafts- und finanzpolitischen Kompetenzen, die es der Regierung nicht nur erlaubte, sondern zum Auftrag machte, konjunkturellen Schwankungen mit globaler Nachfragesteuerung zu begegnen. Der Glaube an die Machbarkeit der Konjunktur war zur Doktrin der Wirtschaftspolitik erhoben. Die schnelle Überwindung der Rezession, die womöglich mit der Wirtschaftspolitik gar nichts zu tun hatte, schien so eindrucksvoll, dass es danach einen ziemlich weit reichenden Konsens gab, dem Staat nicht länger zu verwehren, sich aus Gründen einer Störung des gesamtwirtschaftlichen Gleichgewichts zu verschulden. Bis dahin – zur Reform der Finanzverfassung kam es 1969 – war Verschuldung „nur bei außerordentlichem Bedarf und in der Regel nur für die Finanzierung werbender Ausgaben“ erlaubt gewesen (Artikel 115 GG alter Fassung). Die Länder folgten dem Bund bei der Relativierung ihrer Verschuldungsschranken alsbald.

(10) Der Neuausrichtung und rechtlichen Neufundierung der Makropolitik und mit ihr der Staatsschuldenpolitik war kein Erfolg beschie-

den, weder in Deutschland noch weltweit. Ganz im Gegenteil. Vier fundamentale Enttäuschungen wurden, gestützt durch die Ergebnisse der makroökonomischen Forschung, nach und nach zum Anlass abermaliger Neubesinnung:

1. Die Enttäuschung bezüglich der Machbarkeit der Konjunktur durch den Staat fing schon früh an. In den siebziger Jahren zählte man die Konjunkturprogramme, die nicht gebracht hatten, was man sich von ihnen erhoffte, und am Ende war die Zuversicht, die den hochgemuten Beginn nach der Rezessionsbekämpfung 1966/67 geprägt hatte, weitgehend verflogen. Inzwischen gibt es international breit angelegte empirische Studien, auch solche, die bis in die jüngere Vergangenheit reichen, welche diese Enttäuschung stützen (vgl. weiter unten). Die gesamtwirtschaftlichen Störungen, mit denen man es nach 1966/67 zu tun hatte, waren freilich jahrzehntelang – zumindest für Deutschland kann man sagen: durchweg – nicht von der Art, für die eine von Keynes inspirierte Wirtschaftspolitik wenigstens der Idee nach adäquat gewesen wäre. In der Nationalökonomie wechselte die vorherrschende Vorstellung von der typischen Natur gesamtwirtschaftlicher Störungen ebenfalls schon in jenen Jahren, freilich nicht nur wegen der hier skizzierten Enttäuschung. Bezüglich der Gefahr Keynes'scher Probleme gewann eine Neueinschätzung die Oberhand: Die von fundamentaler Verunsicherung der wirtschaftlichen Erwartungen geprägte gesamtwirtschaftliche Gleichgewichtsstörung, aus der das Marktsystem womöglich nicht von selbst herausfindet, ist, wenn es sie denn überhaupt gibt, so selten, dass man sich nicht aus Furcht vor ihr gleichsam ständig in Alarmbereitschaft setzen darf, um verschuldungsbereit die gesamtwirtschaftliche Nachfrage zu manipulieren. Die Erfahrung lehrte weiter: Ein Missbrauch in der Nachfragepolitik birgt die Gefahr, dass deren Wirkungsmöglichkeiten weiter ausgehöhlt werden und am Ende expansive Ausgabenimpulse sogar kontraktiv ausfallen können. Schon Karl Schiller, der die globale Nachfragesteuerung als Konzept in Deutschland implementiert hatte, sprach an der Schwelle der achtziger Jahre rückblickend von solchem übermäßigen Gebrauch. Die Hauptaufmerksamkeit in der Wirtschaftspolitik verschob sich von der Nachfrageseite auf die Angebotsseite der Volkswirtschaft. In Deutschland wurde das berühmte Lambsdorff-Papier ein Markstein dafür.

2. Die Relativierung der „altväterlichen" Verschuldungsschranke des Grundgesetzes von vor 1969 durch die Einladung zur Staatsverschuldung im Falle gesamtwirtschaftlicher Störungen, de facto auch solcher, die mit Keynes'schen Problemen im Grunde nichts zu tun haben, erwies sich als ständige Quelle inflatorischer Impulse. Über-

höhte, kreditfinanzierte Staatsausgaben haben in der Geschichte schon immer an vorderster Stelle der Ursachen von Inflation gestanden, nun ließen sie sich sogar noch durch eine wirtschaftspolitische Lehre mit wissenschaftlichem Anschein rechtfertigen. Aber auch die Lohnpolitik, ebenfalls ständig in der Versuchung, inflationsträchtige Verteilungswünsche durchzusetzen, fühlte sich durch den stabilitätspolitischen Auftrag an den Staat gestützt, den man möglichst als Vollbeschäftigungsgarantie interpretierte und den man durch die vermeintlich unbegrenzte Verschuldungsfähigkeit des Staates gedeckt sah. Anders als in vielen anderen Ländern waren es in Deutschland zwar weniger die hohen tatsächlichen Inflationsraten, die zur Frustration führten. Die Bundesbank, bestimmt in ihrer Politik durch die Zielvorgabe der Geldwertstabilität und unterstützt von der fortdauernden Inflationsfurcht der Deutschen, stellte sich den inflatorischen Impulsen, die von Seiten der Staatsausgaben und der Löhne immer wieder ausgingen, entgegen. Phasen der Rezession waren damit unvermeidlich. Die Frustration war deshalb nicht geringer.

3. In der uneingeschränkten Ermächtigung des Staates, sich aus Gründen einer Störung des gesamtwirtschaftlichen Gleichgewichts zu verschulden, war eine Tendenz zur uferlosen Staatsverschuldung angelegt, und zwar nicht nur als Gefahr, sondern, wie die Erfahrung gelehrt hat, tatsächlich. Zu dem im antizyklischen Konzept versprochenen Auf und Ab – also einer konjunkturbedingten Verschuldung in wirtschaftlich schwachen Jahren und einer mindestens gleich hohen Tilgung in guten Jahren – ist es in Deutschland so wenig gekommen wie anderswo. Der Schuldensockel wuchs daher von Zyklus zu Zyklus. Hinzu kamen die Verschuldungsschübe, die mit konjunkturellen Problemen nichts zu tun hatten: Finanzierung einer Politik der inneren Reformen, Ausbau der sozialen Sicherung etc. In den achtziger Jahren folgte eine Umkehr. Der Verschuldungstrend wurde gestoppt. Doch der enorme öffentliche Finanzbedarf im Zusammenhang mit der deutschen Wiedervereinigung und – ein paar Jahre später – die unerwartet starke und lang anhaltende Abschwächung der Wachstumsdynamik in Deutschland gaben Anlass zu wieder beschleunigter öffentlicher Verschuldung, und zwar jetzt in einem Ausmaß, das rückblickend nahezu übereinstimmend für überzogen gehalten wird.

4. Die Bürger haben – immer wieder verwiesen auf eine vermeintliche Störung des gesamtwirtschaftlichen Gleichgewichts – eine ständig steigende Staatsverschuldung hingenommen. In etlichen Jahren erlitten sie zugleich eine unerträglich hohe Geldentwertung, politisch bemäntelt durch den Verweis auf eine angeblich wissenschaftliche

Einsicht, wer einen hohen Beschäftigungsstand wolle, müsse ein bestimmtes Maß an Inflation hinnehmen. Sie mussten trotzdem erleben, dass zugleich die Arbeitslosigkeit unaufhaltsam stieg, mit Auf und Ab, aber das Auf war fast ausnahmslos größer als das Ab, über mehr als dreißig Jahre hinweg. Dies mochte mit der immer wieder missbrauchten Ermächtigung zur konjunkturbedingten staatlichen Kreditaufnahme nichts zu tun haben, aber es zeigte den Menschen doch, dass in der versprochenen Vermeidung hoher Arbeitslosigkeit die Rechtfertigung für die Inkaufnahme einer ständig und bis zum Übermaß steigenden Staatsverschuldung nicht liegen kann.

(11) Die Enttäuschungen haben dem weit reichenden Konsens, der die Verfassungsänderung des Jahres 1969 prägte – die Verfassungsänderung, die dem Staat die allgemeine Ermächtigung zur Kreditaufnahme für Zwecke der Bekämpfung einer Störung des gesamtwirtschaftlichen Gleichgewichts gab –, inzwischen die Grundlage vollständig entzogen. In der Nationalökonomie ist die Lehre, die diese Ermächtigung, wie erwähnt, wesentlich getragen hatte, schon lange nicht mehr vorherrschend. Geblieben ist davon nur die Überzeugung, dass der Staat nicht vernünftig handelt, wenn er in Jahren der wirtschaftlichen Abschwächung, gekennzeichnet durch Schwäche in den Ausgaben der Unternehmen und privaten Haushalte, auch die öffentlichen Ausgaben einschränkt oder die Steuern erhöht und auf diese Weise die allgemeine Abschwächung verstärkt. Die darüber hinaus gehende Ermächtigung, auch eine aktive Konjunkturpolitik ohne weiteres durch Kreditaufnahme zu finanzieren, kann sich auf Einsichten und Überzeugungen, die in der Nationalökonomie vorherrschen, nicht mehr berufen. Was dafür noch an Gründen vorgetragen wird, ist wenig gegenüber dem Risiko einer Fortdauer des Missbrauchs und der Enttäuschungen, die zuvor beschrieben worden sind. Für ein Konzept der globalen Nachfragesteuerung im Sinne einer Feinsteuerung spricht sich kaum noch jemand aus. Auf der Agenda der Wirtschaftspolitik ist sie schon seit den Enttäuschungen der siebziger Jahre nicht mehr. Hierfür aber waren ja – um der geboten scheinenden Flexibilität willen – die erweiterten Kompetenzen für ein rasches Regierungshandeln im Stabilitäts- und Wachstumsgesetz geschaffen worden. Diese Kompetenzen sind übrigens, was die damals bereit gestellten Instrumente anbelangt, von Anfang an nicht genutzt worden; immer standen irgendwelche Verteilungsrücksichten oder andere politische Widerstände im Wege. Für den Fall einer wirklich großen Wirtschaftskrise hingegen braucht der Staat so wenig eine vorsorgliche Verschuldungsermächtigung wie für den Fall einer Naturkatastrophe. Solche Ausnahmefälle mögen die Selbstheilungskräfte des Marktsystems überfordern, aber wenn der Staat deshalb die Ermächtigung zur außerordentlichen

Verschuldung begehrt, sollte er sich auf das erschwerende Erfordernis eines breiten politischen Konsenses verweisen lassen müssen, der dann auch erreichbar sein dürfte.

2. *Makroökonomische Wirkungen der Staatsverschuldung: Theorie und Evidenz*

(12) Mit dem Erlass des Gesetzes zur Förderung der Stabilität und des Wachstums (StWG) im Jahre 1967 und der Änderung des Artikels 115 GG zwei Jahre später wurde die Kreditaufnahme zur Vermeidung einer die gesamtwirtschaftlichen Ziele (stabiles Preisniveau, hoher Beschäftigungsstand, außenwirtschaftliches Gleichgewicht, stetiges und angemessenes Wirtschaftswachstum) gefährdenden Abschwächung der allgemeinen Wirtschaftstätigkeit geregelt und damit praktisch normalisiert. Das in Kreisen der Politik bis dahin mit dem Begriff der Staatsverschuldung häufig verbundene Odium des Unsoliden ging verloren. Staatliche Kreditfinanzierung sollte nicht länger nur zur kurzfristigen Überbrückung konjunkturell bedingter Steuerausfälle dienen und damit gleichsam automatisch stabilisierend wirken („automatische Stabilisatoren"), sondern sie wurde zum selbstverständlichen Bestandteil einer darüber hinausgehenden aktiven Konjunkturpolitik.

Entwicklungen der makroökonomischen Theorie

(13) Begründet wurde die Einführung einer aktiven Konjunkturpolitik mit der Mitte der 1960er Jahre auch in Deutschland en vogue gekommenen keynesianischen Theorie. Sie lässt sich vereinfachend wie folgt skizzieren: Eine Volkswirtschaft gerät in den Zustand einer andauernd hohen Arbeitslosigkeit, wenn die geplanten Investitionen hinter den geplanten Ersparnissen zurückbleiben und eine mangelnde Flexibilität der Löhne nach unten bewirkt, dass die entstehende Arbeitslosigkeit sich dauerhaft verfestigt. Es gebe keinen automatisch einsetzenden Marktprozess, der dieses Unterbeschäftigungsgleichgewicht zur Vollbeschäftigung zurückführen könnte. Nur der Staat könne, so die keynesianische Lehre, durch eine Ausweitung seiner eigenen Nachfrage das Problem der Unterauslastung von Kapital und Arbeit lösen und solle diese Ausgabenexpansion durch Schuldenaufnahme am Kapitalmarkt oder bei der Zentralbank finanzieren.

(14) Moderne makroökonomische Denkgebäude der Konjunkturtheorie heben die konditionierende Rolle von Erwartungen hervor und nehmen entgegen der Vermutung von Keynes an, dass die meisten Individuen Entscheidungen treffen, indem sie einen längeren Zeithorizont ins Auge

fassen und keiner Geldillusion unterliegen. Sie erwarten also nicht, dass das Preisniveau stabil bleiben wird, wenn der Staat eine expansive Ausgabenpolitik oder die Notenbank eine Politik des leichten Geldes betreibt. Vor allem aufgrund der Arbeiten von Milton Friedman (1968), Edmund Phelps (1968) und Robert Lucas (1971) verstehen wir heute, dass der Staat auf diesem Wege das Reallohnniveau nicht dauerhaft senken und die Beschäftigung erhöhen kann.

(15) Für die Entwicklung des heute üblichen Ansatzes der dynamisch-stochastischen Gleichgewichtsmodelle hat insbesondere die von Kydland und Prescott (1982) eingeführte neoklassische Variante eines Modells des realen Konjunkturzyklus eine wichtige Rolle gespielt. Konjunkturelle Zyklen werden von Produktivitätsschocks angetrieben (Kydland und Prescott, 1991). In diesem Modelltyp ist per Konstruktion für den Staat und damit für Geld- und Fiskalpolitik kein Platz mehr. Viele Anhänger des Realzyklusmodells verbinden diese Modellanalyse mit der prinzipiellen Empfehlung einer Politik des Laissez-faire. Konjunkturpolitische Eingriffe seien nicht notwendig, weil Konjunkturbewegungen bereits Ausfluss der optimalen Reaktionen der Wirtschaftsteilnehmer auf Schocks seien und insofern keiner staatlichen Korrektur bedürften.

(16) Nicht zuletzt als Reaktion auf diese Extremposition integriert die neo-keynesianische Theorie die Konzepte der rationalen Erwartungen und des optimierenden Verhaltens der Unternehmen und Haushalte mit der keynesianischen Annahme, dass nicht alle Firmen jederzeit ihre Preise und nicht alle Arbeitnehmer jederzeit ihre Lohnforderungen unverzüglich re-optimieren können (Calvo, 1983). Das Modell von Christiano, Eichenbaum und Evans (2005) kann als ein repräsentatives Beispiel heute üblicher Makromodelle gelten. In diesen Modellen reagieren Inflationsrate, Produktion und Beschäftigung gebremst auf geld- und fiskalpolitische Maßnahmen. Wie stark die makroökonomischen Variablen im Einzelnen reagieren, hängt von den empirischen Werten der Modellparameter ab.

Empirie

(17) In den 1960er Jahren war man aufgrund der Ergebnisse großer ökonometrischer Modelle der Ansicht, dass der die konjunkturelle Wirkung der Staatsausgaben messende Multiplikator für die Vereinigten Staaten und für die wichtigsten europäischen Volkswirtschaften deutlich über dem Wert von eins läge und damit die erwünschte Effektivität einer diskretionären Variation der Staatsausgaben empirisch gesichert wäre.

(18) Mittlerweile steht man diesen ökonometrischen Großmodellen jedoch skeptisch gegenüber. Nach der grundlegenden Kritik von Robert

Lucas (1976) an der ökonometrischen Politikevaluierung und der Einsicht von Christopher Sims (1988), dass die traditionelle Ökonometrie die Wirkung trendbehafteter Variablen fehlerhaft erfassen und Scheinkorrelationen produzieren kann, wenn überhaupt keine kausalen Wirkungszusammenhänge vorliegen, ist die wirtschaftswissenschaftliche Forschung davon abgekommen, mit ökonometrischen Großmodellen zu arbeiten.[56] Die für empirische Untersuchungen an Stelle von Großmodellen inzwischen verwendeten strukturellen Vektor-Autoregressions-Modelle sind einfacher, methodisch gesicherter und wesentlich leichter zu handhaben. Zudem hat sich seit den 1960er Jahren die Datenlage erheblich gebessert, da deutlich längere Zeitreihen vorliegen.

(19) Aufgrund der veränderten Untersuchungsmethoden und der besseren Datenlage ergibt sich heute ein völlig anderes Bild als in den 60er und 70er Jahren. Mittlerweile gibt es einen breiten Konsens, dass die konjunkturellen Wirkungen einer schuldenfinanzierten Ausweitung der staatlichen Nachfrage weniger stark und weniger verlässlich eintreten, als man es sich damals erhofft hatte. Die modernen empirischen Untersuchungen weisen dabei auf einen Regimewechsel hin. Perotti (2005) untersucht die Fiskaleffekte in den Vereinigten Staaten, Großbritannien, Kanada und Australien im Zeitraum 1961–2000, für Deutschland 1961–89, und zwar mit Schätzungen für zwei Teilperioden. Die Ergebnisse lassen sich wie folgt zusammenfassen: Erstens habe die Zunahme der Staatsausgaben um ein Prozent eine Erhöhung des Outputs bewirkt, die über die ersten vier Quartale kumuliert für alle Länder und alle Teilperioden weniger als ein Prozent betrug. Die Elastizität aus relativer Outputsteigerung zu relativer Staatsausgabensteigerung lag also unter Eins. Die einzige Ausnahme bildet Deutschland während der Teilperiode 1961–79, für die sich eine Wirkung von fast zwei Prozent ergibt. Sieht man von Australien ab, so ist zweitens für alle Länder die in Form einer Elastizität ausgedrückte Wirkung auf den Output in der Teilperiode seit 1980 jedoch wesentlich kleiner als in der vorhergehenden Periode. Für die Vereinigten Staaten beträgt sie weniger als 0,3, für Kanada 0,2, für Deutschland praktisch Null und für Großbritannien ist sie sogar negativ.

(20) Diese zeitliche Veränderung wird in den Studien von Giordano et al. (2007) und von Bilbiie, Maier und Müller (2006) bestätigt. Letztere basiert auf US-Daten und vergleicht zwei Perioden, nämlich die Periode von 1957 bis 1979 und die von 1983 bis 2004. Es wird gezeigt, dass die Fiskalschocks in der jüngeren Periode einen weniger signifikanten und

56 Für Simulationszwecke werden auch heute noch einige wenige Großmodelle unterhalten. Beispiele sind das Wharton Modell und das MINIMOD Modell des Internationalen Währungsfonds.

weniger persistenten Effekt auf den Output besitzen als in der ersten Periode. Für fast den gleichen Zeitraum (hier: 1980–97) liegen zudem Ergebnisse von De Arcangelis und Lamartina (2003) für die Vereinigten Staaten, Frankreich, Italien und Deutschland vor. Kumulativ gemessen über das erste Jahr nach einer Veränderung der realen Staatsausgaben um ein Prozent, reagiert der Output in keinem der untersuchten Länder um mehr als 0,4 Prozent, in Deutschland sogar um deutlich weniger als 0,2 Prozent. Daher ist anzunehmen, dass der Staatsausgabenmultiplikator für Deutschland auch heute noch kleiner als eins ist.[57]

Resümee

(21) Die neueren Entwicklungen der makroökonomischen Theorie, die bei Haushalten und Unternehmen ein gewisses Maß an vorausschauendem Planen unterstellt, und die Ergebnisse der empirischen Untersuchungen, die konjunkturpolitischen Eingriffen eine nur geringe Wirksamkeit attestieren, haben gleichermaßen dazu beigetragen, die Zweckmäßigkeit diskretionärer Fiskalpolitik in Frage zu stellen.

(22) Auf die interessante Frage, warum die reale Wirksamkeit fiskalischer Impulse so stark abgenommen hat, gibt es keine eindeutige Antwort, jedoch deutliche Hinweise. Schon in den 1960er Jahren war man sich darüber im Klaren, dass die Wirkungen expansiver Fiskalpolitik umso geringer ausfallen würden, je offener die Volkswirtschaft ist, insbesondere bei flexiblen Wechselkursen. Bilbiie et al. (2006) zeigen, dass der weltweite Prozess der Liberalisierung, insbesondere der Finanz- und Kapitalmärkte, dazu beiträgt, dass Konsumenten langfristiger planen als früher. Die Öffnung dieser Märkte für internationale Transaktionen und die zunehmende Palette der Finanzinnovationen erleichtern es immer breiteren Schichten, effizienter als es ihnen früher möglich war, in die intertemporale Glättung ihres Konsums zu investieren. In der Konsequenz werden diskretionäre Fiskalschocks stärker abgefedert. Zum zweiten hat sich das Regime der Geldpolitik geändert, seitdem diese sich immer stärker am Ziel der Preisstabilität orientiert. Einen weiteren Hinweis gibt Perotti (1999), der zeigt, dass Staatsausgaben in den OECD-Ländern „keynesianisch“ (also mit einem positiven Multiplikator) wirken, wenn das Niveau der Gesamtschulden relativ niedrig ist. Umgekehrt haben Staatsausgaben einen neutralen oder gar negativen Effekt auf den Output, wenn die Staatsschulden bereits ein hohes Niveau aufweisen.

[57] Der Staatsausgabenmultiplikator entspricht dem Verhältnis von Elastizität zu Anteil staatlicher Konsum- und Investitionsausgaben am Bruttoinlandsprodukt (2007: 0,2).

3. *Allokative Wirkungen der Staatsverschuldung*

(23) Während die Eignung einer aktiven Fiskalpolitik als Mittel zur Konjunkturstabilisierung mehr und mehr in Zweifel gezogen wurde, sind die allokativen Wirkungen wieder ins Zentrum des Interesses gerückt, vor allem die Auswirkungen der Staatsverschuldung auf Kapitalbildung und Wirtschaftswachstum.

(24) Die wissenschaftliche Auseinandersetzung mit diesen Fragen nimmt zumeist ihren Anfang bei der sogenannten *Ricardianischen Äquivalenzthese*. Diese postuliert, dass die Staatsschuldenpolitik für sich genommen keinerlei Auswirkungen auf realwirtschaftliche Vorgänge hat, weil die zur Rückzahlung der Staatsschuld erforderlichen zukünftigen Steuern abdiskontiert genau den Steuern entsprechen, die bei einer Steuerfinanzierung heute erhoben werden müssten, und die privaten Haushalte im Falle einer Schuldenfinanzierung des Staates ihre Ersparnis erhöhen, um damit ihre zukünftige Steuerlast zu finanzieren.[58]

(25) Diese der keynesianischen Auffassung diametral widersprechende These gilt jedoch nur dann, wenn Haushalte, Unternehmen und Staat zum gleichen Marktzins beliebig viel Geld anlegen oder Kredite aufnehmen können; wenn Steuern die Wirtschaftstätigkeit nur aufgrund ihrer Entzugswirkungen auf Einkommen bzw. Vermögen belasten und daher negative Anreizeffekte der Besteuerung etwa auf das Arbeitsangebot keine Rolle spielen; und wenn schließlich die Staatsschuldenpolitik weder die Höhe noch den Zeitpfad der Staatsausgaben beeinflusst. In dem Maße, in dem diese Voraussetzungen nicht gelten, wird die Verschuldungspolitik des Staates reale Größen wie Konsum und Investitionen, Wirtschaftswachstum und Beschäftigung, beeinflussen.

Reale Wirkungen aufgrund unzureichender Berücksichtigung zukünftiger Steuerlasten

(26) Die zukünftige Entwicklung der Staatsausgaben für Güter, Dienstleistungen und Schuldendienst und der zu ihrer Finanzierung erforderlichen Steuern ist für Haushalte und Unternehmen in der Regel intransparent. Zudem müssen die in Zukunft erforderlichen Steuern zumindest teilweise von den Angehörigen zukünftiger Generationen bezahlt werden, die nicht davon profitieren, dass bei Schuldenfinanzierung von Staatsausgaben die heutigen Steuern niedriger sind als bei Steuerfinanzierung.[59] Dies macht die Schuldenfinanzierung für die heutige Genera-

58 Eine moderne Formulierung findet sich bei Barro (1974); siehe auch Barro (1989).
59 Modigliani (1961), Diamond (1965).

tion attraktiver als die Steuerfinanzierung. Es führt freilich auch dazu, dass die Schuldenfinanzierung im Vergleich zur Steuerfinanzierung die Kapitalmarktzinssätze erhöht und private Investitionen in Realkapital, Forschung und Entwicklung verdrängt.

(27) Die Verdrängung privater Investitionen durch die staatliche Schuldenaufnahme ist in der Praxis zumeist *negativ* zu beurteilen. Dies trifft insbesondere dann zu, wenn die Verdrängung deshalb stattfindet, weil die Betroffenen aufgrund mangelnder fiskalischer Transparenz Illusionen über die zukünftigen Steuerlasten haben. Positive Wohlfahrtseffekte aufgrund *intertemporaler Effizienzerwägungen* ergeben sich *nur* unter der Bedingung, dass die Grenzproduktivität des Kapitals kleiner ist als die reale Wachstumsrate der Volkswirtschaft. Diese Bedingung ist im Fall von Deutschland nicht erfüllt.[60]

(28) Vielfach wird argumentiert, es sei gerecht, langlebige staatliche Investitionen durch Kreditaufnahme zu finanzieren, um dafür zu sorgen, dass auch die späteren Nutznießer an der Finanzierung beteiligt sind.[61] Es ist allerdings problematisch, solche *intertemporalen Verteilungserwägungen* punktuell einzubringen. Sieht man das Problem der intergenerativen Verteilungsgerechtigkeit als Ganzes, so wird man berücksichtigen, dass aufgrund der anstehenden demographischen Verschiebung das Umlagesystem der Altersversorgung die nachfolgende Generation ohnehin schon in erheblichem Maße zu Gunsten der heute aktiven Generation belastet. In diesem Zusammenhang hat der Beirat schon früher gefordert, die Belastung der nachfolgenden Generation durch das Umlagesystem der Altersversorgung dadurch abzumildern, dass die heute aktive Generation zusätzlich zu den Einzahlungen in die Gesetzliche Rentenversicherung echte Ersparnisse bildet und das Realkapital im In- und Ausland investiert, dessen Erträge später zur Versorgung dieser Generation beitragen, so dass das Umlagesystem entlastet wird.[62]

Reale Wirkungen aufgrund von Kapitalmarktunvollkommenheiten

(29) In der Realität stellen private Haushalte und Unternehmen regelmäßig fest, dass sie bei den am Markt vorherrschenden Zinssätzen keine Kredite bekommen können, wenn die Gläubiger Zweifel an ihrer Kreditwürdigkeit haben. Dies gilt in besonderem Maße für Humankapitalinvestitionen. Oft wird argumentiert, dass eine Übernahme der Kosten für Bildung und Ausbildung durch den Staat diesen Engpass beheben könne;

60 P. Diamond (1965); Sachverständigenrat (2007), 43.
61 Sachverständigenrat (2007), 49 ff.
62 Wissenschaftlicher Beirat beim Bundesministerium für Wirtschaft (1998) und (2005).

die staatliche Verschuldung träte an die Stelle einer privaten Verschuldung, die durch die Unvollkommenheiten der Kreditmärkte unmöglich sei.[63]

(30) Dieses Argument beruht auf der Annahme, dass die Effizienzverluste der durch Kreditrationierung verursachten Beschränkung bestimmter Investitionen besonders groß sind. Sollte das der Fall sein, so kann dies staatliches Handeln rechtfertigen. Daraus folgt allerdings noch nicht, dass dies durch Schuldenaufnahme zu finanzieren ist. Hier greift wieder das schon im vorstehenden Abschnitt diskutierte Argument, dass intergenerative Verteilungswirkungen im Gesamtzusammenhang zu sehen sind. Dieser spricht, wie oben ausgeführt, eher gegen eine Schuldenfinanzierung der mit staatlichem Handeln verbundenen Kosten.

Belastungen wirtschaftlicher Tätigkeiten durch Anreizeffekte der Besteuerung

(31) Anreizeffekte, etwa der Einkommensteuer auf die Entscheidung zwischen Arbeit und Freizeit, sind in der Regel sehr hoch. Für die Abwägung zwischen Steuer- und Schuldenfinanzierung ist es daher eine wichtige Frage, ob es volkswirtschaftlich günstiger ist, wenn negative Anreizeffekte der Besteuerung unmittelbar (Steuerfinanzierung) oder erst später (Schuldenfinanzierung) anfallen.

(32) Generell ist es wünschenswert, die steuerliche Belastung in etwa gleichmäßig über die Zeit zu verteilen, so dass auch die negativen Anreizeffekte in etwa gleichmäßig über die Zeit verteilt sind. Aus dieser Aussage folgt, dass regelmäßig anfallende Staatsausgaben grundsätzlich zeitgleich aus Steuern bestritten werden sollten. Lediglich die Finanzierung einmaliger außergewöhnlicher Staatsausgaben sollte über die Zeit verteilt werden, da durch eine Glättung der steuerlichen Belastung im Zeitverlauf die negativen Wohlfahrtseffekte der von den Steuern ausgehenden Anreizwirkungen vermindert werden können.[64]

(33) In diesem Zusammenhang ist nicht nur an die Belastung des Staatshaushalts durch einen Konjunktureinbruch zu denken. Wie die deutsche Erfahrung im ersten Golfkrieg 1991 und die schwedische Erfahrung in

63 Drazen (1978). Das Argument zugunsten der staatlichen Intervention verstärkt sich, wenn man der Möglichkeit Rechnung trägt, dass Eltern bei Entscheidungen über Bildung und Ausbildung nicht nur an das Wohl ihrer Kinder denken. Eine allgemeine Formulierung der These, dass bei Kapitalmarktunvollkommenheiten staatliche Verschuldung an die Stelle privater Verschuldung treten sollte, findet sich bei Holmström und Tirole (1998).

64 Vgl. Barro (1979).

der Bankenkrise 1992-94 zeigen, können sich einmalige außergewöhnliche Staatsausgaben auf höhere zweistellige Milliardenbeträge belaufen. Noch höher waren die Ausgaben für die deutsche Wiedervereinigung. Der Versuch, in solchen Lagen einen unmittelbaren Budgetausgleich zu erzwingen, wäre auch aus wohlfahrtstheoretischer Sicht problematisch.

Höhere Staatsausgaben bei Schuldenfinanzierung

(34) Gehen die heute in den Märkten aktiven Haushalte und Unternehmen davon aus, dass sie von zukünftigen Steuern nicht in gleichem Maße betroffen sein werden wie von heutigen Steuern, so bietet die Kreditfinanzierung staatlicher Ausgaben eine Möglichkeit, die mit diesen Ausgaben verbundenen steuerlichen Belastungen als geringer erscheinen zu lassen, als sie am Ende sein werden, geringer zumindest für die heutigen Steuerzahler und Wähler. Das aber macht es wahrscheinlicher, dass die Staatsausgaben bei Schuldenfinanzierung höher sind als bei Steuerfinanzierung.

(35) Aus wohlfahrtstheoretischer Perspektive ist dieser Zusammenhang kritisch zu sehen. Wenn Staatsausgaben beschlossen werden, weil die heutigen Wähler davon ausgehen, dass sie letztlich nicht die gesamten Kosten zu tragen haben, so ist zu befürchten, dass diese Staatsausgaben das Geld nicht wert sind, das sie die heutigen und zukünftigen Steuerzahler insgesamt kosten. Die Schuldenfinanzierung von Staatsausgaben verstärkt die Verzerrungen der öffentlichen Willensbildung, die dadurch verursacht werden, dass zukünftige Steuerzahler und Wähler von den heutigen Entscheidungen betroffen sind, ohne daran teilzuhaben.

4. *Politische Ökonomie der Staatsverschuldung und Fazit*

(36) Das zuvor Erörterte zeigt auch, dass neben makroökonomischen und allokativen Gesichtspunkten auch die politische Ökonomie der Schuldenaufnahme in die Analyse der Staatsverschuldung eingehen muss, da Regierungen in ihrer Haushaltspolitik auch rein wahltaktische Ziele verfolgen. Dies ist keine neue Einsicht: So weisen Nordhaus (1975) und MacRae (1977) nach, dass die Regierungen ihre Haushaltspolitik so ausrichten, dass sich zum Wahlzeitpunkt ein gutes Bild der Wirtschaftslage mit wenig Arbeitslosigkeit und Inflation ergibt. Auch die Arbeiten von Hibbs (1977), Frey und Schneider (1979) und Alesina und Rosenthal (1995) betonen die parteipolitische Motivation haushaltspolitischer Entscheidungen und stärken die Zweifel an einem im Grundgesetz verankerten Auftrag zur Konjunkturstabilisierung.

(37) Auch in allokativer Hinsicht ergeben sich Zweifel, ob eine Politik der Steuerglättung so funktioniert, wie es sich Ökonomen vorstellen. Koester (2008) zeigt in einer kürzlich fertig gestellten Dissertation, dass die vom Bundesfinanzministerium jeweils veranschlagten Fiskalwirkungen der vielen kleinen Steuerrechtsänderungen im Zeitraum von 1964 bis 2004 kumulativ mehr als das Doppelte der gleichzeitigen Steuereinnahmen in Deutschland ausmachen. Diese Maßnahmen wurden so terminiert, dass steuerliche Entlastungswirkungen vor allem vor Bundestagswahlen auftreten. Auch auf der Einnahmenseite sind also für die Richtung der Steuerpolitik regelmäßig politische und wahltaktische Motive für die Terminierung der Maßnahmen entscheidend.

(38) Solche politischen und wahltaktischen Motive verstärken die durch die diversen Verzögerungsmechanismen der praktischen Politik ohnehin hohe Gefahr einer prozyklischen Politik (je nachdem, wie Wahl- und Konjunkturzyklus sich zueinander verhalten) sowie die Gefahr einer einseitigen Orientierung auf die Senkung von Steuern anstatt von Ausgaben, so dass es im Zeitverlauf zu hohen Defiziten und hohen Schulden kommt.

(39) Ein weiterer wichtiger Mechanismus der politischen Ökonomie ist das Trittbrettfahrerproblem eines fiskalpolitischen Entscheidungsträgers innerhalb einer Währungsunion (Beetsma und Bovenberg 2001; Chari and Kehoe 1998; Faia 2005). In einer Währungsunion mit gemeinsamer Geldpolitik werden die Kosten einer laxen Fiskalpolitik internationalisiert. Die Fiskalpolitik dürfte daher weniger diszipliniert ausfallen als im Falle einer nationalen Währung und eigenständiger Geldpolitik.

(40) Zusammenfassend lässt sich also festhalten, dass die makroökonomische Analyse wenig Unterstützung für eine schuldenfinanzierte Fiskalpolitik bietet. In den streng neoklassischen makroökonomischen Modellen ist schon a priori für eine diskretionäre Konjunkturpolitik kein Platz. In den neu-keynesianischen Modellen ist eine einkommenserhöhende Wirkung diskretionärer konjunkturpolitischer Maßnahmen zwar prinzipiell möglich; ihre Effektivität wird aber von den empirischen Analysen als gering eingeschätzt.

(41) Auch die allokationstheoretische Analyse zeigt, dass die Wirkungen der Staatsverschuldung auf die Wirtschaftstätigkeit überwiegend negativ zu sehen sind. Sobald man die speziellen Voraussetzungen der ricardianischen Äquivalenzthese aufgibt, sieht man, dass eine Kreditfinanzierung der Staatsausgaben tendenziell dazu führt, dass die Staatsausgaben überhöht sind, dass private Investitionen verdrängt werden und dass spätere Generationen von Wählern und Steuerzahlern übermäßig belastet werden.

(42) Jeglicher Anreiz zu einer fortwährenden Neuverschuldung des Staates sollte daher vermieden werden. Kurzfristige Abweichungen von einem Verbot der Kreditfinanzierung staatlicher Ausgaben können angebracht sein, wenn es sich um einmalige, unvorhergesehene Ausgaben handelt, die den normalen Budgetrahmen sprengen. Allerdings müssen prozedurale und ergebnisorientierte Regeln dafür sorgen, dass ein finanzpolitisches Regime, das eine solche Glättung von Belastungen zulässt, nicht als Handhabe einer dauerhaften und systematischen Schuldenfinanzierung des Staates missbraucht wird.

III. Vorliegende Modelle der Schuldenbegrenzung

(43) Im Jahr 2001 wurde in der Schweiz für den Bundeshaushalt mit großer Mehrheit in einer Volksabstimmung eine so genannte „Schuldenbremse" eingeführt. Sie wurde zum ersten Mal im Rahmen der Aufstellung des Bundeshaushalts 2003 angewendet und wird im Folgenden kurz beschrieben (Abschnitt 1). Der Wissenschaftliche Beirat beim Bundesfinanzministerium empfiehlt in seinem Brief an den Bundesfinanzminister vom 10. Februar 2007 eine Neuregelung des Art. 115 GG, die sich an der Schweizer Schuldenbremse orientiert. Auch der Vorschlag des Sachverständigenrats zur Begutachtung der gesamtwirtschaftlichen Entwicklung (SVR) vom 12. März 2007 geht von diesem Modell aus, passt es jedoch stärker an die investitionsorientierte Kreditpolitik des Art. 115 GG an (Abschnitt 2). Der hier vorgelegte Vorschlag des Beirats stimmt in seiner grundlegenden Zielsetzung mit diesen Gutachten überein, weicht aber in seinem konkreten Mechanismus deutlich davon ab. Zudem kombiniert der Beirat seinen Vorschlag zur Begrenzung der Bundesschulden mit seinen früheren Empfehlungen für eine Begrenzung der Länderschulden (Teil IV).

1. *Das Schweizer Modell*

(44) Eine investitionsorientierte Verschuldung wie in Art. 115 GG ist in der Schweiz nicht vorgesehen. Stattdessen sehen Art. 13 bis 18 des Finanzhaushaltsgesetzes von 2003 vor, dass die Summe der Ausgaben höchstens der geschätzten konjunkturbereinigten Summe der Einnahmen (ohne außerordentliche Einnahmen aus Verkäufen und dergleichen) entsprechen darf.

(45) Ausnahmen sind insbesondere bei außergewöhnlichen und vom Bund nicht steuerbaren Entwicklungen zulässig, bedürfen aber der Zustimmung der Mehrheit der Mitglieder in jeder der beiden Kammern des Schweizer Parlaments („doppelte Mehrheit").

(46) Abweichungen zwischen dem auf Grundlage der geschätzten konjunkturbereinigten Einnahmen ermittelten Höchstbetrag der Ausgaben und den tatsächlichen Gesamtausgaben des entsprechenden Haushaltsjahres werden auf einem außerhalb der Staatsrechnung geführten Ausgleichskonto verbucht. Fehlbeträge des Ausgleichskontos müssen im Verlauf mehrerer Jahre durch Kürzung der Höchstbeträge für die Gesamtausgaben ausgeglichen werden. Der genaue Verlauf der Verrechnung ist nicht vorgegeben. Sofern der auf dem Ausgleichskonto verzeichnete Fehlbetrag 6 Prozent der im vergangenen Rechnungsjahr getätigten Gesamtausgaben überschreitet, muss der Überhang innerhalb der drei folgenden Jahre durch Einsparungen in entsprechender Höhe beseitigt werden.

(47) Eine verlässliche Beurteilung der Wirksamkeit der Schweizer Schuldenbremse ist derzeit noch nicht möglich, da sie erst 2003 eingeführt worden ist, also bislang noch nicht einmal einen vollen Konjunkturzyklus mit Abschwungs- und Wiederaufschwungsphase überdauert hat. Der Anfangszeitpunkt lag sehr ungünstig in einem Konjunkturtief, das bis 2005 andauerte. In dieser Zeit akkumulierte sich das auf dem Ausgleichskonto verbuchte Defizit auf fast 6,4 Mrd. CHF. Dies war mehr als das Doppelte der vorhergesehenen Obergrenze. Erst allmählich ist es auch in der Schweiz wieder zu einem Konjunkturaufschwung gekommen, so dass der Haushalt erst im Jahre 2007 wieder auf den Pfad der Schuldenbremse einschwenken konnte.

(48) Aus diesem Verlauf lässt sich noch nicht zuverlässig ableiten, dass die Schweizer Schuldenbremse funktioniert. Eher liegt eine pessimistische Einschätzung nahe, dass die Ausgabenkürzungen auch wirklich Priorität erlangen und durchgesetzt werden können. Es fällt in diesem Zusammenhang vor allem auf, dass die Regeln viele Ausweichmöglichkeiten zulassen, die zwar den Konsens erleichtern, die Wirksamkeit der Bremse aber schwächen.[65]

2. *Das Modell des Sachverständigenrates*

(49) Im Unterschied zum Schweizer Modell lässt der Sachverständigenrat in seinem Vorschlag eine Verschuldung in Höhe der Investitionen entsprechend der traditionellen ökonomischen Intention des Art. 115 Abs. 1 Satz 2 HS 1 GG zu. Die Investitionen werden jedoch als Veränderungen des staatlichen Nettovermögens, d.h. als Bruttoinvestitionen abzüglich der Abschreibungen und abzüglich des Saldos der Vermögens-

65 Ausweichmöglichkeiten zum Beispiel zugunsten der Neuen Eisenbahn-Alpentransversale (NEAT).

änderungen (insbesondere Verkäufen von Bundesvermögen) wesentlich enger gefasst als nach der gegenwärtigen Rechtslage.[66]

(50) Eine darüber hinausgehende Kreditaufnahme wird durch die Einrichtung eines Ausgleichskontos gebremst, denn „grundsätzlich ist der Gesetzgeber gehalten, im Haushalt die Sollwerte für die laufenden Ausgaben so anzusetzen, dass sie den Ausgabenplafond nicht übersteigen, und bestehende Belastungen auf dem Ausgleichskonto durch Kürzung des Ausgabenplafonds zurückzuführen“.[67] Sofern das Ausgleichskonto die Obergrenze von 1 Prozent des nominalen BIP überschreitet, tritt als Sanktion eine automatische Steuererhöhung („Ergänzungsabgabe“) in Kraft.

(51) Mit der Einrichtung des Ausgleichskontos entfällt im Vorschlag des SVR die bisherige Anbindung an ein, wie in Teil V dieses Gutachtens ausgeführt wird, nicht operabel zu definierendes gesamtwirtschaftliches Gleichgewicht.

(52) Der Sachverständigenrat lässt in zwei Ausnahmesituationen eine Kreditaufnahme zu, die nicht auf dieses Ausgleichskonto verbucht werden muss. Zum einen ist dies zulässig bei schweren Rezessionen (d. h. wenn die Outputlücke um über einen Prozentpunkt zurückgeht und dabei negativ wird), zum anderen bei Natur- und sonstigen Katastrophen. Für den zweiten Ausnahmefall ist eine Mehrheit von zwei Dritteln der Mitglieder des Bundestages und zwei Dritteln der Stimmen des Bundesrates nötig, nicht jedoch für den ersten Ausnahmefall.

(53) Insgesamt ist, so die Meinung des Beirats, das hier nur in seinen groben Zügen dargestellte Modell des Sachverständigenrates zu komplex, bietet viel Gestaltungsspielraum, vor allem bei der Definition des konjunkturbereinigten Ausgabenplafonds, und setzt daher nicht genügend Anreize für die Politik, Verschuldung möglichst zu vermeiden. Beispielsweise ist die Festsetzung, wann eine „Rezession“ eintritt, von ökonometrischen Schätzverfahren wie z. B. dem Hodrick-Prescott-Filter abhängig, die methodisch bedingt gerade die jeweils jüngste Entwicklung nicht zuverlässig abbilden können. Auch bei der Quantifizierung der Nettoinvestitionen, insbesondere der Abschreibungen, gibt es viele Bewertungsspielräume. Nicht nachvollziehbar ist schließlich, warum Kreditaufnahme für Ausgaben, die die Folgen von Natur- und sonstige Katastrophen mildern sollen, und Kreditaufnahme für Ausgaben, die die Folgen einer Rezession mildern sollen, im Ausgleichskonto nicht gleich behandelt werden.

[66] Vgl. SVR (2007), Seite 76 f.
[67] Vgl. SVR (2007), Seite 112 f.

(54) Der Vorschlag des Sachverständigenrates bezieht sich zunächst nur auf den Bund, soll dann aber auf die Bundesländer übertragen werden.[68] Dies erhöht die Komplexität, weil länderadäquate Sonderregelungen unumgänglich sein werden. Wenn die relativ einfache Schweizer Schuldenbremse schon beim ersten Anlauf politisch umgangen worden ist, so dürfte diese Gefahr bei der Schuldenbremse des Sachverständigenrates noch verstärkt auftreten. Beispielsweise kann eine Regierung nicht daran gehindert werden, das Ausgleichskonto durch überrollende Kredite stets an der Obergrenze zu führen oder die Obergrenze durch kreative Buchführung hinauszuschieben. Deswegen kann eine Schuldenbremse auf Länderebene die vom Beirat in seinem Gutachten vom 24. Mai 2005 vorgeschlagene Haftungsregel der Länder für ihre selbst eingegangenen Zahlungsverpflichtungen nur ergänzen, nicht aber ersetzen.

IV. Der Vorschlag des Beirats

(55) Der Vorschlag des Beirats hat drei Elemente:

(i) *Materieller Budgetausgleich.* – Ausgaben dürfen grundsätzlich nur durch ordentliche Einnahmen wie Steuern, Gebühren und Gewinne, und nur in Ausnahmefällen durch Kreditaufnahme finanziert werden. Eine Sonderregelung für staatliche Investitionen ist ebenso nicht mehr vorgesehen wie Ausnahmen für „Störungen des gesamtwirtschaftlichen Gleichgewichts“

(ii) *Überbrückungsfinanzierung.* – In Abweichung des Grundprinzips kann zur überbrückenden Finanzierung konjunkturell bedingter und anderer überraschender Einnahmeausfälle und Mehrausgaben auf *Schwankungsreserven* und/oder *Kreditaufnahmen* zurückgegriffen werden. Dabei lässt der Beiratsvorschlag bewusst offen, für welche dieser Alternativen sich eine Regierung entscheidet. Es greifen aber zwei sich ergänzende Auflagen:

(iii) *Kreditaufnahmeregeln.* – Nur bis zu 5 Prozent des Ausgabenvolumens (das entspricht derzeit ca. 0,5 Prozent des BIP) können Kredite wie bisher vom Bundestag mit einfacher Mehrheit beschlossen werden. Für darüber hinausgehende Kredite ist die qualifizierte Mehrheit von drei Fünftel der Mitglieder des Bundestages erforderlich. Zudem muss jede Neuverschuldung nach maximal vier Jahren wieder getilgt worden sein. Sinn dieser Auflagen ist deren *präventive Wirkung*, eher Überschüsse zu erwirtschaften als Kredite aufzunehmen.

[68] Vgl. SVR (2007), Seite 106ff.

(56) Konkret schlägt der Beirat die folgende **Neufassung** des Artikels 115 GG vor:

> *(1) Die Aufnahme von Krediten sowie die Übernahme von Bürgschaften, Garantien oder sonstigen Gewährleistungen, die zu Ausgaben in künftigen Rechnungsjahren führen können (Kredite), bedürfen einer der Höhe nach bestimmten oder bestimmbaren Ermächtigung durch Bundesgesetz.*
>
> *(2) [1]Mit einfacher Mehrheit können Kredite in Höhe von bis zu 5 v.H. der Ausgaben des Bundes aufgenommen werden. [2]Eine darüber hinausgehende Aufnahme von Krediten bedarf einer Mehrheit von drei Fünfteln der Mitglieder des Bundestages. [3]Kredite sind innerhalb der folgenden drei Haushaltsjahre in gleichen Raten zu tilgen.*

(57) Absatz 1 entspricht wörtlich Art. 115 Abs. 1 Satz 1 der bisherigen Fassung. Er bestimmt wie bisher, dass jegliche Kreditaufnahme einer gesetzlichen Ermächtigung bedarf und in ihrer Höhe nachvollziehbar begrenzt sein muss. Die Sätze 2 (Kreditaufnahme zur Abwehr einer Störung des gesamtwirtschaftlichen Gleichgewichts) und 3 (Verweis auf das Stabilitäts- und Wachstumsgesetz) entfallen.

(58) Absatz 2 ist völlig neu gefasst. Der bisherigen Ermächtigung, durch Bundesgesetz Ausnahmen für Sondervermögen des Bundes zuzulassen, bedarf es nicht mehr. Stattdessen regeln die neuen Sätze 1 bis 3 die Aufnahme und die Tilgung von Krediten.

(59) Grundsätzlich soll eine Kreditaufnahme auch in Zukunft möglich sein. Sie kann dazu dienen, vorübergehende Steuerausfälle wettzumachen, um vertraglich festgelegte Leistungen leichter fortführen zu können. Sie kann auch zur Finanzierung von in konjunkturschwachen Zeiten typischerweise ansteigenden Sozialleistungen, wie z. B. dem Arbeitslosengeld II, dienen. Über diese Finanzierung der „automatischen Stabilisatoren“ hinaus kann es schließlich sinnvoll sein, den bei Eintritt außergewöhnlicher Ereignisse (z. B. einer Bankenkrise oder einer Naturkatastrophe) plötzlich auftretenden zusätzlichen Ausgabenbedarf durch Kreditaufnahme vorzufinanzieren. Allerdings bedarf es Schranken der Kreditaufnahme. Zudem hält der Beirat es für zweckmäßig, den eventuellen konjunkturbedingten Kreditbedarf durch einen vorausschauenden Aufbau von Schwankungsreserven gering zu halten.

(60) Nach dem Vorbild der Schwankungsreserve der Gesetzlichen Rentenversicherung könnten für alle Sozialversicherungen zweckbestimmte Schwankungsreserven aufgebaut werden, um typische konjunkturell bedingte Ein- und Auszahlungsschwankungen abzudecken. Es wäre anhand

der vorhandenen Erfahrungen über die typischen konjunkturbedingten Schwankungen von Einnahmen und Ausgaben sinnvoll, Obergrenzen für die Reserven und geeignete Auffüllregeln festzulegen.

Ob darüber hinaus und in welcher Weise, Schwankungsreserven zur Abdeckung konjunktureller Ausgabenrisiken auch in Teilpositionen des Bundeshaushaltes aufgebaut werden könnten, bedürfte gründlicher juristischer Klärung. Dabei wäre zu klären, ob es nicht einer spezifischen gesetzlichen Ermächtigung, etwa im Rahmen des Haushaltsgrundsätzegesetzes, bedürfte, um zu verhindern, dass durch die Anlage von größeren Reserven die Haushaltshoheit des Bundestages ausgehöhlt werden könnte.

(61) Für die Kreditaufnahme wird die Hürde höher als bisher gelegt. Lediglich für Kredite bis zu 5 Prozent des Ausgabenvolumens genügt wie bisher eine einfache Mehrheit. Jede darüber hinausgehende Neuverschuldung bedarf einer qualifizierten Mehrheit der Mitglieder des Bundestags. Dadurch wird eine übermäßige Kreditaufnahme erschwert. Eine Bundesregierung, die sich ihre Entscheidungsfreiheit erhalten will, muss eine Schwankungsreserve ansammeln.

(62) Absatz 2 Satz 3 bestimmt zudem, dass der Bund spätestens zum Ende des auf das Jahr der Kreditaufnahme folgenden Haushaltsjahres mit der Rückzahlung beginnt und dass er den Kredit spätestens in drei gleichen Jahresraten tilgt. Die Dauer der Kreditaufnahme beträgt also maximal vier Jahre. Damit wird im Gegensatz zur bisherigen Anbindung an das unscharf definierte gesamtwirtschaftliche Gleichgewicht und den ebenso schwierig zu bestimmenden Begriff der investiven Ausgaben ein transparenter und damit justiziabler Tatbestand geschaffen. Ein fortdauerndes Revolvieren des Kredits, d.h. eine dauerhafte Finanzierung der Tilgung durch neu aufgenommene Kredite, ist im Ergebnis zwar möglich. Wenn der noch nicht getilgte Rest 5 Prozent des Ausgabevolumens übersteigt, ist aber auch dafür die qualifizierte Mehrheit von drei Fünfteln erforderlich.

(63) Der Beiratsvorschlag lässt bewusst offen, ob und in welchem Ausmaß sich eine Regierung im Rahmen des verfassungsrechtlich Zulässigen für den Aufbau von Schwankungsreserven entscheidet oder einen Kredit aufnimmt. Übersteigt die Kreditaufnahme 5 Prozent des Haushaltsvolumens, greifen aber zwei sich gegenseitig ergänzende Auflagen, nämlich die Verabschiedung durch den Bundestag mit einer Drei-Fünftel-Mehrheit und der vorab definierte Rückzahlungsmodus. Sinn dieser Auflagen ist deren präventive Wirkung. Sie sollen die Ausgabendisziplin befördern und den Bund dazu bewegen, eher Überschüsse zu erwirtschaften, als Kredite aufzunehmen.

(64) Im Unterschied zur bisherigen Regelung sieht die Neufassung des Art. 115 GG nicht mehr vor, dass Investitionen generell durch Schuldenaufnahme finanziert werden dürfen. Das entspricht der Regelung der Schweizer Schuldenbremse und den Verschuldungsregeln des europäischen Stabilitäts- und Wachstumspaktes („close to balance or in surplus").

Ein wichtiger Grund für diese Neuregelung ist die Unschärfe des Begriffs der „staatlichen Investitionen": Der derzeit im Haushaltsgrundsätzegesetz festgelegte Investitionsbegriff ist aus zwei Gründen ökonomisch nicht tragfähig. Erstens ist die Trennung zwischen staatlichen Investitionen und staatlichem Konsum ebenso wie die Definition der Sachinvestitionen weitgehend willkürlich. Aus ökonomischer Sicht könnten viele Ausgabenarten vom Straßenbau über das BAföG bis hin zur äußeren Sicherheit als Investitionen betrachtet werden, denn immer könnten zukünftige Generationen profitieren. Es ist allerdings problematisch, solche intergenerativen Verteilungserwägungen punktuell einzubringen, zumal aufgrund der anstehenden demographischen Verschiebung das Umlagesystem der Altersversorgung die nachfolgende Generation ohnehin schon in erheblichem Maße zu Gunsten der heute aktiven Generation belastet. Zweitens stellt das Haushaltsgrundsätzegesetz auf die Bruttoinvestitionen ab, während bei ordnungsgemäßer Bilanzierung Abschreibungen abzuziehen wären.

(65) Abweichend von der Schweizer Schuldenbremse und dem Vorschlag des Sachverständigenrates verzichtet der Beirat auf ein Ausgleichskonto. Dadurch entfallen die Schwierigkeiten bei dessen Berechnung und die Notwendigkeit einer Vielzahl von Ausnahmeregelungen. Beide führen zu großer Intransparenz, da die Bewertungsspielräume von Gesetzgeber und Verwaltung erheblich sind, vgl. Abschnitt III.2. Dies mindert den Anreiz, Defizite zu vermeiden; letztlich werden dadurch die ursprünglichen Absichten der Schweizer Schuldenbremse und des Sachverständigenratsvorschlags wieder untergraben.

(66) Der Beirat begreift seinen Vorschlag als eine notwendige nationale Ergänzung der ohnehin bestehenden 3 Prozent-Regel des Stabilitäts- und Wachstumspaktes der Europäischen Gemeinschaft. Was die Verschuldung der Bundesländer angeht, weist der Beirat auf die Empfehlungen seines Gutachtens „Zur finanziellen Stabilität des deutschen Föderalstaates" vom 8. Juli 2005 hin.

(67) Eine Minderheit des Beirats hält die Vorkehrungen für unzureichend, mit denen im Reformvorschlag der Mehrheit dem für die gesamtwirtschaftliche Entwicklung typischen Auf und Ab begegnet wird. Die Regeln für die staatliche Verschuldung in einem Jahr des wirtschaftlichen Abschwungs sind bezüglich der Finanzierung einer bloß passiven Finanzpolitik zu streng, die für ein Jahr des wirtschaftlichen Aufschwungs nicht streng genug. Letzteres gilt auch ganz allgemein für den Fall des außerordentlichen Kreditbedarfs, beginnend schon mit der Kreditfinanzierung der aktiven Bekämpfung eines Abschwungs.

Zum einen: Die einfache Parlamentsmehrheit und die von ihr getragene Regierung müssen uneingeschränkt in der Lage sein, mit konjunkturbedingten Einnahmeausfällen und zwingenden Mehrausgaben fertig zu werden, ohne dass sie eine Finanzpolitik parallel zur gesamtwirtschaftlichen Abschwächung betreiben müssen, die diese Abschwächung verstärkte, weil entweder öffentliche Ausgaben eingeschränkt oder die Ausgabenspielräume der Privaten durch Steuererhöhungen weiter verkürzt werden. Uneingeschränkt, das soll heißen: nicht nur, wenn zuvor eine ausreichende Schwankungsreserve gebildet wurde oder wenn der Spielraum für eine unkonditionierte Kreditaufnahme in Höhe von fünf Prozent der Bundesausgaben, soweit er nicht schon für andere Zwecke verbraucht ist, dafür ausreicht oder wenn eine Regierung im Amt ist oder gebildet wird, die für eine außerordentliche Kreditaufnahme die geforderte Dreifünftelmehrheit hinter sich hat. Das Vernünftige – die Vermeidung einer Parallelpolitik, die Gefahr läuft, sich pro-zyklisch auszuwirken, und nur sie – sollte nicht an erschwerende Konditionen geknüpft werden, schon gar nicht an Konditionen, die einen verfassungspolitisch problematischen, ja, unerträglichen Zwang zur großen Regierungskoalition in sich tragen.

Zum anderen: Was in erster Linie geboten ist – die Vermeidung von dauerhafter Staatsverschuldung – sollte mit größerer Strenge verlangt werden als im Vorschlag der Mehrheit vorgesehen. Wenn aus Gründen besonders lebhafter Wirtschaftstätigkeit die Steuereinnahmen stark zunehmen und konjunkturabhängige Ausgabeverpflichtungen abnehmen, muss die Erwirtschaftung von entsprechenden Haushaltsüberschüssen von Verfassungs wegen so strikt wie möglich geboten sein. Nur eine Parlamentsmehrheit, wie sie für Verfassungsänderungen verlangt wird, dürfte sich darüber hinwegsetzen. Das Prinzip des Budgetausgleichs im Mittel mehrerer Jahre wäre auf diese Weise durch das höchste Hindernis, das man in einer Demokratie aufrichten kann, geschützt. Bei einer Schuldenbremse nach dem Schweizer Modell ist von vornherein nur die Veranschlagung eines Ausgabenvolumens verfassungskonform, das im Mittel mehrerer Jahre diesen Budgetausgleich sicherstellt. Dem sollte man folgen, jeden Schritt der bewussten Abweichung von diesem Pfad aber – durch das Erfordernis einer Zweidrittelmehrheit – noch mehr erschweren.

Solche Erschwerung ist auch für jede außerordentliche Kreditaufnahme oder die Aufschiebung einer Tilgungsverpflichtung geboten. Nach dem Vorschlag der Mehrheit könnte schon jede Regierung, die im Parlament eine Dreifünftelmehrheit hinter sich hat, weitermachen wie bisher, genauer, wie bis 2006, dabei inhaltlich gegen die Verfassungsregeln handeln, ohne sie formal zu verletzen. Die Dreifünftelmehrheit dürfte alles. Ihr stünde noch nicht einmal mehr die alte Barriere im Wege, nach der ein Haushaltsgesetz verfassungswidrig ist – und zwar unabhängig von der Mehrheit, mit der es beschlossen wurde – wenn es eine Kreditaufnahme erlaubt, der die öffentlichen Investitionen nicht mindestens entsprechen, eine Barriere, die wieder eine hohe Barriere sein würde, wenn nur der Vorbehalt bezüglich einer Störung des gesamtwirtschaftlichen Gleichgewichts aus Artikel 115 GG gestrichen wird.

Die Ausrichtung der Haushaltspolitik an mittelfristigen (überkonjunkturellen) Bezugsgrößen wie dem Wachstum des gesamtwirtschaftlichen Produktionspotentials, wie sie zum Schweizer Modell und zum Modell des Sachverständigenrates gehört, ist auch nicht deshalb ablehnenswert, weil sie besonders schwierig und wenig transparent wäre. Das Gegenteil dürfte eher zutreffen. Die Veranschlagung eines Steueraufkommens mithilfe einer Sozialproduktsschätzung für den Fall einer Normalauslastung des gesamtwirtschaftlichen Produktionspotentials – hier die Basis eines verfassungskonformen Ausgabenvolumens – ist im Prinzip einfacher und transparenter als die übliche Veranschlagung eines Steueraufkommens mithilfe einer Schätzung des künftigen Sozialprodukts. Die außerordentlich schwer abschätzbare konjunkturelle Volatilität in der Relation von Steueraufkommen und Sozialprodukt entfiele als Veranschlagungsproblem; außerdem wissen wir über das gesamtwirtschaftliche Produktionspotential meist besser Bescheid als über das voraussichtliche Sozialprodukt des nächsten Jahres.

Soweit die Meinung dieser Minderheit.

V. Zum Stabilitäts- und Wachstumsgesetz

(68) Das 1967 in Kraft gesetzte Stabilitäts- und Wachstumsgesetz (StWG) wurde von der technokratischen Vorstellung bestimmt, es sei der Wirtschaftspolitik möglich, die Volkswirtschaft auf einem gesamtwirtschaftlichen Gleichgewichtspfad zu führen und dort zu halten. Dafür komme es darauf an, die Lohnpolitik mit der Fiskalpolitik und der Geldpolitik abzustimmen. Deshalb wurden mit dem Gesetz neue Beratungsgremien wie die Konzertierte Aktion (§ 3 StWG) und der Konjunkturrat (§ 18 StWG) eingerichtet. Auch sollte die ihrer Natur nach etwas schwerfällige Fiskalpolitik flexibler gestaltbar werden. Dafür wurden neue Instrumente wie die Konjunkturausgleichsrücklage (§§ 5–7 StWG) und eine gedeckelte zusätzliche Kreditaufnahme außerhalb des Haushaltsgesetzes (§ 6 (3) StWG) eingeführt. Tatsächlich zeigte sich schon nach wenigen Jahren, dass es mit der anfänglich behaupteten Steuerbarkeit der Konjunktur nicht weit her war und eine fortlaufende Abstimmung staatlicher Wirtschaftspolitik mit der Lohnpolitik der Tarifparteien auf Dauer nicht zu erreichen ist. Spätestens seit 1977, also seit dreißig Jahren, wird das Stabilitäts- und Wachstumsgesetz nicht mehr praktiziert.

(69) Die Vorstellung eines gesamtwirtschaftlichen Gleichgewichts, die ja die Frage der Zulässigkeit staatlicher Kreditaufnahme in der bisherigen Fassung des Artikels 115 GG bestimmt, beherrscht auch das Stabilitäts- und Wachstumsgesetz und wird dort näher charakterisiert. Danach ist ein gesamtwirtschaftliches Gleichgewicht gegeben, wenn Stabilität des Preisniveaus, ein hoher Beschäftigungsstand und ein außenwirtschaftliches Gleichgewicht bei stetigem und angemessenem Wirtschaftswachstum gleichzeitig realisiert sind (§ 1 StWG). Es handelt sich also um eine wirtschaftspolitisch erwünschte Konstellation gesamtwirtschaftlicher Ziele. Allerdings bleibt völlig offen, anhand welcher ökonomischer Variablen die genannten Ziele zu konkretisieren wären und welche Werte solche Zielvariablen annehmen müssten, damit von einem Gleichgewicht im Sinne des Gesetzes gesprochen werden könnte.

(70) In der wirtschaftspolitischen Praxis gibt es nur für das Ziel der Preisstabilität einen weithin akzeptierten und relativ konkreten Konsens derart, dass ein repräsentativer Verbraucherpreisindex um nicht mehr als zwei Prozent pro Jahr steigen sollte. Ob aber ein Wirtschaftswachstum, gemessen am realen Bruttoinlandsprodukt, von beispielsweise zwei Prozent pro Jahr als „angemessen" anzusehen ist oder nicht, steht dahin. Noch weniger bestimmt sind die weiteren Ziele eines „hohen" Beschäftigungsstandes und eines außenwirtschaftlichen Gleichgewichts.

(71) Gesetzestechnisch gesehen ist solche begriffliche Unbestimmtheit ganz unvermeidlich. Sie hat aber dazu beigetragen, dass die Berufung auf ein drohendes gesamtwirtschaftliches Ungleichgewicht zum Einfallstor für politische Interpretationen werden konnte, die Regierungen Spielraum für anscheinend gerechtfertigte Kreditaufnahmen gaben. Im Übrigen ist mit der Feststellung einer Verfehlung des gesamtwirtschaftlichen Gleichgewichts noch keine verlässliche Aussage darüber getroffen, welche wirtschaftspolitischen Maßnahmen geeignet sind, Abhilfe zu schaffen.

(72) So kam es dazu, dass eine elementare Bedingung einer stabilen Entwicklung der Gesamtwirtschaft immer weniger beachtet wurde, nämlich die Budgetbeschränkung des Staates. Tatsächlich wird sie im Stabilitäts- und Wachstumsgesetz nicht erwähnt. Auch der Staat darf nicht dauerhaft über seine Verhältnisse leben. Wenn er sich verschuldet, so muss er Vorsorge für eine zukünftige Schuldentilgung treffen. Im konkreten Fall der Bundesrepublik Deutschland erscheint die inzwischen aufgelaufene Summe aus expliziter und impliziter Staatsverschuldung als zu hoch, d. h. der Barwert der zukünftigen politisch möglichen Staatseinnahmen dürfte als deutlich geringer zu veranschlagen sein als der Barwert der heute bereits absehbaren Staatsausgaben, wenn diese nicht im Rahmen künftiger Reformen weiter beschnitten werden. Es gibt einen erheblichen Konsolidierungsbedarf. Dies unterstreicht die ordnungspolitische Notwendigkeit, die Kreditaufnahme durch eine Reform des Art. 115 GG wirksam zu beschränken.

(73) Die vom Beirat in Teil IV empfohlene Reform des Artikel 115 GG wie übrigens auch die vom Sachverständigenrat vorgeschlagene Variante verzichten beide darauf, die Zulässigkeit staatlicher Kreditaufnahme an die problematische Denkfigur eines „gesamtwirtschaftlichen Gleichgewichts“ und dessen Störung zu knüpfen. Damit wird der diesbezügliche Teil des Stabilitäts- und Wachstumsgesetzes obsolet.

(74) Entsprechendes gilt für jene weiteren Teile des Gesetzes, die sich auf spezielle fiskalpolitische Interventionsmöglichkeiten beziehen. Angesichts der in Teil II dieses Gutachtens dargelegten geringen empirischen Wirkungen besteht heute kein Bedarf mehr für die mit dem Gesetz geschaffenen besonderen fiskalpolitischen Instrumente. Tatsächlich hat seit 1977 keine Bundesregierung mehr von dem Instrument der Konjunkturausgleichsrücklage oder von anderen Instrumenten fiskalpolitischer Feinsteuerung Gebrauch gemacht.

(75) Was schließlich die mit dem Stabilitäts- und Wachstumsgesetz eingeführten besonderen Beratungsgremien der Konzertierten Aktion oder auch des Konjunkturrats angeht, in denen Politik und Tarifparteien zu-

sammenwirken sollten, so hat der Beirat schon in seinem Gutachten „Aktuelle Formen des Korporatismus“ aus dem Jahr 2000 begründet, warum diese Versuche einer regelmäßigen Verhaltensabstimmung zwischen den autonomen Gruppen und dem Staat scheitern mussten: „Da die Machbarkeit der Konjunktur durch den Staat nun einmal eine Illusion ist, waren Enttäuschungen für die an der Konzertierten Aktion Beteiligten von vornherein unvermeidlich.“ Tatsächlich konnte weder der Konjunkturrat noch die Konzertierte Aktion die ihnen zugedachten Rollen spielen. Auch zwei spätere Versuche zu einer Neuauflage der Konzertierten Aktion schlugen fehl.

(76) Damit wird deutlich, dass das Stabilitäts- und Wachstumsgesetz in allen Teilen funktionslos geworden ist und daher ersatzlos entfallen kann. Das Gesetz aufzuheben wäre ein Beitrag im Sinne des Bürokratieabbaus und einer Entschlackung des Gesetzesbestandes, der im Zuge der Reform des Artikels 115 GG vorgenommen werden sollte.

(77) Als Folgewirkung wären entsprechende Anpassungen auch in Art. 104b Abs. 1 Ziffer 1 GG, Art 109 Abs. 2 bis Abs. 4 GG, Art. 2 EUVtrG, § 2 Haushaltsgrundsätzegesetz, § 32 Abs. 2 Bergbaugesetz, § 51 Abs. 1, Abs. 2 und Abs. 3 des Einkommensteuergesetz, § 2 BHO und § 18 BHO Abs. 1 (soweit dort jeweils das gesamtwirtschaftliche Gleichgewicht angesprochen ist), ferner Art. 109 Abs. 5 GG wegen fehlender Wirksamkeit vorzunehmen.

Berlin, den 24. Januar 2008

Der Vorsitzende des Wissenschaftlichen Beirats
beim Bundesministerium für Wirtschaft und Technologie

Prof. Axel Börsch-Supan, Ph.D.

Gutachten vom 24. Januar 2008

Das Gutachten wurde vorbereitet von folgenden Mitgliedern des Wissenschaftlichen Beirats beim Bundesministerium für Wirtschaft und Technologie

Professor Axel Börsch-Supan, Ph.D. *(Federführung)* (Vorsitzender)
Direktor des Mannheimer Forschungsinstituts
Ökonomie und Demographischer Wandel
Universität Mannheim
Professor für Makroökonomik und Wirtschaftspolitik
an der Universität Mannheim

Professor Dr. Charles B. Blankart
Em. Professor für Wirtschaftswissenschaften
an der Humboldt-Universität zu Berlin

Professor Dr. Manfred J. M. Neumann
Em. Professor für Wirtschaftliche Staatswissenschaften,
insbesondere Wirtschaftspolitik,
an der Universität Bonn

Literaturverweise

Alesina, A. und H. Rosenthal (1995). Partisan Politics, Divided Government, and the Economy. Cambridge University Press. Cambridge.

Barro, R. J. (1989). The Ricardian Approach to Budget Deficits, Journal of Economic Perspectives 3(2), 37–54.

Barro, R. J. (1979). On the Determination of the Public Debt, Journal of Political Economy 87, 940–971.

Barro, R. J. (1974). Are Government Bonds Net Wealth?, Journal of Political Economy 82, 1063–1094

Beetsma, R. und L. Bovenberg (2005). Structural Distortions and Decentralized Fiscal Policies in EMU, Journal of Money, Credit, and Banking, 37(6), 1001–1018.

Beetsma, R. und A. L. Bovenberg (2001). The Optimality of a Monetary Union Without a Fiscal Union, Journal of Money, Credit, and Banking, 33(2), 179–204.

Bilbiie, F., A. Meier und G. Müller (2006). What Accounts for the Changes in U.S. Fiscal Policy Transmission, ECB Working Paper No. 582.

Calvo, G. A. (1983). Staggered Pricing in a utility-maximizing framework, Journal of Monetary Economics, 12, 383–396

Chari, V. V. und P. Kehoe (1998). On the Need for Fiscal Constraints in a Monetary Union, Federal Reserve Bank of Minneapolis Working Paper No. 589.

Christiano, L. J., M. Eichenbaum und C. L. Evans (2005). Nominal Rigidities and the Dynamic Effects of a Shock to Monetary Policy, Journal of Political Economy, 113(1), 1–45.

De Arcangelis, G und S. Lamartina (2003). Fiscal Shocks and Policy Regimes in Some OECD Countries, ECB Working Paper No. 281.

Diamond, P. (1965). National Debt in a Neoclassical Growth Model, American Economic Review 55, 1126–1135.

Drazen, A. (1978). Government Debt, Human Capital, and Bequests in a Life-Cycle Model, Journal of Political Economy 86, 505–516,

Faia, E. (2005). Sustainable Price Stability Policies in a Currency Area with Free-Riding Fiscal Policies, Working Paper, www.econ.upf.es/~faia/welcome_files/free-riding-emu.pdf

Frey, B. S. und F. Schneider (1979). An Econometric Model with an Endogenous Government Sector, Public Choice, 34, 29–43

Friedman, M. (1968): The Role of Monetary Policy, American Economic Review 58, 1–17

Giordano, R., S. Momigliano, S. Neri und R. Perotti (2007). The Effects of Fiscal Policy in Italy: Estimates with a VAR Model, European Journal of Political Economy, 23(3), 707–733

Hibbs, D. A. Jr. (1977). Political Parties and Macroeconomic Policy, American Political Science Review, 71, December, 1467–1487.

Holmström, B., und J. Tirole (1998). Private and Public Supply of Liquidity, Journal of Political Economy, 106(1), 1–40

Koester, G. B. (2008): The political economy of tax reforms, Baden-Baden, Nomos-Verlag.

Kydland F. E. und E. C. Prescott (1991). Hours and employment variation in business cycle theory, Econonmic Theory, 1(1), 63–82

Kydland, F. E. and E. C. Prescott (1982). Time to Build and Aggregate Fluctuations, Econometrica, 50(6), 1345–1370

Lucas, R. E. Jr. and E. C. Prescott (1971). Investment Under Uncertainty, Econometrica, 39(5), 659–681

Lucas, R. E. (1976). Some International Evidence on Output-Inflation Tradeoffs, American Economic Review, 66(5), 985

Nordhaus W. D. (1975). The Political Business Cycle, Review of Economic Studies, 42, April, 169–190.

MacRae, C. D. (1977). A Political Model of the Business Cycle, Journal of Political Economy, 85 April, 239–263

Modigliani, F. (1961). Long Run Implications of Alternative Fiscal Policies and the Burden of the National Debt, Economic Journal, 71, 730–755

Perotti, R. (2005). Estimating the Effects of Fiscal Policy in OECD Countries, CEPR Discussion Paper No. 4842.

Perotti, R. (1999). Fiscal Policy in Good Times and Bad, Quarterly Journal of Economics, 114(4), 1399–1436.

Phelps, E. S. (1968). Money-Wage Dynamics and Labor-Market Equilibrium, Journal of Political Economy, Vol. 76 (4), pp. 678–711.

Sachverständigenrat zur Begutachtung der gesamtwirtschaftlichen Entwicklung, Staatsverschuldung wirksam begrenzen, Expertise im Auftrag des Bundesministeriums für Wirtschaft und Technologie, Nomos-Verlag, Baden-Baden 2007.

Sims, C. A. (1988). Uncertainty Across Models, American Economic Review, 78(2), 163–167

Wissenschaftlicher Beirat beim Bundesministerium für Wirtschaft, Grundlegende Reform der gesetzlichen Rentenversicherung, BMWi-Studienreihe 99 (Gutachten vom 20./21. Februar 1998).

Wissenschaftlicher Beirat beim Bundesministerium für Wirtschaft, Alterung und Familienpolitik, BMWA-Dokumentation 548 (Gutachten vom 18. März 2005).

Wissenschaftlicher Beirat beim Bundesministerium für Wirtschaft, Zur finanziellen Stabilität des deutschen Föderalstaates, BMWA-Dokumentation 551 (Gutachten vom 8. Juli 2005).

Brief an den Bundesminister für Wirtschaft und Technologie Michael Glos vom 17. April 2008

Thema: Kein Staatseingriff bei Mitarbeiterbeteiligungen

Sehr geehrter Herr Bundesminister,

mit Sorge verfolgt der Beirat die gegenwärtigen Bestrebungen zur Ausarbeitung eines *„Gesetzes zur Förderung von Mitarbeiterbeteiligungen – MitBFöG"*. Auslöser für diese gesetzgeberische Initiative ist die Verschiebung der Einkommen weg von Arbeitseinkünften hin zu Kapitalerträgen. Dies stärkt den Wunsch nach einer vermehrten Beteiligung der Arbeitnehmer an den Erträgen aus Kapital. Daraus sind Überlegungen entstanden, eine Verwendung der Arbeitnehmereinkommen in Form von Kapitalbeteiligungen am Produktivvermögen stärker als bisher steuerlich zu fördern.

Der Beirat sieht jedoch keinen Anlass, in die Verwendung der Arbeitnehmereinkommen in dieser Form einzugreifen, und empfiehlt dringend, von Aktionismus in diesem Bereich Abstand zu nehmen. Die Gründe, die in der politischen Diskussion für eine staatliche Förderung von Mitarbeiterbeteiligungen angeführt werden, sind aus Sicht des Beirats nicht stichhaltig und können den Einsatz von Steuermitteln nicht rechtfertigen.

Förderung von Mitarbeiterbeteiligungen auf Betriebsebene?

Ein gegenwärtig oft geäußerter Wunsch ist, dass betriebliche Kapitalerträge des eigenen Unternehmens den Mitarbeitern vermehrt zugute kommen sollen. Dies soll durch eine Beteiligung der Arbeitnehmer am Kapital erreicht werden. Die Forderung nach Beteiligungen am eigenen Unternehmen verkennt allerdings, dass sich hohe Kapitalerträge auch mit hohem Risiko verbinden. Unternehmenserfolg und Unternehmenswert unterliegen erfahrungsgemäß starken Schwankungen, wie sich auch an den jüngsten Marktturbulenzen wieder gezeigt hat. Nur eine ausreichende Streuung der Anlagen kann dem Sparer einen gewissen Schutz vor diesen Risiken verschaffen. Eine Beteiligung am eigenen Unternehmen läuft einer solchen Risikostreuung diametral entgegen und verstärkt das Gesamtrisiko für die Arbeitnehmer dieses Unternehmens, da sie ohnedies schon dem Arbeitsplatzrisiko ausgesetzt sind. Das setzt der Attraktivität von Mitarbeiterbeteiligungen am eigenen Betrieb von vornherein enge Grenzen. In der Tat wurden bereits bestehende Möglichkeiten, Arbeitnehmer an dem Kapital des eigenen Unternehmens zu beteiligen, bislang nur relativ wenig genutzt. Steuerliche Förderung oder andere Formen des staatlichen Handelns würden die Arbeitnehmer in ein Anlageverhalten locken, das ganz besonders risikoreich ist.

Förderung überbetrieblicher Arbeitnehmerbeteiligungen durch Fondsmodelle?

In allen fortgeschrittenen Marktwirtschaften wird die Streuung des Anlagerisikos durch eine Vielzahl von privatwirtschaftlich angebotenen Fonds erleichtert. Diese Fonds ermöglichen es allerdings in der Regel nicht, sich am Kapital mittelständischer Unternehmen zu beteiligen, das normalerweise nicht am Markt handelbar ist. In der gegenwärtigen Diskussion wird auch deshalb der Wunsch nach staatlich organisierten Fonds ausgedrückt.

Sparformen und Fonds, die dem Kleinsparer und Arbeitnehmer Zugang zu Kapitalbeteiligungen bei gleichzeitig guter Diversifizierung bieten, sind in Deutschland in großer Zahl vorhanden und zu geringen Kosten verfügbar. Es gibt daher keinen Grund, warum von Staats wegen den bestehenden Anlageformen noch eine weitere hinzugefügt werden soll. Insbesondere ist nicht zu erkennen, wie ein staatlich organisierter Anlage- oder Beteiligungsfonds ein besseres Verhältnis von Erträgen und Risiko erzielen soll als die bestehenden. Die Erfahrung spricht dagegen. Zudem erwecken staatlich garantierte oder organisierte Beteiligungsfonds im Fall schlechter Erträge die Erwartung einer Sanierung mit Hilfe von Steuermitteln. Staatliche Fonds haben ihrerseits Probleme der wirtschaftlichen Erfolgskontrolle und der Unternehmensführung. Auch regional, sektoral oder anderweitig eingegrenzte staatliche Fonds, wie sie derzeit diskutiert werden, sind abzulehnen, weil sie Risiken nicht ausreichend streuen und mit zusätzlichen politischen Zielen überfrachtet werden. Die Probleme der Finanzierung mittelständischer Unternehmen lassen sich auf diesem Wege nicht lösen.

Förderung von Arbeitnehmerbeteiligungen für Geringverdiener?

Gelegentlich wird vorgetragen, dass insbesondere für Geringverdiener die staatliche Förderung von Mitarbeiterbeteiligungen ein Anreiz zur vermehrten Ersparnisbildung sein könne. Dem steht entgegen, dass für diese Gruppe das bestimmende Anreizproblem in den Transferleistungen des sozialen Sicherungssystems liegt, die in der Regel erst dann gewährt werden, wenn der Bezieher angesammelte Vermögenswerte verzehrt hat. Der Wert staatlich geförderter Ersparnisbildung in Form von Mitarbeiterbeteiligungen ist, nicht zuletzt wegen des niedrigen Einkommensniveau, für diese Bevölkerungsgruppe ausgesprochen gering. Die Erfahrung zeigt denn auch, dass staatliche Anreize die Vermögensbildung in dieser Bevölkerungsgruppe kaum beeinflussen. Eine staatlich geförderte Mitarbeiterbeteiligung wird hierbei keine Ausnahme machen.

Förderung von Arbeitnehmernehmerbeteiligung als Motivationsstimulus?

Von Mitarbeiterbeteiligungen werden vielfach positive Effekte auf die Motivation und Produktivität der Mitarbeiter erwartet. In der Tat gibt es eine Reihe von Beispielen dafür, dass gerade erfolgreiche Unternehmen mit Mitarbeiterbeteiligungsmodellen sehr gute Erfahrungen gemacht haben. Daraus folgt allerdings kein Argument für eine staatliche Förderung. Es sollte grundsätzlich den Unternehmen und ihren Mitarbeitern überlassen sein, die für das Unternehmen besten Leistungsanreize auszuwählen – eine Notwendigkeit staatlicher Eingriffe in diese Entscheidung besteht nicht.

Darüber hinaus dürfen bei dem beobachteten Zusammenhang zwischen Beteiligungen und Unternehmenserfolg Ursache und Wirkung nicht verwechselt werden. Denn gerade in den ohnehin erfolgreichen Unternehmen dürfte die Bereitschaft der Belegschaft, sich am Kapital oder Ertrag zu beteiligen, größer sein als im Durchschnitt der Unternehmen. Zudem werden diejenigen Arbeitnehmer, die bereits überdurchschnittlich motiviert sind, Arbeitsplätze in Unternehmen bevorzugen, in denen finanzielle Leistungsanreize geboten werden. Eine Ausdehnung von Mitarbeiterbeteiligung auch auf andere Unternehmen würde daher wohl zu enttäuschenden Ergebnissen führen, was die Größe der Effekte in der vorhandenen Belegschaft betrifft.

Eine vom Staat organisierte oder mit Steuermitteln geförderte Mitarbeiterbeteiligung wird daher nicht halten, was sich die gegenwärtige Diskussion von ihr verspricht. Der Beirat rät dringend davon ab, hierfür einen neuen Subventionstatbestand zu schaffen.

Mit stets freundlichen Grüßen
verbleibe ich Ihr

Prof. Axel Börsch-Supan, Ph.D.

Vorsitzender des Beirats

Brief an den Bundesminister für Wirtschaft und Technologie Michael Glos vom 09. Oktober 2008

Thema: Aktuelle Entwicklungen im Finanzsystem

Sehr geehrter Herr Minister,

in seiner Sitzung am 8. und 9. Oktober hat sich der Wissenschaftliche Beirat mit den besorgniserregenden aktuellen Entwicklungen im Finanzsystem befasst. Wir teilen die Auffassung der Bundesregierung, wie der Regierungen anderer wichtiger Länder, dass in dieser Finanzkrise auch der Staat gefordert ist und dass man das Finanzsystem in dieser Situation nicht sich selbst überlassen darf. Die vom Staat angekündigte Unterstützung muss transparent, verlässlich und effektiv sein, damit das Vertrauen der Beteiligten an den Finanzmärkten so schnell wie möglich und so weit wie möglich wieder hergestellt wird.

Wir sehen allerdings die Gefahr, dass Unentschlossenheit und fortwährende, auch fallweise Diskussionen über zu ergreifende Maßnahmen den Verfall des Vertrauens in den Märkten nicht aufhalten, sondern beschleunigen. Die US-amerikanische Diskussion der letzten Wochen liefert dafür ein erschreckendes Beispiel. Deshalb halten wir es für wichtig, dass die Bundesregierung eine klare Position entwickelt und den Finanzmärkten glaubwürdig vermittelt.

Die folgenden Überlegungen betreffen allein die Bewältigung der Krise. Über eine dauerhafte Neuordnung des Finanzsystems, insbesondere auch über die Rolle der Finanzaufsicht, wird mit der Zeit zu reden sein. Eine solche Neuordnung erfordert eine gründliche Erforschung der Ursachen der Krise. Dafür ist jetzt nicht die Zeit.

Das staatliche Krisenmanagement muss drei Ziele verfolgen:

- Vor allem ist anzustreben, dass die Funktionsfähigkeit des Finanzsystems so schnell wie möglich und so weit wie möglich wiederhergestellt wird.
- Sodann ist anzustreben, dass die staatliche Intervention möglichst wenige schädliche Anreizwirkungen auf die privaten Marktteilnehmer erzeugt.
- Schließlich sollten die Belastungen für die Steuerzahler so gering wie möglich gehalten werden.

Diagnose

Am Anfang der Krise stand das Versagen der marktwirtschaftlichen und regulatorischen Lenkungsmechanismen, das zu erheblichen Fehlinvestitionen in den US-amerikanischen Hypotheken- und Immobilienmärkten geführt hatte. Die Erkenntnis des Ausmaßes dieses Problems führte ab August 2007 zu einem Zusammenbruch verschiedener Refinanzierungsmärkte, vor allem Interbankenmärkte, und zu einer Abwärtsspirale bei den Preisen vieler Wertpapiere, angefangen bei den hypothekengesicherten Wertpapieren („Mortgage-Backed Securities“), bei denen die Krise ihren Ausgang nahm. Die Abwärtsentwicklung der Wertpapierpreise wiederum belastete die Bilanzen der Finanzinstitutionen, die diese Papiere hielten, ließ deren Eigenkapital abschmelzen, bis hin zur Insolvenz oder vermuteten Insolvenz einzelner Institutionen. Das Fehlen der Refinanzierungsmöglichkeiten und die Reaktionen auf das Schwinden des Eigenkapitals wiederum veranlassten die betroffenen Institutionen, ihre Positionen in den betreffenden Papieren zu reduzieren und so den Abwärtsdruck auf die Preise noch weiter zu verstärken. Soweit Insolvenzen hinzu kamen (wie bei Lehman Brothers), ergaben sich auch Domino-Effekte bei den unmittelbar betroffenen Geschäftspartnern. Die Furcht vor solchen Effekten und die Furcht vor weiteren Abwärtsbewegungen der Preise haben die Funktionsfähigkeit vieler Märkte nachhaltig gestört.

Niemand weiß derzeit, wie groß die Ausfälle bei den Letztschuldnern, insbesondere bei den Hypothekenschuldnern in den USA, tatsächlich sein werden. Erfahrungen mit früheren Krisen (US-amerikanische Sparkassen 1988–1998, Schweden 1992–1996) lassen jedoch vermuten, dass sie bei langsamer, ggfs. auch jahrelanger Abwicklung deutlich geringer sein werden, als auf dem Höhepunkt der Krise vermutet wird. Mit anderen Worten: Ein erheblicher Teil der Verluste, die derzeit das Finanzsystem belasten, dürfte auf den Verfall des Vertrauens und die Beeinträchtigung der Funktionsfähigkeit der Märkte zurückzuführen sein, konkret: darauf, dass Refinanzierungsbedarf und Solvenzprobleme den Beteiligten die Möglichkeit nehmen, die zugrundeliegenden Forderungen in Ruhe abzuwickeln. Je besser und je schneller es gelingt, die Abwärtsspirale zu stoppen, desto geringer werden die Gesamtverluste am Ende sein. Desto geringer werden auch die negativen Rückwirkungen auf Konjunktur und Steueraufkommen sein.

Prinzipien für das Krisenmanagement

Für die Bundesregierung und ihre Partner in der internationalen Gemeinschaft sollte daher die Wiederherstellung des Vertrauens im Finanzsystem oberste Priorität haben. Dabei ist „Klotzen besser als Kleckern". Einzelfallinterventionen, noch dazu Interventionen, bei denen immer wieder neu um das Ausmaß des staatlichen Engagements und die Bedingungen der Intervention gestritten wird, sind weniger geeignet, Privatpersonen und Finanzinstitutionen das Vertrauen zu geben, dass ihre Forderungen gegenüber anderen ggfs. vom Staat geschützt werden. Die Bundesregierung sollte sich auf eine verständliche und transparente Vorgehensweise festlegen, die notfalls auch bei längerer Dauer und noch größerem Ausmaß der Krise Bestand hat und so auch von den Marktteilnehmern wahrgenommen wird. In Schweden hat ein solches Vorgehen 1992 nicht nur die Märkte beruhigt, sondern war aus den oben skizzierten Gründen am Ende auch für den Steuerzahler am günstigsten.

In diesem Zusammenhang ist vor einem Ansatz zu warnen, der ausschließlich auf die Anlagen bzw. Einlagen von Privatpersonen bei Banken abstellt. Ein solcher Ansatz ist zwar politisch leichter zu vermitteln – schließlich sind dies die Wähler und fühlen diese Personen sich schutzlos gegenüber den vom Finanzsektor ausgehenden Risiken. Jedoch kann das Ziel einer Wiederherstellung der Funktionsfähigkeit des Systems, insbesondere der Interbankenmärkte mit ihren vielfältigen Refinanzierungsfunktionen, verfehlt werden, wenn die staatlichen Maßnahmen nur auf den Anlegerschutz abstellen.

In der Öffentlichkeit sind Maßnahmen zum Schutz der Banken umstritten. Es heißt dann, diejenigen, die mit ihrem Fehlverhalten die Krise provoziert hätten, nähmen nun den Staat für die Folgen dieses Fehlverhaltens in Haftung. Inwiefern bei den Entwicklungen, die zur Krise geführt haben, wirklich von Verschulden gesprochen werden kann, sei dahin gestellt; es spricht einiges dafür, dass das Ausmaß der Rückwirkungen der US-Hypothekenkrise auf den Rest des Finanzsystems seit Juli 2007 alle Beteiligten überrascht hat und auch im Vorhinein als systemisches Risiko nur schwer erkennbar war. Unabhängig davon, ob man von Verschulden sprechen kann, hält der Beirat es allerdings für angebracht, dass die Personen, deren Entscheidungen ihre Institutionen in Schwierigkeiten gebracht haben, nicht aus der Verantwortung für diese Entscheidungen entlassen werden, etwa indem staatliche Mittel den Institutionen die Rückkehr zu einem Business as Usual ermöglichen.

Die Verwendung staatlicher Mittel zum Schutz des Systems und zum Schutz von Institutionen darf nicht zum Schutz der Verantwortlichen vor den Folgen einer im Ergebnis verfehlten Geschäftspolitik führen. Sie sollte auch nicht den Aktionären der betreffenden Institutionen zugute kommen. Ansonsten wäre zu befürchten, dass die staatliche Intervention schädliche Anreize für das Verhalten von Managern und Anteilseignern in der Zukunft setzt. Die Mitglieder der Leitungsgremien sollten auch in Zukunft damit rechnen müssen, dass sie für eine verfehlte Geschäftspolitik zur Verantwortung gezogen werden; auch die Haftungsfunktion des Eigenkapitals sollte nicht eingeschränkt werden.

Um negative Anreizwirkungen der staatlichen Intervention zu vermeiden, ist eine vorübergehende Übernahme von Kontrollfunktionen durch staatliche Instanzen nach Auffassung des Beirats unumgänglich. Jeglicher Lösungsversuch, der den betroffenen Banken wesentliche Kontrollkompetenzen belässt, birgt erhebliche Risiken, dass die staatliche Hilfe zu einer unerwünschten Unterstützung für Bankmanager und Bankaktionäre zu Lasten des Steuerzahlers gerät. So ist bei der vom US-amerikanischen Kongress beschlossenen Fonds-Lösung zu befürchten, dass Banken, die selber entscheiden, welche Vermögenswerte sie dem Unterstützungsfonds verkaufen, vor allem die schlechtesten Titel abgeben und die besseren behalten. Das könnte die Banken sanieren, würde aber mit Sicherheit den Steuerzahler stärker belasten, als es für die Wiederherstellung der Funktionsfähigkeit des Systems erforderlich ist.

Die voranstehenden Überlegungen sprechen gegen einen Lösungsansatz, bei dem der Staat die Banken einfach durch Subventionen unterstützt. Sie sprechen auch gegen einen Lösungsansatz, bei dem der Staat einfach die Refinanzierung der Banken durch nachrangige langfristige Kredite verbessert. Schließlich sprechen sie gegen den Versuch, die Banken ohne ein Eingreifen in Kontrollmechanismen, nur durch ein Aufkaufen von Vermögenswerten, zu unterstützen.

Gegen eine Aufkauflösung spricht auch die Erwägung, dass es im Verlauf immer wieder zu Diskussionen über Verfahren und Preise käme. Das wäre das Gegenteil der anzustrebenden Beruhigung der Märkte. Was wäre auch ein „angemessener Preis" für ein Papier, von dem man vermutet, dass der Wert des zukünftigen Schuldendienstes 80 Prozent des Nennwerts ausmacht, das aber heute auf dem Markt zu 20 Prozent des Nennwerts gehandelt wird? Wichtiger noch: was wäre der Preis, den man braucht, um die verkaufende Bank in eine Position zu bringen, in der sie von den übrigen Marktteilnehmern wieder als vertrauenswürdiger Geschäftspartner betrachtet wird? Abgesehen davon, dass eine Aufkauflösung anfällig ist gegenüber Missbrauchsmöglichkeiten, sorgt eine solche Lösung auch nicht für die Transparenz und Verlässlichkeit, die die Staatsintervention dem System bringen sollte.

Mögliche Lösungen

Als mögliche Lösungsansätze zur Überwindung einer Bankenkrise verbleiben somit:

- Eine sofortige Rekapitalisierung betroffener Banken durch eine staatliche Beteiligung am Aktienkapital. Dies entspräche der Lösung, die jetzt in Frankreich umgesetzt werden soll.
- Eine vorübergehende treuhänderische Übernahme betroffener Banken durch eine oder mehrere staatliche Auffanggesellschaften. Mittelfristig wären die funktionsfähigen Teile dieser Banken zu rekapitalisieren und wieder zu privatisieren; die ausstehenden „schlechten" Forderungen wären unabhängig davon abzuwickeln. Dies entspräche der Lösung, die 1992 in Schweden realisiert wurde.

Beide Möglichkeiten würden dafür sorgen, dass die Bank zusätzliche haftende Mittel bekäme. Dies würde im Endeffekt allen Gläubigern der Bank zugute kommen und insbesondere das Vertrauen der Partner in den Interbankenmärkten stärken.

Die treuhänderische Lösung hätte den Vorteil, dass das Engagement des Staates betragsmäßig nicht begrenzt wäre und daher das Vertrauen der Marktteilnehmer in die betreffenden Institutionen unmittelbar wiederhergestellt werden könnte. Die Gewissheit, dass es ggfs. ein solches Engagement des Staates gäbe, kann auch das Vertrauen der Marktteilnehmer in Institutionen, die noch nicht in der Krise sind, nachhaltig stärken und möglicherweise verhindern, dass diese Institutionen überhaupt in eine Krise kommen.

Allerdings handelt es sich bei der treuhänderischen Übernahme einer Bank durch eine staatliche Institution um eine extreme Maßnahme, zu der man erst greifen wird, wenn sie tatsächlich als unvermeidlich erscheint. Auch kann die damit verbundene Belastung für den Steuerzahler zumindest kurzfristig außerordentlich hoch sein. Gewiss kommt es hier nicht auf die Gesamtverbindlichkeiten der Banken an, sondern nur auf den Nettobetrag, der sich ergibt, wenn man die Interbankenpositionen saldiert. Aufgrund der Belastungen durch die Übernahme der Banken 1992 war z. B. der schwedische Staat in der Rezession 1993/1994 nicht in der Lage, eine aktive Konjunkturpolitik zu betreiben; aber mittelfristig, d. h. nach der Reprivatisierung der Banken, erwies sich die Gesamtbelastung des Steuerzahlers als deutlich geringer.

Die Beteiligungslösung böte demgegenüber den Vorteil, dass sie den Banken sofort angeboten werden könnte; man bräuchte nicht eine weitere Zuspitzung der Krise abzuwarten. Dies hätte den Vorzug, dass den möglichen realwirtschaftlichen Rückwirkungen der Krise rascher begegnet werden könnte, insbesondere einer Kreditklemme auf Grund mangelnden Eigenkapitals. Eine mit staatlichen Mitteln vorgenommene Rekapitalisierung der Banken hätte auch den Vorteil, dass die Banken durchgehend privatwirtschaftlich geführt würden und dass die Belastung des Fiskus der Höhe nach begrenzt wäre. Jedoch stände immer die Frage im Raum, ob die gewährten Mittel letztlich ausreichen. Diesbezügliche Zweifel können das Vertrauen der übrigen Marktteilnehmer schwächen.

Bei dieser Lösung müssten die oben angesprochenen Kontrollmöglichkeiten des Staates durch entsprechende Stimmrechte sichergestellt werden. Auch sollte verhindert werden, dass die durch die staatlichen Mittel ermöglichte Verbesserung der Position der Bank ohne weiteres den Altaktionären zugute käme. Zu denken wäre etwa an eine Rekapitalisierung durch Vorzugsaktien, aber mit Stimmrechten.

Unabhängig davon, welche der beiden Lösungen verfolgt wird, hält der Beirat es für erforderlich, dass sie im Rahmen einer eigenständigen Institution, d. h. einer Beteiligungsgesellschaft oder einer Auffanggesellschaft, unabhängig von den sonstigen für den Finanzsektor zuständigen Institutionen (Finanzaufsicht, Bundesbank) implementiert wird. Eine institutionelle Trennung sorgt dafür, dass die Verantwortlichen sich genau um das hier anstehende Problem kümmern. Sie vermiede auch die Interessenkonflikte, die entständen, wenn etwa die staatliche Intervention von den Aufsichtsinstitutionen organisiert oder koordiniert würde.

Die ins Auge gefasste Lösung ist als Angebot an den Banksektor zu verstehen, nicht als Oktroi. Ob ein Oktroi unter bestimmten Bedingungen in Zukunft angebracht sein kann, lässt der Beirat offen.

Besondere Aufmerksamkeit ist der internationalen, insbesondere der europäischen Dimension der Problematik zu schenken. Der Beirat begrüßt es, dass die Bundesregierung eine zentralisierte Intervention auf europäischer Ebene abgelehnt hat. In Anbetracht dessen, dass die Finanzaufsicht in der Hand der Mitgliedstaaten liegt, wäre zu erwarten, dass ein zentraler Interventionsmechanismus, bei dem ein Mitgliedstaat für die Banken anderer Mitgliedstaaten einsteht, schädliche Anreizwirkungen auf die nationalen Aufsichtsbehörden hat.

Zu begrüßen ist ein abgestimmtes Vorgehen der Mitgliedstaaten der EU, wenn möglich auch in Abstimmung mit den USA. Insofern die hier angesprochenen Märkte weltweit arbeiten, hat ein koordiniertes Vorgehen der Mitgliedstaaten der EU mehr Gewicht als ein isoliertes deutsches Vorgehen.

Eine Koordination auf europäischer Ebene ist auch deshalb angeraten, weil Deutschland als Mitglied der Europäischen Währungsunion keine unabhängige Geldpolitik mehr hat. Insofern die Stützung des Finanzsystems auf die Kooperation mit der Zentralbank angewiesen ist, ist eine Koordination mit den übrigen Mitgliedstaaten und mit der Europäischen Zentralbank unumgänglich. Dies gilt auch im Hinblick auf den Umgang mit den Vorschriften des Stabilitäts- und Wachstumspaktes in der derzeitigen Krise.

In Anbetracht der jetzigen Situation würde der Beirat nicht darauf drängen, dass unser Brief, wie sonst üblich, zeitnah der Öffentlichkeit zur Verfügung gestellt wird.

Mit freundlichen Grüßen
verbleibe ich

Professor Dr. Claudia Buch

(Vorsitzende)

Der Brief wurde vorbereitet von folgenden Mitgliedern des Wissenschaftlichen Beirats beim Bundesministerium für Wirtschaft und Technologie

Professor Dr. h.c. mult. Martin Hellwig, Ph.D. *(Federführung)*
Direktor am Max-Planck-Institut zur Erforschung
von Gemeinschaftsgütern und
Professor für Volkswirtschaftslehre
an der Universität Mannheim

Professor Dr. Hans Gersbach
Professor für Wirtschaftspolitik
CER-ETH – Center of Economic Research at ETH Zürich, Schweiz

Brief an den Bundesminister für Wirtschaft und Technologie Michael Glos vom 05. Dezember 2008

Thema: Europäisches System des Handels von CO_2-Emissionen

Sehr geehrter Herr Minister,

In seiner Sitzung am 4. und am 5. Dezember hat sich der Wissenschaftliche Beirat mit den Plänen für ein Europäisches Handelsystem für CO_2-Emissions-Lizenzen befasst. Diese Pläne sind Teil der Politik der EU Mitgliedstaaten, eine Vorreiterrolle bei der Bekämpfung des Klimawandels zu spielen. Ziel ist hierbei, ein wirksames Welt-Klima-Abkommen zu erreichen, dem die wichtigsten Länder der Welt angehören, insbesondere also die OECD-Staaten, aber auch die großen Schwellenländer China, Indien, Brasilien und Russland.

Die Europäische Union hat Emissionsminderungsziele für die Zeit bis zum Jahr 2020 formuliert. Im Vergleich zum Jahr 1990 sollen die CO_2-Emissionen um 20 Prozent sinken. In der EU-Kommission gibt es darüber hinaus die Vorstellung, eine bestimmte Menge von CO_2-Emissionen festzulegen, die auf dem Wege der Versteigerung an die betroffenen Unternehmen gelangen sollen.

Die Zielsetzung einer Vorreiterrolle in der Klimapolitik sei nicht in Frage gestellt. Es geht jedoch darum, das angestrebte Ziel der Emissionsverminderung im EU-Raum in einer solchen Weise zu erreichen, dass die volkswirtschaftlichen Kosten möglichst gering sind und die Ziele der Klimaschutzpolitik auch tatsächlich erreicht werden. Und hier wirft der Weg, den die Europäische Kommission gehen will, ernste Fragen auf, zu denen der Beirat einige Anregungen geben möchte.

Diese befassen sich vor allem mit den folgenden Aspekten: (i) der Teilung der Volkswirtschaft in zwei Bereiche mit unterschiedlichen Steuerungssystemen, (ii) den Nachteilen eines strikten Mengenziels, (iii) der Problematik zusätzlicher industriepolitischer Maßnahmen und (iv) der Anknüpfung der Lizenzen an die Kohlenstoffmenge.

(i) Zur Teilung der Volkswirtschaft in zwei Bereiche mit unterschiedlichen Steuerungssystemen

Das System der handelbaren Emissionslizenzen teilt die Volkswirtschaft in zwei Bereiche. Der Bereich I, der dem System unterworfen ist, umfasst die Stromerzeugung in thermischen Kraftwerken ab 20 MW Leistung und fünf Industriebranchen. Der Bereich II, in dem die CO_2-Emissionen durch andere Maßnahmen vermindert werden sollen, umfasst die restlichen Industrien, das sonstige Gewerbe, den Verkehrssektor und die privaten Haushalte. Zu den „anderen Maßnahmen“ gehören Verbote, Gebote, verbindliche Standards und ökologisch orientierte Steuern („Ökosteuer“). Innerhalb des Bereichs I soll in erster Linie der Preismechanismus wirksam werden. Aber auch in ihm soll es zusätzliche Maßnahmen zur Senkung der CO_2-Emissionen geben. Bei gegebener Anzahl von CO_2-Lizenzen würden sie allerdings nicht zu einer weiteren Verminderung von CO_2-Emissionen beitragen, sondern eine Senkung der CO_2-Lizenzpreise bewirken.

Ein „reines“ CO_2-Lizenz-Handelssystem in dem es für den Bereich I keine zusätzlichen Minderungsmaßnahmen gäbe, hätte die Wirkung, dass innerhalb dieses Bereichs die volkswirtschaftlichen Kosten der CO_2-Verminderung minimiert würden. Denn der CO_2-Preis entspräche dann den Grenzkosten der CO_2-Verminderung. Da alle Nutzer von CO_2-Lizenzen den gleichen Preis bezahlen würden, wären die Grenzkosten der CO_2-Verminderung bei allen CO_2-Emittenten gleich. Dies aber ist die Voraussetzung dafür, dass die Gesamtkosten der CO_2-Verminderung minimiert werden. Für das geplante CO_2-Lizenz-Handelssystem mit zusätzlichen Minderungsmaßnahmen gilt dies nicht. Zu der Frage, wie stark die volkswirtschaftlichen Kosten der CO_2-Verminderung dadurch steigen, dass es auch innerhalb des Bereiches I weitere Vorschriften gibt, die die CO_2-Emissionen vermindern sollen, hat sich der Beirat im Gutachten „Zur Förderung Erneuerbarer Energien“ vom 16. Januar 2004 geäußert.

Minimierung der Kosten in Bereich I heißt allerdings nicht Minimierung der Kosten in der Gesamtwirtschaft. Es ist nicht zu erwarten, dass die durchschnittlichen Emissionsvermeidungskosten im Bereich II dem Preis der Lizenz in Bereich I entsprechen. Außerdem sind die Emissionsvermeidungskosten im Bereich II von Teilbereich zu Teilbereich, ja von Fall zu Fall verschieden. Es ist daher grundsätzlich sinnvoll, die Regulierungsinstrumente zur CO_2-Minderung in den beiden Bereichen nicht isoliert voneinander zu gestalten, sondern sie miteinander zu verzahnen. Das CO_2-Preissignal im Bereich I sollte Rückwirkungen auf die Gestaltung der CO_2-Minderungspolitik im Bereich II haben.

(ii) Nachteile eines strikten Mengenziels

Das strikte Mengenziel für die die Co_2-Emissionen, das die Europäische Kommission dem Bereich I vorgeben will, ist einerseits das Kernstück ihres Konzepts (und ganz offensichtlich besonders passend zum Kyoto-Abkommen), andererseits wirft es die größten Probleme auf (wie es auch die räumlich so stark begrenzte Geltung des Kyoto-Abkommens tut).

Gegenwärtig wird zwischen den Mitgliedsländern der Europäischen Union die Emissionshandelsrichtlinie für den Zeitraum nach 2012 verhandelt. Hier sollen nun erstmals feste Mengen für die auszugebenden Lizenzen für die Emissionen im Bereich I beschlossen werden.

Eine strikte Mengenvorgabe wird zwangsläufig dazu führen, dass der Preis für eine Lizenz, der sich nach den jeweiligen Marktverhältnissen richtet, je nach der konjunkturellen Entwicklung sehr stark schwankt. Tatsächlich hat sich der Preis seit Einführung des Lizenzsystems in Europa im Jahr 2005 zwischen 0 und ca. 30 Euro je Tonne bewegt. Wenn der CO_2-Preis sehr starken Schwankungen unterliegt, sehen sich Unternehmen, die in eine Technologie zur Verminderung des CO_2-Ausstoßes investieren wollen, einem entsprechenden Marktrisiko gegenüber, das ihre Investitionsneigung beeinträchtigen könnte.

Die beschriebenen Folgen extremer Preisausschläge könnten allerdings auch in einem System der Vorgabe fester Emissionsmengen verringert werden. Zum einen werden sich Terminmärkte bilden, auf denen man sich von der Unsicherheit künftiger Preise freikaufen kann, aber es bliebe bei zusätzlichen Kosten. Wer bei seiner Nachfrage nach Emissionslizenzen wenig flexibel ist, mag gleichwohl dazu neigen, den risikofreien Weg zu gehen. Andere werden lieber die Preisschwankung hinnehmen, sie womöglich sogar – wie manch andere konjunkturelle Preisschwankung bei Gütern, die man einzukaufen hat – als ein vorteilhaftes antizyklisches Moment empfinden. Zum anderen könnte den Lizenzinhabern die Möglichkeit eingeräumt werden, Emissionen über die Jahre zu verteilen, beispielsweise Einsparungen in einem Jahr durch Mehremissionen später auszugleichen oder Mehremissionen (Kredite) durch Minderemissionen später zu kompensieren. (Man spricht von Ersparnisbildung und Kreditaufnahme bei der Nutzung von Emissionsrechten – „Banking and Borrowing"). Während ein Ansparen wenig problematisch ist, würde der umgekehrte Vorgang, also der Vorgriff auf zukünftige Lizenzen strikte Regeln verlangen, bis wann die Kredite zurückgezahlt werden müssen, um eine exzessive Ausdehnung der Kreditaufnahme zu verhindern.

Eine ernste Sorge knüpft sich an die Möglichkeit, dass der Preis für eine Emissionslizenz bei einem strikten Mengenziel dauerhaft stark über das heutige Niveau hinausgehen könnte. Dies brächte die vielerseits beschworene Gefahr mit sich, dass Industriezweige, die mit hohem CO_2-Ausstoß verbunden sind, ihren Standort in Länder verlagern, die nicht am Emissionshandelssystem teilnehmen. Mit den Betrieben flösse der Kohlenstoffverbrauch ab: „carbon leakage". Dem Weltklima wäre dadurch in keiner Weise gedient. Von effizienter Politik könnte man besoders dann nicht reden, wenn in einer Übergangszeit – vor der erwarteten Etablierung eines Weltklimaabkommens – in der Europäischen Union Industrien aufgegeben würden, die nach Abschluss eines solchen Abkommens langfristig lebensfähig wären. Vom Preismechanismus her gesehen: Die langfristige Höhe der Lizenz-Preise wird bestimmen, was einem die gewählte Vorreiterrolle in der Weltklimapolitik gegebenenfalls wert sein muss, wenn man ihr treu bleiben will. Aber man verrät die Vorreiterrolle bei der Klimaschutzpolitik nicht schon, wenn man in dem für den Bereich I geplanten Mengenregime – eben weil es ein partielles Regime sein muss – eine gewisse Flexibilität zulässt.

Aus ökologischer Sicht ist die Einhaltung eines strikten Emissionsmengenziels in jedem einzelnen Kalenderjahr ohnehin nicht erforderlich, da CO_2 nicht abgebaut wird. Für das Weltklima spielt nur die gesamte CO_2-Konzentration in der Atmosphäre, die sich aus den kumulierten Emissionen über die Zeit ergibt, eine Rolle. Daher ist es wichtig, Instrumente einzusetzen, die sich auf die kumulierte Emission auswirken.

Außerdem ist exzessiven Anpassungslasten eines Teilbereichs der Volkswirtschaft vorzubeugen. Der Beirat empfiehlt für die Handelsperioden ab 2013 (nach Ablauf des Kyoto-Abkommens), statt der strikten Mengenbegrenzung für Bereich I als wesentliches Instrument der Klimaschutzpolitik einen Preiskorridor für Emissionslizenzen vorzugeben. Dessen Durchsetzung ist durch die flexible Ausgabe von Lizenzen zu gewährleisten.

Zum einen hätte dies den Vorteil, dass potentielle CO_2-Emittenten eine verlässliche mittelfristige Kalkulationsgrundlage erhalten würden. Zum anderen würde auf diese Weise die unter Umständen beträchtliche Kluft zwischen den Vermeidungskosten in den Bereichen I und II vermindert. Die Einhaltung eines kumulativen Mengenziels, das den Verpflichtungen aus dem Kyoto-Abkommen entspricht oder diese sogar übertrifft, soll dadurch nicht in Frage gestellt werden. Wenn zusätzliche Zertifikate ausgegeben werden müssen, um ein Überschießen des Preises zu verhindern, ist das ein Signal und begründet eine Verpflichtung, verstärkte Anstrengungen zur Verminderung der CO_2-Emissionen im Bereich II zu leisten. Diese würden sich zwar in der Regel erst zeitverzögert auswirken, wären dadurch aber nicht weniger wirksam, weil es, wie oben betont, nur auf die kumulativen Emissionen ankommt.

Im „Stern Review"[69] schätzen die Autoren bei einer mittleren Variante die Kosten der Vermeidung des Klimawandels auf ein Prozent des Weltsozialprodukts. Aus dieser Abschätzung kann man mit Hilfe plau-

69 Nicholas Stern, *Economics of Climate Change, The Stern Review*, Cambridge University Press 2007.

sibler Annahmen über die Kosten der Emissionsvermeidung die Größenordnung des erforderlichen Preises für CO_2-Emissionslizenzen abschätzen. Diese Größenordnung liegt derzeit zwischen 30 und 40 Euro pro Tonne CO_2.[70] Dieser Preisbereich müsste für ein Weltklimaabkommen angestrebt werden, da er ausreichen würde, um die im „Stern Review" genannten Klimaziele zu erreichen. In Anbetracht der Tatsache, dass viele Länder heute noch nicht am Emissionshandelsystem teilnehmen, sollte die für 2013 angestrebte Preisobergrenze um einiges darunter liegen, um die oben beschriebenen negativen Folgen eines zu hohen Preises zu vermeiden.

Wenn sich im Zeitverlauf herausstellt, dass sich mit diesem Preiskorridor die mittelfristig angestrebten Mengenziele nicht erreichen lassen, dann muss dieser nach oben angepasst bzw. die Politik der Emissionsbegrenzung im Bereich II intensiviert werden.

Zwei Beiratsmitglieder wenden ein, die Bundesrepublik habe eine Vorreiterrolle für den Klimaschutz übernommen. Wenn sie damit weiter Erfolg haben wolle, müsse sie glaubwürdig bleiben. Mit der Unterzeichnung des Kyoto-Protokolls habe sie sich auf die Mengenlösung festgelegt. Ein Preiskorridor gebe das Mengenziel auf. Die Selbstverpflichtung, die Menge wenigstens auf die lange Frist zu reduzieren, sei dafür kein Ersatz. Staaten, die das Klima nicht schützen wollen, würden das zum Vorwand nehmen. Klimaschutz werde umso teurer, je später er geschehe. Politisch werde die Selbstverpflichtung nicht durchzuhalten sein. Am Anfang würden Politiker der Versuchung erliegen, Lasten an das Ende der Periode zu verlagern. Am Ende werde die Kraft fehlen, am Mengenziel festzuhalten. Die Selbstverpflichtung werde an den gewachsenen Realitäten scheitern.

Soweit das Sondervotum.

(iii) Die Problematik zusätzlicher industriespezifischer Maßnahmen

Zur Abwehr der Gefahr von Standortverlagerungen wird aus der Europäischen Kommission, aber auch von anderen vorgeschlagen, Industriebranchen mit hohem Kohlenstoffverbrauch Emissionsrechte weiterhin unentgeltlich zuzuteilen, mit der Auflage, sie nur für eigene Produktionszwecke verwenden. Der Beirat hat gegenüber diesem Lösungsvorschlag große Bedenken. Es muss notwendigerweise Streit entstehen, welche In-

70 Momentan entstehen 500g CO_2-Emissionen je US-$ des Welt-Sozialprodukts (WSP). Wenn es 1 % des WSP kostet, jene zu halbieren, also um 250g zu senken, so kostet die Vermeidung von 250g CO_2 0,01 US-$ und somit die Vermeidung einer Tonne CO_2 40 US-$, also ca. 30 Euro. Dabei ist unterstellt, dass sich die Effekte des Wachstums des WSP und der steigenden Energieeffizienz gegeneinander in etwa aufheben.

dustriebranchen begünstigt werden sollen. Auch das Ausmaß der unentgeltlichen Zuteilung auf der Basis der bisherigen Emissionen ist willkürlich, da sich die Produktionsmengen aus Gründen des Strukturwandels und der konjunkturellen Schwankungen erheblich verändern können. Ferner besteht das Problem einer „stillen Standortverlagerung“: die Standortentscheidungen über zusätzliche Produktionskapazitäten werden von diesen Maßnahmen nicht erfasst. Überdies bleibt es beim „Abfluss von Kohlenstoffverbrauch“ in denjenigen Branchen, die durch die unentgeltliche Zuteilung nicht begünstigt werden. Deshalb wäre durch solche Maßnahmen nur ein Bruchteil des Problems, das mit „carbon leakage“ bezeichnet wird, erfasst.

(iv) Anknüpfung der Lizenzen an die Kohlenstoffmenge

Die in diesem Brief angesprochenen Probleme ließen sich besser lösen, wenn man sich entschließen könnte, in der Klimaschutzpolitik statt bei der CO_2-Emission bei der Gewinnung oder Beschaffung von Kohlenstoff anzusetzen. Angesichts der zahlreichen Mängel des in Aussicht genommenen Europäischen Systems der Steuerung von CO_2-Emissionen gibt der Beirat zu bedenken, die Bemessungsgrundlage für das Handelssystem von CO_2-Emissionen auf den Import und die Gewinnung von Kohlenstoff umzustellen. Eine Bindung des Systems an die Kohlenstoffmenge hätte zunächst erhebliche Kostenvorteile bei der Erfassung der entsprechenden Menge, da Kohlenstoff nur an wenigen Orten gewonnen oder importiert wird. Damit wäre die Gefahr der Umgehung bei sehr hohen Lizenzpreisen deutlich geringer. Den Hauptvorteil sehen wir jedoch in der Möglichkeit, den Bereich II ebenfalls in das System der Mengenbegrenzung einzubeziehen. Damit wird Ineffizienz vermieden, die aufgrund unterschiedlicher Regeln für die Bereiche I und II zwangsläufig entsteht. Spätestens bei der Vorbereitung des angestrebten Weltklimaabkommens sollte die Anbindung der Klimaschutzpolitik an die Kohlenstoffmenge propagiert werden.

Mit freundlichen Grüßen

gez. Friedrich Breyer

Stellvertretender Vorsitzender des Wissenschaftlichen Beirats

Der Brief wurde vorbereitet von folgenden Mitgliedern des Wissenschaftlichen Beirats beim Bundesministerium für Wirtschaft und Technologie

Professor Dr. Carl Christian von Weizsäcker *(Federführung)*
Em. Professor für Volkswirtschaftslehre
an der Universität zu Köln

Professor Dr. Friedrich Breyer (Stellvertretender Vorsitzender)
Professor für Volkswirtschaftslehre
an der Universität Konstanz

Professor Dr. Monika Schnitzer
Professor für Volkswirtschaftslehre
an der Ludwig-Maximilians-Universität München

Brief an den Bundesminister für Wirtschaft und Technologie Michael Glos vom 23. Januar 2009

Thema: Zur Bankenregulierung in der Finanzkrise

Sehr geehrter Herr Minister,

der Wissenschaftliche Beirat hat sich in seinen Sitzungen vom 5. Dezember 2008 und 22./23. Januar 2009 mit der Rolle der Bankenregulierung in der Finanzkrise und den Möglichkeiten zur Eindämmung der Krise befasst. Wie im Folgenden erläutert wird, hat das derzeitige System der Bankenregulierung einen maßgeblichen Beitrag dazu geleistet, dass die Krise der hypothekengesicherten Wertpapiere („Mortgage-Backed Securities" = MBS) in den USA sich zu einer Weltfinanzkrise ausgeweitet hat. Es ist zu befürchten, dass die zerstörerischen Wirkungen dieses Regulierungssystems im Jahre 2009 noch verstärkt werden.

Die kritische Einschätzung des Einflusses der Bankenregulierung auf die Finanzkrise betrifft vor allem die *Dynamik* der Krise. In der Öffentlichkeit wird die Krise zumeist in statischen Kategorien diskutiert. Die Banken seien in Schwierigkeiten, weil sie schlechte Kredite vergeben oder in schlechte Wertpapiere investiert haben. Das Problem der Krisenbewältigung sei ein Problem des Umgangs mit diesen schlechten Vermögenswerten. In diesem Diskurs scheint die jeweilige Qualität der Anlagen einer Bank von Anfang an festzustehen. In der Realität freilich hängt die Qualität dieser Anlagen auch vom wirtschaftlichen Umfeld ab; hier spielt die Finanzkrise selbst eine wichtige Rolle. Die Qualität vieler Bankanlagen – marktgängige Wertpapiere ebenso wie Kredite – ist heute deutlich schlechter einzuschätzen als selbst im August 2007, als die Probleme der hypothekengesicherten Wertpapiere in den USA bereits voll erkannt waren. Die seit August 2007 eingetretene Verschlechterung ist einer Dynamik zuzuschreiben, in der Finanzmärkte und Finanzinstitutionen, Wertpapierpreise und Bilanzen sich fortwährend in einer Abwärtsspirale bewegt haben. Zu dieser Dynamik hat das bestehende System der Bankenregulierung erheblich beigetragen.

Es ist daher zu befürchten, dass die Krisendynamik noch nicht gebrochen ist. Vor allem die seit kurzem zu beobachtenden konjunkturellen Wirkungen der Finanzkrise können die Abwärtsspirale noch weiter nach unten drehen. Der Konjunkturrückgang wird die Banken weiter belasten. Die Qualität der Kreditbestände in den Büchern der Banken wird weiter leiden und die Funktionsfähigkeit des Finanzsystems noch weiter beeinträchtigt werden.

Der Grad der Beeinträchtigung wird allerdings davon abhängen, inwiefern die aufgrund des zweiten Basler Abkommens zur Bankenaufsicht („Basel II“) eingeführten Neuerungen der Regulierung angewendet werden. Der Beirat rät der Bundesregierung dringend, nach Möglichkeiten zu suchen, die zu erwartenden destruktiven Wirkungen dieser Neuerungen zu vermeiden.

Der Beirat ist sich bewusst, dass die Bundesregierung bereits umfangreiche Maßnahmen zur Stützung des Finanzsystems unternommen hat. Insbesondere die Angebote zur Rekapitalisierung von Banken und die gegebenen Garantien der Interbankverpflichtungen sind zu begrüßen. Der Beirat hatte auf die Notwendigkeit solcher Maßnahmen bereits in seinem Brief vom Oktober 2008 hingewiesen.[71] Es muss aber mit Sorge erfüllen, dass dieses Engagement der Bundesregierung – und entsprechende Engagements der Regierungen anderer großer Länder – das Vertrauen der Finanzinstitutionen untereinander bisher noch nicht ausreichend wiederherstellen konnten.

Im Folgenden entwickelt der Beirat nachstehende Empfehlungen zum weiteren Umgang mit den Banken in der Krise:

I. Um prozyklische Rückwirkungen der Konjunkturentwicklung auf die Bankbilanzen zu mindern, sollte die strikte Handhabung des Umgangs mit Kreditrisiken nach Basel II zeitweise ausgesetzt werden.

II. Beim Umgang mit Solvenzproblemen muss die Vermeidung negativer Anreizprobleme im Vordergrund stehen. Daher sollten Zuführen staatlicher Mittel mit einer zeitweisen Übernahme von Verfügungs- und Kontrollkompetenzen durch den Staat verknüpft werden; die Vergabe staatlicher Mittel sollte nicht dazu dienen, dass Alteigentümer und Manager aus ihrer Verantwortung für die Notlage ihrer Bank entlassen werden.

III. Von der Gründung einer staatlich finanzierten *Bad Bank*, die schlechte Kredite aus den Büchern der Banken übernimmt, sowie von anderen Formen des Kaufs solcher Titel aus staatlichen Mitteln, sollte abgesehen werden, da es nicht gelingen wird, die dabei auftretenden Bewertungs- und Kontrollprobleme zu lösen.

[71] Vgl. Brief des Wissenschaftlichen Beirats an den Bundesminister für Wirtschaft und Technologie vom 10. Oktober 2008 „Zur Finanzkrise“ (http://www.bmwi.de/BMWi/Navigation/Ministerium/Beiraete/wissenschaftlicher-beirat-veroeffentlichungen.html)

IV. Um die mit einer möglichen Insolvenz größerer Teile des Bankensystems verbundenen Probleme zu entschärfen, sollte die Strategie einer Rekapitalisierung der Banken weiter verfolgt werden, möglicherweise ergänzt durch staatliche Auffanglösungen.

Neben diesen den Bankensektor betreffenden Maßnahmen empfiehlt der Beirat, von einer Ausweitung der Eigenkapitalregulierung der Banken auf Versicherungen („Solvency II") vorerst abzusehen und darauf hinzuwirken, dass die europäische Beschlussfassung zu diesem Thema aufgrund der Erfahrungen mit den systemischen Wirkungen der Eigenkapitalregulierung in der Finanzkrise neu durchdacht wird. Der Beirat weist zudem auf die ordnungspolitischen Risiken umfangreicher Garantien für Unternehmenskredite hin.

Diese Empfehlungen des Beirats sind, wie schon sein Brief vom Oktober 2008, nicht als Vorschläge zu einer dauerhaften Reform der Finanzaufsicht zu verstehen, sondern als Beitrag zum weiteren Umgang mit der Krise. Der Beirat äußert sich hiermit nur zu dringenden, unmittelbar anstehenden Themen und stellt dabei die Frage nach einer dauerhaften Reform hintan. Auch über die Bedingungen einer Aufhebung dieser Maßnahmen und einer Rückkehr zur Normalität äußert er sich nicht.

Im Folgenden gehen wir zunächst auf die Krisendynamik und auf die Bedeutung der Bankenregulierung für diese Dynamik ein. Sodann wird begründet, warum zu erwarten ist, dass eine strikte Handhabung der Bestimmungen von Basel II für den Umgang mit Kreditrisiken die Krise noch vertiefen wird. Schließlich gehen wir auf verschiedene Handlungsalternativen beim Umgang mit Solvenzproblemen ein.

Diagnose: Der Beginn der weltweiten Krise im Sommer 2007[72]

Als im Sommer 2007 die weltweite Finanzkrise ausbrach, war die Krise der US-amerikanischen Immobilien- und Hypothekenmärkte schon etwa ein Jahr alt. Auf die Ursachen dieser Krise, vom Versagen marktwirtschaftlicher und regulatorischer Lenkungsmechanismen bei der Verbriefung minderwertiger Hypotheken („subprime mortgages") in den USA bis zur übermäßig expansiven Geldpolitik der USA in den Jahren 2002–2004, wird hier nicht weiter eingegangen. Stattdessen wird der Krisenverlauf erörtert.

[72] Die folgende Skizze stützt sich auf M. Hellwig, Systemic Risk in the Financial Sector: An Analysis of the Subprime Mortgage Financial Crisis, Max-Planck-Institut zur Erforschung von Gemeinschaftsgütern, Preprint 43/2008, http://www.coll.mpg.de/pdf_dat/2008_43online.pdf und die dort angegebene Literatur.

Bis Juni 2007 gingen die meisten Beteiligten davon aus, dass die Krise der hypothekengesicherten Wertpapiere in den USA nicht von größerer Bedeutung für das Weltfinanzsystem sein würde. Die Monate Juli und August 2007 brachten dann zwei Überraschungen:

(i) Die Rating-Agenturen stuften viele dieser Wertpapiere um gleich drei Stufen auf einmal herab. Eine Herabstufung dieses Ausmaßes hatte es bei anderen Typen von festverzinslichen Wertpapieren noch nie gegeben. Sie ließ vermuten, dass die Rating-Agenturen die Risiken dieser Papiere nicht verstanden hatten und dass insofern völlig unklar war, mit welchen Risiken diese Papiere eigentlich behaftet waren.

(ii) Für geschätzte 1000 Mrd. US$ an hypothekengesicherten Papieren brach die Refinanzierung weg.[73] Diese Papiere wurden von Zweckgesellschaften gehalten, die – auch von öffentlichen Banken aus Deutschland[74] – gegründet worden waren, um außerhalb der Bankbilanzen und ohne ein Erfordernis der Eigenkapitalunterlegung US-amerikanische hypothekengesicherte Wertpapiere zu halten. Es handelte sich um mittel- bis langfristige Anlagen, so dass die Übertragung der hiermit verbundenen Risiken auf Marktteilnehmer mit langfristigen Verbindlichkeiten, beispielsweise Versicherungen, sinnvoll gewesen wäre. Die Zweckgesellschaften allerdings hatten sich kurzfristig auf dem Geldmarkt finanziert. Diese Refinanzierung brach weg, als die Ratings dieser Papiere herabgestuft wurden, die Preise dieser Papiere entsprechend sanken und die Aktiva der Zweckgesellschaften deutlich weniger wert waren als deren Verbindlichkeiten.

Das Ausmaß der Tätigkeit der Zweckgesellschaften kam für alle, Marktteilnehmer, Aufsichtsbehörden und sonstige Beobachter, überraschend. Das Wegbrechen der Refinanzierung hätte auch dann zu größeren Wertberichtigungen bei den von diesen Gesellschaften gehaltenen hypothekengesicherten Papieren führen müssen, wenn es keine Unsicherheit über die Bonität dieser Papiere gegeben hätte. Die Größenordnung des Problems wird ersichtlich, wenn man die rund 1000 Mrd. US$ an hypothekengesicherten Papieren, die diese Zweckgesellschaften damals hielten, in Beziehung setzt zum Gesamtvolumen von ca. 1100 Mrd. US$ an „Sub-

[73] Siehe Dodd, R., and P. Mills, Outbreak: U.S. Subprime Contagion, *Finance and Development* 45 (2008), Nr. 2, 14–18, http://www.imf.org/external/pubs/ft/fandd/2008/06/dodd.htm .

[74] Das Gesamtvolumen des Engagements der deutschen öffentlichen Banken ist aus den verfügbaren Quellen nicht ersichtlich. Die für einige Institute verfügbaren Zahlen lassen vermuten, dass es sich um einen niedrigen dreistelligen Milliardenbetrag handelt.

prime Mortgage-Backed Securities" (MBS) und von etwa 400 Mrd. US $ an Schuldverschreibungen, die ihrerseits durch hypothekengesicherte Papiere besichert waren („MBS Collateralized Debt Obligations" = MBS CDOs). Schließt man die höherwertigen („prime") MBS ein, so beträgt das Gesamtvolumen an hypothekengesicherten Papieren bei US-amerikanischen Immobilien zwischen 5000 und 6000 Mrd. US $. Auch relativ zu dieser Größe ist der Anteil der von Zweckgesellschaften gehaltenen Papiere hoch anzusetzen, zumal ungefähr ein Drittel der Papiere bei den „Government Sponsored Enterprises" Fannie Mae und Freddie Mac lag und insofern nicht auf dem offenen Markt zugänglich war.[75]

Diagnose: Die Implosion des Finanzsystems seit August 2007

Jedoch sind diese beiden Überraschungen nur als Krisenauslöser anzusehen. Der Wertverfall auf den Märkten für Papiere, die durch Hypotheken auf US-Immobilien gesichert werden, wurde vom Internationalen Währungsfonds im Oktober 2008 auf 580 Mrd. $ geschätzt, davon 500 Mrd. $ bei „Subprime" und 80 Mrd. $ bei „Prime Mortgages". Nimmt man nur die absoluten Beträge, so erscheinen diese Zahlen als groß (wenn auch nicht größer als Vermutungen über Verluste auf dem Höhepunkt der US-amerikanischen Sparkassenkrise 1990 oder die Verluste der japanischen Banken in den neunziger Jahren). Setzt man diese Zahlen allerdings in Relation zur Größe des globalen Finanzsystems, so bleibt die Frage, wie die Krise in diesem Bereich sich zu einer Krise des Weltfinanzsystems ausweiten konnte. Noch im Frühsommer 2007 hatten sowohl der Internationale Währungsfonds als auch die Bank für Internationalen Zahlungsausgleich eine solche Ausweitung für unwahrscheinlich gehalten.[76]

Hier trägt die Bankenregulierung ein erhebliches Maß an Mitverantwortung. Die Ausbreitung der Krise seit August 2007 ist durch das Zusammenspiel folgender Faktoren zu erklären:

75 Siehe International Monetary Fund, Containing Systemic Risks and Restoring Financial Soundness, *Global Financial Stability Report,* April 2008, und International Monetary Fund, Financial Stress and Deleveraging: Macro-Financial Implications and Policy, *Global Financial Stability Report,* October 2008, http://www.imf.org/External/Pubs/FT/GFSR/2008/01/index.htm und http://www.imf.org/External/Pubs/FT/GFSR/2008/02/index.htm .

76 Siehe International Monetary Fund, Market Developments and Issues, *Global Financial Stability Report*, Washington, D.C. April 2007, http://www.imf.org/External/Pubs/FT/GFSR/2007/01/text.pdf sowie Bank for International Settlements, *77th Annual Report: April 1, 2006 – March 31, 2007,* Basel Juni 2007.

(i) Da potentielle Käufer auf Preissenkungen kaum reagierten, waren wichtige Wertpapiermärkte illiquide oder gar nicht mehr funktionsfähig, angefangen bei den Märkten für die hypothekengesicherten Papiere selbst. Die Preissenkungen in diesen Märkten gingen deutlich über den zu erwartenden Ausfall bei den zugrunde liegenden Hypotheken hinaus. Die vom Internationalen Währungsfonds geschätzten 500 Mrd. an Wertverlusten bei diesen Papieren dürften den Verlust, der sich ergeben würde, wenn man die Papiere bis zum Ende ihrer Laufzeit oder der Abwicklung einer Insolvenz der Schuldner hielte, deutlich überschätzen. Nach Einschätzung des Internationalen Währungsfonds sind die Preise in diesen Märkten nicht mehr als Grundlage für eine an langfristiger Wertmaximierung orientierten Anlagestrategie anzusehen.

(ii) Nach dem Prinzip des *Fair Value Accounting* d. h. der Bewertung zum „fairen Wert" aus der Perspektive des jeweiligen Zeitpunktes (Zeitwert), gingen diese Preissenkungen unmittelbar in die Bankbilanzen ein. Für Wertpapiere im Handelsbuch verlangt *Fair Value Accounting* die Bewertung zu Marktpreisen (*Mark to Market Accounting*). Die so verbuchten Verluste minderten das Eigenkapital dieser Institutionen.

(iii) Da viele Banken praktisch kein „freies" Eigenkapital hatten, d. h. keine Eigenkapitalreserven, die über die von der Bankenregulierung gesetzten Eigenkapitalanforderungen hinausgingen, mussten sie unmittelbar auf die Verluste reagieren und entweder neues Eigenkapital aufnehmen oder Vermögenswerte abstoßen, um nicht in Konflikt mit der Eigenkapitalregulierung zu kommen. In Anbetracht der Krise war neues Eigenkapital auf dem Markt kaum zu bekommen; so blieb nur das „Deleveraging", d. h. das Abstoßen von Vermögenswerten um ein Vielfaches des verlorenen Eigenkapitals.

(iv) Der Versuch, Vermögenswerte zu verkaufen, verstärkte den Abwärtsdruck auf die Märkte und Preise, mit entsprechenden Konsequenzen für andere Institutionen.

Der hier beschriebene Mechanismus liegt der Implosion des Finanzsystems seit August 2007 zugrunde. Die Abwärtsbewegung der Wertpapiermärkte und der Banken wird noch beschleunigt durch die Entwicklung der Beziehungen innerhalb des Banksektors:

(v) Da die Banken nicht nur zu wenig „freies" Eigenkapital, sondern auch nur sehr wenig regulatorisches Eigenkapital hatten, ergaben sich bald Zweifel an der Solvenz. Einige Institute, die sich mit ihren Zweckgesellschaften übernommen hatten, waren bereits im August

2007 insolvent geworden. Bei anderen erhob sich die Frage nach der Solvenz in dem Maße, wie ihre Vermögenswerte schrumpften.

(vi) Die Zweifel an der Solvenz anderer Banken führten dazu, dass auch die Interbankenmärkte immer wieder zusammenbrachen. Die Liquiditätsprobleme, die dadurch entstanden, wurden jeweils durch die Interventionen der Zentralbanken behoben. Allerdings waren die Zentralbanken nicht fähig und auch nicht dazu berufen, die zugrunde liegenden Solvenzprobleme zu lösen.

(vii) Als im September 2008 mit Lehman Brothers eine große Investment Bank insolvent wurde, ohne dass die US-amerikanische Regierung oder die Federal Reserve Bank dies verhinderten, gab es weitere Rückwirkungen, zum einen auf Vertragspartner, die vom Ausfall von Lehman Brothers direkt betroffen waren, vor allem das amerikanische Versicherungsunternehmen AIG, aber auch die deutsche Kreditanstalt für Wiederaufbau (KfW), zum anderen auf andere Banken, die nunmehr mit noch größerem Misstrauen behandelt wurden als zuvor. Die Funktionsfähigkeit der Interbankenmärkte wurde dadurch noch einmal weiter beeinträchtigt.

(viii) Die mangelnde Funktionsfähigkeit der Interbankenmärkte und, damit einhergehend, die Sorge um die eigene Liquiditätsposition trägt dazu bei, dass die Banken wenig Bereitschaft zeigen, die Krise als Chance zu nutzen und etwa als Käufer für unterbewertete Vermögenswerte aufzutreten.

Diagnose: Der Beitrag der Bankenregulierung zur Verschärfung der Krise

Das bestehende System der Bankenregulierung und Bankenaufsicht trägt in zweierlei Hinsicht eine Mitverantwortung für die Krise. Zum einen hat es dazu beigetragen, dass das globale Finanzsystem so verletzlich wurde, wie es sich in der Krise gezeigt hat. In diesem Zusammenhang sind folgende Fehler zu nennen:

(ix) Die Tolerierung der Engagements von Banken bei Zweckgesellschaften „abseits der eigenen Bilanzen“, ohne Rücksicht auf Klumpenrisikovorschriften und ohne Eigenkapitalunterlegung, schuf Raum für Fristentransformation in einem systemgefährdenden Ausmaß.

(x) Da die Aktivitäten von Hedge Funds und Zweckgesellschaften keinen Berichtspflichten unterlagen, bestand auch keine Transparenz über das Ausmaß der von diesem Sektor ausgehenden Systemrisiken.

(xi) Die durch die Ergänzung des ersten Basler Abkommens von 1996 geschaffene Möglichkeit der Bestimmung des regulatorisch geforderten Eigenkapitals auf der Grundlage bankinterner Risikomodelle gab den Banken die Möglichkeit, ihre Aktivitäten auf das 40- bis 60-fache ihres Eigenkapitals auszuweiten; dementsprechend schnell wurden in der Krise Solvenzprobleme virulent.[77]

(xii) Die internen Risikomodelle der Banken, die als Grundlage zur Bestimmung des regulatorisch geforderten Eigenkapitals dienten, wurden von der Bankenaufsicht zu wenig hinterfragt; dass diese Modelle den Korrelationen verschiedener Risiken, insbesondere den Korrelationen von Preisrisiken und Gegenparteirisiken, zu wenig Aufmerksamkeit schenkten, wurde nicht beachtet.

Zum anderen, und dies ist für den weiteren Umgang mit der Krise noch wichtiger, hat das Zusammenspiel von *Fair Value Accounting* und Eigenkapitalregulierung wesentlich zur Systemimplosion seit August 2007 beigetragen. *Fair Value Accounting* erfordert, dass eine Bank Wertpapiere nach Marktpreisen bewertet, auch wenn es gute Gründe für die Vermutung gibt, dass gemessen am Gegenwartswert der zu erwartenden Erträge der Marktpreis zu niedrig ist. Und wenn die Märkte für diese Papiere zusammengebrochen sind, so muss die Bank denjenigen Preis ansetzen, für den Modellrechnungen sagen, dass es der Marktpreis wäre, wenn es denn einen funktionsfähigen Markt gäbe.

Der Internationale Währungsfonds geht, wie erwähnt, davon aus, dass dieses Bewertungssystem in bestimmten Marktkonstellationen keine gute Grundlage für Entscheidungen abgibt, die langfristig das Vermögen der Bank maximieren. Nach den für die Eigenkapitalregulierung von Marktrisiken geltenden Regeln musste dieses Bewertungssystem jedoch angewandt werden. Wenn die damit verbundenen Wertminderungen nicht durch „freie“ Eigenkapitalreserven abgedeckt sind und auch die Aufnahme neuen Eigenkapitals nicht möglich ist, wird die Bank dadurch zum „Deleveraging“ gezwungen, d.h. zum Verkauf von Vermögenswerten. Dass die damit verbundene Realisierung von Buchverlusten die Bank selbst schädigen kann, bleibt dabei unberücksichtigt. Auch die Rückwirkungen des „Deleveraging“ auf die Märkte werden vernachlässigt. Daher bleibt auch der Umstand unberücksichtigt, dass die-

77 In der Öffentlichkeit wird der modellbasierte Ansatz gelegentlich mit Basel II in Verbindung gebracht. Tatsächlich wurde er schon 1996, bei der Ergänzung von Basel I zur Ausweitung der Eigenkapitalregulierung auf Marktrisiken, eingeführt. Basel II hat die Grundgedanken dieses Ansatzes dann auch auf die Kreditrisiken übertragen, um dafür zu sorgen, dass die Eigenkapitalunterlegung von Kreditrisiken sensitiver auf Unterschiede in der Risikoeinschätzung für die verschiedenen Kredite reagiere.

se Rückwirkungen indirekt andere Banken schädigen und bei entsprechendem „Deleveraging" der anderen Banken auch auf die erste Bank zurückschlagen können. Genau diese Rückwirkungen haben zur Systemimplosion seit August 2007 beigetragen.

Das derzeit praktizierte System der Eigenkapitalregulierung von Banken ist konzeptionell nicht genügend durchdacht. Dieses System beruht auf der Aussage, dass eine Institution, die immer genügend Eigenkapital hat, keine Solvenzprobleme bekommen wird. Diese Aussage ist sicher richtig; in Anbetracht dessen, dass die Insolvenz der Bank eintritt, wenn das Eigenkapital aufgezehrt ist, ist sie sogar eine Tautologie. Für die Frage nach der *angemessenen* Eigenkapitalregulierung gibt sie allerdings wenig her; schließlich wird man aus ihr nicht den Schluss ziehen, dass jede Bank in jedem Zeitpunkt 100 Prozent Eigenkapital haben sollte, um so ganz sicher vor einer Insolvenz geschützt zu sein.

Die Frage nach der *angemessenen* Eigenkapitalregulierung betrifft zum einen die Abwägung zwischen Kosten und Nutzen der Eigenkapitalanforderungen je nach den Vermögenswerten, die die Bank hält, zum anderen die Frage nach der angemessenen Geschwindigkeit der Anpassung des Verhältnisses von Bankaktiva und Eigenkapital nach dem Eintreten von Verlusten.[78] Der Basler Ausschuss für Bankenaufsicht hat sich umfassend mit ersterem beschäftigt und praktisch gar nicht mit letzterem. Hierzu sehen die Basler Abkommen – und ihnen folgend die in Deutschland geltenden Vorschriften der Bankenregulierung – vor, dass die Anpassung jeweils unverzüglich zu erfolgen hat, so dass die Eigenkapitalanforderungen in jedem Zeitpunkt erfüllt sind, sei es durch Rekapitalisierung, sei es durch Veräußerung von Vermögenswerten.

Dass eine Rekapitalisierung in einer Krise kaum möglich sein wird, wurde dabei ebenso wenig berücksichtigt wie der Umstand, dass die Veräußerung von Vermögenswerten funktionsfähige Märkte und zahlungsfähige Käufer voraussetzt. Tatsächlich jedoch ist die von der Regulierung erzwungene Veräußerung von Vermögenswerten dazu geeignet, die Krise zu verschärfen und die Solvenz aller Finanzinstitute weiter zu schädigen.

Die Einsicht, dass *Fair Value Accounting* in erheblichem Maße zur Krisendynamik beitrug, hat mittlerweile das *International Accounting Standards Board* (IASB) veranlasst, die Möglichkeit einzuräumen, dass das Prinzip des *Fair Value Accounting* für Anlagen ausgesetzt wird, für die es keine aktiven Märkte mehr gibt. Dem sind zunächst die USA und

[78] M. Hellwig, Systemic Aspects of Risk Management in Banking and Finance, *Schweizerische Zeitschrift für Volkswirtschaft und Statistik/Swiss Journal of Economics and Statistics* 131 (1995), 723–737; http://www.sjes.ch/papers/1995-IV-9.pdf.

danach, im Oktober 2008, auch die Europäische Union gefolgt. Dabei ist auch die Möglichkeit geschaffen worden, Wertpapiere aus dem Handelsbuch in das Bankenbuch zu überführen, wo sie nach Gegenwartswerten der zu erwartenden Erträge bewertet werden. Jedoch kamen diese Änderungen der Bilanzierungsvorschriften von Marktrisiken bei Wertpapieren erst zu einem Zeitpunkt, als der größte Schaden schon entstanden war. Zudem bleiben die Bilanzierungs- und Eigenkapitalunterlegungsvorschriften für Kreditrisiken zunächst unberührt. Dies ist im Konjunkturrückgang von großer Bedeutung.

Basel II und die Rezession

Konjunkturelle Effekte sind bisher noch kaum in die hier beschriebenen Zusammenhänge eingegangen. Die Konjunktureffekte der Finanzkrise machten sich in Deutschland erst im letzten Quartal 2008 bemerkbar. Rückwirkungen von der Konjunktur auf das Finanzsystem dürften sich bislang darauf beschränken, dass die Kurseinbrüche an den Börsen auch auf zunehmendem Konjunkturpessimismus beruhten.

Im weiteren Verlauf ist zu erwarten, dass der Konjunktureinbruch auch den Schuldendienst der Unternehmen gegenüber den Banken beeinträchtigen wird. Erfahrungsgemäß nehmen die Unternehmensinsolvenzen in der Rezession zu. Selbst wo es nicht zur Insolvenz kommt, werden Unternehmen bei ihren Banken um Aufschub von Zahlungsverpflichtungen nachsuchen.

Es ist zu befürchten, dass dieser Vorgang die Abwärtsbewegung des Finanzsystems noch einmal in erheblichem Maße beschleunigt. Besondere Gefahr geht in diesem Zusammenhang von den Neuerungen von Basel II aus. Während das vorstehend beschriebene Zusammenspiel von *Fair Value Accounting*, Eigenkapitalmangel und Eigenkapitalregulierung vor allem die in der Ergänzung des Basler Abkommens von 1996 behandelten *Marktrisiken* betraf, geht es bei Basel II wie schon beim ursprünglichen Basler Abkommen von 1988 („Basel I") um die Eigenkapitalunterlegung von Krediten. Basel I sah hierfür eine sehr grobe Risikoklassifizierung vor; Kredite an Unternehmen außerhalb des Finanzsektors waren durchweg zu 8 Prozent mit Eigenkapital zu unterlegen. Basel II sorgt für eine genauere Differenzierung der einzelnen Kreditrisiken, sei es aufgrund von externen Ratings, sei es aufgrund der eigenen internen Ratings der Banken. Diese Neuerungen zwingen die Banken, bei Zahlungsverzügen unmittelbar die Kreditwürdigkeit der betreffenden Schuldner neu zu bewerten, die Bilanzwerte der betreffenden Kredite nach unten anzupassen und die Kredite mit zusätzlichem Eigenkapital zu unterlegen. In der gegenwärtigen Krisensituation wird dies ein weiteres „Deleveraging" bei den Banken erzwingen – mit denselben systemzerstörenden Wirkungen, wie sie schon im Zusammenspiel von *Fair Value Accounting* für Marktrisiken, Eigenkapitalmangel und Eigenkapitalregulierung zu beobachten waren. Die Auswirkungen der Krise auf die Funktionsfähigkeit des Finanzsystems und auf die Funktionsfähigkeit der Wirtschaft, die auf das Finanzsystem angewiesen ist, würden noch einmal dramatisch verstärkt. Schon eine Erhöhung der Kreditausfallquote um wenige Prozentpunkte kann daher zu einer substantiellen Eigenkapitallücke im mittleren zweistelligen Prozentbereich führen.

Natürlich hat es schon immer einen prozyklischen Zusammenhang zwischen Konjunktur, Schuldendienstleistungen der Unternehmen an die Banken, Gewinnen der Banken und Kreditvergabe der Banken gegeben. Jedoch hat sich dieser Zusammenhang in der Vergangenheit auf der Ebene der Stromgrößen abgespielt. Wenn eine schlechte Konjunkturentwicklung die Schuldendienstleistungen der Unternehmen gegenüber den Banken beeinträchtigte, machten die Banken niedrigere Gewinne, bauten weniger neues Eigenkapital auf und hatten dementsprechend weniger Spielraum für die Vergabe neuer Kredite.

Dieser prozyklische Zusammenhang war schon durch Basel I deutlich verstärkt worden.[79] Bei 8 Prozent geforderter Eigenkapitalunterlegung hat ein Euro Einbuße beim Schuldendienst der Unternehmen an die Bank zur Folge, dass die Bank für 12,5 Euro weniger Kredite vergeben kann. Durch die mit der Ausweitung von Basel I von 1996 verbundene Einführung von *Fair Value Accounting* für Marktrisiken und später auch durch den Umgang von Basel II mit Kreditrisiken wird die Prozyklizität von der Ebene der Stromgrößen auf die Ebene der Bestandsgrößen verlagert.[80] Hier geht es nicht mehr nur um den laufenden Cash Flow der Banken, sondern auch um die Bewertung der Wertpapiere und der Unternehmenskredite in den Bankbilanzen. Abschreibungen aufgrund von Kursrückgängen oder aufgrund von Rückstufungen von Schuldnern mindern die Bestandsgröße Eigenkapital. Wenn diese Minderung nicht durch Bewertungsgewinne auf andere Anlagen kompensiert wird, ist die

79 So Blum und Hellwig, Die makroökonomischen Wirkungen von Eigenkapitalanforderungen für Banken, in: D. Duwendag (ed.), *Finanzmärkte, Finanzinnovationen und Geldpolitik*, Schriften des Vereins für Socialpolitik, NF 242, Duncker und Humblot, Berlin 1996, 41–71.

80 Blum und Hellwig (a.a.O, 68f.) weisen ausdrücklich darauf hin, dass aufgrund der Inkommensurabilität von Bestands- und Stromgrößen die makroökonomischen Wirkungen der Eigenkapitalregulierung bei einer Bilanzierung nach *Mark to Market*, heute würde man sagen, *Fair Value Accounting* kaum noch zu kontrollieren sein würden. Dies gilt für den Umgang mit Kreditrisiken nach Basel II genauso wie für den Umgang mit Marktrisiken gemäß der Ergänzung von Basel I von 1996.

danach erforderliche Anpassung nicht allein auf der Ebene der Neukreditvergabe, einer Stromgröße, zu bewältigen, sondern erfordert eine Anpassung anderer Bestandsgrößen, d.h. ein weiteres „Deleveraging“.

Bei Unternehmenskrediten, etwa im mittelständischen Bereich, wird ein solches „Deleveraging“ allerdings kaum möglich sein, da diese Titel nicht handelbar sind; auch „Deleveraging“ durch eine Kündigung der Kredite wird daran scheitern, dass die mit diesen Krediten finanzierten Vermögensanlagen nicht ohne weiteres realisiert werden können – von der mit einem solchen Prozess verbundenen Zerstörung der Produktionszusammenhänge ganz zu schweigen.

Die Bundesregierung ist schon jetzt besorgt, dass die Banken ihre Kreditvergabe übermäßig einschränken. Dies ist ein Grund dafür, dass im Rahmen des zweiten Konjunkturpakets Investitionen durch ein Kredit- und Bürgschaftsprogramm für Unternehmen, auch für größere Unternehmen, gefördert werden sollen. Die Bundesregierung sollte sich aber bewusst sein, dass eine Zurückhaltung der Banken bei der Neukreditvergabe in der jetzigen Situation durch die Bankenregulierung geradezu erzwungen wird. Eine Bank, die kein oder nur wenig „freies“ Eigenkapital hat, muss heute darauf achten, dass sie flexibel reagieren kann, wenn infolge des Konjunktureinbruchs die Schuldendienstleistungen ihrer Kreditnehmer zurückgehen und ihre Bilanz nach Basel II entsprechend angepasst werden muss.

Empfehlungen für das Bankensystem

Der Beirat rät der Bundesregierung dringend, die hier in Aussicht gestellte Entwicklung durch weitere Änderungen der staatlich gesetzten Rahmenbedingungen aufzuhalten. Wie der Beirat im Oktober 2008 ausgeführt hat, sollten dabei drei Ziele verfolgt werden:

(i) Die Funktionsfähigkeit des Finanzsystems sollte so schnell wie möglich und so weit wie möglich wiederhergestellt werden.

(ii) Schädliche Anreizwirkungen auf die privaten Marktteilnehmer sollten so weit wie möglich begrenzt werden.

(iii) Die Belastungen für den Steuerzahler sollten so gering wie möglich gehalten werden.

Zur Wiederherstellung der Funktionsfähigkeit des Finanzsystems gehört es auch, dass die Zuständigkeit für die Lenkung der Investitionsmittel der Volkswirtschaft nicht vom Staat übernommen wird. Kurzfristig mag es im einen oder anderen Fall unumgänglich sein, dass der Staat mit der Kontrolle über ein Institut auch die Verfügung über die Kreditpolitik dieses Instituts erhält. Auf Dauer ist jedoch anzustreben, dass diese Lenkungsfunktion wieder auf die privaten Marktteilnehmer übertragen wird. Zu erinnern ist in diesem Zusammenhang an die Erfahrung, dass Länder wie Frankreich, die nach der Weltwirtschaftskrise eine staatliche Lenkung der Kreditvergabe der Banken beibehielten, damit auf Dauer sehr viel schlechter fuhren als Deutschland. Die Abschaffung des *Encadrement du Crédit* in den achtziger Jahren ging u. a. auf diese Einsicht zurück.

Zur Verfolgung der angegebenen Ziele stehen verschiedene Möglichkeiten zur Verfügung:

1. *Aussetzen der strikten Anwendung von Basel II*

Nach Auffassung des Beirats sollte die Bundesregierung mit höchster Priorität dafür sorgen, dass die Bankenaufsicht flexibilisiert wird, so dass die hier beschriebene Mechanik der prozyklischen Zusammenhänge zumindest abgeschwächt wird. Eine Möglichkeit der Flexibilisierung betrifft die Anwendung der Regeln von Basel II bei der Bilanzierung von Krediten mit Zahlungsverzügen. Am einfachsten wäre es, wenn diese Regeln bis auf weiteres ausgesetzt würden. Das entspräche der im Bereich der Marktrisiken bereits vorgenommenen Aussetzung des *Fair Value Accounting.*

Zu diesem Zweck könnte die Richtlinie der Europäischen Union geändert werden, mit der Basel II in europäisches Recht umgesetzt wird (Richtlinie 2006/49/EG, ABl. 2006 L 177/201). Sollte dies nicht durchsetzbar oder nicht schnell genug zu bewerkstelligen sein, schienen uns notfalls zwei Auswege gangbar. Erstens ergibt sich die Pflicht zum *Fair Value Accounting* bei der Verwendung interner Modelle der Banken zur Berechnung von Eigenkapitalanforderungen aus Art. 18 I i. V. m. Anhang V Nr. 2 a der genannten Richtlinie. Danach dürfen die Mitgliedstaaten ein internes Risikobewertungsmodell nur anerkennen, wenn es „eng in das tägliche Risikomanagement des Instituts eingebunden" ist. Diese Vorschrift könnte man prozedural interpretieren: die Bank muss täglich rechnen, aber sie muss langfristige Anlagen nicht zu Tageskursen bewerten. Zweitens räumt Art. 41 g der Richtlinie der Kommission die Befugnis zur „Anpassung der technischen Bestimmungen in den Anhängen I bis VII infolge von Entwicklungen auf den Finanzmärkten" ein. Diese Befugnis könnte die Kommission nutzen.

Sollten die hier angesprochenen Wege zu einer Flexibilisierung der rechtlichen Rahmenbedingungen sich als nicht gangbar erweisen, so wäre jedoch darauf zu achten, dass bestehende Ermessensspielräume bei der Anwendung so weit wie möglich ausgeschöpft werden.

Prozyklische Rückwirkungen der Konjunktur auf die Bankbilanzen und auf die Kreditvergabe der Banken – mit entsprechenden Rückkoppelungseffekten auf die Konjunktur – würden durch ein solches Vorgehen zwar nicht gänzlich ausgeschlossen. Diese Wirkungen würden aber deutlich abgeschwächt. Es käme zu deutlich weniger Neubewertungen der Kreditbestände; der Anpassungsbedarf auf der Ebene der Bestandsgrößen wäre kleiner. Im Idealfall beträfe die Prozyklizität nur, wie in früheren Rezessionen auch, die Stromgrößen der laufenden Schuldendienstleistungen und der Neukreditvergabe.

Materiell ist ein Aussetzen der Bewertungsvorschriften von Basel II in mehrfacher Hinsicht vertretbar. Zum einen lehrt die Erfahrung, dass Verluste aus Krediten im Nachhinein eher kleiner sind, als es auf dem Höhepunkt einer Krise erwartet wird. Mancher säumige Schuldner holt ausstehende Zahlungen nach, wenn die Konjunktur sich wieder erholt. Eine Bewertung der Kreditbestände auf der Grundlage des tatsächlichen Schuldendienstes in der Krise wird aller Wahrscheinlichkeit nach die tatsächlichen Verluste überbewerten. Als Grundlage für die weitere Strategie einer Bank ist eine solche Bewertung ebenso problematisch wie die oben erwähnte Bewertung marktfähiger Wertpapiere nach *Fair Value* in der Krise.

Zum anderen bringen die systemischen Rückwirkungen des bei strikter Anwendung von Basel II erforderlichen „Deleveraging“ für die Volkswirtschaft insgesamt erhebliche Kosten mit sich. Dass der Nettoeffekt auch für die betroffenen Institutionen schädlich sein kann, wurde oben ausführlich erläutert.

Ein Aussetzen der Anwendung von Basel II würde auch den Rekapitalisierungsbedarf der Banken deutlich mindern. Die Inanspruchnahme staatlicher Mittel würde dementsprechend geringer ausfallen.

Ein Aussetzen der strikten Anwendung von Basel II, wie hier empfohlen, ist als Beitrag zur Krisenbewältigung zu verstehen. Eine dauerhafte Reform der Bankenregulierung sollte zu einem späteren Zeitpunkt in Angriff genommen werden.

2. *Umgang mit Solvenzproblemen*

Es ist zu befürchten, dass der bisher zur Verfügung gestellte Finanzrahmen nicht ausreichen wird. Selbst wenn Basel II ausgesetzt wird, ist mit einer deutlichen Erhöhung des erforderlichen Finanzrahmens zur Unterstützung des Bankensystems zu rechnen.

Der Beirat rät dazu, dass die Bundesregierung versucht, diese Entwicklung durch weitere Maßnahmen aufzuhalten. Die Bundesregierung sollte sich dabei auf eine verständliche und transparente Vorgehensweise festlegen, die notfalls auch bei längerer Dauer und noch größerem Ausmaß der Krise Bestand hat und so auch von den Marktteilnehmern wahrgenommen wird.

Die Verwendung staatlicher Mittel zum Schutz von Banken darf dabei nicht zum Schutz der Verantwortlichen vor den Folgen einer im Ergebnis verfehlten Geschäftspolitik führen. Sie sollte auch nicht den Aktionären der betreffenden Institutionen zugute kommen. Ansonsten wäre zu befürchten, dass die staatliche Intervention schädliche Anreize für das zukünftige Verhalten von Managern und Anteilseignern in der Zukunft setzt. Die Mitglieder der Leitungsgremien sollten auch in Zukunft damit rechnen müssen, dass sie für eine verfehlte Geschäftspolitik zur Verantwortung gezogen werden; auch die Haftungsfunktion des Eigenkapitals sollte nicht eingeschränkt werden.

Um negative Anreizwirkungen einer staatlichen Intervention zu vermeiden, ist nach Auffassung des Beirats eine vorübergehende Übernahme von Kontrollfunktionen durch staatliche Instanzen unumgänglich. Gleichzeitig darf die staatliche Intervention kein Einstieg in die politisch motivierte Lenkung der Kreditvergabe an den privaten Sektor sein.

Zur Möglichkeit einer Aufkauflösung, etwa durch eine Bad Bank

Derzeit werden die Möglichkeiten eines Aufkaufs zweifelhafter Papiere durch eine *Bad Bank* diskutiert. Die schlechten Vermögenswerte sollen aus den Banken ausgegliedert und in eine *Bad Bank* eingebracht werden, die diese Vermögenswerte dann abwickelt. Nach Ausgliederung der schlechten Titel könne das laufende Bankgeschäft betrieben werden, ohne durch die Altlasten gefährdet zu werden. Im Übrigen diene die Ausgliederung der schlechten Titel dazu, die Verluste zu verringern; die *Bad Bank* werde in der Lage sein, die für eine optimale Verwertung der Titel erforderliche Geduld aufzubringen.

Auf den ersten Blick entspricht dieser Vorschlag der ordnungspolitischen Forderung, den Staatseingriff auf ein Minimum zu beschränken. Er vermeidet auch, dass die Kreditvergabe an den privaten Sektor von staatlicher Seite politisch beeinflusst werden könne. Ein Lösungsansatz, bei dem eine staatlich finanzierte *Bad Bank* den bestehenden Banken die schlechten Papiere abnimmt, hat aber eine Reihe von Nachteilen.

Erstens liegt in der Preisgestaltung für Wertpapiere, die der Staat aufkaufen soll, ein unlösbares Dilemma. Dieses besteht darin, dass der Staat zur Schonung der Staatsfinanzen einen möglichst niedrigen Kaufpreis bezahlen sollte, die drohende Insolvenz aber umso wahrscheinlicher abwenden kann, wenn er einen hohen Preis zahlt. Dieses Dilemma führt im Verlauf immer wieder zu Diskussionen über Verfahren und Preise. Was etwa wäre ein angemessener Preis, wenn der Marktpreis des Papiers bei 20 Prozent des Nennwerts, die Erwartung über den Schuldendienst dagegen bei 60 Prozent des Nennwerts liegt und wenn die Wiederherstellung der Solvenz der verkaufenden Bank einen Ankauf zu 90 Prozent des Nennwerts erfordern würde? Für die Festsetzung des Preises bei einer Ankauflösung gibt es deshalb kein juristisch oder politisch praktikables Verfahren. Abgesehen davon, dass eine Aufkauflösung anfällig ist gegenüber Missbrauchsmöglichkeiten, sorgt eine solche Lösung auch nicht für diejenige Transparenz und Verlässlichkeit, die eine Staatsintervention dem System bringen sollte.

Zweitens muss davon ausgegangen werden, dass sich der Bedarf für die Ausgliederung von schlechten Titeln an eine *Bad Bank* ständig verändert und in der Krise vergrößert. Der Vorschlag, man solle die schlechten Vermögenswerte aus den Banken ausgliedern und in eine *Bad Bank* einbringen, würde voraussetzen, dass gute und schlechte Titel klar unterschieden werden können. Abgesehen davon, dass eine solche Unterscheidung erheblichen Spielraum für Willkür und Ermessen zulässt, ist darauf hinzuweisen, dass die Qualität der Titel auch eine Frage des Datums ist. Es geht ja nicht nur darum, dass der per August 2007 in den Büchern stehende Bestand an US-amerikanischen Hypothekenverbriefungen neutralisiert werden muss; die seitherige Entwicklung hat viele Titel zu schlechten Titeln werden lassen, von denen dies im August 2007 noch nicht abzusehen war. Wenn, wie zu erwarten, der Konjunktureinbruch 2009 etliche Unternehmenskredite in Deutschland beeinträchtigt, so werden auch viele von diesen als „schlechte Titel" einzustufen sein. In dem Maße, in dem die Krisendynamik weitergeht, wird immer wieder neu die Übernahme weiterer schlechter Titel durch die *Bad Bank* verlangt werden. Dagegen Widerstand zu leisten, wird schwer fallen, wenn das Prinzip als solches einmal akzeptiert ist und zudem die schlechte Konjunktur die Wünsche der Banken politisch legitim erscheinen lässt. Wenn aber ständig neue Wünsche vorgetragen und diskutiert werden, ist eine Beruhigung der Märkte nicht zu erreichen.

Drittens ist für die Geschäftspartner einer Bank, welche schlechte Vermögenstitel an die *Bad Bank* verkauft, schwer abzuschätzen, wann der Zeitpunkt erreicht ist, dass die Bank wieder vertrauenswürdig ist. Die Vermutung, dass auch nach einem Aufkauf noch viele schlechte Titel in der Bank vorhanden sind oder Titel durch den Konjunktureinbruch zu solchen werden, kann die Kreditwürdigkeit einer Bank, welche über wenig Eigenkapital verfügt, auf längere Zeit beeinträchtigen. Das läuft einer raschen Wiederherstellung des Vertrauens zuwider. Sollte die *Bad Bank* auch notleidende Kredite oder solche mit schlechter Bonität aufkaufen, um Banken von großen Ausfallrisiken zu entlasten, müsste die *Bad Bank* letztlich das Kreditgeschäft betreiben.

Viertens können durch eine *Bad Bank* selbst neue Risiken entstehen und notwendige Strukturanpassungen verhindert werden. Wenn die Banken die Kontrolle über ihr Risikomanagement behalten und eine vom Staat getragene *Bad Bank* nicht nur die derzeit bekannten schlechten Titel zu für die Banken günstigen Preisen übernimmt, sondern auch für die Zukunft eine solche Übernahme schlechter Titel in Aussicht stellt, so entstehen neuerlich erhebliche Anreize zum Eingehen von Risiken zu Lasten der Steuerzahler. Zudem kann die *Bad Bank* das Überleben von Banken bewirken, die eine besonders schlechte Geschäftspolitik betrieben haben oder denen eine kohärente Geschäftsstrategie fehlt.

Zusammengenommen sprechen die voran stehenden Überlegungen gegen den Versuch, die Banken nur durch ein Aufkaufen von schlechten Vermögenswerten zu unterstützen, ohne in Kontrollmechanismen einzugreifen.

Rekapitalisierung durch Beteiligung oder zeitweise treuhänderische Übernahme

Als mögliche Maßnahmen verbleiben somit einerseits die Fortsetzung der Rekapitalisierung betroffener Banken durch eine staatliche Beteiligung am Aktienkapital oder andererseits eine vorübergehende treuhänderische Übernahme betroffener Banken durch eine oder mehrere staatliche Auffanggesellschaften. Mittelfristig wären im letzteren Fall die funktionsfähigen Teile dieser Banken zu rekapitalisieren und wieder zu privatisieren; die ausstehenden „schlechten" Forderungen wären davon unabhängig abzuwickeln. Beide Möglichkeiten würden dafür sorgen, dass die Bank zusätzliche haftende Mittel bekäme, was das Vertrauen der Partner in den Interbankenmärkten stärken würde.

Eine Fortsetzung der Beteiligungslösung hat den Vorzug, dass den möglichen realwirtschaftlichen Rückwirkungen der Krise rasch begegnet werden könnte, insbesondere einer Kreditklemme auf Grund mangelnden Eigenkapitals. Bei dieser Lösung müssten die oben angesprochenen Kontrollmöglichkeiten des Staates durch entsprechende Stimmrechte sichergestellt werden. Auch sollte verhindert werden, dass die durch die staatlichen Mittel ermöglichte Verbesserung der Position der Bank ohne weiteres den Altaktionären zugute käme.

Eine Rekapitalisierung durch Beteiligung oder treuhänderische Übernahme des Staates darf allerdings nicht ein Einstieg in eine politisch motivierte Lenkung von Krediten an den privaten Sektor sein. So schnell es die Krisenbewältigung erlaubt, wären deshalb die funktionsfähigen Teile der Banken wieder vollständig zu privatisieren.

Wenn zudem eine Strategie der Rekapitalisierung der Banken verfolgt wird, so wäre es wichtig, diese Strategie nach Umfang und Konditionen im Vorhinein glaubhaft anzukündigen. Eine solche Ankündigung würde die Bereitschaft der Banken zur Neukreditvergabe jetzt und heute steigern, gäbe sie ihnen doch die Gewähr, dass etwa auftretende Eigenkapitallücken infolge der Rezession und der Anwendung von Basel II sie nicht automatisch zu einem verlustreichen „Deleveraging" zwingen, sondern gegebenenfalls durch staatliche Mittel aufgefangen würden.

Bereits im Oktober 2008 hatte der Beirat geraten, die Unterstützung der Banken durch den Staat nicht so zu handhaben, dass die staatlichen Mittel der Bereicherung der Alteigentümer dienten; auch sollten die für die bisherigen Geschicke der Banken Verantwortlichen die Konsequenzen tragen müssen. Dies betrifft auch und gerade einige Landesbanken. Die gezeigte Rücksichtnahme auf die Alteigentümer setzt schlechte Anreize für die Zukunft; wichtiger noch, die Beobachtung, dass man sich als Banker Fehler leisten kann, die Milliarden an Steuermitteln kosten, ohne zur Verantwortung gezogen zu werden, untergräbt das Vertrauen der Bürger in die Fairness der staatlichen Finanzpolitik.

Weitere Empfehlungen

Begleitend zu den oben genannten Maßnahmen, die direkt den Bankensektor betreffen, hält es der Beirat für sinnvoll, auch die Regulierung des Versicherungssektors einzubeziehen. Zudem ist bei den geplanten staatlichen Garantien für Unternehmenskredite zu berücksichtigen, dass diese lediglich die Krisensymptome kurieren und zudem ordnungspolitisch fragwürdig sind.

1. Neufassung von Solvency II

Für die Zukunft ist geplant, auch die Kapitaladäquanz-Richtlinie für Versicherungen entsprechend der für Banken anzupassen („Solvency II"). Die vom Beirat geäußerte Skepsis bezüglich der derzeitigen Bankenregulierung betrifft indes auch die geplante Ausweitung dieser Art von Regulierung auf den Versicherungssektor.

Solvency II erzwingt nämlich eine Homogenisierung der Regulierung im Finanzsektor, woraus sich eine Beeinträchtigung der Stabilisierung des Finanzsystems bei Schwierigkeiten im Bankensektor ergibt. Versicherungen können beispielsweise nicht in ausreichendem Ausmaß als Käufer von langfristigen Papieren auftreten, wenn die Banken z. B. ihre Verschuldungsquote reduzieren müssen.

Eine strikte Anwendung der vorgeschlagenen „Solvency Capital Requirements" unter Solvency II im Verbund mit Basel II würde zudem synchronisierte Bilanzanpassungen bei Banken und Versicherungen erzwingen, wenn negative makroökonomische Schocks zu starken Abschreibungen bei Finanzanlagen führen. Solche Bilanzanpassungen würden zusätzlich verstärkt, wenn sich Versicherungen und Banken gegenseitig Kredite gegeben haben oder Bankkredite versichert wurden. Das erhöht das Risiko eines Systemzusammenbruchs.

Hinzu kommt die Erwägung, dass Versicherungen andere Arten von Verbindlichkeiten haben als Banken. Die durchschnittliche Maturität der Verbindlichkeiten eines Lebensversicherers liegt bei einer zweistelligen Zahl von Jahren, ungleich länger als die durchschnittliche Maturität der Bankeinlagen. Man kann darüber streiten, ob eine Fokussierung des Risikomanagements einer Bank auf kurzfristigen *Value at Risk* betriebswirtschaftlich sinnvoll ist. Bei einer Versicherung ist eine solche Fokussierung in keinem Fall sinnvoll. Während eine Bank das Risiko fürchten muss, dass Erhöhungen der Marktzinsen ihre Refinanzierungskosten steigen und den Marktwert ihrer Anlagen sinken lassen, muss eine Versicherung das Risiko fürchten, dass sie nach Senkungen der Marktzinsen weniger attraktive Anlagemöglichkeiten vorfindet und ihre bestehenden langfristigen Verpflichtungen nicht erfüllen kann. Dieses Risiko wird durch einen kurzfristigen *Value at Risk*-Ansatz nicht erfasst.

Die Bundesregierung sollte daher auf eine Neufassung der Regulierung Solvency II dringen.

2. *Zur Beurteilung von Garantien für Unternehmenskredite*

Die Maßnahmen der Bundesregierung zur Stützung von Institutionen des Finanzsystems haben zu einer Diskussion darüber geführt, ob solche Stützungsmaßnahmen nicht auch für andere Unternehmen zur Verfügung gestellt werden sollten. Als Argument dafür ist zu hören, auch große Unternehmen übernähmen auf Grund ihrer vielfältigen Zulieferbeziehungen eine systemische Rolle. Jedoch sind die zugrunde liegenden Wirkungsmechanismen bei Banken und großen Unternehmen sehr verschieden. Die Funktionsfähigkeit des Finanzsystems ist von erheblicher

Bedeutung für die gesamte Volkswirtschaft. Das Überleben eines großen Industrieunternehmens dagegen betrifft nur einen Teil der Volkswirtschaft. Mittelfristig ist ohnehin nicht auszuschließen, dass aufgrund des Strukturwandels, der durch technischen Fortschritt und Änderungen der internationalen Wirtschaftsbeziehungen erzwungen wird, auch bedeutende Unternehmen und wichtige Wirtschaftszweige verschwinden. Die Vorstellung, dass solche Unternehmen und Wirtschaftszweige aufgrund ihrer systemischen Bedeutung vom Staat geschützt werden müssen, birgt die Gefahr, dass dieser Strukturwandel behindert wird. Ein solcher industriepolitischer Protektionismus geht mittel- und langfristig zu Lasten von Wirtschaftswachstum und Wohlstand.

Auf praktischer Ebene zeigt zudem die Erfahrung, dass der Staat und politisch gelenkte Institutionen bei der Identifizierung gesunder, wettbewerbsfähiger Betriebe keinen besonderen Vorteil gegenüber privaten Marktteilnehmern haben. Diese Aussage gilt auch für die Unterscheidung zwischen verschiedenen Unternehmen nach ihrer systemischen Bedeutung für die Volkswirtschaft.

Die Bundesregierung hebt hervor, dass staatliche Garantien für Unternehmenskredite auch für den Bankensektor von Bedeutung sein können. Soweit diese Garantien die Kreditrisiken für die Banken mindern, senkten sie die erforderliche Eigenkapitalunterlegung und sorgten dafür, dass die Banken mit ihrem Eigenkapital mehr Kredite vergeben können. Bei der Ausgestaltung der von der Bundesregierung beschlossenen Garantien für Unternehmenskredite ist jedoch strikt darauf zu achten, dass dieser Aspekt der Stärkung des Finanzsystems im Vordergrund steht und das Programm nicht als Einstieg in eine Industriepolitik dient, die einzelne Unternehmen besonders begünstigt. Hält man die ordnungspolitischen Risiken einer solchen Maßnahme für zu groß, so wäre davon insgesamt Abstand zu nehmen.

Mit freundlichen Grüßen
verbleibe ich

Professor Dr. Claudia Buch

(Vorsitzende des Beirats)

Der Brief wurde vorbereitet von folgenden Mitgliedern des Wissenschaftlichen Beirats beim Bundesministerium für Wirtschaft und Technologie:

Professor Dr. h.c. mult. Martin Hellwig, Ph.D. *(Federführung)*
Direktor am Max-Planck-Institut zur Erforschung
von Gemeinschaftsgütern und
Professor an der Universität Bonn

Professor Dr. Hans Gersbach
Professor für Wirtschaftspolitik
CER-ETH – Center of Economic Research at ETH Zürich, Schweiz

Gutachten vom 06. November 2009

Thema: Akzeptanz der Marktwirtschaft: Einkommensverteilung, Chancengleichheit und die Rolle des Staates

Der Wissenschaftliche Beirat beim Bundesministerium für Wirtschaft und Technologie hat sich in mehreren Sitzungen, zuletzt am 18. September 2009, mit dem Thema

„Akzeptanz der Marktwirtschaft: Einkommensverteilung, Chancengleichheit und die Rolle des Staates"

befasst und ist dabei zu der nachfolgenden Stellungnahme gelangt.

I. Anlass

Deutschland befindet sich inmitten der schwersten Wirtschaftskrise der Nachkriegszeit. Zunehmend schlagen die realwirtschaftlichen Folgen der Finanzkrise auch auf den Arbeitsmarkt durch. Viele Menschen sind besorgt um die Sicherheit ihres Arbeitsplatzes und ihres Einkommens. Die Politik steht unter Druck, diese Risiken abzufedern und mögliche negative Verteilungseffekte der Krise abzumildern. Hierbei steht aber nicht nur das kurzfristige Krisenmanagement der Politik im Vordergrund.

Mehr Deutsche äußern eine negative als eine positive Meinung zu ihrem Wirtschaftssystem (Graphik 1a und 1b). Dies gilt vor allem in den neuen Bundesländern. Gerade hier gibt es einen engen Zusammenhang zwischen der Zustimmungsrate einerseits und der allgemeinen wirtschaftlichen Entwicklung und der Entwicklung der Arbeitslosigkeit andererseits (Graphik 2). Die Zustimmung zum Wirtschaftssystem hängt zudem mit Bildung und Einkommen zusammen. In einer Umfrage von Dezember 2008 äußerten 43 Prozent der Personen mit einfacher Schulbildung keine gute Meinung zu haben; in der Gruppe von Personen mit höherer Schulbildung waren dies 34 Prozent. Und während 50 Prozent der gering verdienenden Personen von dem Wirtschaftssystem nicht überzeugt waren, galt dies für nur 29 Prozent der gut Verdienenden.[81]

81 Angaben für den Dezember 2008 beruhen auf unveröffentlichte Daten des Instituts für Demoskopie Allensbach. Gering Verdienende haben ein Hauptverdienereinkommen von weniger als 1.250 Euro, gut Verdienende von mehr als 2.000 Euro.

Graphik 1: Meinung zum Wirtschaftssystem

Antworten auf die Frage: „*Haben Sie vom Wirtschaftssystem in Deutschland eine gute oder keine gute Meinung?*“. Diese Frage wurde vom Meinungsforschungsinstitut Allensbach seit 1990 in Ostdeutschland und seit Mitte der 1990er Jahre in Westdeutschland gestellt. In den Jahren 2002, 2003, und 2007 wurde die Frage nicht gestellt.

(a) Gute Meinung (Prozent)

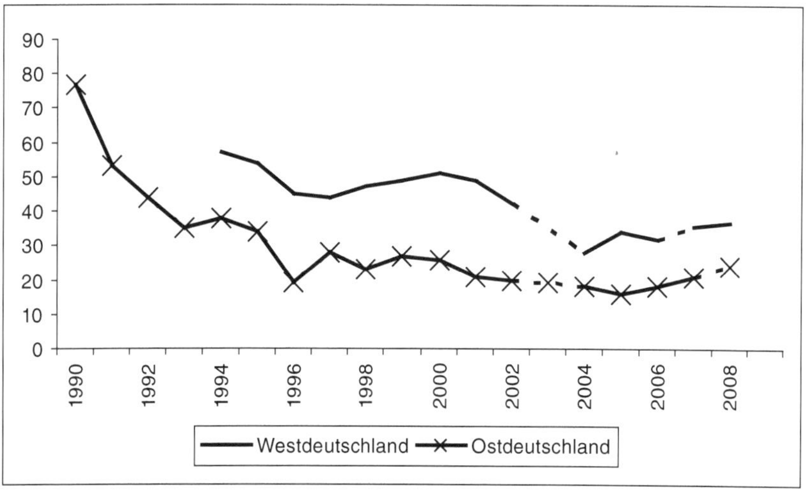

(b) Keine gute Meinung (Prozent)

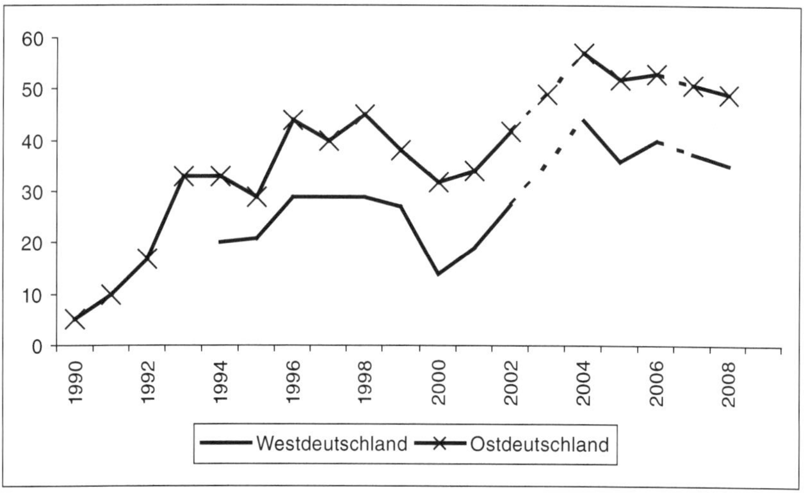

Quelle: IfD Allensbach, eigene Darstellung.

Graphik 2: Meinung zum Wirtschaftssystem und Lage auf dem Arbeitsmarkt

Antworten auf die Frage: „*Haben Sie vom Wirtschaftssystem in Deutschland eine gute oder keine gute Meinung?*“. Vgl. auch Graphik 1. Dargestellt wird eine Trendlinie, um die Korrelation zwischen dem Anteil der Bevölkerung, die keine gute Meinung vom Wirtschaftssystem hat, und der Arbeitslosigkeit (jeweils getrennt nach Ost- und Westdeutschland) zu zeigen. Das Bestimmtheitsmaß (R^2) gibt den Anteil der erklärten Varianz an der Gesamtvarianz an. Es bezieht sich jeweils auf die in der Graphik dargestellten Beobachtungspunkte.

(a) Westdeutschland

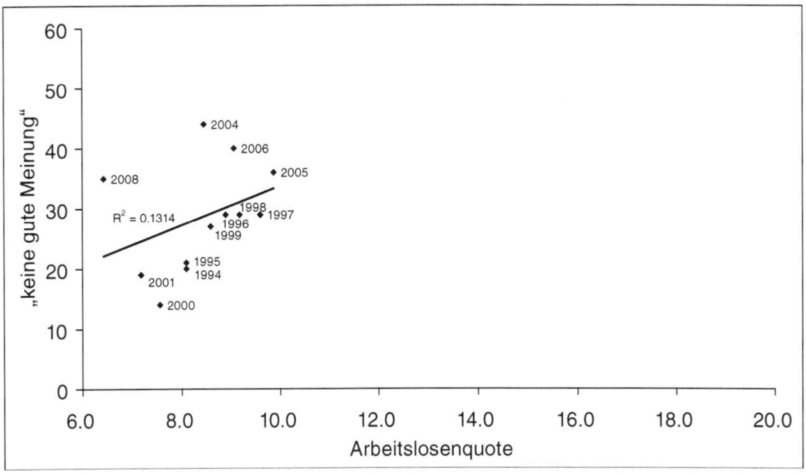

(b) Ostdeutschland

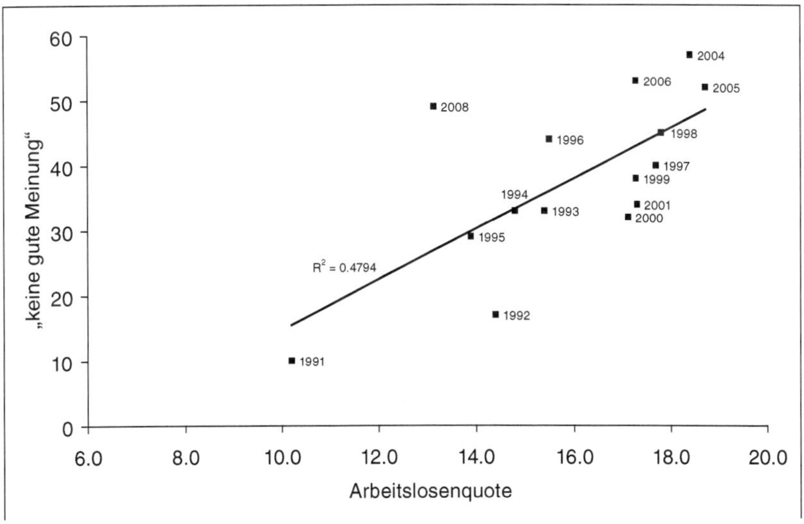

Quelle: IfD Allensbach, eigene Darstellung.

Graphik 3: Gerechtigkeit des Wirtschaftssystems

Antworten auf die Frage: „*Sind die wirtschaftlichen Verhältnisse gerecht?*". In den Jahren 1996, 1997, und 2003 wurde diese Frage nicht gestellt.

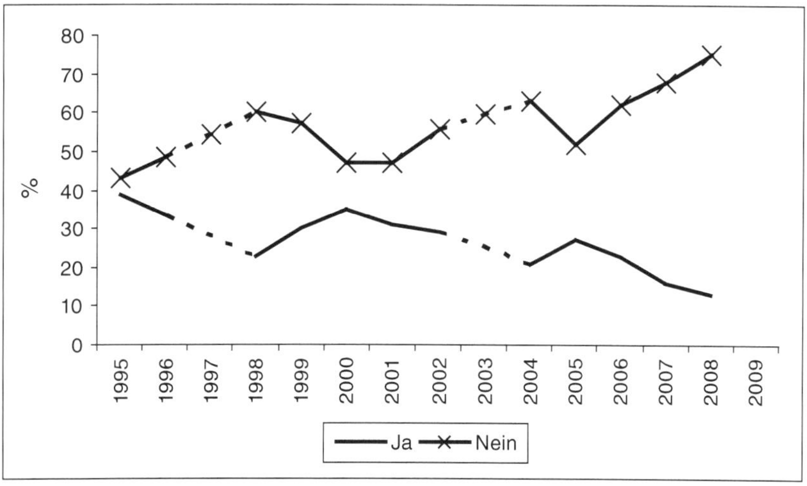

Quelle: IfD Allensbach, eigene Darstellung.

Seit einigen Jahren äußert eine Mehrheit der befragten Bundesbürger insbesondere, dass die Marktwirtschaft den Beinamen „sozial" zu Unrecht trage.[82] Im Jahre 2008 hielten nur 13 Prozent der Befragten die Verhältnisse für gerecht, 75 Prozent hielten sie für ungerecht (Graphik 3). Fragt man nach den Gründen, warum es in Deutschland Menschen gibt, die sich „fast alles leisten können", geben die Befragten zunächst „Beziehungen" an, dann „die bessere Ausgangslage" und an dritter Stelle „die Ungerechtigkeiten des Wirtschaftssystems" (Glatzer u.a. 2008). Diese demoskopischen Daten zeigen, dass die Zurückhaltung gegenüber dem Wirtschaftssystem nicht allein Folge der gegenwärtigen Finanzkrise sein kann.

Wie ernst sollte die Wirtschaftspolitik diese Umfrageergebnisse nehmen? Sicherlich ist Akzeptanz eine weiche Währung. Auch wer der vorgefundenen Wirtschaftsordnung nicht begeistert zustimmt, mag sich doch in ihr einrichten. Im Jahr 2008 konnten sich nur 13 Prozent der Befragten ein besseres Wirtschaftssystem als die Marktwirtschaft vorstellen, wäh-

[82] Diese Angaben beziehen sich auf Umfragen des Instituts für Demoskopie Allensbach. Daten des Ipos Instituts in Mannheim zu Folge stimmten im Jahr 2000 rund 70 % der Befragten der Frage „Hat sich die Soziale Marktwirtschaft bewährt?" zu. In den Jahren 2008–2009 hatte sich dieser Wert auf 50–51 % reduziert.

rend 40 Prozent keine überzeugende Alternative zum jetzigen Wirtschaftssystem sahen und weitere 47 Prozent unentschieden waren (Sommer 2008). Zudem haben die Deutschen eine Tendenz, in einem höheren Maße Unzufriedenheit auszudrücken als ihre europäischen Nachbarn. Dies gilt für fast alle Lebensbereiche, auch für solche, in denen objektive Vergleiche möglich sind, z. B. die eigene Gesundheit (Jürges 2007).

Trotzdem muss man die schwindende Akzeptanz der marktwirtschaftlichen Ordnung ernst nehmen. Denn sie mündet nicht selten in Forderungen an die Politik, durch direkte staatliche Eingriffe in die Marktprozesse stärker Einfluss auf die Verteilung der Einkommen zu nehmen und die Bürger besser vor den Risiken des Marktes zu schützen. Die Liste der geforderten Eingriffe ist lang – sie umfasst unter anderem eine gesetzliche Begrenzung von Managergehältern, die Rücknahme von Elementen der Arbeitsmarktreformen (Agenda 2010), die Einführung eines allgemeinen gesetzlichen Mindestlohns sowie den Schutz schwächelnder Unternehmen.

Dieses Gutachten hat drei Ziele. Zunächst werden grundlegende marktwirtschaftliche Mechanismen und die Erfahrungen mit dem marktwirtschaftlichen System in Deutschland beschrieben (Abschnitt 2). Anschließend sollen die tatsächlichen empirischen Befunde zur Einkommensverteilung, zur Arbeitsmarktentwicklung und zur Chancengleichheit in Deutschland mit der wahrgenommenen Entwicklung abgeglichen werden (Abschnitt 3). Darauf aufbauend werden Leitlinien entwickelt, wie die Politik auf die genannten Forderungen reagieren sollte, und einzelne vorgeschlagene Maßnahmen werden daraufhin untersucht, ob sie Ziel führend und verantwortbar sind (Abschnitt 4). Wir kommen zu folgenden Ergebnissen:

- Während die Verteilung der Markteinkommen in den vergangenen Jahrzehnten erheblich ungleicher geworden ist, gilt das wegen der staatlichen Umverteilung für die verfügbaren Einkommen nur in geringerem Maße. Auf dem Arbeitsmarkt hatte sich – auch auf Grund der Reformen der Agenda 2010 (insbesondere Hartz IV) – die Lage vor der Krise verbessert.

- Die Verteilung der Markteinkommen und die Aufstiegschancen des Einzelnen werden ganz wesentlich von der Bildung beeinflusst. Gering qualifizierte Beschäftigte haben nicht nur die niedrigsten Einkommen, sie sind auch einem höheren Arbeitsmarktrisiko ausgesetzt. In Deutschland hängen jedoch die Bildungsleistungen trotz eines starken Ausbaus insbesondere des Hochschulsektors mehr als in vergleichbaren Ländern von der sozialen Herkunft ab.

- Bei dem Versuch, durch wirtschaftspolitische Maßnahmen die Ungleichheit der Einkommensverteilung zu reduzieren, werden Leistungsanreize und langfristiges Wachstum oftmals vernachlässigt. Der Staat darf auch in Zeiten der Krise langfristige Maßnahmen nicht aus den Augen verlieren, die auf bessere Chancen aller Bürger im Marktprozess abzielen. Insbesondere verbessert Bildung die Chancen der Menschen, in einem ergebnisoffenen Marktprozess zu bestehen.
- Grundsätzlich ist es sinnvoll, die Trennlinie zwischen „Markt" und „Staat" so zu ziehen, dass der Staat dem Marktprozess einen geeigneten Ordnungsrahmen bietet und nicht direkt in die Ergebnisse des Marktes eingreift. Der Staat sollte insbesondere Preise nicht unmittelbar diktieren. Deshalb wird empfohlen, auf das Instrument gesetzlicher Mindestlöhne und auf die gesetzliche Begrenzung von Managergehältern zu verzichten.
- Langzeitarbeitslosigkeit ist das größte Armutsrisiko. Dieses Risiko kann durch flexible Arbeitsmärkte vermindert werden. Die Arbeitsmarktreformen der vergangenen Jahre sollten daher nicht zurückgenommen werden.
- Protektionistische Maßnahmen, insbesondere der Schutz einzelner Unternehmen oder Industrien, können auf Dauer Arbeitsmarktrisiken nicht vermindern und sind unmittelbar mit Wohlfahrtsverlusten verbunden.

II. Das marktwirtschaftliche Regelsystem

1. *Konzeptionelle Überlegungen*

In der Marktwirtschaft werden Entscheidungen dezentral getroffen – sowohl auf der Angebots- wie auch auf der Nachfrageseite. Worüber die Marktteilnehmer entscheiden, ist prinzipiell offen. Das Entscheidungsverfahren ist der Vertrag, das friedliche Sich-Einigen mit Dritten. Der Staat legt die Spielregeln fest und setzt deren Einhaltung durch. Er verzichtet jedoch darauf, Marktergebnisse durch fallbezogene Eingriffe zu verändern. Der Staat definiert Eigentumsrechte und macht auf diese Weise Markttransaktionen möglich. Wenn erforderlich hilft er bei der Durchsetzung von Verträgen. Er definiert Gesellschaftsformen, in denen Wirtschaftsteilnehmer gemeinsame Zwecke verfolgen können, und sorgt für eine stabile Währung. Das Kartellrecht schützt die Märkte vor der Vermachtung. Im Übrigen interveniert der Staat nur dann in die Marktprozesse, wenn die Märkte nachweisbar versagen, weil z.B. asymmetrisch verteilte Informationen die Ergebnisse des Marktes verzerren oder Kollektivgüter wie die innere und äußere Sicherheit privatwirtschaftlich nur unbefriedigend bereitgestellt werden. Der Staat greift zur Erreichung von Verteilungszielen nicht in Marktprozesse ein. Er verfolgt diese vielmehr auf dem Wege der Besteuerung, wobei allerdings die Anreizeffekte der Steuer berücksichtigt werden.[83]

Ein solches System ermöglicht wirtschaftliche Handlungsfreiheiten, eine effiziente Verteilung (knapper) Ressourcen, Innovation und Wachstum. Überdies wird auf diese Weise eine Zuordnung von Rechten zu Individuen möglich. Es wird dann auch eine dezentrale Lösung von Konflikten möglich und zwar nach abstrakten, generellen Kriterien im Unterschied zu politischen, fallbezogenen Entscheidungen. Dies entspricht dem Rechtsstaatsprinzip.

Zwar ist die dezentrale Entscheidungsfindung ein großer Vorzug einer Marktwirtschaft – sie macht es aber auch schwer, die Funktionsweise der Marktwirtschaft begreifbar zu machen: Nach dem berühmten Wort von Adam Smith regiert der Markt „mit unsichtbarer Hand". Es gibt keinen Masterplan, den man erklären und dem man zustimmen könnte. Die Rechtsordnung schreibt Spiel*regeln* vor, keine Spiel*ergebnisse*. Kein zentraler Planer braucht eine unhandhabbare Menge an Informationen zusammenzuführen. Es genügt, dass ein Käufer das Angebot eines Verkäufers annimmt. Kein Dritter muss davon erfahren. Dass man sich auf so viel Dezentralität einlassen soll, ist nicht intuitiv einleuchtend. Das ist das fundamentale Darstellungsproblem der Marktwirtschaft. Es muss immer wieder neu bewältigt werden.

In der Marktwirtschaft spielt der Wettbewerb vor allem als Entdeckungsverfahren eine zentrale Rolle (von Hayek 1968). Der Wettbewerb dient dabei als ein Verfahren zur Entdeckung von Tatsachen, die ohne sein Bestehen entweder unbekannt blieben oder doch zumindest nicht genutzt würden. Die Menge aller Möglichkeiten des Handelns ist für den Einzelnen hier nicht mehr erfassbar. Der Suchaufwand ist erheblich; die Risiken des Scheiterns sind groß, aber auch die Chancen des Erfolgs. So wurden etwa die erfolgreichen Entwickler von Suchmaschinen im Internet, beispielsweise Google, schon in jungen Jahren vielfache Millionäre, während viele erfolglose Software-Entwickler im finanziellen Ruin endeten.

83 Es kann aber auch die Politik versagen, indem sie eigentlich notwendige Regulierungen des Marktes unterlässt oder den institutionellen Rahmen für einen funktionierenden Markt falsch setzt.

Der Kern des Akzeptanzproblems marktwirtschaftlicher Prozesse ist jedoch kein bloßes Darstellungsproblem, das daraus resultiert, dass Marktprozesse schwer zu erfassen sind und oftmals von ihrer Idealform abweichen. Das Hauptproblem besteht vielmehr in der Erosion des generalisierten Vertrauens (Siegenthaler 1993). Die Menschen reagieren auf ihre schwer zu verstehende Wirtschaftsordnung in der gleichen Weise, in der sie auch sonst Umgebungen behandeln, denen sie nicht ausweichen können, deren Wirkkräfte aber nicht sofort einsichtig sind. Sie haben keine gefestigte Meinung, sondern lassen sich auf eine Situation ein, obwohl sie die Risiken nicht vollständig überblicken, die hiermit verbunden sind. Im Alltag sind solche Probleme eher die Regel als die Ausnahme. Sie werden typischerweise durch Vertrauen gelöst (Haidt 2001). Wer vertraut, ist deshalb nicht naiv. Er vergisst nicht, dass er eine riskante Entscheidung getroffen hat. Er behält sich vor, seine Entscheidung zu revidieren, wenn neue Erfahrungen dies nahe legen.

Für die Einstellung vieler Menschen zu ihrer Wirtschaftsordnung kommt es nicht auf den Nachweis an, dass diese versagt hat. Es genügt, wenn sie den Eindruck gewinnen, dass ihr Vertrauen enttäuscht worden ist. Die eingangs dargestellten demoskopischen Daten deuten darauf hin, dass das Spannungsverhältnis zwischen Wettbewerb, Innovation und Wachstum auf der einen Seite sowie der Abfederung von Risiken auf der anderen Seite in der jüngsten Vergangenheit nicht zur Zufriedenheit der Bürger bewältigt worden ist.

Eine Vielzahl von Untersuchungen kommt in der Tat zu dem Ergebnis, dass die meisten Menschen Probleme des Zusammenlebens in einer Gesellschaft vornehmlich als Gerechtigkeits- bzw. Fairnessprobleme behandeln.[84] Dabei dürfte Vielen klar sein, dass „Gerechtigkeit“ ein äußerst schillernder Begriff ist, der sich nicht eindeutig definieren lässt. Die Literatur der politischen Philosophie zum Thema Gerechtigkeit der Verteilung füllt ganze Bibliotheken, ohne dass auch nur ein Minimalkonsens erkennbar wäre. Gleiches gilt für die öffentliche Diskussion, in der „Gerechtigkeit“ zwar einer der am häufigsten gebrauchten Begriffe ist, oft jedoch nicht mehr als ein undefiniertes Schlagwort bleibt. Zumindest gilt dies für eine Beurteilung der Ergebnisse wirtschaftlicher Prozesse mit Hilfe des Gerechtigkeitsbegriffs.

Es gibt keine „gerechte“ Einkommensverteilung, eben weil es keine einzige, allgemein anerkannte Vorstellung von gerechter Verteilung gibt. Je-

[84] Vgl. dazu Kahneman u.a. (1986), Bazerman und Neale (1995), Frey (1997) sowie Akerlof und Shiller (2009). Bezüglich der Bewertung von Marktergebnissen gibt es zudem Unterschiede zwischen Deutschland und den USA, wo die Ergebnisse des Marktes tendenziell eher akzeptiert werden (Gerlach u.a. 2006).

der Bürger mag und wird sich seine eigene Vorstellung darüber bilden, aber der politische Prozess in der Demokratie entscheidet, welche Gerechtigkeitsvorstellung sich als Leitmaß der staatlichen Umverteilungspolitik durchsetzt und wie sie sich im Zeitverlauf auch verändert.

Wenn es überhaupt in Gerechtigkeitsfragen einen Konsens geben kann, so scheint dieser bei der Beurteilung der Regeln und Verfahren möglich zu sein, durch die eine bestimmte Verteilung von Gütern bzw. Einkommen zustande kommt. So ist meist nicht umstritten, dass von „Verfahrensgerechtigkeit" dann gesprochen werden kann, wenn die Bedingungen (i) Gleichheit vor dem Gesetz und (ii) gleicher (d.h. privilegienfreier) Zugang zum wirtschaftlichen Prozess erfüllt sind. Die Uneinigkeit beginnt jedoch spätestens da, wo es um die konkrete Auslegung der genannten Prinzipien geht: Bezieht sich etwa die „Gleichheit des Zugangs" ausschließlich auf formale Kriterien wie Abwesenheit von Diskriminierung nach Geschlecht oder Herkunft – oder auch auf materielle Kriterien wie die Gleichheit der Chancen, unabhängig von der sozialen Herkunft?

Immerhin besteht weitgehend Konsens, dass formale Gleichheit, die das marktwirtschaftliche System auszeichnet, zwar notwendig, aber nicht ausreichend ist. Plastisch ausgedrückt: Es ist in der „reinen" Marktwirtschaft sehr wohl möglich, dass ein Einzelner vom Tellerwäscher zum Millionär aufsteigt, im statistischen Sinne wahrscheinlich ist es jedoch nicht. Man verlangt daher nach dem Staat, der auf mehr materielle Chancengleichheit hinwirken soll – vor allem durch das von ihm organisierte und kollektiv finanzierte Bildungswesen.

2. *Erfahrungen mit der Marktwirtschaft in Deutschland*

Viele Menschen sind bereit, eine wirtschaftliche Ordnung zu akzeptieren, auch wenn sie die Mechanismen nicht im Einzelnen bejahen, solange sie deren alltäglichen Erfolg beobachten können. Hinzu kommt, dass die Erwartungen, die die Bürger an das marktwirtschaftliche System richten, mit der Zeit wachsen. Denn mit einer Zunahme der materiellen Wohlfahrt verschiebt sich auch der Maßstab dessen, was als notwendig für ein auskömmliches Leben erachtet wird. Eine Verbesserung des Lebensstandards wird in der Regel nicht darauf bezogen, wie der Lebensstandard beispielsweise in den 1950er Jahren war – zugrunde gelegt wird vielmehr der eigene Lebensstandard (oder der einer Referenzgruppe) in jüngerer Zeit (vgl. etwa Layard 2005).

Gerade in den wirtschaftlichen Aufstiegsmöglichkeiten mag nach dem Kriege die zunehmende Attraktivität des marktwirtschaftlichen Systems gelegen haben. Zum einen versprach die Marktwirtschaft rasches Wirtschaftswachstum und damit Wohlstand für alle, unabhängig von der Verteilungsgerechtigkeit: Sofern der Kuchen nur rasch genug wuchs, war es weniger wichtig, wie sich der Zuwachs verteilte, solange nur alle davon profitierten und es absolut gesehen kaum Verlierer gab. Flüchtlinge, Ausgebombte und Kriegsheimkehrer, alle befanden sich am Ende der Wiederaufbaujahre in einer besseren Position als am Ende des Krieges, und Vollbeschäftigung ebenso wie die Bildungsexpansion verhießen weiteren Aufstieg für die kommende Generation. Die meisten gewannen dazu, nur wenige verloren.

Zum anderen gab die Marktwirtschaft den Menschen der Nachkriegszeit aber auch eine soziale Verheißung, zunächst den weiteren Ausbau der Rentenversicherung und später die Verallgemeinerung der sozialen Sicherung. Das Versprechen einer Sicherung gegen die Risiken der Marktwirtschaft hat wesentlich zur ihrer Legitimation beigetragen, und die Anfangserfolge auf diesem Weg trugen wesentlich dazu bei, soziale Spannungen zu mildern und die Akzeptanz dieser sozial abgefederten Marktwirtschaft zu verbreitern. Insofern haben die Deutschen den Vätern der Sozialen Marktwirtschaft offenbar abgenommen, dass es bei der fremd wirkenden Marktwirtschaft nicht bloß um die Bereicherung der besonders Begabten und Skrupellosen gehen werde. Sie haben akzeptiert, dass es für die Übernahme von Risiken eine Prämie in Form höherer Einkommen geben darf, sogar eine ziemlich große Prämie. Aber bei aller formalen Ungleichheit würde es dabei doch „gerecht" zugehen.

Den Erfolg des marktwirtschaftlichen Systems veranschaulicht der deutliche Anstieg des Lebensstandards in den vergangenen Jahrzehnten. Der Wohlstand, den die Marktwirtschaft den Menschen in Deutschland beschert hat, geht über die Erhöhung ihrer privaten Einkommen weit hinaus. Er kann vielmehr auch daran gemessen werden, dass alle Bürger Nutzen aus einer Fülle öffentlicher Güter, angefangen von Straßen und Flughäfen über öffentliche Sicherheit und Landesverteidigung, bis hin zu Bibliotheken und Konzertsälen, ziehen. Ein weiterer wichtiger Wohlstandsindikator ist die Lebenserwartung. Viele Faktoren, die für die Verlängerung des Lebens verantwortlich sind, erscheinen nicht in den Statistiken über Einkommen und Vermögen, etwa saubere Luft, medizinische Grundlagenforschung und (für die gesetzlich Versicherten) auch die Leistungen von Ärzten und Apothekern.

Besonders eindrucksvoll ist ein Vergleich mit planwirtschaftlichen Systemen. Die DDR ist unter anderem daran gescheitert, dass sie den Menschen einen höheren Lebensstandard versprochen hat, als sie einlösen konnte, während das marktwirtschaftliche System in Westdeutschland gerade diese Zuwächse produzierte. Die Arbeitsproduktivität in Ostdeutschland betrug 1989 nach verschiedenen Schätzungen nur etwa ein Fünftel bis ein Drittel derjenigen Westdeutschlands. Die Versorgung mit elementaren Konsumgütern war mangelhaft. Die offiziell ausgewiesene Arbeitslosigkeit war zwar verschwindend gering. Dies verschleierte aber eine versteckte Arbeitslosigkeit, da viele Menschen nur pro forma beschäftigt waren. Das liegt daran, dass staatliche Planung die Marktkräfte und den Preismechanismus nicht ersetzen kann. Die Vorstellung, man könne die millionenfachen Einzelentscheidungen einer modernen Volkswirtschaft zentral koordinieren oder gar planen, hat sich als Illusion erwiesen.

In Planwirtschaften mag das kurzfristige Einkommens- und Beschäftigungsrisiko als relativ gering angesehen werden. Dagegen steht aber ein dauerhaft niedriges Einkommens- und Konsumniveau, sowie das tägliche Risiko, dem sich die Menschen in einem Überwachungsstaat ausgesetzt sahen. Es ist daher auch nicht verwunderlich, dass rund drei Viertel der befragten Ostdeutschen im Jahr 1990 vom Wirtschaftssystem in der Bundesrepublik Deutschland eine gute Meinung hatten. Um so nachdenklicher muss es stimmen, dass sich die Verhältnisse in den vergangenen Jahren umgekehrt haben: Nur noch knapp über 20 Prozent der ostdeutschen Bevölkerung bejaht das Wirtschaftssystem der Bundesrepublik im vereinten Deutschland, während gut drei Viertel ihm skeptisch bis ablehnend gegenüberstehen.

Ein erstes Zwischenergebnis drängt sich auf. Die Akzeptanzprobleme der Marktwirtschaft in Deutschland waren gering, solange Einkommen und Beschäftigung mit hoher Rate wuchsen und relative Verlierer absolut gesehen zu den Gewinnern zählten. Der direkte Vergleich mit der weniger erfolgreichen Planwirtschaft der DDR stabilisierte das marktwirtschaftliche System zusätzlich.

Beide Voraussetzungen sind fortgefallen. Der Abbau der strukturellen Arbeitslosigkeit in Westdeutschland ist – zum ersten Mal in der Geschichte der Bundesrepublik – nicht mehr mit nur relativen, sondern auch mit absoluten Verlusten an Ansprüchen gegenüber dem Sozialsystem einhergegangen. Der Versuch, die ostdeutschen Einkommen nach der Wiedervereinigung mit Hilfe der Lohnpolitik abzusichern, hat in den östlichen Landesteilen zu einer hartnäckigen strukturellen Arbeitslosigkeit beigetragen, die für die Erlebniswelt einer ganzen Generation in den neuen Bundesländern prägend geworden ist. Der direkte Vergleich mit einem Planwirtschaftssystem ist nicht mehr gegeben – im Gegenteil, die mühsame Aufarbeitung seiner Erblasten hat das Akzeptanzproblem der Marktwirtschaft in Deutschland verschärft. Wo es Zuwächse nicht mehr zu verteilen gibt, schärft sich der Blick für die Verteilung des Vorhandenen.

Dabei ist zu bedenken, dass ein erhebliches Maß an Ungleichheit der Einkommen und Vermögen eine wesentliche Bedingung für den Erfolg von Marktwirtschaft und Kapitalismus in Form einer stürmischen Entwicklung der Arbeitsproduktivität und Verbesserung des Lebensstandards der breiten Masse der Bevölkerung seit der industriellen Revolution war. Sonst hätte es weder die Leistungsanreize noch die notwendigen Ersparnisse als Basis der Kapitalakkumulation gegeben. Ungleichheit und Leistungskraft gehören also zusammen. Das wird häufig von jenen verkannt, die für ein größeres Maß an Gleichheit der Einkommen plädieren. Zwischen den Zielen, eine gleichmäßige Einkommensverteilung und eine hohe wirtschaftliche Leistungskraft zu erreichen, besteht ein unlösbarer Konflikt. Es ist das gute Recht der Gesellschaft, in diesem Konflikt das Gleichheitsziel stärker zu betonen. Sie muss sich aber darüber klar sein, dass damit eine Einbuße an wirtschaftlicher Dynamik einhergeht, der letztendlich gerade auch denen Nachteile bringen kann, denen man helfen will. Dies kann man angesichts der bisweilen erregten öffentlichen Debatten über beobachtbare Einkommensunterschiede nicht genug betonen.

III. Empirische Bestandsaufnahme

Wie haben sich die Verteilung der Einkommen, die Einkommens- und Arbeitsmarktrisiken und die soziale Mobilität in den vergangenen Jahren entwickelt? Ein Blick auf die verfügbare empirische Evidenz lohnt sich, auch wenn sich kein direkter ursächlicher Zusammenhang zwischen der Akzeptanz des Wirtschaftssystems und diesen Daten herstellen lässt. Denn zum einen können die empirischen Befunde die öffentliche Debatte relativieren, zum anderen lenken sie den Blick auf wirtschaftspolitisch relevante Entwicklungen.

1. Einkommensverteilung

Um sich ein Bild von der Entwicklung der Einkommensverteilung zu machen, ist es sinnvoll, zwischen Markteinkommen und verfügbaren Einkommen zu unterscheiden.

Die Ungleichheit der Bruttoarbeitseinkommen je Beschäftigten blieb während der 1980er Jahre in Westdeutschland weitgehend unverändert, stieg aber in der Zeit nach der Wiedervereinigung an (Fuchs-Schündeln u.a. 2008, Gernandt und Pfeiffer 2007, Kohn 2006).[85] Die Ungleichheit

[85] Die Mehrzahl der empirischen Untersuchungen zu diesem Thema bezieht sich auf Grund der Datenlage auf den Zeitraum seit Beginn der 1980er Jahre.

der Stundenlöhne stieg deutlich langsamer an als die der Arbeitseinkommen. Dieser Trend beschränkte sich dabei zunächst auf die Spitze der Verteilung; erst seit etwa Mitte der 1990er Jahre nahm die Spreizung am unteren Ende der Lohnverteilung zu (Dustmann u. a. 2009).[86] Diese unterschiedliche Entwicklung von Bruttoarbeitseinkommen und Stundenlöhnen lässt sich auf eine ungleichere Verteilung der Wochenarbeitszeit, insbesondere eine zunehmende Teilzeitbeschäftigung, zurückführen. Die zunehmende Teilzeitbeschäftigung und das Anwachsen atypischer Beschäftigungsverhältnisse hängen wiederum mit einer gestiegenen Frauenerwerbsquote und einer höheren Teilzeitquote älterer Arbeitnehmer zusammen.

Die Verteilung der Markteinkommen je Haushalt[87] wird zusätzlich durch die Verteilung der Vermögenseinkommen bestimmt. Zwischen 1993 und 2003 hat sich die Verteilung der Gesamtvermögen je Haushalt (Finanz-, Immobilien- und Betriebsvermögen aller Haushalte) allerdings kaum geändert. Lediglich die Verteilung der Finanzvermögen ist ungleicher geworden (BMAS 2005, Sommer 2009). Auch für die Nettovermögen pro Person stellen Frick und Grabka (2009) eine leichte Zunahme der Ungleichheit fest.

Fasst man alle Komponenten des Markteinkommens zusammen, gilt: Während der Gini-Koeffizient[88] für die Markteinkommen je Haushalt in Westdeutschland zwischen 1991 und 2005 von 0,41 auf 0,49 stieg, lagen die entsprechenden Werte in Ostdeutschland bei 0,37 und 0,54, d. h. der Anstieg war dort erheblich steiler (Sachverständigenrat 2007: 458). Ein Teil der zunehmenden Ungleichheit der Markteinkommen ist somit durch den Anpassungsprozess in Ostdeutschland zu erklären. Hier waren die Einkommen weitaus stärker nivelliert als im Westen, so dass es nach der Wiedervereinigung zu einer Angleichung an die entsprechenden Werte im Westen kam (Fuchs-Schündeln u. a. 2009).

In der öffentlichen Debatte spielt die Einkommensentwicklung der Manager eine besondere Rolle. Insgesamt sind die Vorstandsvergütungen in den DAX-Unternehmen absolut und relativ gesehen insbesondere seit

86 Diese Arbeiten beziehen sich zum Teil auf Statistiken des Instituts für Arbeitsmarkt- und Berufsforschung (IAB), in denen die Einkommen nach oben zensiert sind.

87 Die Markteinkommen bezeichnen das Einkommen aller Haushaltsmitglieder vor Steuern, Sozialabgaben und sämtlichen staatlichen und privaten Transferleistungen.

88 Der Gini-Koeffizient ist ein statistisches Maß zur Darstellung von Ungleichverteilungen. Der Koeffizient kann Werte zwischen 0 und 1 annehmen; je näher er bei 1 liegt, desto größer ist der Grad der Ungleichheit. Der Gini-Koeffizient berechnet sich als Verhältnis der Fläche oberhalb der sogenannten Lorenz-Kurve und der Gesamtfläche zwischen der 45°-Linie und der horizontalen Achse. Die Lorenzkurve gibt an, welcher Anteil der Haushalte welchen Anteil der Einkommen bezieht.

Mitte der 1990er Jahre gestiegen (Schwalbach 2009). Im Durchschnitt stieg das Verhältnis der Pro-Kopf Gehälter zwischen Vorstand und Mitarbeitern vom 14-fachen im Jahr 1987 auf das 44-fache im Jahr 2006 an.

Bislang wurde die Verteilung der Markteinkommen einzelner Einkommensbezieher betrachtet. Sie gibt aber keinen Aufschluss über die Verteilung der Mittel, über die Einkommensbezieher und die von ihnen Abhängigen zur Gestaltung ihres Lebens verfügen können. Zwei Aspekte müssen berücksichtigt werden.

Erstens erfolgt eine beträchtliche Umverteilung der Einkommen durch den Staat. Steuern und Sozialabgaben mindern das verfügbare Einkommen des Einzelnen; Sozialleistungen und andere Nichtmarkteinkommen (z. B. Familienleistungen) erhöhen es. Die Verteilung der „verfügbaren Einkommen" auf die Einkommensbezieher unterscheidet sich von der Verteilung der bislang betrachteten Markteinkommen. Sie ist in der Regel gleichmäßiger.

Zweitens sollte der Umstand berücksichtigt werden, dass die Menschen in Haushalten leben und wirtschaften. Vielfach gibt es hier mehrere Einkommensbezieher, aber auch Personen ohne eigenes Einkommen, die von den Einkommensbeziehern unterhalten werden. Um den Einkommensbetrag zu ermitteln, der den in einem Haushalt Lebenden durchschnittlich zur Verfügung steht, wird das verfügbare Gesamteinkommen des Haushalts durch die Zahl der Personen geteilt, wobei Erwachsene und Kinder verschiedener Altersstufen verbrauchsorientiert gewichtet werden.[89] Dieses „verfügbare Haushaltsäquivalenzeinkommen" wird jedem Haushaltsmitglied zugewiesen.

[89] Vgl. http://www.eds-destatis.de/de/downloads/sif/nk_04_16.pdf. Hier werden, wie allgemein üblich, die Gewichte der so genannten modifizierten OECD-Skala verwendet, die neben dem unterschiedlichen Verbrauch von Erwachsenen und Kindern auch die Skaleneffekte gemeinsamer Haushaltsführung berücksichtigen.

Graphik 4: Gini Koeffizient

Die zugrunde liegenden Einkommen sind äquivalenzgewichtet und berechnet auf Basis des SOEP. Der Gini-Koeffizient ist ein statistisches Maß zur Darstellung von Ungleichverteilungen. Der Koeffizient kann Werte zwischen 0 und 1 annehmen; je näher er bei 1 liegt, desto größer ist der Grad der Ungleichheit.

(a) Markteinkommen

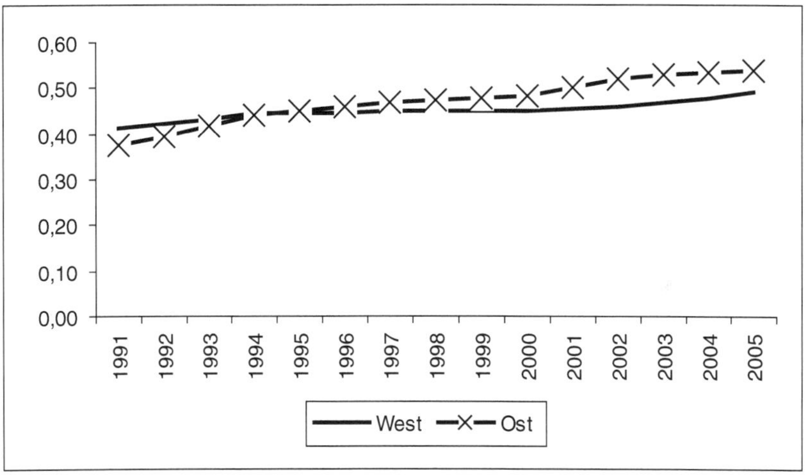

(b) Nettoeinkommen

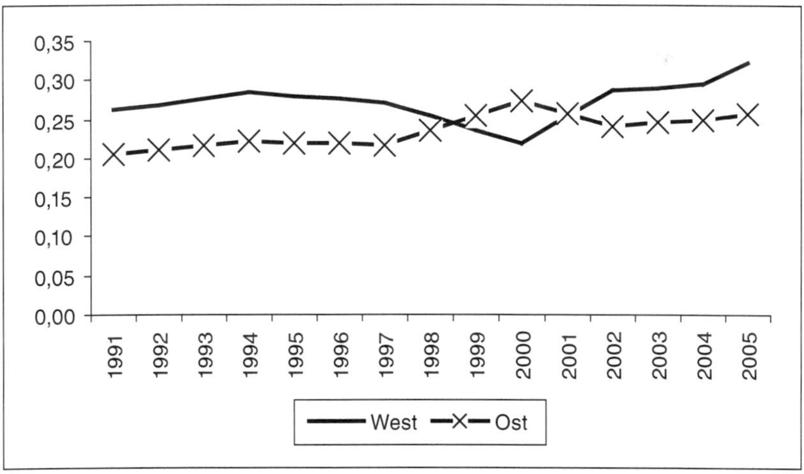

Quelle: Sachverständigenrat zur Begutachtung der gesamtwirtschaftlichen Entwicklung (Jahresgutachten 2006/2007 und 2007/2008)

Das verfügbare Haushaltsäquivalenzeinkommen weist einen geringerer Grad der Ungleichheit auf als das Markteinkommen je Haushalt. Allerdings ist auch hier der Gini-Koeffizient für Deutschland insgesamt von 0,257 (1991) auf 0,316 (2005) gestiegen. Im Jahr 2005 waren die verfügbaren Haushaltsäquivalenzeinkommen in den neuen Bundesländern (0,257) noch gleichmäßiger verteilt als in Westdeutschland (0,322) (Sachverständigenrat 2007: 458). Insgesamt schätzt der Sachverständigenrat, dass die staatliche Umverteilung den Anstieg der Ungleichheit zwischen 1991 und 2005 um etwa die Hälfte reduziert hat.

All diese Zahlen beziehen sich freilich auf die Zeit vor Umsetzung der Agenda 2010. Die dramatischen Effekte, die danach auf dem deutschen Arbeitsmarkt zu beobachten waren, dürften zu einer weiteren Verringerung der so gemessenen Ungleichheit geführt haben. Viele Arbeitslose kamen in subventionierte Beschäftigungsverhältnisse, und bereits beschäftigte Geringverdiener erhielten zusätzliche Zuschüsse.

Bei einer Interpretation dieser Zahlen muss berücksichtigt werden, dass die Verringerung der mittleren Haushaltsgröße den größten Teil des Anstiegs in der gemessenen Ungleichheit erklärt. Die insbesondere in Deutschland abnehmende Haushaltsgröße geht mit einem stark gestiegenen Anteil von kleinen Haushalten einher. So hat der Anteil der Alleinerziehenden von 1995 bis 2005 in Deutschland vier Mal so schnell zugenommen wie im Durchschnitt der EU-Länder. Diese Zunahme der kleinen Haushalte wiederum führt zu einem Anstieg der Personen mit niedrigen Äquivalenzeinkommen, da die Kosteneinsparungen durch gemeinsame Haushaltsführung verloren gehen. Dies resultiert in einer größeren ausgewiesener Ungleichheit, obwohl mit der Aufspaltung eines Haushalts (z.B. durch Scheidungen) sogar ein höherer Anspruch auf Sozialleistungen verbunden sein kann. Berücksichtigt man die Änderung der Haushaltsgröße, so ist die tatsächlich ausgewiesene Ungleichheit der Einkommen deutlich weniger gestiegen. Laut OECD trug die Veränderung der Haushaltsstruktur zwischen 1985 und 2005 in Westdeutschland 88 Prozent zum Anstieg des Gini-Koeffizienten bei. Nach dieser Berechnung stellen also lediglich 12 Prozent der Veränderung eine echte Erhöhung der Ungleichheit des verfügbaren Haushaltsäquivalenzeinkommens dar.

Im Übrigen reichen die verfügbaren OECD-Statistiken für Deutschland nur bis zu den Jahren 2004 bzw. 2005. Damals war aber die Arbeitslosigkeit in der Bundesrepublik auf dem höchsten Stand seit 1960, was großteils an den problematischen Struktureffekten des Sozialsystems gelegen hat, die der Beirat in verschiedenen Gutachten kritisiert hat (Wissenschaftlicher Beirat des BMWA 2002, 2003). Inzwischen hat sich die Situation auf dem Arbeitsmarkt wohl auch wegen der Agenda 2010 dramatisch verbessert, und damit scheint auch die Ungleichheit der Einkommen stark zurückgegangen zu sein. Das jedenfalls ist der Eindruck, der sich aufgrund der inzwischen vorliegenden neuen Ergebnisse des Sozioökonomischen Panel für das Jahr 2006 ergibt. Danach hat der Anteil der armutsgefährdeten Personen in Deutschland von 2005 auf 2006 um etwa 1 Million Personen abgenommen (Sinn u.a. 2009). Als armutsgefährdet gelten Personen, die weniger als 60 Prozent des mittleren Einkommens verdienen.

Sommer (2009) und Peichl u.a. (2009) finden für den Zeitraum 1991–2006, dass der Anteil demografischer Komponenten für die Zunahme der Einkommensungleichheit *vor* Steuern und Transfers bedeutsamer ist als für diejenige *nach* Steuern und Transfers. Zum Teil wird also der Einfluss der veränderten Haushaltsstruktur durch das Steuer- und Transfersystem ausgeglichen. Entsprechend bedeutet das auch, dass andere Faktoren, die zur Ungleichheit der Bruttoeinkommen beigetragen haben, wie beispielsweise die zunehmende Lohnspreizung, in ihrer Bedeutung relativiert werden.

Im Ergebnis bleibt festzuhalten, dass sich die Markteinkommen in den vergangenen Jahrzehnten deutlich auseinander entwickelt haben. Damit folgt die Einkommensverteilung in Deutschland, wenn auch zeitlich verzögert, einem allgemeinen Trend in den Industrieländern (Fuchs-Schündeln u.a. 2009, Prasad 2004). Das Ausmaß der Ungleichheit der Einkommen in Deutschland ist jedoch im internationalen Vergleich immer noch eher moderat. Zudem hat der Sozialstaat bewirkt, dass sich die größere Ungleichheit der Markteinkommen kaum in einer größeren Ungleichheit der verfügbaren Einkommen niedergeschlagen hat. Im Übrigen nimmt Deutschland unter den EU-Ländern bei herkömmlichen Ungleichheitsmaßen einen Mittelplatz ein (Sachverständigenrat 2007). Auch im OECD-Vergleich der verfügbaren Haushaltsäquivalenzeinkommen hat Deutschland einen unter dem Durchschnitt liegenden Gini-Koeffizienten (OECD 2008a).[90]

Woher rührt also die Klage über die mangelnde Fairness der Einkommensverteilung? Die öffentliche Diskussion konzentriert sich vor allem auf drei Aspekte, die in Abschnitt 4 aufgegriffen werden.

90 Dies ist der Fall, obwohl Deutschland zu den OECD-Ländern gehört, in denen die Einkommensungleichheit seit Mitte der 1990er Jahre stärker als im OECD-Durchschnitt zugenommen hat (OECD 2008a). In einigen OECD Ländern wie z.B. den Niederlanden und Großbritannien ging die Ungleichheit in diesem Zeitraum sogar zurück. Erklären lässt sich diese Entwicklung unter anderem durch die Verzögerung, mit der Deutschland eine Entwicklung nachholt, die in anderen Ländern bereits früher stattgefunden hat.

Erstens wird die Entwicklung der Arbeitseinkommen der Top-Verdiener kritisiert.[91] Diese Gruppe der Bevölkerung lässt sich wiederum in drei Kategorien unterteilen – „Superstars" im Sport oder Showgeschäft, hoch bezahlte Staranwälte oder Investmentbanker und schließlich Top-Manager (Gordon und Dew-Becker 2008). Die Erklärungen für diese hohen Einkommen sind wiederum sehr unterschiedlich. Für die „Superstars" spielt eine Rolle, dass sie – anders als noch vor einigen Jahrzehnten – auf globalen Märkten agieren und eine entsprechend hohe Nachfrage einem sehr knappen Angebot gegenübersteht. Schließlich tragen aber auch – gerade bei der dritten Gruppe, den hoch bezahlten Managern – Defizite im Bereich der Unternehmenskontrolle, der „Corporate Governance", zu erhöhten Einkommen bei.[92]

Zweitens wird oftmals die Erwartung geäußert, auch gering Qualifizierte müssten ein ausreichendes Arbeitseinkommen erzielen können. Daher stößt der von Ökonomen regelmäßig vorgebrachte Vorschlag, ein staatliches Mindesteinkommen zu garantieren, die Lohnbildung aber den Märkten zu überlassen, oft auf Unverständnis und Kritik.

Drittens ist eine erhöhte Spreizung der Einkommen am oberen und unteren Ende der Einkommensverteilung mit einem Schrumpfen der Mittelschicht verbunden (Grabka und Frick 2008). Haushalte in der Mittelschicht wiederum empfinden ein erhöhtes Risiko, ihren Status zu verlieren und bei einem Verlust des Arbeitsplatzes in der Einkommenspyramide abzugleiten.

2. *Arbeitsmarktrisiken*

Eines der größten Risiken, denen der Einzelne im Wirtschaftsprozess ausgesetzt ist, ist die Arbeitslosigkeit und insbesondere die Gefahr, dauerhaft arbeitslos zu werden. Im langfristigen Zeitverlauf war in Deutschland seit den 1970er Jahren ein trendmäßiger Anstieg der Arbeitslosigkeit zu verzeichnen. Sorge bereitete insbesondere die Tatsache, dass sich die Arbeitslosigkeit in Folge von Rezessionen treppenförmig erhöhte und in

[91] Nach Untersuchungen von Bach und Steiner (2007) bzw. Bach u.a. (2007) hatten bis 2001 diejenigen 10 % der Bevölkerung mit den höchsten Einkommen, auf die mehr als 40 % des gesamten Markteinkommens entfielen, ihren Anteil am Gesamteinkommen seit Anfang der 1990er Jahre um gut 7 % erhöht. Die obersten 0,01 % der Markteinkommensverteilung fallen durch einen sehr geringen Anteil von Löhnen und Gehältern an ihren Markteinkommen auf (5 %). Dieser Anteil beträgt im Bevölkerungsdurchschnitt 80 % und für die Obersten 1 % der Einkommensbezieher durchschnittlich 42 %. Vgl. auch Dell (2006).

[92] Untersuchungen von Managergehältern in den USA zeigen, dass diese Gehälter sowohl Probleme in der Unternehmenskontrolle als auch Marktentwicklungen reflektieren (vgl. etwa Gabaix und Landier 2008).

Boomjahren nicht abgebaut wurde (Blanchard 2006). Dieser Trend hatte sich in den letzten Jahren umgekehrt. Nach wie vor ist jedoch die Arbeitslosigkeit in Ostdeutschland mit 12,9 Prozent (Stand: Juni 2009) deutlich höher als im Westen (6,9 Prozent) (Bundesagentur für Arbeit 2009).

Generell ist zu erwarten, dass eine Änderung der Arbeitslosenquote mit einer Änderung der Einkommensverteilung einhergeht. Steigt beispielsweise die Arbeitslosenquote – wie dies in Deutschland bis 2005 der Fall war –, erzielen diejenigen, die arbeitslos werden, kein Markteinkommen mehr, und auch das Arbeitslosengeld macht nur einen Teil des früheren Nettoeinkommens aus. Tatsächlich berichten mehrere ökonometrische Untersuchungen (Checchi und Garcia-Penalosa 2008, Bradley u.a. 2003, Kenworthy und Pontusson 2005), dass ein Anstieg der aggregierten Arbeitslosenquote mit einer Erhöhung der Einkommensunterschiede (gemessen am Gini-Koeffizienten) einhergeht.

Insgesamt weisen die Arbeitsmärkte eine höhere Fluktuation auf, als man vermuten mag. Pro Tag wurden in Deutschland im Zeitraum zwischen 1998 und 2008 im Schnitt 30.690 sozialversicherungspflichtige Beschäftigungsverhältnisse begonnen – etwas weniger (30.510) wurden beendet (Rothe 2009). Für die Dynamik dieser Entwicklungen spielen Boom- und Rezessionsphasen eine wichtige Rolle. Vergleicht man die Aufschwungphase 2006 bis 2008 mit der vorherigen (1998-2000), so zeigt sich in der jüngeren Zeit kein Trend zu einem schnelleren Verlassen der Arbeitslosigkeit, aber auch nicht zu mehr Kündigungen und Entlassungen. Diese Zahlen widersprechen der oftmals geäußerten Vermutung, die Instabilität von Arbeitsverhältnissen habe generell zugenommen.

Die Fluktuationen am deutschen Arbeitsmarkt zeigen auch, dass der Eintritt in die Arbeitslosigkeit für sich genommen nicht das entscheidende Arbeitsmarktrisiko ist. Wichtiger ist, was danach geschieht. Der Anteil der Langzeitarbeitslosen – also Personen mit Arbeitslosigkeitsdauern von über einem Jahr – lag 2008 bei knapp 37 Prozent der Arbeitslosen.[93] Die Rückkehr in die Erwerbstätigkeit ist oft ungewiss: Für das Jahr 2007 zeigt sich beispielsweise, dass nur ein gutes Viertel der Langzeitarbeitslosen, die diesen Zustand beendeten, in eine neue Beschäftigung wechselte. Über 60 Prozent gingen in die Nichterwerbstätigkeit oder in eine Ausbildung über.

Gering Qualifizierte haben sowohl ein höheres Risiko, entlassen zu werden, als auch arbeitslos zu bleiben. Arbeitnehmer ohne Berufsausbildung

93 Kurzfristige Unterbrechungen der Arbeitslosigkeit werden hierbei nicht mitgerechnet. Berechnet nach http://www.pub.arbeitsagentur.de/hst/services/statistik/000000/html/start/monat/aktuell.pdf

oder Hochschulstudium sowie ungelernte Arbeitnehmer und Teilzeitbeschäftigte weisen die höchsten Fluktuationsraten auf (Boockmann und Steffes 2009). Auch Beschäftigte, die aus der Arbeitslosigkeit heraus eine Stelle antreten, haben ein hohes Entlassungsrisiko. Das Risiko der Langzeitarbeitslosigkeit trifft zudem die Älteren und die gering Qualifizierten besonders.

Hinter den genannten Entwicklungen am Arbeitsmarkt und insbesondere den schlechten Arbeitsmarktchancen gering Qualifizierter stehen insbesondere drei Faktoren.

Erstens hat technischer Fortschritt die Nachfrage nach qualifizierten Arbeitskräften und damit deren relative Löhne steigen lassen. Dies gilt weltweit wie auch für Deutschland, auch wenn hier über lange Zeit Arbeitsmarktinstitutionen und implizite Lohnuntergrenzen durch den Sozialstaat eine Spreizung der Arbeitseinkommen im unteren Einkommensbereich eher gedämpft haben (Fitzenberger 1999). Neuere Studien zeigen zudem, dass sich die Tätigkeiten, die an einzelnen Arbeitsplätzen gefordert sind, im Laufe der Zeit geändert haben.[94] Der zunehmende Einsatz von Computern hat die Nachfrage nach manuellen Routinetätigkeiten sinken und die Nachfrage nach analytischen Nicht-Routinetätigkeiten steigen lassen. Diese Entwicklung könnte für eine zunehmende Polarisierung der Arbeitnehmereinkommen verantwortlich sein, denn vielfach sind Tätigkeiten, die bei Berufen in der Mitte der Einkommensverteilung gefordert werden, von diesen Verschiebungen betroffen (Polarisierungshypothese). Ergebnisse von Dustmann u.a. (2009) zeigen für Deutschland, dass mittlere Arbeitseinkommen am wenigsten stark gestiegen sind.

Zweitens wird in der öffentlichen Diskussion ein erhöhtes Beschäftigungsrisiko vor allem mit der Globalisierung in Verbindung gebracht. Der Wettbewerb zwischen gering qualifizierten deutschen Arbeitskräften und solchen in Schwellen- und Entwicklungsländern hat zugenommen. Empirisch ist es jedoch schwierig, einen klaren Zusammenhang zwischen Arbeitsmarktrisiken und der Globalisierung herzustellen. Auf einzelwirtschaftlicher Ebene gibt es sogar Hinweise darauf, dass das Entlassungsrisiko in global tätigen deutschen Unternehmen geringer ist als in rein nationalen Unternehmen (Becker und Mündler 2008); zudem weisen diese beiden Typen von Unternehmen keine Unterschiede bezüglich der Stabilität ihrer Arbeitsnachfrage auf (Buch und Lipponer 2009).

[94] Vgl. Spitz-Oener (2006) zu einer Untersuchung der Auswirkungen auf die Lohnverteilung.

Drittens haben geänderte institutionelle Rahmenbedingungen auf dem deutschen Arbeitsmarkt Auswirkungen auf die Spreizung der Arbeitseinkommen gehabt. Die Arbeitsmarktreformen der vergangenen Jahre – insbesondere die Abschaffung der Arbeitslosenhilfe und die Verkürzung der Bezugsdauer des Arbeitslosengeldes I – waren mit der Entstehung neuer Arbeitsplätze gerade im unteren Einkommenssegment (sowie für ältere Arbeitnehmer) verbunden. Gleichzeitig ist die Arbeitslosigkeit gesunken. Diese Wechselwirkung zwischen Arbeitslosigkeit und Lohnspreizung zeigt, wie schwierig es ist, eine zunehmende Ungleichheit der Verteilung bei den Arbeitseinkommen zu bewerten. Denn kehren Arbeitslose in die Beschäftigung gerade in den unteren Lohngruppen zurück, so kann die gemessene Verteilung der Arbeitseinkommen ungleicher werden – auch wenn die Betroffenen diese Veränderung als positiv bewerten.

3. Einkommensrisiken

In der öffentlichen Diskussion wird sowohl Besorgnis über eine zunehmende Ungleichheit der Markteinkommen als auch über zunehmende Einkommensrisiken geäußert. Eine erhöhte Ungleichheit der Einkommen kann nämlich zwei Ursachen haben. Zum einen kann sich die dauerhafte Komponente der Einkommen verschoben haben. Sinkt beispielsweise die Nachfrage nach geringer qualifizierten Arbeitskräften, sinken deren Löhne oder droht im Extremfall Arbeitslosigkeit – das wichtigste Arbeitsmarktrisiko überhaupt. Dieses ist ein langfristiger Trend der Verschiebung von Einkommen *zwischen* Gruppen von Arbeitnehmern. Zum anderen kann sich die Schwankung der Einkommen *innerhalb* jeder einzelnen Gruppe von Arbeitnehmern über die Zeit erhöht haben. Auch dies würde zu einer größeren gemessenen Ungleichheit der Einkommen beitragen.

Wie stark Einkommen über die Zeit hinweg schwanken, hat viel mit der Stabilität des makroökonomischen Umfelds zu tun. Bis zum Ausbruch der Finanz- und Wirtschaftskrise, die 2007 begann, war über die vergangenen zwei Jahrzehnte hinweg ein Rückgang der makroökonomischen Volatilität zu verzeichnen, d.h. die jährlichen Raten der Inflation und des Wirtschaftswachstums haben weniger stark geschwankt. Dies dürfte sich grundsätzlich positiv auf die Wohlfahrt des Einzelnen ausgewirkt haben (Wolfers 2003). Für den Rückgang der Volatilität waren sowohl exogene Faktoren, wie geringere Schwankungen der Rohstoffpreise, als auch wirtschaftspolitische Faktoren, etwa in Form einer stabilisierenden Geldpolitik, verantwortlich. Allerdings hat sich der Rückgang der makroökonomischen Volatilität mit der aktuellen Krise scharf umgekehrt. Und auch vor der Krise war nicht klar, inwiefern einzelne Haushalte von dem Rückgang der makroökonomischen Volatilität profitiert haben. Bei einer Betrachtung der Haushaltseinkommen muss zudem berücksichtigt werden, dass der Anteil der Kapitaleinkommen an den Haushaltseinkommen im Zeitverlauf gestiegen ist (Frässdorf u.a. 2008). Diese Einkommenskomponente ist volatiler als die der Lohneinkommen, ganz abgesehen von hohen Verlusten des Sparkapitals als Folge von Finanzkrisen.

Während es für Deutschland bislang kaum Untersuchungen des Trends der Einkommensvolatilität über die Zeit gibt, liegen Untersuchungen zur Einkommensmobilität zwischen den Dezilen der Einkommensverteilung und damit der sozialen Mobilität *innerhalb* einer Generation vor.[95] Diese Zahlen sind relative Maße, die sowohl angeben, welche Chancen bestehen, in höhere Einkommensgruppen aufzusteigen, aber auch Risiken abbilden, in niedrigere Einkommensgruppen abzugleiten. Ein Vergleich der Dreijahresperioden 1993–1996 und 2002–2005 ergibt, dass die so gemessene Mobilität geringfügig abgenommen hat. Während in den 1990er Jahren 31,7 Prozent der Personen im gleichen Dezil blieben, erhöhte sich dieser Anteil in der jüngeren Periode auf 33,5 Prozent (Sachverständigenrat 2007). Insbesondere ist die Beharrung im untersten Einkommensquintil gestiegen (Schäfer und Schmidt 2009, Grabka und Frick 2008).

4. *Intergenerationale soziale Mobilität*

Ein wichtiger Faktor, der die Beurteilung der Marktwirtschaft als „gerecht“ oder „ungerecht“ bestimmt, liegt in der Möglichkeit, Chancen zu realisieren und sich am Markt zu behaupten. Umfrageergebnissen zu Folge verstehen 32 Prozent der Bevölkerung unter „sozialer Gerechtigkeit“ „Chancengerechtigkeit und Chancengleichheit“ (Vehrkamp und Kleinsteuber 2007). Die Beurteilung des Grades der erreichten Chancengleichheit ist naturgemäß subjektiv. Aber es lassen sich Informationen darüber heranziehen, welche Aufstiegschancen einzelne Personen haben und inwiefern der soziale Status der Eltern den der Kinder bestimmt.

Die intergenerationale soziale Mobilität, d.h. die Mobilität *zwischen* Generationen, lässt sich am Einkommen und am Bildungsgrad ablesen. Hinsichtlich der intergenerationalen Einkommenselastizität[96] untersuchen Eisenhauer und Pfeiffer (2008), ob und in welchem Umfang der

95 Die folgenden Angaben beziehen sich auf das verfügbare Äquivalenzeinkommen.

96 Diese Elastizität gibt Antwort auf die Frage: Um wie viel Prozent liegt das Einkommen des Sohnes statistisch gesehen über dem Durchschnitt seiner jeweiligen Generation, wenn das Einkommen des Vaters *X* Prozent über dem Durchschnitt seiner Generation liegt?

ökonomische Erfolg am Arbeitsmarkt von der familiären Herkunft abhängt. Ihre Schätzungen ergeben eine (eher als untere Grenze zu verstehende) intergenerationale Einkommenselastizität von rund 0,3. Im internationalen Vergleich ist dieser Wert durchschnittlich.

Hinsichtlich der intergenerationalen Mobilität in der Ausnutzung von Bildungschancen zeigt sich, dass Bildungsgrad und Bildungsleistungen in Deutschland stärker von der sozioökonomischen Herkunft abhängen als in den meisten vergleichbaren Ländern. So weisen die in der TIMSS- und in der PISA-Studie[97] gemessenen Bildungsleistungen der Schülerinnen und Schüler gegen Ende der Sekundarstufe I in Deutschland eine größere Streuung auf und hängen stärker vom familiären Hintergrund ab, als in den meisten anderen Ländern (Wößmann 2007, Schütz u.a. 2008).[98] In keinem anderen Land, das sowohl an der Grundschulstudie IGLU als auch an der Mittelstufenstudie PISA teilgenommen hat, steigt die Ungleichheit der Schülerleistungen zwischen dem Ende der Grundschule und dem Ende der Mittelstufe so stark an wie in Deutschland (Hanushek und Wößmann 2006). Dabei ist zwar zu bedenken, dass der Anteil der Jugendlichen mit Migrationshintergrund, deren Lernleistungen im Durchschnitt geringer sind als bei Jugendlichen ohne Migrationshintergrund, in Deutschland höher ist als in den anderen großen EU-Ländern. Die Aussage gilt aber auch dann noch, wenn nur Kinder betrachtet werden, die ebenso wie ihre Eltern in Deutschland geboren wurden.

Die vergleichsweise große Rolle der sozioökonomischen Herkunft für die Bildungsergebnisse in Deutschland wird durch weitere Fakten bestätigt. Die Wahrscheinlichkeit, ein Gymnasium zu besuchen, ist für einen Jugendlichen aus dem höchsten, vierten Quartil der sozialen Herkunft („Akademikerfamilie") fast sieben mal so hoch wie für einen Jugendlichen aus dem zweiten Quartil („Arbeiterfamilie") und achtzehn mal so hoch wie für einen Jugendlichen aus dem untersten, ersten Quartil (PISA-Konsortium Deutschland 2005: 261–262). Auch nach Herausrechnung des Einflusses des Kompetenzniveaus der Jugendlichen ist die Wahrscheinlichkeit des Gymnasialbesuchs für Jugendliche aus „Akademikerfamilien" vier mal so hoch wie für Jugendliche aus „Arbeiterfamilien" *mit exakt den gleichen Kompetenzen* (und knapp sechs mal so hoch wie für Jugendliche aus dem untersten Quartil). Der IGLU-Studie

97 TIMSS ist ein lehrplanbasierter Mathematik- und Naturwissenschaftstest (TIMSS = „Trends in Mathematics and Science Study"). PISA ist ein Test der Basiskompetenzen in Mathematik, Naturwissenschaften und Lesen (PISA = „Programme for International Student Assessment").

98 Um mögliche Verzerrungen aufgrund von unterschiedlichen Migrationspopulationen zu vermeiden, wird bei dieser Betrachtung lediglich auf die jeweils einheimischen Schülerinnen und Schüler abgezielt.

zu Folge ist der Einfluss der sozialen Herkunft auf die Schulformempfehlungen der Lehrkräfte zwischen 2001 und 2006 angestiegen (Bos u.a. 2007: 337–338).

Die sich in der Mittelstufe abzeichnende soziale Selektion der Schülerinnen und Schüler verstärkt sich im weiteren Verlauf der Bildungsbiographie. Von 100 Jugendlichen, deren Väter einen Hochschulabschluss erworben haben, treten 88 in die gymnasiale Oberstufe ein, von 100 Jugendlichen mit Vätern ohne Hochschulabschluss sind es 46 (Bundesministerium für Bildung und Forschung 2007: 108–114). Während dann nahezu alle aus der ersten Gruppe auch ein Hochschulstudium aufnehmen (94 Prozent), sind es aus der zweiten Gruppe die Hälfte. Zusammengenommen fangen 83 von 100 Kindern von Vätern mit Hochschulabschluss ein Studium an, aber nur 23 von 100 Kindern von Vätern ohne Hochschulabschluss; die Studienanfängerquote ist also dreieinhalb Mal so hoch. Ein noch deutlicherer Vergleich ist, dass 95 Prozent der Beamtenkinder mit einem Elternteil mit Hochschulabschluss selbst auch ein Studium aufnehmen, aber nur 17 Prozent der Arbeiterkinder.

In den geschilderten Entwicklungen spiegeln sich Faktoren wider, die im Elternhaus und in den Präferenzen der Jugendlichen begründet liegen, aber auch differenziell wirkende Faktoren des Bildungssystems.

Der massive Ausbau der Hochschulen in Deutschland in den 1960er Jahren hat zu einem starken Anstieg der Akademikerquote in der Bevölkerung geführt. Laut Becker (2008) stieg die Studierendenquote (d.h. der prozentuale Anteil der Studierenden an der Gesamtbevölkerung im Alter zwischen 20 und 30) von 5 Prozent im Jahre 1970 auf über 8 Prozent im Jahre 1980 und rund 10 Prozent im Jahre 1990; seit Anfang der 1990er Jahre ist diese Quote weiter auf 14 Prozent in 2003 gestiegen. Wählt man jedoch die jeweilige Alterskohorte als Bezugsgröße, so zeigt sich in einem Vergleich über die letzten 30 Jahre kein starker Anstieg. Vielmehr ist der Anteil derer, die einen Hochschulbesuch erfolgreich abgeschlossen haben, von den heute älteren (55–64 Jährige) zu den heute jüngeren Alterskohorten (25–34 Jährige) kaum noch gestiegen, sondern liegt konstant bei gut 22 Prozent (OECD 2008b). Die Anfangserfolge haben sich offenbar nicht weiter fortgesetzt. In anderen OECD-Ländern hingegen hat sich der Anteil der Akademiker über die Alterskohorten hinweg deutlich stärker erhöht. Wie sich eine Expansion des Hochschulsektors auf die soziale Mobilität auswirkt, bleibt allerdings unklar. So belegen etwa Untersuchungen für Großbritannien, dass eine solche Expansion dort sogar mit einer Verringerung der intergenerationalen Mobilität einhergegangen ist, weil bildungsferne Schichten am wenigsten von ihr profitiert haben (Machin 2007).

Eine Betrachtung über die Zeit hinweg zeigt, dass sich die Bedeutung des familiären Bildungsumfelds auch für den Schulbesuch in den vergangenen Jahrzehnten kaum reduziert hat. Während das allgemeine Bildungsniveau über die Zeit gestiegen ist, sind die Aufstiegschancen der Kinder von Eltern mit Hauptschulabschluss relativ zu denen von Eltern, die das Gymnasium besucht haben, seit etwa 25 Jahren relativ konstant geblieben (Heineck und Riphahn 2009).[99] Auch der internationale Vergleich von Breen und Luijkx (2004), der die relative soziale Mobilität[100] über die Einteilung der sozialen Klassen auf Grundlage der ausgeübten Berufe misst, zählt Deutschland neben Frankreich, Irland und Italien zu den Ländern mit der geringsten Durchlässigkeit des Bildungssystems.[101] Pollak (2006) zeigt für Westdeutschland zwar einen leichten Wandel hin zu mehr Gleichheit. Im Osten dagegen hat sich der Einfluss der sozialen Herkunft auf die spätere berufliche Position im letzten Jahrzehnt vergrößert.

5. *Zwischenfazit*

Die empirische Evidenz liefert ein differenziertes Bild. Während die Ungleichheit der Markteinkommen erheblich zugenommen hat, gilt dies für die persönlich verfügbaren Einkommen aufgrund staatlicher Umverteilungsmechanismen in geringerem Maße. Der überwiegende Anteil der Zunahme der Ungleichheit bei den Markteinkommen ist unter anderem auf Änderungen in der durchschnittlichen Haushaltsgröße zurückzuführen, stellt also auch einen statistischen Effekt dar. Einen beachtlichen Einfluss auf die Entwicklung der Einkommensverteilung hat die Arbeitslosigkeit. Die Arbeitsmarktreformen der vergangenen Jahre haben gerade gering Qualifizierten den Wiedereintritt in den Arbeitsmarkt ermöglicht. Dies ist begrüßenswert, auch wenn es zu einer zunehmenden Spreizung der Markteinkommen beigetragen hat.

Von dem Risiko, dauerhaft arbeitslos zu werden, sind nach wie vor in erster Linie gering Qualifizierte und ältere Arbeitnehmer betroffen. Wie sich die Arbeitsmarktreformen der vergangenen Jahre auf die soziale Mobilität ausgewirkt haben, kann noch nicht abschließend bewer-

99 Heineck und Riphahn (2009) betrachten die Wahrscheinlichkeit, dass Kinder einen höheren Bildungsabschluss erwerben, wenn auch die Eltern einen höheren Bildungsabschluss haben, relativ zu der Wahrscheinlichkeit, dass Kinder einen höheren Bildungsabschluss erwerben, wenn die Eltern *keinen* höheren Bildungsabschluss haben.

100 Die relative Mobilität misst die Wahrscheinlichkeit, mit der Kinder unterschiedlicher Herkunftsklassen eine bestimmte Zielklasse zu erreichen.

101 Zu den relativ durchlässigen Ländern zählen in diesem Vergleich Israel, Schweden, Norwegen, Ungarn, Polen und die Niederlande. Vgl. Müller und Pollak (2004) für eine Analyse der möglicherweise verantwortlichen Einflussfaktoren in Deutschland.

tet werden. Zum einen hat die Abschaffung der Arbeitslosenhilfe zu Statusverlusten bei Angehörigen der Mittelschicht geführt. Zum anderen werden jedoch Sozialtransfers mehr als früher in Anspruch genommen, wodurch ein weiteres Abgleiten zumindest in finanzieller Hinsicht verhindert wurde. Als verbesserbar muss die in Deutschland ungleiche Bildungsbeteiligung nach der Herkunft gesehen werden. Angesichts der noch immer deutlich größeren Wahrscheinlichkeit gering Qualifizierter, arbeitslos zu werden und zu bleiben, hat dies unmittelbaren Einfluss auf die zukünftige Verteilung der Einkommen.

IV. Wirtschaftspolitische Alternativen

1. *Grundprinzipien*

Obwohl sich manche der in der Öffentlichkeit geäußerten Sorgen bei genauerer Betrachtung der Daten relativieren, erwarten viele von der Regierung, dass sie sich nicht nur im aktuellen Krisenmanagement engagiert, sondern die Menschen noch weit mehr als bisher vor den Risiken des Marktes schützt. Regierung und Parlament sind in vielfacher Hinsicht bereits auf diese Forderungen eingegangen – in einer Reihe von Branchen wurden gesetzliche Mindestlöhne eingeführt, es wurden Maßnahmen zur gesetzlichen Begrenzung von Managergehältern getroffen, und die Politik diskutiert industriepolitische Maßnahmen zum Schutz einzelner Branchen und Unternehmen. Auch wenn es das offizielle Credo ist, protektionistischen Tendenzen keinen Raum zu geben, könnten gerade diese Maßnahmen doch einem neuen Protektionismus Vorschub leisten.

Wirtschaftspolitische Antworten, die versuchen, wesentliche Mechanismen des Marktes außer Kraft zu setzen, könnten zwar kurzfristige Milderung bringen, mittel- bis langfristig verfehlen sie aber ihr Ziel. Der Rückgang der Nachfrage nach gering qualifizierter Arbeit beispielsweise – sei es auf Grund der Globalisierung, sei es auf Grund technischen Fortschritts – ist Ausdruck eines langfristigen weltweiten Trends, dem sich die nationale Politik nicht ohne Hinnahme erheblicher Wohlfahrtseinbußen widersetzen kann.

Dieses Beispiel zeigt ein Dilemma, in dem die wirtschaftspolitischen Akteure stecken. Kurzfristig müssen sie die Interessen gut organisierter Interessengruppen bedienen, um wiedergewählt zu werden. Oft sind diese Interessen auf die Beseitigung von Ungleichheiten in der Einkommens- und Vermögensverteilung gerichtet. Langfristig müssen die wirtschaftspolitischen Akteure glaubwürdig bleiben und durch eine investitionsfreundliche Wirtschaftspolitik Investitions- und Wachstumsanreize setzen. Die

Austarierung dieser Ziele muss ständig neu vorgenommen werden. Insbesondere muss geprüft werden, ob und wie sozialpolitische Ziele erreicht werden können, ohne die Leistungsbereitschaft des Einzelnen und damit das Wachstum zu beeinträchtigen.

Bei der Entwicklung von Reformstrategien und bei dem Versuch, das Vertrauen der Bürger in die Funktionsweise unseres Wirtschaftssystems zu stärken, steht die Politik vor einem weiteren Dilemma. Zum einen hat der Staat als größter wirtschaftlicher Akteur die besten Chancen, Vertrauen bei den Bürgern zu schaffen, zumal ihm – besonders jetzt in der Krise – von den meisten Bürgern ein bedeutender Vertrauensvorschuss entgegengebracht wird. Zum anderen muss er jedoch stets darauf bedacht sein, keine übertriebenen und uneinlösbaren Erwartungen zu wecken, da er andernfalls Gefahr läuft, gerade dieses Vertrauenskapital zu verspielen. Politiker müssen sich der Grenzen ihres Einflussbereichs bewusst sein.

Eine Regierung sollte daher die richtigen Rahmenbedingungen und Spielregeln setzen, unter denen Haushalte und Unternehmen erfolgreich wirtschaften können, und sie sollte auf die Einhaltung dieser Spielregeln achten. Punktuelle Eingriffe in die Preisbildung mögen kurzfristig verführerisch scheinen, richten langfristig aber in aller Regel Schaden an.

Im Folgenden diskutieren wir zunächst die gegenwärtig vielfach vorgeschlagenen Eingriffe in marktwirtschaftliche Mechanismen, bevor wir uns wirtschaftspolitischen Optionen zuwenden, die vor allem auf einen Schutz vor Arbeitsmarktrisiken und auf eine Verbesserung der Chancengleichheit abzielen.

2. *Gegen Eingriffe in die Preisbildung am Arbeitsmarkt*

Die Markteinkommen haben sich in den vergangenen Jahrzehnten auseinander entwickelt, gleichzeitig hat staatliche Umverteilungspolitik aber auch dazu beigetragen, dass die Ungleichheit der verfügbaren Einkommen deutlich geringer ausgefallen ist. Der Sozialstaat ist also durchaus wirksam. Er ist aber auch mit hohen Kosten verbunden. Überdies haben sich die Finanzierungsrestriktionen für den Sozialstaat im Zuge der Globalisierung verschärft. Mit einer Abgabenquote von 40 Prozent liegt Deutschland seit Jahren etwa im Mittel der EU-Mitgliedsstaaten. Daher hätte der Versuch, die Einkommensverteilung durch noch mehr Umverteilung, also höhere Steuern und Abgaben auf laufende Einkommen oder Konsum, gleichmäßiger zu machen, vermutlich schwerwiegende Nebenwirkungen, da durch die höhere Besteuerung Leistungsträger mehr und mehr in das Ausland oder in den Schattensektor verdrängt würden.

Um auf die Verteilung der Einkommen Einfluss zu nehmen, werden daher oftmals auch direkte Eingriffe in die Preisbildung auf den Arbeitsmärkten gefordert. Diese können am unteren Ende der Einkommensverteilung – etwa durch die Setzung von Mindestlöhnen – oder am oberen Ende der Einkommensverteilung – etwa durch die gesetzliche Begrenzung von Managementgehältern – ansetzen.

2.1 Gegen gesetzliche Mindestlöhne

Kurzfristig kann der Staat in die Einkommensverteilung eingreifen, indem er gesetzliche Mindestlöhne fixiert und protektionistische Maßnahmen wie das Arbeitnehmer-Entsendegesetz oder Einfuhrbeschränkungen für Produkte, die mit inländischen Niedriglohnsektoren im Wettbewerb stehen, erlässt. Dass diese Maßnahmen bestenfalls nutzlos sind, häufig jedoch durch einen Abbau von Arbeitsplätzen gerade den Personengruppen schaden, um derentwillen sie ergriffen werden, hat der Beirat in seinem Brief zum Mindestlohn vom 18.3.2006 dargelegt (Wissenschaftlicher Beirat des BMWi 2006a). Bei der Abwägung zwischen Mindest- und Kombilöhnen muss berücksichtigt werden, dass Kombilöhne zwar höhere fiskalische Folgen haben, Mindestlöhne aber mit hoher Wahrscheinlichkeit negative Beschäftigungswirkungen aufweisen. Alternativ können Subventionen bei Arbeitnehmern dahingehend ansetzen, dass die Besteuerung der Hinzuverdienste von Transferempfängern gesenkt wird.

Allerdings ist die Bewertung gesetzlicher Mindestlöhne auch eine Frage der empirischen Evidenz. Den Stand der empirischen Wirtschaftsforschung zu den kausalen Effekten eines Mindestlohnes diskutieren Fitzenberger (2009) und Neumark und Wascher (2007). Für Deutschland gibt es neuere Arbeiten, die den Verlust von Arbeitsplätzen in z.T. erheblicher Höhe prognostizieren und auf zu erwartende fiskalischen Kosten verweisen (Knabe und Schöb 2008). Dagegen finden König und Möller (2008) in ihrer Untersuchung des Entsendegesetzes in der Bauwirtschaft, dass eine negative Beschäftigungswirkung von Mindestlöhnen nur in Ostdeutschland festzustellen ist, nicht jedoch in Westdeutschland.

Als Fazit bleibt festzuhalten, dass flächendeckende Mindestlöhne mit der Gefahr negativer Beschäftigungseffekte verbunden sind. Zudem beinhalten Mindestlöhne die Gefahr einer Politisierung der Lohnfindung, sowohl in Bezug auf ihre Höhe als auch auf ihren Geltungsbereich.

2.2 *Keine gesetzliche Begrenzung von Vorstandsvergütungen*

Nicht erst seit dem Ausbruch der internationalen Finanzkrise erregt die Höhe der Gehälter, Gratifikationen und Abfindungen von Managern den Unmut der Öffentlichkeit. Hinzu kommt, dass drohende Schieflagen einzelner Banken viele Sparer um den Verlust ihrer Ersparnisse (z. B. in Form von Zertifikaten) fürchten ließen und den Banken eine häufig unzureichende Anlageberatung vorgeworfen wird. Seitdem scheint es in den Medien eine große Einigkeit zu geben, dass die insbesondere bei Banken, aber nicht nur dort, seit einigen Jahren auffällige Verteilung von sehr großzügig bemessenen Boni in Millionenhöhe ein öffentliches Ärgernis ist, gegen das der Staat einschreiten sollte. Schon gar nicht ist vermittelbar, dass sogar Unternehmen, die in die Krise geraten sind und mit staatlichen Garantien oder gar Beteiligungen gestützt werden, weiterhin Boni an ihre Manager verteilen wollen.

Auf die Frage, was die Politik denn tun könnte, um sozialverträglicher erscheinende Gehaltsstrukturen der Manager zu bewirken, gibt es keine einfache Antwort. Zunächst ist festzuhalten, dass es in der marktwirtschaftlichen Ordnung nicht Sache des Staates ist, über die Löhne und Gehälter von Arbeitnehmern in der privaten Wirtschaft zu bestimmen, sondern das ist die Aufgabe der Arbeitsmarktparteien bzw. der Tarifpartner. In weiten Bereichen der Arbeitsmärkte geben kollektive Tarifverträge zwischen Gewerkschaften und Arbeitgebern ein Mindestniveau für Löhne und Gehälter vor. Wo das nicht der Fall ist, wird die Entlohnung im Rahmen der Privatautonomie arbeitsvertraglich zwischen dem einzelnen Arbeitnehmer und seinem Arbeitgeber vereinbart. Dies gilt insbesondere für leitende Manager und die Vorstände von Kapitalgesellschaften.

Bei Aktiengesellschaften hat der Aufsichtsrat dafür zu sorgen, dass die Vergütung jedes Vorstandsmitglieds in angemessenem Verhältnis zu seiner Aufgabe und der Lage der Gesellschaft steht (§ 87 Absatz 1 Aktiengesetz). Nach geltendem Recht hat also der Aufsichtsrat im Interesse der Gesellschaft und damit nicht zuletzt auch der Kapitalgeber darauf zu achten, dass die Gesamtbezüge der Vorstandsmitglieder nicht unangemessen hoch ausfallen. Aber in der Realität bestehen ganz unvermeidlich erhebliche Ermessensspielräume, die nur im konkreten Einzelfall auszuloten sind. Der „Markt“ für Führungskräfte ist zu wenig transparent, um zuverlässige Urteile darüber zu erlauben, bis zu welcher Höhe Vergütungen als angemessen zu bezeichnen sind.

Die Mitglieder des Aufsichtsrats sollten grundsätzlich einen Anreiz haben, die Vergütungen so zu setzen, dass der Leistungswille der Führungskräfte gestärkt wird. Bei den Vertretern der Kapitalseite im Aufsichtsrat kommt hinzu, dass die Eigentümer ganz unmittelbar Kapital verlieren, wenn unangemessen hohe Vergütungen gezahlt werden. Wo der Aufsichtsrat bzw. die Eigentümer effektiv in der Lage sind, das Management zu kontrollieren, sind keine zu hohen Vergütungen für die Manager zu erwarten. Das dürfte vornehmlich bei relativ kleinen Aktiengesellschaften der Fall sein, wo einzelne Eigner über ein hinreichend großes Anteilseigentum verfügen. Bei großen Publikumsgesellschaften mit weit gestreutem Anteilsbesitz sind dagegen die Kosten einer Koordination der Willensbildung für die Eigentümer sehr hoch. Es ist daher nicht auszuschließen, dass sich Vorstand und Aufsichtsrat über ihre Vergütungen zu Lasten der Anteilseigner verständigen.

Wer in der Marktwirtschaft überhöhte Vergütungen verhindern will, muss deshalb dafür sorgen, dass die Möglichkeiten der Kapitaleigner zur Einflussnahme in Fragen der Vorstandsvergütungen gestärkt werden. Das beginnt damit, eine marktweite Mindesttransparenz der Vergütungen herzustellen. Hier ist mit dem seit 2006 geltenden „Gesetz zur Offenlegung von Vorstandsvergütungen (Vorst-OG)" bereits erreicht worden, dass die großen im DAX gelisteten Kapitalgesellschaften durchweg die Vergütungen der Vorstandsmitglieder einzeln ausweisen. Allerdings kann auf die Veröffentlichung individueller Bezüge verzichtet werden, wenn die Hauptversammlung dies mit einer Dreiviertelmehrheit beschließt. Aus einer aktuellen Studie von Andres und Theissen (2008) zu den Auswirkungen dieser gesetzlichen Ausnahmeregelung geht hervor, dass kleinere Gesellschaften und solche mit geringem Streubesitz die individuellen Vorstandsbezüge nicht veröffentlichen. Da nach Handelsgesetzbuch die Gesamtvergütung des Vorstandes veröffentlicht werden muss, konnte untersucht werden, welcher Zusammenhang zwischen durchschnittlichen Vorstandsbezügen und selbst gewählter Transparenz besteht: Demnach nehmen Gesellschaften mit hohen durchschnittlichen Vorstandsbezügen die Ausnahmeregelung wahr und veröffentlichen individuelle Vorstandsbezüge nicht.

Vergleichbare Studien aus anderen Ländern lassen einen ähnlichen Schluss zu.[102] Je höher die Vorstandsvergütung, desto geringer ist die Wahrscheinlichkeit, dass individuelle Bezüge veröffentlicht werden. Im Umkehrschluss legt dies nahe, dass durch schärfere Transparenzauflagen eine Mäßigung der Vorstandsvergütung erreicht werden könnte.[103] Psychologisch könnte eine stärkere Publizität auch dadurch wirken, dass eine stärkere Aufmerksamkeit die Vorstände zu Zurückhaltung drängt.

[102] Vgl. Fattorusso u. a. (2007) für Großbritannien oder Coulton u. a. (2001) für Australien.

[103] Dies stünde mit Ergebnissen der experimentellen Wirtschaftsforschung im Einklang, die belegen, dass eine verringerte Anonymität in vielen ökonomischen Entscheidungssituationen zu einem stärker pro-sozialen Verhalten führt.

Es ist aber auch vorstellbar, dass die Offenlegung der Managervergütungen, die eine nicht unerhebliche Statuskomponente haben kann, sogar zu einer Erhöhung der Vergütungen beitragen könnte.

Der Bundestag hat im Juni 2009 das „Gesetz zur Angemessenheit der Vorstandsvergütung (VorstAG)“ verabschiedet, mit dem das Aktiengesetz novelliert wird. Dabei geht es in der Hauptsache um eine verbesserte Corporate Governance durch geeignete Regeln der Festsetzung und der Kontrolle von Vorstandsvergütungen. Künftig wird es nicht mehr möglich sein, einen kleinen (Personal-) Ausschuss des Aufsichtsrats über die Höhe der Vorstandsvergütungen entscheiden zu lassen, sondern diese Aufgabe wird vom gesamten Aufsichtsrat wahrzunehmen sein. Auch wird die persönliche Haftung eines jeden Mitglieds des Aufsichtsrats für das Festsetzen einer unangemessenen Vergütung im Gesetz ausdrücklich hervorgehoben. Schließlich erhält die Hauptversammlung das Recht, zu dem vom Aufsichtsrat zu verantwortenden Vergütungssystem in Form eines bewertenden, letztlich allerdings unverbindlichen Beschlusses Stellung zu nehmen.

Die genannten Regelungen sind ordnungspolitisch positiv zu bewerten. Sie wirken in die gleiche Richtung: Es dürfte zu einer verstärkten Wahrnehmung der Sorgfaltspflichten im Entscheidungsprozess und damit zu einer breiter abgestützten Kontrolle der Vereinbarungen über Vorstandsvergütungen kommen. Das macht es weniger wahrscheinlich, dass überhöhte Vergütungen beschlossen werden. Auch die von vielen Vorständen abgelehnte Einführung einer Karenzzeit von zwei Jahren für den Wechsel bei börsennotierten Gesellschaften aus dem Vorstand in den Aufsichtsrat kann dazu beitragen, einer „Old-Boys“-Mentalität und damit dem Entstehen von Kontrolldefiziten entgegen zu wirken. Das ist vermutlich bedeutsamer als der mit dieser Neuregelung einhergehende Verlust an internem Know-How.

Allerdings ging es bei dem „Gesetz zur Angemessenheit der Vorstandsvergütung“ nicht allein um eine Verbesserung von Regeln im Sinne einer Stärkung der Unternehmenskontrolle (Corporate Governance), sondern ganz direkt auch um eine grundlegende Veränderung der Vergütungspraxis. Zum einen wird die nach § 87 Absatz 2 AG mögliche nachträgliche Herabsetzung der Vorstandsbezüge im Falle einer Verschlechterung der Unternehmenslage erleichtert. Zum anderen wird für börsennotierte Gesellschaften vorgeschrieben, dass mittels variabler Vergütungsbestandteile mit mehrjähriger Bemessungsgrundlage und einer verlängerten Haltedauer von Aktienoptionen (4 Jahre) langfristige Verhaltensanreize zu setzen sind.

Der Beirat verkennt nicht, dass es gute wirtschaftliche Argumente für die beschlossenen gesetzlichen Vorgaben zur Berücksichtigung der jeweiligen Lage einer Aktiengesellschaft und das Setzen langfristiger Verhaltensanreize gibt. In der Marktwirtschaft kommt es dem Staate jedoch prinzipiell nicht zu, die Höhe der Vergütung von Vorständen zu bestimmen oder aber in ihre Vergütungsstruktur einzugreifen. Allerdings besteht insbesondere im Finanzsektor die Gefahr, dass Unternehmen allzu hohe Risiken eingehen, da sie externe Effekte auf die Stabilität des Finanzsystems („systemisches Risiko") nicht berücksichtigen und damit dem Steuerzahler hohe Kosten auferlegen können. Hier sollten, wenn möglich, andere Instrumente angewendet werden, die einen weniger direkten Eingriff in die unternehmerische Freiheit darstellen, wie etwa höhere Eigenkapitalanforderungen.

Es mag eingewendet werden, dass der Staat mit der Novellierung des Aktiengesetzes im wohlverstandenen Interesse der Aktionäre tätig geworden ist, die in großen börsennotierten Gesellschaften mit weit gestreutem Besitz keine hinreichende Kontrolle über ihre Vertreter im Aufsichtsrat haben. Aber wenn es solche Kontrolldefizite gibt, dann ist es ordnungspolitisch geboten, die Kontrollrechte der Aktionäre zu stärken anstatt die Handlungsmöglichkeiten des Aufsichtsrats durch inhaltliche Vorgaben einzuengen.

3. *Schutz vor Einkommens- und Arbeitsmarktrisiken*

Einkommens- und Arbeitsmarktrisiken können zwei Ursachen haben. Einerseits beeinflusst die gesamtwirtschaftliche, makroökonomische Stabilität die Stabilität individueller Einkommen und Beschäftigungsverhältnisse. Eine stabilitätsorientierte makroökonomische Politik senkt somit auch die Risiken für den Einzelnen. Andererseits spielen einzelwirtschaftliche Risiken eine Rolle. Die Innovationsfähigkeit von Unternehmen, aber auch andere unternehmensspezifische Faktoren, können zu mehr Wachstum führen und sind in diesem Sinne positiv zu bewerten. Gleichzeitig bedeutet der mit Innovationen verbundene Suchprozess aber auch Risiken für ein Unternehmen und dessen Arbeitnehmer.

Grundsätzlich gibt es zwei Möglichkeiten, sich gegen Einkommens- und Arbeitsmarktrisiken abzusichern. Die erste Möglichkeit besteht in der Absicherung über die Finanzmärkte. Durch die Bildung von Ersparnissen können Haushalte für schlechte Zeiten vorsorgen bzw. es können in schlechten Zeiten Kredite aufgenommen werden, um so den Konsum über die Zeit hinweg zu glätten. Auch kann die Anlage auf Aktienmärkten es ermöglichen, bei ausreichender Streuung von Risiken höhere Erträge als mit anderen Anlageformen zu erzielen, ohne dabei notwendigerweise hohe Risiken eingehen zu müssen.

Nicht zuletzt erfordert eine Anlage auf Finanzmärkten ein hohes Maß an Fachkenntnis. Zudem sind viele Haushalte (etwa auf Grund geringer Sparfähigkeit) nicht auf den Finanzmärkten aktiv und profitieren nicht direkt von diesen Absicherungsmechanismen. Viele Haushalte sind somit auf alternative Versicherungsmechanismen wie insbesondere die Arbeitslosenversicherung und andere staatliche Sozialversicherungen angewiesen. Gerade die aktuelle Situation zeigt die Bedeutung dieser Systeme, die es vielen Haushalten in Deutschland ermöglicht hat, ihren Konsum auch in Zeiten der Krise aufrecht zu erhalten.

Aber stoßen nicht beide genannten Sicherungssysteme an ihre Grenzen? Nicht zuletzt verdeutlicht die Krise, wie begrenzt die Absicherungsmöglichkeiten internationaler Finanzmärkte bei global wirkenden Schocks sind. Und auch die staatlichen Sicherungssysteme übernehmen zunehmend nur eine Funktion der Grundsicherung. Könnte es dann nicht eine sinnvolle politische Antwort sein, die Risiken, die von den internationalen Märkten ausgehen, direkt zu beschränken? Und wie kann die Funktionsweise der Arbeitsmärkte verbessert werden, um Arbeitsmarktrisiken zu senken? Den Antworten auf diese Fragen widmen wir uns in diesem Abschnitt.

3.1 Keine Rücknahme der internationalen Integration

Als Antwort auf die derzeitige Wirtschaftskrise haben einige Länder verstärkt zu protektionistischen Maßnahmen gegriffen. Sie haben innerhalb der Möglichkeiten, die die Welthandelsorganisation WTO zulässt, Zölle erhöht, oder sie haben im Rahmen fiskalpolitischer Maßnahmen Begünstigungen nationaler Unternehmen vorgesehen.[104] Auch wenn diese Maßnahmen bislang nicht zu allgemeinen Abschottungsstrategien geführt haben, so ist doch die Nachhaltigkeit der Integration keineswegs gewährleistet. Denn gerade eine langsame realwirtschaftliche Erholung und eine damit verbundene hohe Arbeitslosigkeit könnten einen Schutz der heimischen Märkte durch protektionistische Maßnahmen bezogen auf einzelne Unternehmen oder Industrien auf den ersten Blick verführerisch erscheinen lassen.[105] Bei einer stärkeren Abgrenzung der heimischen Märkte würden möglicherweise internationale Schocks nicht

[104] Vgl. etwa Economist „Unpredictable tides" (Online Ausgabe vom 23.7.2009).

[105] Wenn Unternehmen durch Staatshilfen vor dem Konkurs gerettet werden, so verstärkt dies zudem das weit verbreitete Urteil, dass in der Marktwirtschaft „Gewinne privatisiert und Verluste sozialisiert" würden. Es muss allerdings fairer Weise festgehalten werden, dass diese Kritik häufig gerade von denen geäußert wird (z.B. Gewerkschaftsführern), die sich bei Insolvenzen von Unternehmen selbst für staatliche Rettungsversuche einsetzen.

importiert und Risiken sinken. Schließlich ist auch denkbar, dass das Ausmaß einer Krise erst durch die Offenheit der Märkte verstärkt wird. Diese Argumente sollen näher geprüft werden.

Eine Debatte um die Abmilderung (kurzfristiger) Risiken, die von den internationalen Märkten ausgehen, darf die (langfristigen) Wachstumseffekte der internationalen Integration nicht außer Acht lassen. Das „Wirtschaftswunder Deutschland" hätte es ohne die Integration in den internationalen Handel nicht gegeben. Letztlich bedeutet Freihandel, dass sich Länder gemäß ihrer relativen Kostenvorteile spezialisieren. Industrien mit Kostenvorteilen expandieren und bauen Arbeitsplätze auf, während andere Industrien aufgrund internationaler Konkurrenz schrumpfen und damit Arbeitsplätze einsparen (Wissenschaftlicher Beirat BMWi 2006b). Dieser Anpassungsprozess ist für die beteiligten Arbeitnehmer in den schrumpfenden Sektoren schmerzhaft, langfristig ist er aber vorteilhaft für alle Volkswirtschaften, da internationaler Handel kein Nullsummenspiel ist, sondern den zu verteilenden „Kuchen" vergrößert. In der Vergangenheit ist gerade Deutschland mit seiner Spezialisierung auf technologieintensive Produkte im Automobil- und Maschinenbau einer der Hauptgewinner des Freihandels gewesen.[106]

Eine Vergrößerung des zu verteilenden Kuchens durch internationale Integration bedeutet aber nicht zwingend, dass auch alle Individuen daran teilhaben. Temporäre Arbeitsplatzverluste während des wirtschaftlichen Umstrukturierungsprozesses und auch langfristige Verschiebungen der Einkommen zwischen unterschiedlichen Gruppen auf dem Arbeitsmarkt sind unvermeidlich. Aus theoretischer Sicht ließen sich die resultierenden Verteilungseffekte durch geeignet gewählte Steuern oder Transfers zum Teil reduzieren (Dixit und Norman 1986, Guesnerie 2001, Spector 2001). Sie lassen sich aber in der Regel nicht vollständig beseitigen, da durch die Umverteilung von Globalisierungsgewinnern zu Globalisierungsverlierern der Kuchen kleiner wird.

Darüber hinaus sollte zwischen der Integration von Finanz- und Gütermärkten unterschieden werden. Die Liberalisierung der internationalen Kapitalmärkte ist dann positiv einzuschätzen, wenn Risiken besser diversifiziert und Informationen besser verarbeitet werden können und dadurch Kapital produktiver genutzt werden kann. Ein zentrales Ergebnis neuerer Forschung ist es, dass die Wohlfahrtseffekte der Integration von Finanzmärkten gerade für diejenigen Länder positiv einzu-

[106] Vgl. Alvarez und Lucas (2007) für eine empirische Analyse des Außenhandelsmodells von Eaton und Kortum (2002).

schätzen sind, die über gute Institutionen[107] verfügen, und für Länder, die bereits hinreichend weit geöffnet sind (Aizenman 2004, Bekaert u.a. 2009, Kose u.a. 2009). Die Erfahrung der Vergangenheit zeigt auch die enge Verzahnung der Integration von Güter- und Kapitalmärkten. Eine Beschränkung der internationalen Kapitalmobilität ist umso weniger effektiv, je mehr die Gütermärkte integriert sind. Für Deutschland als Industrieland, das ein entwickeltes Finanzsystem, gute Institutionen und einen hohen Grad der internationalen Integration aufweist, dürften damit positive Effekte der internationalen Integration auch im Bereich der Finanzmärkte überwiegen. Allerdings ist ein Regelwerk erforderlich, das die Funktionsweise der Finanzmärkte sicherstellt.

Zudem stellt sich in einer extremen Krisensituation wie der jetzigen die Frage der Beschränkung der internationalen Integration möglicherweise anders. Die negativen Auswirkungen von international übertragenen Krisen mögen dazu Anlass geben, sich kurzfristig oder auch langfristig abzuschotten. Die Große Depression, die 1929 begann, ist ein Beispiel für nationale Abschottung in vielen Ländern. Eine Strategie des Protektionismus würde aber nicht erfolgreich sein, weil zu erwarten ist, dass wie damals alle Staaten mit ähnlichen Maßnahmen reagieren und sich damit alle schlechter stellen würden. Eine Strategie der nationalen oder europäischen Abgrenzung wäre heute zudem schwieriger durchzuführen, weil Staaten und Unternehmen auf viel komplexere Art und Weise miteinander verzahnt sind. Einen großen Teil der Handelsströme stellen Transaktionen innerhalb von multinationalen Unternehmen dar, deren Tochtergesellschaften auch in finanzieller Hinsicht miteinander verknüpft sind. Das Beispiel Opel macht deutlich, wie stark Unternehmen in sich international integriert sind. Bei der Diskussion um eine nationale Begünstigung von Opel spielt eine entscheidende Rolle, wie leicht deutsche Hilfen an die amerikanische Muttergesellschaft GM abfließen könnten.

Eine Strategie des Protektionismus wäre daher nicht nur mit erheblichen Wachstumseinbußen verbunden, ohne notwendigerweise mehr Sicherheit zu bieten; sie wäre auch in praktischer Hinsicht schwierig bis unmöglich. Gerade die europäische Integration ist weit vorangeschritten; sie kann und sollte nicht rückgängig gemacht werden. Die Vorteile der Integration sind dabei nicht nur auf den Binnenhandel und die Integration innerhalb Europas bezogen. Für den Wohlstand in Europa ist vielmehr die Integration mit der restlichen Welt bedeutsam und sogar auf vielen Märkten essentiell, so z.B. bei Energieprodukten. Damit hat sich

107 Hier zählen vor allem makroökonomische Stabilität und geringe Außenhandelsbarrieren.

in Europa ein Wirtschaftsraum gebildet, von dem ein positives Signal für offene Märkte auch für die Weltwirtschaft insgesamt ausgehen kann.

3.2 Verbesserung der Funktionsweise der Arbeitsmärkte

Die voran stehenden Überlegungen zeigen, dass ein direkter und gezielter Schutz vor Risiken, die von den internationalen Märkten ausgehen, weder aus Sicht der gesamtwirtschaftlichen Wohlfahrt zu vertreten noch – auf ganz praktischer Ebene – durchführbar wäre. Daher sollte die wirtschaftspolitische Antwort auch in dieser schwierigen Phase der Globalisierung lauten, die Funktionsweise der Arbeitsmärkte so zu gestalten, dass Risiken für den Einzelnen nicht über Gebühr ansteigen.

Durch die Krise hat sich die Situation auf dem Arbeitsmarkt verschlechtert. Den vorliegenden Prognosen zufolge werden Menschen ihren Arbeitsplatz verlieren, und zwar nicht wegen schlechter Leistungen, sondern weil ihr Betrieb wegen eines plötzlichen Nachfrageeinbruchs Arbeitskräfte abbauen oder schließen muss. Sie werden dieses Schicksal als „unverdient“ begreifen und in ihren Zweifeln an der Gerechtigkeit des Wirtschaftssystems bestärkt werden.

Ziel der Arbeitsmarkt-Reformen der letzten Jahre war es, die Anreize für eine Wiederaufnahme von Arbeit zu erhöhen. Die Verbesserung der Lage auf dem deutschen Arbeitsmarkt vor Beginn der Krise zeigt den Erfolg dieser Politik. Auf Grund der Abschaffung der Arbeitslosenhilfe und des Übergangs zu einer Grundsicherung birgt die langfristige Arbeitslosigkeit aber gerade für die Mittelschicht mehr als zuvor das Risiko, dauerhaft in der Einkommensverteilung abzugleiten, wohingegen vor den Reformen die Unterstützung der Arbeitslosen stärker am Statuserhalt orientiert war. In Folge dessen ist es heute noch wichtiger als zuvor, dass dem einmal arbeitslos Gewordenen ein schneller Wiedereinstieg in den Arbeitsmarkt gelingt. Dies war in der Tat ein erklärtes Ziel der Hartz-Reformen. Erste Forschungsergebnisse deuten darauf hin, dass sich die Effizienz der Arbeitsmärkte in den vergangenen Jahren in Deutschland erhöht hat. Arbeitslose finden schneller als bisher wieder eine Anstellung (Fahr und Sunde 2009).[108] Gerade im Bereich der Arbeitslosen, die Versicherungsleistungen beziehen und nicht unter die Grundsicherung (Sozialgesetzbuch III) fallen, gibt es zudem Hinweise auf eine gestiegene Wahrscheinlichkeit, eine neue Beschäftigung zu finden (Rothe 2009: 6).

[108] In dieser Studie sind die Auswirkungen des Reformpakets „Hartz IV“ noch unberücksichtigt.

In der aktuellen Krise haben es die Regelungen des Kurzarbeitergeldes bislang verhindert, dass sich die Krise in der Realwirtschaft auch zu einer Krise des Arbeitsmarktes ausgeweitet hat. Kurzarbeit ermöglicht eine Verminderung der gearbeiteten und bezahlten Stunden pro Woche, oder Arbeitnehmer werden für begrenzte Zeit ganz von der Arbeit freigestellt. Eine solche Politik ist als kurzfristige Maßnahme im Bereich des Krisenmanagements sinnvoll, denn Arbeitnehmer fürchten vor allem den dauerhaften Verlust des Arbeitsplatzes. Mit der Entlassung würde jedes Band zum Unternehmen gekappt. Die Kurzarbeit ermöglicht es den Unternehmen, Arbeitnehmern zwar ihren Status zu lassen und ihnen auf Zeit mit Unterstützung der Bundesagentur für Arbeit ein Kurzarbeitergeld zu gewähren. Sobald sich die wirtschaftliche Lage bessert, würden solche Arbeitnehmer wieder zum Tariflohn beschäftigt.

Letztlich kann aber das Kurzarbeitergeld nur dazu beitragen, schlechte konjunkturelle Phasen zu überbrücken. Sollte es letztlich doch zu vermehrten – auch strukturell bedingten – Entlassungen kommen, hängt die Möglichkeit des Wiedereinstiegs in die Beschäftigung in erster Linie davon ab, wie schnell und nachhaltig sich die allgemeine wirtschaftliche Lage verbessert. Zudem müssen auch auf Seiten der Unternehmen ausreichende Anreize vorhanden sein, die Belegschaft wieder auszuweiten.

Neben Maßnahmen, die direkt bei der Bereitschaft der Unternehmen ansetzen, neue Mitarbeiter einzustellen, sind hier auch weitere institutionelle Regelungen des Arbeitsmarktes von Bedeutung. Viele Betriebe haben bereits in den vergangenen Jahren von Öffnungsklauseln in den Tarifverträgen Gebrauch gemacht (Heinbach 2009). Dies hat es ihnen ermöglicht, flexibler auf Schwankungen der Nachfrage zu reagieren. Es ist daher wichtig, Reformen, die die Funktionsfähigkeit der Arbeitsmärkte verbessert haben, nicht rückgängig zu machen, sondern Anreize zur Schaffung von Arbeitsplätzen und Aufnahme von Beschäftigung zu stärken.[109] Insbesondere sollten die folgenden drei Aspekte dabei Berücksichtigung finden.

Erstens kann auf Seiten der Arbeitnehmer eine Begrenzung der Leistungsbezugszeiten in der Arbeitslosenversicherung – insbesondere bei den Älteren – positive Effekte auf die Wahrscheinlichkeit des Wiedereinstiegs haben; für die Wirkung entsprechender Maßnahmen gibt es Evidenz z. B. aus Deutschland und Finnland (Kyyrä und Wilke 2007). Auch zeigt die empirische Arbeitsmarktforschung, dass längere Bezugsdauern der Arbeitslosenunterstützung die Arbeitslosigkeit erhöhen (vgl.

109 Vgl. hierzu auch das Gutachten des Wissenschaftlichen Beirats zu den Hartz-Reformen (Wissenschaftlicher Beirat 2003).

Fredriksson und Holmlund 2003). Zweitens geht es um eine bessere Arbeitsmarktpolitik – also auch das Fördern neben dem Fordern –, die auch die zielgenaue Vergabe von geeigneten Instrumenten, wie sinnvolle Fortbildungen und Eingliederungszuschüsse sowie eine intensivere persönliche Betreuung, umfassen kann. Schließlich greift drittens die Forderung nach einer verbesserten Funktionsweise der Arbeitsmärkte weit über das Regelwerk der Arbeitsmärkte hinaus. Es sollten auch andere institutionelle Regeln einbezogen werden, die das Firmenwachstum bisher behindert haben.

Funktionierende Arbeitsmärkte gewährleisten, dass die Dauer der Arbeitslosigkeit sinkt. Dann könnten es sich Politiker vor den Augen ihrer Wähler auch eher leisten, aussichtlose Rettungsversuche einzelner von einer Insolvenz bedrohten Unternehmen von vorneherein auszuschließen.

4. *Verbesserung der sozialen Mobilität*

Das Kernproblem des deutschen Arbeitsmarktes – die hohe Wahrscheinlichkeit gering qualifizierter Beschäftigter, arbeitslos zu werden und zu bleiben oder nur gering bezahlte Stellen zu finden – lässt sich nicht allein über Reformen des Arbeitsmarktes lösen. Vielmehr sollte die Politik, wenn sie die Primärverteilung beeinflussen will, dafür sorgen, dass möglichst alle jungen Menschen Qualifikationen erwerben, mit denen sie auf freien Märkten auskömmliche Löhne verdienen können. Denn die Chancen einer Person am Arbeitsmarkt hängen in erheblichem Maße von ihrem Bildungsstand und damit von den Bildungsinvestitionen ab, die dieser Person zu Gute gekommen sind. Insofern ist der Bildungshintergrund, den die Menschen zum Zeitpunkt ihrer Mündigkeit erlangt haben, im weiteren Verlauf ein wichtiger Bestimmungsfaktor der erfolgreichen Teilnahme am Arbeitsmarkt. Damit eröffnet Bildung im Idealfall die Freiheit, dass alle Individuen beim Eintritt in den Arbeitsmarkt unabhängig von ihrer Herkunft mit gleichen Bedingungen und Startchancen in einen ergebnisoffenen Marktwettbewerb eintreten können.

Da ein großer Teil der Bildungsinvestitionen in Deutschland steuerfinanziert ist, ist es legitim zu fragen, inwiefern diese Ausgaben das Ziel haben, das Sozialprodukt zu erhöhen, Unterschiede in den Startchancen auszugleichen oder die Kohärenz und damit die langfristige Stabilität der Gesellschaft zu fördern. Während die Bildungsinvestitionen beim ersten Ziel dort konzentriert werden sollten, wo sie die höchste Ertragsrate versprechen, müssten zur Erreichung der beiden anderen Ziele die benachteiligten Kinder am stärksten gefördert werden. Langfristig können Bildungsinvestitionen, die die Kohärenz in der Gesellschaft stärken, zusätzlich auch die Effizienz des Wirtschaftssystems erhöhen.

Gegenwärtig profitieren diejenigen, die eine längere Verweildauer im Bildungssystem haben, mehr von diesem System. Die jährlichen Staatsausgaben pro Schüler sind nämlich unabhängig vom Schultyp in etwa gleich hoch. Bei einem Hauptschüler summieren sie sich in seiner gesamten Ausbildungskarriere einschließlich der Berufsschule auf rund 56.700 Euro, bei einem Gymnasiasten mit weiteren 5 Jahren Hochschulstudium im Mittel jedoch auf etwa 104.600 Euro, also fast das Doppelte.[110] Bedenkt man, dass gerade im derzeitigen deutschen System Kinder aus begüterten Elternhäusern mit einer höheren Wahrscheinlichkeit auch die höhere Bildungskarriere durchwandern, so kann man hierin eine Umverteilung erkennen, die die Ungleichheit in der Einkommensverteilung verfestigt. Ein Weg, diesen Effekt abzumindern, ist eine höhere Beteiligung der Studierenden an den Kosten der Hochschulbildung in Form von Studiengebühren.

Der Gedanke der Angleichung der Chancen spricht dafür, einen größeren Teil der Bildungsausgaben in das Kindergartenalter zu verlagern. Denn neuere Ergebnisse der empirischen Bildungsökonomik (u. a. Heckman 2006) zeigen, dass bereits in den ersten Lebensjahren entscheidende Weichenstellungen für den späteren Berufserfolg vorgenommen werden. Im internationalen Vergleich hinkt Deutschland beim Schuleintrittsalter, in der Betreuungsdauer pro Tag und bei den öffentlichen Ausgaben für frühkindliche Bildung pro Kind hinter anderen europäischen Ländern her. Darüber hinaus legt diese Forschung nahe, dass die Renditen öffentlicher Investitionen in die frühkindliche Bildung besonders hoch sind, wenn sie Kindern aus sozioökonomisch schwachen Schichten zugute kommen.

Neben einer Stärkung der frühkindlichen Bildung hat sich in der empirischen Forschung auch ein längeres gemeinsames Lernen als ein wichtiger Bestimmungsfaktor der Abhängigkeit der Bildungsleistungen vom familiären Hintergrund erwiesen. (Vgl. Wößmann 2009 für einen Überblick.) Die im internationalen Vergleich frühe Aufteilung der Kinder auf verschiedene Schularten nach dem vierten Schuljahr, die es so nur noch in Deutschland, Österreich und in Teilen der Schweiz gibt (der Großteil der OECD-Staaten vollzieht eine solche Aufteilung erst im Alter von 15 oder 16 Jahren), dürfte somit ein Grund für die relativ starke Abhängigkeit der Schülerleistungen vom familiären Hintergrund im deutschen Bildungssystem sein. Durch ein längeres gemeinsames Lernen könnte diese verringert werden, ohne dass darunter das Leistungsniveau oder

110 Eigene Berechnungen für das Jahr 2004, beruhend auf Angaben des Statistischen Bundesamtes, Fachserie 11, Reihe 1, 2003/04.

die Spitzenleistungen leiden müssten.[111] Längeres gemeinsames Lernen – kein Synonym für die heute in Deutschland existierenden Gesamtschulen – muss dabei nicht bedeuten, dass die Vielfalt der schulischen Angebote sinkt und eine jeweils individuell optimale Förderung einzelner Schüler unterbleibt. Eine klare Leistungsausrichtung für alle Schüler ist dabei wichtiger Grundbestandteil einer erfolgreichen Bildungsvermittlung.

Darüber hinaus belegt die international vergleichende empirische Forschung, dass die Bildungschancen im Schulsystem umso gleichmäßiger wahrgenommen werden, je höher der öffentliche Finanzierungsanteil bei gleichzeitiger privater Trägerschaft der Schulen sind (vgl. etwa Wößmann u.a. 2009). In Ländern, in denen eine öffentliche Finanzierung dafür sorgt, dass allen Familien – unabhängig von ihren finanziellen Mitteln – die Wahlmöglichkeit privat geleiteter Schulen offen steht, profitieren gerade die Kinder aus sozioökonomisch schwächeren Schichten von dem leistungssteigernden Wettbewerb zwischen den Schulen. Insofern könnte eine Gleichstellung von Schulen in nicht-öffentlicher Trägerschaft in der öffentlichen Finanzierung die Chancengleichheit im deutschen Bildungssystem erhöhen.

Es spricht also einiges dafür, Reformen bereits im vorschulischen und schulischen Bereich vorzunehmen, weil dort die wichtigsten Weichen für die spätere Studierfähigkeit gestellt werden (vgl. Cunha, Heckman u.a. 2006). Ohne solche Reformen wären Maßnahmen, die erst bei der höheren Bildung ansetzen, wenig Erfolg versprechend. Gleichwohl sollte dann auch die Durchlässigkeit im Zugang von beruflicher Bildung zu höherer Bildung erhöht werden. Die Zugangsmöglichkeiten für die besten

[111] Hanushek und Wößmann (2006) zeigen, dass im internationalen Vergleich die Streuung der Bildungsleistungen in mehrgliedrigen Schulsystemen nach der vierten Klasse wesentlich stärker zunimmt als in eingliedrig bleibenden Schulsystemen. Gleichzeitig findet sich kein negativer Effekt des längeren gemeinsamen Lernens auf das Leistungsniveau oder auf die obersten 5 % der Schüler. Die Abhängigkeit der Schülerleistungen vom familiären Hintergrund erweist sich sowohl im Bundesländer- als auch im internationalen Vergleich als umso geringer, je später die Selektion in unterschiedliche Schulformen erfolgt und je geringer die dann einsetzende Anzahl an Schulformen ist (Ammermüller 2005, Schütz u.a. 2008, Wößmann 2007). Befunde für die Schweiz sind vergleichbar (Bauer und Riphahn 2006). Die frühe Aufteilung geht im internationalen Vergleich auch mit einer schwächeren Integration von Kindern mit Migrationshintergrund einher (Schneeweis 2006). Für spätere Arbeitseinkommen ist im internationalen Vergleich der Effekt belegt worden, dass die frühe Aufteilung die Abhängigkeit vom familiären Hintergrund verstärkt (Brunello und Checchi 2007). Die Reformen, die in Schweden in den 1950er Jahren und in Finnland in den 1970er Jahren die Aufgliederung des Schulsystems nach hinten verschoben haben, haben ebenfalls zu einer Verringerung der späteren Ungleichheit auf dem Arbeitsmarkt geführt (Meghir und Palme 2005, Pekkarinen u.a. 2009).

Absolventen der dualen Berufsausbildung zu einem Hochschulstudium sollten verstärkt und transparenter gemacht werden.

Zudem kann einem Auseinanderdriften der Arbeitsproduktivitäten auch dadurch entgegengewirkt werden, dass in Kinder und Jugendliche mit einer typischerweise kürzeren Bildungskarriere mit höherer Intensität investiert wird. Schultypen wie die Haupt- und Berufsschule, deren Absolventen mit geringer Wahrscheinlichkeit später eine akademische Karriere anschließen, müssten nach dieser Überlegung mit mehr und besser ausgebildeten (und bezahlten) Lehrern und mit mehr materiellen Ressourcen ausgestattet werden, damit sie es in der kürzeren Zeit schaffen, Qualifikationen zu vermitteln, die einen Erfolg auf dem Arbeitsmarkt ermöglichen. Relativ gesehen höhere Investitionen in Kinder mit kürzeren Bildungskarrieren könnten dadurch erreicht werden, dass zusätzliche Ressourcen zur gezielten individuellen Förderung von denjenigen Kindern (insbesondere aus Migrantenfamilien) eingesetzt werden, die hinter dem Mindeststandard zurück bleiben.

Zum einen geht es also darum, die Durchlässigkeit des Bildungssystems zu erhöhen und begabten Kindern aus bildungsfernen Schichten einen Zugang zum Abitur und Hochschulstudium zu ermöglichen. Dabei ist besonderes Augenmerk auf Kinder zu legen, die vom Elternhaus zu wenig gefördert werden können. Zum anderen ist es erforderlich, auch den weniger begabten Kindern durch intensive Betreuung eine Qualifikation zu ermöglichen, die sie von den Leistungen des Sozialstaats unabhängig macht.

[Beginn des Minderheitsvotums]

Eine Minderheit des Beirats stellt in Frage, dass die vorliegenden empirischen Untersuchungen auf einen Mangel an Chancengleichheit in unserem Bildungssystem hindeuten. Wenn die Begabung vom Elternhaus abhängt, ist auch bei Chancengleichheit zu erwarten, dass die Bildungserfolge vom Elternhaus abhängen. Die Tatsache, dass die Streuung der Bildungsleistungen in Ländern wie Großbritannien, Deutschland und den USA überdurchschnittlich groß ist und die Bildungsleistungen dort besonders stark vom Bildungsniveau der Eltern abhängen (Schütz u.a. 2008), kann darauf zurückgeführt werden, dass die Jugendlichen in diesen Ländern mehr als anderswo gemäß ihrer Begabung gefördert werden. Die vorliegenden empirischen Untersuchungen können auch nicht die Hypothese verwerfen, dass eine spätere Selektion in der Schule die Entwicklungschancen der Begabteren beeinträchtigt. – In der ökonomischen Theorie der Sozialpolitik besteht weithin Einigkeit, dass die Umverteilung zugunsten der Schwächeren über das Steuer- und Trans-

fersystem und nicht über Eingriffe in die Allokation oder die Verwendung ineffizienter Technologien erfolgen sollte. Deshalb ist es günstiger, die Ausgaben zugunsten der schwächeren Schüler zu erhöhen als die Selektion nach der Begabung zu verzögern.

[Ende des Minderheitsvotums]

Ein Teil dieser langfristigen Strategien wird den Staatshaushalt über Jahrzehnte hinweg mit höheren Ausgaben belasten, bevor diese Strategien Produktivitätswirkungen zeigen und zu einer geringeren Ungleichheit in den Markteinkommen führen. Daher sind sie angesichts 4- oder 5-jähriger Wahlzyklen politisch schwer durchzuhalten, wenn in einer ungünstigen konjunkturellen Situation alle Staatsausgaben auf den Prüfstand gestellt werden. Probleme des langen Atems bestehen aber nicht nur in der Bildungspolitik, sondern ebenso z.B. in der Umweltpolitik und in der Rentenpolitik. Letzten Endes entscheiden die Bürger, ob sie Politiker mit Wahlprogrammen wählen, die kurzfristig höhere Kosten verursachen, gleichzeitig aber das Potenzial haben, auf die lange Frist Bedingungen zu schaffen, unter denen wirtschaftlicher Erfolg und Wohlstand gedeihen können.

V. Fazit

Eine als ungerecht empfundene Verteilung von Chancen und Risiken stellt für viele Bürger den zentralen Kritikpunkt am marktwirtschaftlichen System dar. Gerade in der jetzigen Krise wird dem Staat zugetraut, die Risiken der Krise abzufedern. Es werden Eingriffe in die Ergebnisse des Marktprozesses gefordert – sei es über die gesetzliche Festlegung von Mindestlöhnen, die gesetzliche Begrenzung von Managementgehältern oder über die Steuer- und Sozialpolitik. Dabei besteht aber die Gefahr, die Möglichkeiten des Staates zu überschätzen.

Ziel dieses Gutachtens war es, zunächst eine Bestandsaufnahme der Einkommensverteilung und intergenerationalen Mobilität und der sich wandelnden Arbeitsmarktrisiken vorzunehmen. Im Anschluss daran wurden wirtschaftspolitische Optionen diskutiert. Die Ergebnisse dieses Gutachtens können wie folgt zusammengefasst werden:

1. Die Verteilung der Markteinkommen in Deutschland ist deutlich ungleicher geworden. Eine genauere Analyse zeigt, dass die Gründe hierfür vielfältig sind. Technischer Fortschritt und die Globalisierung spielen eine wichtige Rolle. Diesen Entwicklungen kann sich die nationale Politik nicht widersetzen, ohne erhebliche Wohlfahrtsverluste in Kauf nehmen zu müssen. Für die Entwicklung der Einkommens-

verteilung ist zudem die Arbeitslosigkeit von entscheidender Bedeutung, und die Arbeitsmarktreformen der vergangenen Jahre haben gerade gering Qualifizierten den Wiedereintritt in den Arbeitsmarkt ermöglicht. Das bestehende Sozial- und Steuersystem hat zudem dazu beigetragen, dass sich die größere Ungleichheit der Markteinkommen kaum in einer größeren Ungleichheit der verfügbaren Einkommen niedergeschlagen hat.

2. Die Abhängigkeit der Bildungsleistungen vom familiären Hintergrund ist in Deutschland größer als in ähnlichen Industrieländern. Angesichts des engen Zusammenhangs zwischen Bildungsstand einerseits und Arbeitslosigkeit bzw. Einkommen andererseits hat dies unmittelbaren Einfluss auf die langfristige Verteilung der Einkommen. Daher sollte der Staat langfristige Maßnahmen nicht aus den Augen verlieren, die auf bessere Chancen aller Bürger, an einem ergebnisoffenen Marktprozess teilzunehmen, abzielen. Insbesondere sollten Anstrengungen unternommen werden, auch Kinder aus bildungsfernen Schichten so früh wie möglich zu fördern.

3. Die Politik sollte dagegen nicht direkt in die Preisbildung am Arbeitsmarkt eingreifen. Im Bereich der Niedrigeinkommen ist eine positive Wirkung von Mindestlöhnen wegen der wahrscheinlichen Beschäftigungsverluste nicht zu erwarten. Im Bereich der höheren Einkommen stellt die Setzung von Obergrenzen für Managergehälter einen Eingriff in den Entscheidungsspielraum der Unternehmen dar. Gleichwohl können Änderungen der Haftungs- und Transparenzregeln es den Aktionären ermöglichen, ihre Kontrollfunktion besser auszuüben.

4. Die meisten Prognosen deuten darauf hin, dass die Auswirkungen der Wirtschaftskrise erst in den kommenden Monaten am Arbeitsmarkt spürbar werden. Der Verlust des Arbeitsplatzes wird insbesondere deswegen als große Gefahr empfunden, weil die sozialen Sicherungssysteme mittelfristig nicht wie bisher eine Statussicherung ermöglichen, sondern lediglich eine Mindestsicherung bieten. Können Entlassungen letztlich nicht vermieden werden, ist die Funktionsweise der Arbeitsmärkte eine entscheidende Voraussetzung dafür, dass die Arbeitslosigkeit nicht dauerhaft ansteigt. Die Arbeitsmarktreformen der Agenda 2010, die gerade das Ziel hatten, die Funktionsweise der Märkte zu verbessern, sollten daher nicht zurückgenommen werden.

5. Gerade im Verlauf der Wirtschaftskrise hat das bestehende Sozialsystem in Deutschland seine Schutzfunktion für die Arbeitnehmer vergleichsweise gut erfüllt. Auch daher besteht keine Veranlassung, einzelne Unternehmen oder Industrien durch protektionistische Maß-

nahmen vor außenwirtschaftlichen Risiken zu schützen. Dies gilt insbesondere vor dem Hintergrund, dass von der Offenheit der Güter- und Finanzmärkte erhebliche positive Wohlfahrtseffekte ausgehen.

Staatliches Handeln sollte sich daran orientieren, geeignete Rahmenbedingungen für die Funktionsweise von Märkten bereitzustellen. Dazu zählen insbesondere die Gewährleistung von Eigentumsrechten, eine Wettbewerbsordnung, die die Ballung von ökonomischer Macht verhindert, eine stabile Geld- und Währungspolitik, geeignete institutionelle Regelungen gerade auch für die Finanzmärkte sowie die Gewährleistung eines durchlässigen Bildungssystems. Wirtschaftspolitische Maßnahmen sollten darauf abzielen, die Ungleichheit individueller Bildungschancen zu mindern und damit die Voraussetzung für eine erfolgreiche Beteiligung aller Menschen am politischen und wirtschaftlichen Prozess zu schaffen.

Berlin, den 18. September 2009

Die Vorsitzende des Wissenschaftlichen Beirats
beim Bundesministerium für Wirtschaft und Technologie

Prof. Dr. Claudia M. Buch

Das Gutachten wurde vorbereitet von folgenden Mitgliedern des Wissenschaftlichen Beirats beim Bundesministerium für Wirtschaft und Technologie

Prof. Dr. Claudia M. Buch (Federführung, Vorsitzende)
Professor für Wirtschaftstheorie,
insbesondere Geld und Währung,
an der Universität Tübingen

Prof. Dr. Friedrich Breyer (Stellvertretender Vorsitzender)
Professor für Volkswirtschaftslehre
an der Universität Konstanz

Prof. Dr. Charles B. Blankart
Professor für Wirtschaftswissenschaften
an der Humboldt-Universität zu Berlin

Prof. Axel Börsch-Supan, Ph.D.
Direktor des Mannheimer Forschungsinstituts
Ökonomie und Demographischer Wandel
an der Universität Mannheim
Professor für Makroökonomik und Wirtschaftspolitik
an der Universität Mannheim

Prof. Dr. Christoph Engel
Direktor am Max-Planck-Institut
zur Erforschung von Gemeinschaftsgütern und
Professor für Rechtswissenschaften
an der Universität Osnabrück

Prof. Dr. Eckhard Janeba
Lehrstuhl für Volkswirtschaftslehre, insbesondere Finanzwissenschaft
und Wirtschaftspolitik an der Universität Mannheim

Prof. Dr. Manfred J. M. Neumann
Professor für Wirtschaftliche Staatswissenschaften,
insbesondere Wirtschaftspolitik,
an der Universität Bonn

Prof. Regina T. Riphahn, Ph.D.
Professor für Statistik und empirische Wirtschaftsforschung
an der Friedrich-Alexander-Universität Erlangen-Nürnberg

Prof. Dr. Ludger Wößmann
Professor für Volkswirtschaftslehre insb. Bildungsökonomik
an der Ludwig-Maximilians-Universität München
Bereichsleiter, Humankapital und Innovation
ifo Institut für Wirtschaftsforschung, München

Literaturverweise

Aizenman, J. (2004). Financial Opening: Evidence and Policy Options, in R. E. Baldwin und L. A. Winters, *Challenges to Globalization*, University of Chicago Press.

Akerlof, G. A., und R. J. Schiller (2009). *Animal Spirits. How Human Psychology Drives the Economy, and Why It Matters for Global Capitalism,* Princeton University Press.

Alvarez, F. und R. Lucas (2005). General Equilibrium Analysis of the Eaton-Kortum Model of International Trade. *Journal of Monetary Economics.* 54 (6): 1726–1768

Ammermüller, A. (2005). Educational Opportunities and the Role of Institutions. ZEW Discussion Paper 44. Mannheim: Centre for European Economic Research.

Andres, C. und E. Theissen (2008). Setting a fox to keep the geese — Does the comply-or-explain principle work? *Journal of Corporate Finance* 14: 289–301.

Bach, S. und V. Steiner (2007). Zunehmende Ungleichheit der Markteinkommen: Reale Zuwächse nur für Reiche. Deutsches Institut für Wirtschaftsforschung. DIW Wochenbericht 74/13, 193–198.

Bach, S., G. Corneo, und V. Steiner (2007). From Bottom to Top: The entire distribution of market income in Germany, 1992–2001. CEPR Discussion Paper No. 6251. London.

Bauer, P. und R. T. Riphahn (2006). Timing of school tracking as a determinant of intergenerational transmission of education. *Economics Letters* 91(1): 90–97.

Bazerman, M. H. und M. A. Neale (1995). The Role of Fairness Considerations and Relationships in a Judgmental Perspective of Negotiation, in: K. J. Arrow, R. H. Mnookin, L. Ross, A. Tversky und R. B. Wilson (Hg.), *Barriers to Conflict Resolution*, New York, Norton: 86-107.

Becker, R. (2008). Bildung und Chancengleichheit. In: Statistisches Bundesamt (2008): *Datenreport 2008: Der Sozialbericht für Deutschland*, 74–79. Wiesbaden.

Becker, S. O., und M.-A. Muendler (2008). The Effect of FDI on Job Separation. *The B.E. Journal of Economic Analysis & Policy* 8 (1). Advances, Article 8.

Bekaert, G., C. R. Harvey, and C. Lundblad (2009). Financial Openness and Productivity, National Bureau of Economic Research (NBER) Working Paper 14843. Cambridge, MA.

Blanchard, O. (2006). European unemployment: the evolution of facts and ideas. *Economic Policy* 21(45): 5–59.

Boockmann, B., und S. Steffes (2009). Workers, Firms or Institutions: What Determines Job Duration for Male Employees in Germany?, *Industrial and Labor Relations Review*, forthcoming.

Bos, W., S. Hornberg, K.-H. Arnold, G. Faust, L. Fried, E.-M. Lankes, K. Schwippert, und R. Valtin (2007). *IGLU 2006: Lesekompetenzen von Grundschulkindern in Deutschland im internationalen Vergleich,* Münster: Waxmann.

Bradley, D., E. Huber, S. Moller, F. Nielsen, und J. Stephens (2003). Distribution and Redistribution in Post-Industrial Democracies. *World Politics* 55: 193–228

Breen, R., und R. Luijkx (2004). Social Mobility in Europe between 1970 and 2000. In Breen, R. (Hrsg.): *Social Mobility in Europe.* Oxford University Press, Oxford.

Brunello, G., und D. Checchi (2007). Does School Tracking Affect Equality of Opportunity? New International Evidence. *Economic Policy* 22 (52): 781–861.

Buch, C. M., und A. Lipponer (2009). Volatile Multinationals? Evidence from the Labor Demand of German Firms. *Labour Economics* (in Vorbereitung)

Bundesagentur für Arbeit (2009). *Eckwerte des Arbeitsmarktes.* Juni 2009. Nürnberg.

Bundesministerium für Arbeit und Soziales (BMAS) (2005). *Lebenslagen in Deutschland – Der Zweite Armuts- und Reichtumsbericht der Bundesregierung*, Berlin.

Bundesministerium für Bildung und Forschung (2007). *Die wirtschaftliche und soziale Lage der Studierenden in der Bundesrepublik Deutschland 2006.* 18. Sozialerhebung des Deutschen Studentenwerks. Berlin: BMBF.

Checchi, D., und C. Garcia-Penalosa (2008), Labour Market Institutions and Income Inequality. Luxembourg Income Study Working Paper Series Nr. 470.

Coulton, J., C. James, und S. Taylor (2001). The Effect of Compensation Design and Corporate Governance on the Transparency of CEO Compensation Disclosures. UTS School of Accounting Working Paper No. 45

Cunha, F., J. J. Heckman, L. Lochner, und D.V. Masterov (2006). Interpreting the Evidence on Life Cycle Skill Formation. In: Eric A. Hanushek, Finis Welch (Hrsg.), *Handbook of the Economics of Education*, Vol. 1, S. 697–812. Amsterdam: North-Holland.

Dell, F. (2006). Top Incomes in Germany Throughout the Twentieth Century: 1891–1998. In: Atkinson, A.B. und T. Piketty (Hg.): *Top Incomes over the Twentieth Century.* Oxford University Press, Oxford. 365–425.

Dixit, A., und V. Norman (1986). Gains from trade without lump-sum compensation. *Journal of International Economics* 21: 111–122.

Dustmann, C., J. Ludsteck und U. Schönberg (2009). Revisiting the German Wage Structure. *Quarterly Journal of Economics* (124)2: 843–881

Eaton, J., und S. Kortum. (2002). Technology, Geography, and Trade. *Econometrica.* 70: 1741–1779.

Eisenhauer, P., und F. Pfeiffer (2008). Assessing Intergenerational Earnings Persistence Among German Workers. *Zeitschrift für Arbeitsmarktforschung* 41: 119–137.

Fahr, R., und U. Sunde (2009). Did the Hartz Reforms Speed-Up Job Creation? A Macro-Evaluation Using Empirical Matching Functions. *German Economic Review* 10(3): 284–316.

Fattorusso, J., R. Skovoroda, und A. Bruce (2007). UK Executive Bonuses and Transparency – A Research Note. *British Journal of Industrial Relations.* 45(3): 518–536.

Fitzenberger, B. (1999). *Wages and Employment Across Skill Groups. An Analysis for West Germany.* Physica/Springer. Heidelberg.

Fitzenberger, B. (2009). Anmerkungen zur Mindestlohndebatte: Elastizitäten, Strukturparameter und Topfschlagen. *Zeitschrift für Arbeitsmarktforschung* 42(1): 85–92(8).

Frässdorf, A., M. M. Grabka und J. Schwarze (2008). The impact of households capital income on income inequality – A factor decomposition analysis for Great Britain, Germany and the USA, IZA Discussion Paper 3492. Bonn.

Fredriksson, P., und B. Homlund (2003). Improving incentives in unemployment insurance: A review of recent research. IFAU – Institute for Labour Market Policy Evaluation. Working Paper 2003:5. Uppsala.

Frey, B. (1997). *Not Just for the Money. An Economic Theory of Personal Motivation,* Cheltenham, Elgar.

Frick, J., und M. Grabka (2009). Gestiegene Vermögensungleichheit in Deutschland. Berlin. Deutsches Institut für Wirtschaftsforschung. *DIW Wochenbericht 76/4*: 54–67.

Fuchs-Schündeln, N., D. Krüger und M. Sommer (2009). Inequality Trends for Germany in the Last Two decades: A Tale of Two Countries. National Bureau of Economic Research (NBER). Working Paper 15059. Cambridge, MA.

Gabaix, X., und A. Landier (2008). Why Has CEO Pay Increased to Much? *Quarterly Journal of Economics* 123(1): 49–100.

Gerlach, K., D. Levine, G. Stephan, und Olaf Struck (2006). The Acceptability of Layoffs and Pay Cuts: Comparing North America with Germany. Institut für Arbeitsmarkt- und Berufsforschung (IAB). IAB Discussion Paper 1/2006. Nürnberg.

Gernandt, J. und F. Pfeiffer (2007). Rising Wage Inequality in Germany, *Journal of Economics and Statistics* 227: 358–380.

Glatzer, W., J. Becker, R. Bieräugel, G. Hallein-Benze, O. Nüchter und A. Schmid (2008). *Einstellungen zum Reichtum. Forschungsprojekt im Rahmen „Lebenslagen in Deutschland"*. Bundesministerium für Arbeit und Soziales, Berlin.

Gordon, R. J., und I. Dew-Becker (2008). Controversies about the Rise of American Inequality: A Survey. National Bureau of Economic Research. NBER Working Papers 13982. Cambridge, MA.

Grabka, M., und J. Frick. (2008). Schrumpfende Mittelschicht – Anzeichen einer dauerhaften Polarisierung der verfügbaren Einkommen? Deutsches Institut für Wirtschaftsforschung. *DIW Wochenbericht 75/10*: 101–108.

Guesnerie, R. (2001). Second Best Redistributive Policies: The Case of International Trade, *Journal of Public Economic Theory* 3: 15–25.

Haidt, J. (2001). The Emotional Dog and Its Rational Tail. A Social Intuitionist Approach to Moral Judgment. *Psychological Review* 108: 814–834.

Hanushek, E. A., und L. Wößmann (2006). Does Early Tracking Affect Educational Inequality and Performance? Differences-in-Differences Evidence across Countries, *Economic Journal* 116, S10: C63–C76.

Hayek, F. A. von (1968). *Der Wettbewerb als Entdeckungsverfahren.* In: E. Schneider (Hrsg.), Kieler Vorträge 56. Mohr: 3–20

Heckman, J. J. (2006). Skill Formation and the Economics of Investing in Disadvantaged Children, *Science* 312 (5782): 1900–1902.

Heinbach, W. D. (2009). *Tarifbindung, Lohnstruktur und tarifvertragliche Flexibilisierungspotenziale.* Institut für Angewandte Wirtschaftsforschung. Institut für Angewandte Wirtschaftsforschung. IAW-Forschungsbericht 69. Tübingen.

Heineck, G., und R. T. Riphahn (2009). Intergenerational Transmission of Educational Attainment in Germany – The Last Five Decades. *Jahrbücher für Nationalökonomie und Statistik* 229(1): 36–60.

Jürges, H. (2007). True health vs. response styles: Exploring cross-country differences in self-reported health. *Health Economics* 16(2): 163–178.

Kahneman, D., J. L. Knetsch, und R. Thaler (1986). Fairness and the Assumptions of Economics. *Journal of Business* 59(4): 285–300.

Kenworthy, L., und J. Pontusson (2005). Rising Inequality and the Politics of Redistribution in Affluent Countries. *Perspectives on Politics* 3(3): 449–471.

Knabe, A., und R. Schöb (2008). Minimum Wage Incidence: The Case for Germany. CESifo Working Paper 2432. Oktober. München.

Kohn, K. (2006). Rising Wage Dispersion, After All! The German Wage Structure at the Turn of the Century. IZA Discussion Paper 2098. Bonn.

König, M., und J. Möller (2008). Mindestlohneffekte des Entsendegesetzes? Eine Mikrodatenanalyse für die deutsche Bauwirtschaft. *Zeitschrift für Arbeitsmarktforschung* 41: 327–346.

Kose, M. A., E. S. Prasad und A. D. Taylor (2009). Thresholds in the Process of International Financial Integration. National Bureau of Economic Research. NBER Working Paper No. 14916. Cambridge MA.

Kyyrä, T., und R. A. Wilke (2007). Reduction in the Long-Term Unemployment of the Elderly: A Success Story from Finland. *Journal of the European Economic Association* 5: 154–182.

Layard, R. (2005). *Happiness – Lessons from a New Science*. The Penguin Press. New York.

Machin, S. (2007). Education Expansion and Intergenerational Mobility in Britain. In: L. Woessmann, und P. E. Peterson (Hrsg.), *Schools and the Equal Opportunity Problem*. Cambridge, MA: MIT Press.

Meghir, C., und M. Palme (2005). Educational Reform, Ability, and Family Background. *American Economic Review* 95 (1): 414–424.

Müller, W. und R. Pollak (2004). Social Mobility in West Germany: The Long Arms of History Discovered? In: Breen, R. (Hg.): *Social Mobility in Europe*. Oxford University Press, Oxford.

Neumark, D. und W. Wascher (2007). Minimum Wages and Employment, IZA Discussion Paper 2570. Bonn.

OECD (2008a). *Growing Unequal. Income Distribution and Poverty in OECD Countries*. OECD, Paris.

OECD (2008b). *Education at a Glance*. Paris.

Peichl, A., N. Pestel und H. Schneider (2009). Demografie und Ungleichheit: Der Einfluss von Veränderungen der Haushaltsstruktur auf die Einkommensverteilung in Deutschland. IZA Diskussionspapier 4197. Bonn.

Pekkarinen, T., R. Uusitalo, und S. Kerr (2009). School Tracking and Intergenerational Income Mobility: Evidence from the Finnish Comprehensive School Reform. *Journal of Public Economics*: 93(7-8): 965–973.

PISA-Konsortium Deutschland (2005). *PISA 2003: Der zweite Vergleich der Länder in Deutschland – Was wissen und können Jugendliche?* Münster: Waxmann.

Pollak, R. (2006). Soziale Mobilität. In: Statistisches Bundesamt (Hg.): *Datenreport 2006*, 597–606.

Prasad, E. S. (2004). The Unbearable Stability of the German Wage Structure: Evidence and Interpretation. International Monetary Fund. *IMF Staff Papers* 51(2): 354–385.

Rothe, T. (2009). Arbeitsmarktentwicklung im Konjunkturverlauf – Nicht zuletzt eine Frage der Einstellungen. Institut für Arbeitsmarkt- und Berufsforschung (IAB). IAB Kurzbericht 13. Nürnberg.

Sachverständigenrat zur Begutachtung der gesamtwirtschaftlichen Entwicklung (2006). *Jahresgutachten 2006/07.* Stuttgart.

Sachverständigenrat zur Begutachtung der gesamtwirtschaftlichen Entwicklung (2007). *Das Erreichte nicht verspielen! Jahresgutachten 2007/08.* Stuttgart.

Schäfer, H., und J. Schmidt (2009). Einkommensmobilität in Deutschland – Entwicklungen, Strukturen und Determinanten. Institut der Deutschen Wirtschaft. IW Trends 2/2009. Köln.

Scheve, K., und M. J. Slaughter (2004). Economic Insecurity and the Globalization of Production, *American Journal of Political Science* 48(4): 662–674.

Schneeweis, N. (2006). How Should We Organize Schooling to Further Children with Migration Background? Economics Working Paper 2006-20, Department of Economics, Johannes Kepler University Linz.

Schütz, G., H. W. Ursprung und L. Wößmann (2008). Education Policy and Equality of Opportunity. *Kyklos* 61(2): 279–308.

Schwalbach, J. (2009). Vergütungsstudie 2007: Vorstandsvergütungen und Personalkosten der DAX30-Unternehmen 1987–2006. Humboldt Universität Berlin. Mimeo.

Siegenthaler, H. (1993). *Regelvertrauen, Prosperität und Krisen.* Tübingen: Mohr (Siebeck).

Sinn, H. W., W. Geis und C. Holzner (2009). Die Agenda 2010 und die Armutsgefährdung. *ifo Schnelldienst* 62 (17): 23–27

Sommer, M. (2009). *Aspects of Savings, Wealth, Portfolio Choice, and Inequality in the Life-Cycles of German Households.* Dissertation. Universität Mannheim.

Sommer, M. (2008). Vertrauenskrise der Marktwirtschaft. Demoskopische Befunde, November 2008. Institut für Demoskopie Allensbach.

Spector, D. (2001). Is it possible to redistribute the gains from trade using income taxation? *Journal of International Economics* 55: 441–460.

Spitz-Oener, A. (2006). Technical Change, Job Tasks, and Rising Educational Demands: Looking Outside the Wage Structure. *Journal of Labour Economics* 24(2): 235–270.

Statistisches Bundesamt (2006). *11. Koordinierte Bevölkerungsvorausberechnung. Annahmen und Ergebnisse.* Wiesbaden.

Vehrkamp, R. B., und A. Kleinsteuber (2007). *Soziale Gerechtigkeit 2007 – Ergebnisse einer repräsentativen Bürgerumfrage.* Bertelsmann Stiftung. Gütersloh.

Wissenschaftlicher Beirat beim BMWA (2002). *Reform des Sozialstaats für mehr Beschäftigung im Bereich gering qualifizierter Arbeit.* Dokumentation 512 (Gutachten vom 28./29. Juni 2002). Berlin

Wissenschaftlicher Beirat beim BMWA (2003). *Die Hartz-Reformen: Ein Beitrag zur Lösung des Beschäftigungsproblems?*. Dokumentation des Bundesministeriums für Wirtschaft und Arbeit Nr. 518. Berlin

Wissenschaftlicher Beirat beim BMWi (2006a). Mindest- und Kombilöhne. Brief vom 18. März 2006. Berlin.

Wissenschaftlicher Beirat beim BMWi (2006b). *Der deutsche Arbeitsmarkt in Zeiten globalisierter Märkte,* Gutachten vom 21.6.2006. Berlin.

Wolfers, J. (2003). Is Business Cycle Volatility Costly? Evidence from Surveys of Subjective Wellbeing. *International Finance* 1: 1–26.

Wößmann, L., E. Lüdemann, G. Schütz und M. R. West (2009). *School Accountability, Autonomy and Choice around the World,* Cheltenham: Edward Elgar.

Wößmann, L. (2007). *Letzte Chance für gute Schulen: Die 12 großen Irrtümer und was wir wirklich ändern müssen.* München: ZS Verlag Zabert Sandmann.

Wößmann, L. (2009). International Evidence on School Tracking: A Review. *CESifo DICE Report – Journal for Institutional Comparisons* 7 (1): 26–34.

Gutachten vom 15. April 2010

Thema: Zur Reform der Finanzierung der Gesetzlichen Krankenversicherung

Der Wissenschaftliche Beirat beim Bundesministerium für Wirtschaft und Technologie hat sich in mehreren Sitzungen, zuletzt am 15. und 16. April 2010, mit dem Thema

„Zur Reform der Finanzierung der Gesetzlichen Krankenversicherung"

befasst und dazu das folgende Gutachten verabschiedet.

I. Anlass

Die Bundesregierung hat im Koalitionsvertrag angekündigt, die Beitragserhebung in der Gesetzlichen Krankenversicherung (GKV) zu reformieren.[112] Dazu ist im Februar eine Regierungskommission eingesetzt worden, die Vorschläge für die künftige Finanzierung der GKV erarbeiten soll.

In diesem Gutachten überprüft der Beirat mögliche Optionen auf ihre Stärken und Schwächen hin angesichts der vielfältigen Probleme, die im Gesundheitswesen trotz der zahlreichen Reformen noch immer bestehen: Effizienzdefizite, steigende Beitragssätze, gravierende Mängel in der sozialpolitischen Treffsicherheit der Beitragsregeln, verdeckte Rationierung gesundheitlicher Leistungen sowie hohe Intransparenz bezüglich der Kosten für den Versicherten.[113]

Der Beirat orientiert sich an folgenden Leitlinien einer Reform der Finanzierung der Gesetzlichen Krankenversicherung:

- Jedem Bürger sollte unabhängig von seiner Zahlungsfähigkeit eine qualitativ hochwertige und dem Stand der Medizin entsprechende Grundversorgung mit Gesundheitsleistungen zugänglich sein.
- Das Gesundheitssystem braucht mehr Wettbewerb. Der Wettbewerb zwischen den Krankenkassen ist kein Selbstzweck, sondern Voraussetzung für mehr Wettbewerb zwischen den Anbietern von Gesundheitsleistungen (Ärzten, Krankenhäusern, Apotheken etc.). Dieser soll den wirtschaftlichen Mitteleinsatz verbessern, und zwar nicht nur kurzfristig, sondern auch langfristig.

112 Vgl. „Wachstum, Bildung, Zusammenhalt", S. 78.

113 Für eine ausführliche Analyse siehe z.B. Sachverständigenrat zur Begutachtung der Entwicklung im Gesundheitswesen (2002).

- Die Akteure im Gesundheitswesen, Krankenversicherungen, Ärzte und Versicherte, sollten stärkere Anreize zur Gesundheitsvorsorge haben, damit künftige Behandlungskosten reduziert und, wenn möglich, vermieden werden.
- Vor dem Hintergrund des demographischen Wandels geht es darum, das System nachhaltiger zu finanzieren und übermäßig hohe Kosten für zukünftige Beitragszahler zu vermeiden.

In einem ersten Schritt werden die verfügbaren Instrumente diskutiert, mit denen der Gesetzgeber das Finanzierungssystem der gesetzlichen Krankenversicherung gestalten kann (Abschnitt 2). Anschließend werden die Reformoptionen im Einzelnen vorgestellt und bewertet (Abschnitt 3). In Abschnitt 4 wird eine denkbare Langfristperspektive erörtert und in Abschnitt 5 eine Handlungsempfehlung formuliert.

Wir kommen zu folgenden Ergebnissen:

1. Um den Wettbewerb in der Gesetzlichen Krankenversicherung zu stärken und die gravierenden Ungerechtigkeiten im geltenden Beitragssystem zu beseitigen, sollte der Arbeitnehmerbeitrag in eine kassenspezifische Gesundheitsprämie umgewandelt werden. Damit würden die Versicherungsprämien wieder den Charakter von unverzerrten Preissignalen erhalten. Die reine Einkommensumverteilung würde in Form eines sozialen Ausgleichs aus der Gesetzlichen Krankenversicherung in das Steuer-Transfer-System verlagert. Von kleinen Schritten dorthin oder Mischlösungen ist abzuraten.
2. In der Privaten Krankenversicherung sollte der Wettbewerb durch die Einführung voll übertragbarer Alterungsrückstellungen, die am individuellen Versicherungsrisiko ausgerichtet sind, gestärkt werden. Bei positiven Erfahrungen könnte eine solche Lösung zu einem späteren Zeitpunkt auch auf die Gesetzliche Krankenversicherung ausgedehnt werden.

II. Stellhebel der Finanzierung der Gesetzlichen Krankenversicherungen

Eine Reform der Finanzierung der Gesetzlichen Krankenversicherung kann an mehreren verschiedenen Stellen ansetzen: an der Bemessungsgrundlage und dem Tarif für die Versichertenbeiträge, an der Beteiligung der Arbeitgeber, am System des Risikoausgleichs zwischen den im Wettbewerb stehenden Krankenkassen sowie an der Frage der Bildung eines Vorsorgekapitals bei den Kassen. Im Folgenden werden die Wirkungen System verändernder Entscheidungen im Hinblick auf die eingangs genannten Leitlinien diskutiert.

1. *Gesundheitsprämie oder einkommensabhängiger Beitrag?*

Damit Wettbewerb wirken kann, müssen sich Krankenkassen differenzieren können. Ein Parameter der Differenzierung ist die gewählte Prämie. Wettbewerb um günstigere Prämien führt zu Kosten bewusstem Verhalten der Krankenkassen. Der im Jahr 2009 eingeführte Gesundheitsfonds, insbesondere die „Überforderungsklausel" bei den Zusatzbeiträgen, hat den Spielraum zur Differenzierung über Prämien aber stark eingeschränkt, was eines der größten Mankos der derzeitigen Situation ist.

Die Frage nach der Bemessung des Beitrags – identisch für jede Person (kassenspezifische Gesundheitsprämie) oder abhängig vom Einkommen – wird in der Öffentlichkeit kontrovers diskutiert, während Ökonomen größtenteils die einkommensunabhängige Prämie wegen der geringeren verzerrenden Wirkungen, der Konjunkturunabhängigkeit des Beitragsaufkommens und der größeren Transparenz vorziehen. Um die Diskussion zu versachlichen, hilft auch ein Blick auf die Entstehung des derzeitigen Systems der Finanzierung der GKV.

Als die Sozialversicherung im Deutschen Reich vor mehr als 120 Jahren eingeführt wurde, galt in beiden Zweigen (Rentenversicherung und Krankenversicherung, später dann auch in der Arbeitslosenversicherung) das Prinzip der zum Lohn proportionalen Beiträge, das aus dem Prinzip der Äquivalenz zwischen Beiträgen und Leistungsansprüchen abgeleitet werden konnte. Soweit die Leistungen im Wesentlichen Lohnersatzleistungen waren (Invaliden- oder Altersrente, Krankengeld), die mit dem Arbeitseinkommen stiegen, war es insoweit nur konsequent, dass auch die Beiträge parallel mit dem Lohn zunahmen. Als dann im Laufe der Zeit die sonstigen Leistungen, die nicht Lohnersatzleistungen sind (Krankenbehandlung, Rehabilitation), an Umfang zunahmen, war die ursprünglich nicht beabsichtigte Entfernung vom Äquivalenzprinzip unübersehbar. Bei der Rentenversicherung spielt die Abweichung vom eigentlichen Konzept wegen des geringen Anteils der Ausgaben für Rehabilitation quantitativ weiterhin kaum eine Rolle.[114] In der Krankenversicherung hingegen ist spätestens mit der Einführung der Lohnfortzahlung für die ersten Krankheitswochen durch den Arbeitgeber im Jahre 1970 das Äquivalenzprinzip irrelevant geworden worden, und die

[114] Diese betrugen im Jahr 2007 2 % der Ausgaben der Deutschen Rentenversicherung. Vgl. Rentenversicherungsbericht 2008, S. 17.

einkommensbezogene Beitragserhebung in der GKV ist zu einem zweiten System der Einkommensumverteilung – neben dem Steuer-Transfer-System – mutiert. Das Krankengeld, die einzige beitragsäquivalente Leistung, macht nur noch sechs Prozent der Krankenkassen-Ausgaben aus. Insofern ist die derzeitige lohnabhängige Prämie im Gesundheitswesen im Gegensatz zur Rentenversicherung und zur Arbeitslosenversicherung nicht mehr durch das Äquivalenzprinzip zu rechtfertigen.

Die lohnabhängige Prämie wird in der öffentlichen Diskussion auch häufig mit dem Prinzip der Leistungsfähigkeit begründet. Diese Argumentation ist kritisch zu beurteilen, denn das Leistungsfähigkeitsprinzip spielt im jetzigen System an den entscheidenden Stellen keine Rolle, jedenfalls keine überzeugende: Der Lohn bildet Leistungsfähigkeit nur unvollständig ab, Beitragsbemessungsgrenze und beitragsfreie Mitversicherung von Familienangehörigen führen zu nicht beabsichtigten Verteilungswirkungen. So zahlt ein Ehepaar, bei dem ein Partner 6.000 Euro verdient, der andere nichts, weniger Beiträge in die gesetzliche Krankenversicherung als ein Ehepaar, bei dem beide Partner jeweils 3.000 Euro verdienen.

Die Bemessung der Beiträge am Arbeitseinkommen kann zudem angesichts einer sinkenden Lohnquote zu einer Fehlinterpretation der Trends in den Ausgaben führen: So entstand durch die ständig steigenden Beitragssätze der gesetzlichen Krankenkassen in den vergangenen drei Jahrzehnten der Eindruck einer „Kostenexplosion" im Gesundheitswesen, obwohl die Hauptursache für diesen Anstieg nicht etwa in einem rasanten Wachstum der Gesundheitsausgaben, sondern in einem Zurückbleiben der Beitragsbemessungsgrundlage hinter der Entwicklung des Sozialprodukts insgesamt zu sehen ist (Tabelle 1).[115] Allein in dieser Divergenz sind steigende Beitragssätze angelegt, worin man ein weiteres Zeichen dafür sehen mag, wie inadäquat die Beitragsregelung ist.

Anders als im Falle einer einkommens- oder lohnabhängigen Prämie ist bei einer Gesundheitsprämie in der Form eines kassenspezifischen Festbetrages der Beitrag jedes Versicherten (innerhalb einer Kasse) prinzipiell gleich. Das individuelle Gesundheitsrisiko spielt für die Beitragsbemessung auch hier keine Rolle. Dieser einheitliche Beitrag würde einen Belastungsausgleich zwischen den unterschiedlichen individuellen Gesundheitsrisiken herbeiführen, also etwa zwischen wenig krankheitsanfälligen Personen und chronisch Kranken; die reine Einkommensumverteilung

[115] Tabelle 1 zeigt, dass der Beitragssatz zur GKV seit 1991 um ca. 2,5 Prozentpunkte anstieg, während der Anteil der GKV-Ausgaben am Bruttoinlandsprodukt mit geringen Schwankungen bei etwa 6 Prozent stabil blieb. Auch der Anteil der GKV-Ausgaben am Volkseinkommen blieb bei ca. 8 Prozent konstant.

würde aber aus der Krankenversicherung in das Steuer-Transfer-System ausgelagert. Dies ist besonders unter dem Aspekt positiv zu bewerten, dass das Steuer-Transfer-System anders als die Gesetzliche Krankenversicherung alle Bürger erfasst und sich auf das Gesamteinkommen (und gegebenenfalls das Vermögen) und nicht nur das Lohneinkommen bezieht.[116] Die kassenspezifische Prämie hat darüber hinaus den Vorteil, dass das Finanzierungsvolumen der Gesetzlichen Krankenversicherung konjunkturunabhängig wird. Schwankungen in den Lohneinkommen erfordern keine Änderungen in den Beiträgen. Ferner wird die Finanzierung in höherem Maße demographieresistent, weil der Beitrag mit dem Eintritt des Versicherten ins Rentenalter nicht automatisch sinkt.

Tabelle 1: Entwicklung von GKV-Ausgaben, Bruttoinlandsprodukt und Beitragssatz

(1) Jahr	(2) GKV-Ausgaben (Mrd. Euro)	(3) BIP (Mrd. Euro)	(4) = (2)/(3) (v.H.)	(5) GKV-Beitragssatz (v.H.)
1991	88,8	1.534,6	5,78	12,36
1992	102,1	1.646,6	6,20	12,71
1993	102,3	1.694,4	6,04	13,22
1994	111,1	1.780,8	6,24	13,17
1995	117,0	1.848,5	6,33	13,15
1996	120,9	1.876,2	6,44	13,48
1997	118,3	1.915,6	6,18	13,58
1998	120,1	1.965,4	6,11	13,62
1999	123,2	2.012,0	6,12	13,60
2000	125,9	2.062,5	6,11	13,57
2001	130,6	2.113,2	6,18	13,58
2002	134,3	2.143,2	6,27	13,98
2003	136,2	2.163,8	6,29	14,31
2004	131,2	2.210,9	5,93	14,22
2005	134,8	2.243,2	6,01	14,18
2006	138,7	2.321,5	5,97	14,21
2007	144,4	2.422,9	5,96	14,80
2008	151,1	2.491,4	6,06	14,90

Anmerkungen zu Tabelle 1: In Spalte (2) werden nur Leistungsausgaben betrachtet; die Verwaltungsausgaben haben sich in etwa proportional entwickelt. In Spalte (5) wird der durchschnittliche Beitragssatz für Mitglieder mit Entgeltfortzahlungsanspruch in Prozent der beitragspflichtigen Einnahmen betrachtet

Quellen: 1) BMG, GKV-Statistik, 2) BMAS, Statistisches Taschenbuch 2009

116 Auch die Unzulänglichkeiten des Einkommensteuersystems können eine Verlagerung in das Gesundheitssystem nur schwer rechtfertigen, dazu z. B. Rochet (1991).

Der größte Vorteil einer einkommensunabhängigen Prämie ist jedoch darin zu sehen, dass die Kosten des Versicherungsschutzes bei den konkurrierenden Krankenkassen für den Versicherten transparent sind und nicht durch Elemente der Einkommensumverteilung verzerrt werden. Dadurch kann er Preis und Leistungen, etwa im Service, besser vergleichen und sich rational entscheiden, ob er z. B. zu einer kostengünstigeren Kasse wechseln will. Die größere Sensitivität der Versicherten gegenüber Preisunterschieden wird wiederum die Krankenkassen zwingen, im Wettbewerb um die Kunden ihre Verträge mit den Leistungserbringern so zu gestalten, dass Effizienzreserven ausgenutzt werden.

2. *Beteiligung der Arbeitgeber*

Die Arbeitgeber sind im Prinzip hälftig an der Finanzierung der Krankenversicherungsbeiträge beteiligt. Bis zum Jahre 2003 war das nicht nur im Prinzip so, sondern auch tatsächlich. Inzwischen wird der Beitragssatz um einen gesetzlich fixierten Satz gekürzt (derzeit 0,9 Prozentpunkte), bevor die Hälfte davon ermittelt wird. Seit Mitte 2009 beträgt der Anteil der Arbeitgeber daher 7 Prozent der Bemessungsgrundlage von 14,9 Prozent Gesamtbeitragssatz. Sogenannte Zusatzbeiträge werden allein von den Arbeitnehmern getragen.

Die hälftige Zahlung des Beitrags durch den Arbeitgeber wird offiziell mit dem Solidarprinzip begründet, bisweilen auch damit, dass sie das Interesse des Arbeitgebers an einer Gesunderhaltung seiner Beschäftigten stärkt. Allerdings bedeutet die Zahlung des halben Beitrags durch den Arbeitgeber nicht, dass dieser auch die Hälfte des Beitrags im ökonomischen Sinne trägt. Für die ökonomische Belastung sind vielmehr die Reaktionen der Arbeitsnachfrage und des Arbeitsangebots auf eine Beitragssatzänderung, nicht zuletzt die Reaktionen der Tarifvertragsparteien ausschlaggebend. Dass der Arbeitgeber den halben Beitrag schuldet, schwächt freilich beim Versicherten den Anreiz, zu einer kostengünstigeren Kasse mit niedrigerem Beitragssatz zu wechseln. Und umgekehrt: Es stärkt den Anreiz, zu einer Versicherung mit besserer Leistung, aber höherem Beitragssatz zu gehen. Denn für die Anreize zählt die Primärwirkung: Ein Beitragsunterschied wird mit dem Arbeitgeber geteilt, ein Leistungsunterschied fällt ganz beim Versicherten an.[117] Die gleiche Verzerrung gibt es bei den Anreizen, die für demokratische Entscheidungen über die Leistungspflichten der Gesetzlichen Krankenversicherung maßgeblich sein können (z. B. Entscheidungen, die die Höhe

[117] Die effektive Verteilung der ökonomischen Belastung kennt im Vorhinein niemand. Sie kann insoweit die Anreize zum Handeln meist kaum bestimmen.

der Zuzahlungen betreffen). Auch hier hält sich der Versicherte an den Anschein, dass er die Nachteile allein tragen muss, während die Vorteile einer damit einhergehenden Beitragsentlastung zur Hälfte dem Arbeitgeber zu Gute kommen.

Das Argument, dass der Arbeitgeber erst durch die hälftige Zahlung des Beitrages ein Interesse an der Gesunderhaltung seiner Beschäftigten bekomme, ist nicht überzeugend, da ein wesentlich stärkerer Anreiz dazu bereits durch die Lohnfortzahlung vermittelt wird. Ferner wird gelegentlich behauptet, die hälftige Beitragszahlung durch den Arbeitgeber sei notwendig, damit die Arbeitgeberverbände an Kostensenkungen im Gesundheitswesen interessiert wären. Selbst wenn es sich so verhielte, müsste man bedenken, dass der Einfluss der Arbeitgeberverbände auf das Gesundheitswesen begrenzt ist.

3. *Risikoadäquate Prämie oder risikounabhängige Prämie mit Risikostrukturausgleich?*

Im Gegensatz zu einem einkommensabhängigen Beitrag oder einer pauschalen Gesundheitsprämie berücksichtigen risikoadäquate Prämien das individuelle Gesundheitsrisiko eines Versicherten bei Vertragsabschluss. Eine solche Prämienstruktur entspricht dem Versicherungsprinzip und wird bei den privaten Krankenversicherungen angewandt. Eine rein risikoadäquate Prämie hat im Vergleich mit der oben beschriebenen Gesundheitsprämie den Nachteil, dass bei Vertragsabschluss kein Ausgleich mehr zwischen den Personen mit hohen und niedrigen Gesundheitsrisiken stattfindet. So müssen beispielsweise Allergiker bei der PKV eine höhere Prämie zahlen. Dieser Nachteil kann aber prinzipiell durch steuerfinanzierte Ausgleichszahlungen (vgl. Zweifel und Breuer 2006) oder langfristige Versicherungsverträge, die im Idealfall bei Geburt abgeschlossen werden, behoben werden.[118]

Es lohnt auch ein Blick auf die Vorteile. Zum einen können selbst verursachte Risiken internalisiert werden – sei es bei Vertragsabschluss, wenn sie der Versicherung bekannt sind, sei es später, wenn sie ihr bekannt werden. Wenn zum Beispiel jemand einen riskanten Sport betreibt oder viel raucht, so kann dies zu einer Erhöhung der Prämie führen, zu der eine Versicherung ihn aufnimmt, da dies mit erhöhten erwarteten Krankheitsausgaben einhergeht. Anders als bei der oben beschriebenen Gesundheitsprämie haben die Versicherten dadurch stärkere Anreize,

118 Denkbar ist auch eine Mischform, bei der Neuversicherte zu einer risikounabhängigen Standardprämie versichert werden und eine Risikoeinstufung nur bei einem Wechsel des Versicherers vorgenommen werden darf. Vgl. hierzu Abschnitt IV.

auf ihre Gesundheit zu achten. In einem System mit risikounabhängigen Prämien würden die aus risikoreichem Verhalten resultierenden zusätzlichen Ausgaben hingegen von der Versichertengemeinschaft finanziert. Zum anderen können vertragliche Regelungen wie zum Beispiel Beitragsrückerstattungen oder Selbstbehalte zur Vermeidung des so genannten „moralischen Risikos" besser an das individuelle Risikoprofil des Versicherten angepasst werden.

Bei Beiträgen, die nicht das Risiko des Einzelnen berücksichtigen, besteht ein Anreiz für die Versicherungen, niedrige Risiken anzuziehen und hohe Risiken abzuschrecken. Um dieses Problem der negativen Risikoselektion zu vermeiden, werden die Beiträge zwischen den Krankenkassen durch den Risikostrukturausgleich umverteilt, so dass im Idealfall die Krankenversicherungen risikoäquivalente Prämien auf der Einnahmeseite verbuchen können. Derzeit geschieht dies in der GKV durch den sogenannten morbiditätsbezogenen Risikostrukturausgleich, der auf Diagnosen und der bisherigen Inanspruchnahme von Gesundheitsleistungen aufbaut, um ein möglichst gutes Abbild des Gesundheitsrisikos jedes einzelnen Versicherten zu haben.

Mit dieser Form der Umverteilung zwischen den Kassen wird den Kassen jedoch der Anreiz genommen, die langfristige Gesundheit ihrer Versicherten z. B. durch Vorsorge zu verbessern. Vorsorge verursacht unmittelbar Kosten; wegen geringerer Ausgleichszahlungen in der Zukunft profitiert die Versicherung aber nicht von den Verbesserungen im Gesundheitszustand. Diese Problematik ist ein weiteres Manko des jetzigen deutschen Systems.

4. *Kurz- oder langfristige Versicherungsverträge?*

In der gesetzlichen Krankenversicherung in der jetzigen Form ist die Unterscheidung zwischen kurz- und langfristigem Versicherungsschutz nicht wesentlich: Versicherte können ihr Leben lang bei ihrer Versicherung zu denselben Konditionen wie die anderen Versicherten bleiben, sie können aber auch jährlich oder bei Prämienerhöhung ihrer Versicherung den Versicherer wechseln. Dabei besteht Kontrahierungszwang für die Versicherungen. Da die Prämien nicht risikoabhängig sind, können auch Hochrisiko-Gruppen von der Wechselmöglichkeit ohne Nachteile Gebrauch machen. Die Krankenversicherer stehen damit unter Druck, ihre Leistungen zu günstigen Prämien anzubieten. Ein Problem bei dieser Wechselmöglichkeit ist aber, wie oben erwähnt, der geringe Anreiz für die Versicherer, in die langfristige Gesundheit ihrer Versicherten zu investieren.

Ganz anders stellt sich die Situation bei risikoabhängigen Prämien dar. Kurzfristige (jährliche) Versicherungsverträge sind nachteilig, da sie zu einem Prämienänderungsrisiko führen. Versicherte müssen das Risiko einer Prämienerhöhung durch unvorhergesehene Verschlechterung ihrer gesundheitlichen Konstitution selber tragen. Wählen die Menschen hingegen langfristige und – von Seiten der Versicherung – unkündbare Verträge, so gibt es einen für den Wettbewerb schädlichen Einschließungseffekt. Denn wer zu einem späteren Zeitpunkt als überdurchschnittlich krankheitsanfälliger Versicherter die Versicherung wechseln wollte, müsste bereit sein, bei der neuen Versicherung eine Prämie zu zahlen, die gemäß seinem verschlechterten gesundheitlichen Status gegenüber der alten Prämie erhöht ist. In der deutschen privaten Krankenversicherung kommt noch hinzu, dass der Versicherte seine Alterungsrückstellungen nur teilweise mitnehmen kann. Dadurch wird ein Wechsel zwischen den Kassen noch unattraktiver. Allerdings hat die Versicherung hierdurch einen Anreiz, in die langfristige Gesunderhaltung ihres Versicherten zu investieren, da die dadurch bewirkten Einsparungen in den zukünftigen Krankheitsausgaben ihr wieder zugute kommen. Wie beides gelingen kann, nämlich den Wettbewerb fördernden Wechsel zwischen den Versicherungen zu ermöglichen, gleichzeitig aber auch das langfristige Interesse der Versicherer an der Gesundheit ihrer Versicherten zu erhalten, wird in Abschnitt 4 diskutiert. Das entscheidende Charakteristikum bei der dort diskutierten langfristigen Option ist, dass Versicherte ihre risikobasierten Alterungsrückstellungen bei Versicherungswechsel mitnehmen können.

5. *Kapitalaufbau und Altersrückstellungen*

Angesichts der in den nächsten Jahrzehnten bevorstehenden Alterung der Bevölkerung und des rasanten medizinischen Fortschritts – verschiedene Hochrechnungen sehen einen Anstieg der Beitragssätze in der GKV auf bis zu 30 Prozent im Jahr 2040 voraus –, wird diskutiert, ob auch in die Gesetzliche Krankenversicherung ein Element der Kapitaldeckung eingeführt werden soll.[119] Damit würden die Nachhaltigkeit der Finanzierung gestärkt und nachfolgende Generationen von Beitragszahlern entlastet. Eine Alternative dazu wäre privates Sparen der Bürger; jedoch ist unsicher, ob dies zur Abdeckung der prognostizierten Beitragssteigerungen ausreichend sein kann.

119 Ob Alterung (in Form steigender Lebenserwartung) als solche die Gesundheitsausgaben in die Höhe treibt, ist in der Literatur umstritten. Denn Alterung schiebt die kostenintensiven Jahre vor dem Tod hinaus und könnte insofern sogar Ausgaben senkend wirken. Für einen Überblick vgl. Breyer u. a. (2010).

Das Demographieproblem der Finanzierung einer Umlageversicherung hat in den anderen Teilen der Sozialversicherung, der Rentenversicherung und der Pflegeversicherung, ein noch größeres Gewicht als in der Gesetzlichen Krankenversicherung. Aber auch in dieser ist die Lücke zwischen den Ausgaben und den Einnahmen, die man zu erwarten hat, wenn die Beitragssätze nicht aus Gründen der demographischen Entwicklung erhöht werden, beträchtlich. Eine Generation, die wenige Kinder aufgezogen hat, muss sich in Anbetracht der gemeinschaftlich begründeten Versorgungsansprüche gemeinschaftlich abverlangen, verstärkt Vorsorge fürs Alter zu treffen.

Will man jedoch die Ansammlung von Kapital bei öffentlich-rechtlichen Trägern einer gesetzlichen Krankenversicherung einführen, so müssen die damit verbundenen Gefahren der Zweckentfremdung bedacht werden. Da hohe Beitragssätze – vor allem dann, wenn sie als Abgaben auf das Arbeitseinkommen erhoben werden – bei den Wählern als unerwünscht gelten, bestehen für die Politiker Anreize, Beitragssätze aus wahltaktischen Gründen zu senken. Ein anschauliches Beispiel dafür liefert die im Jahr 2003 vom Bundesgesundheitsministerium erlassene Erlaubnis an die Krankenkassen, ihre Defizite nicht durch Beitragserhöhungen, sondern durch Kredite zu decken. Ein Kapitalaufbau müsste also durch eine eigentumsrechtliche Absicherung der gebildeten Reserven begleitet werden. Als Beispiel könnte der verfassungsmäßige Eigentumsvorbehalt in der deutschen Rentenversicherung dienen. Allerdings ist es noch nicht entschieden, ob Ansprüche aus der gesetzlichen Krankenversicherung unter den eigentumsrechtlichen Schutz aus Art. 14 GG fallen. Und selbst wenn dies der Fall ist, ist unklar, ob dies den Betroffenen nützt. Denn der Gesetzgeber kann das Eigentum umso stärker einschränken, je höher sein sozialer Bezug ist.

Eine andere, mehr freiheitliche Art, Kapital zu bilden, eröffnen die „Medical Savings Accounts". Kapital wird hier nicht innerhalb, sondern außerhalb der Krankenversicherungen gebildet. Ähnlich wie bei der „Riester Rente" halten die Bürgerinnen und Bürger Konten, in die sie monatlich oder jährlich einen festgelegten Betrag einzahlen. Anders als das Kapital von Krankenkassen bleibt das Kapital der Medical Savings Accounts unter der dauernden Kontrolle der Einzahler. Eine Sozialisierung dieser Rücklagen ist daher nicht möglich. Medical Savings Accounts stellen eine Reserve dar, auf die Menschen insbesondere im Alter zurückgreifen können, wenn die Krankheitskosten ansteigen. MSAs sind derzeit in Singapur, Südafrika, China und den USA eingeführt.

III. Vorstellung und Bewertung der Reformoptionen

Reformoption I: Die „volle Gesundheitsprämie" und

Reformoption II: Die „halbe Gesundheitsprämie"

Die Reformoptionen I und II gleichen sich in vielen Aspekten, so dass sie im Folgenden zunächst gemeinsam diskutiert werden, bevor auf die Unterschiede eingegangen wird. Sehr gut lassen sich die Eigenschaften der „halben" und der „vollen" Gesundheitsprämie an den Beispielen der Länder Schweiz und Niederlande veranschaulichen, wo entsprechende Systeme bereits eingeführt wurden:

- Als Beispiel für die „volle Gesundheitsprämie" kann die Soziale Krankenversicherung der Schweiz dienen. In der Schweiz wird nämlich der Beitrag in voller Höhe vom Versicherten selbst bezahlt, und zwar in Form einer kassenspezifischen Prämie, die nicht vom Einkommen abhängt, sondern lediglich nach dem Alter des Versicherten in drei Stufen gestaffelt ist. Die drei Stufen betreffen die Erwachsenen (über 25 Jahren), die jungen Erwachsenen (18–25 Jahre) und die Kinder (unter 18 Jahren).[120]
- Die „halbe Gesundheitsprämie" entspricht weitgehend dem Finanzierungssystem in den Niederlanden. Im Unterschied zur jetzigen Regelung in der Gesetzlichen Krankenversicherung würde dazu der Arbeitnehmeranteil von derzeit 7,9 Prozent der versicherungspflichtigen Einkommen in eine kassenspezifische Prämie überführt, während der Arbeitgeberanteil in seiner lohnbezogenen Form beibehalten und auf dem Niveau von 7 Prozent der gleichen Bemessungsgrundlage eingefroren würde.

Gegner beider Varianten der Gesundheitsprämie bemängeln, es widerspreche den Grundprinzipien eines Sozialstaats, wenn „der Generaldirektor den gleichen Krankenkassenbeitrag entrichten muss wie seine Sekretärin". Abgesehen davon, dass in Deutschland der Generaldirektor mit seinem Einkommen oberhalb der Versicherungspflichtgrenze typischer Weise ohnehin nicht in der GKV versichert ist, ist das Argument nicht treffend, da der deutsche Sozialstaat überwiegend durch die Umverteilung von *Einkommen* gekennzeichnet ist und nicht durch die Subventionierung von *Preisen*. Auch für Nahrungsmittel, Energie und Wohnraum zahlen Geringverdiener und Spitzenverdiener die gleichen Preise.

[120] Daneben unterscheidet sich die Soziale Krankenversicherung in der Schweiz von der GKV noch dadurch, dass ihr alle Bürger angehören müssen („Bürgerversicherung").

Zudem wird von keinem Befürworter der Gesundheitsprämie vorgeschlagen, dieses Modell isoliert einzuführen, sondern stets begleitet von einem steuerfinanzierten Sozialausgleich, zu dem der „Generaldirektor" – anders als im heutigen System der lohnbezogenen Beiträge – als Steuerzahler zwangsläufig beitragen müsste.

Das System des Sozialausgleichs kann man am Beispiel der sogenannten Prämienverbilligung in der Schweiz verdeutlichen. Diese kann der Versicherte von seinem Kanton erhalten, wenn die Gesamtprämie, die er und seine Familie zu entrichten haben, einen bestimmten Prozentsatz des Haushaltseinkommens übersteigt (je nach Kanton zwischen 4 und 12 Prozent). Maßgeblich ist allerdings nicht der tatsächlich gezahlte Beitrag, sondern der niedrigste Beitrag einer vom Versicherten wählbaren Krankenkasse. Der Anreiz, eine kostengünstige Kasse zu wählen, bleibt also voll erhalten. Die Prämienverbilligung senkt den Beitrag auf den festgelegten Anteil des Haushaltseinkommens ab. Eine Prämie von 500 Franken (für zwei Erwachsene) mit einer Prämienverbilligung, welche den Beitrag bei 10 Prozent des Haushaltseinkommens kappt, ist aber gleichbedeutend mit einem Beitragssatz von 10 Prozent und einer Beitragsbemessungsgrenze von 5.000 Franken. Im Einkommensbereich unterhalb dieser Grenze hat die effektive Prämienbelastung also die gleiche Wirkung wie eine einkommensbezogene Abgabe – mit dem einzigen Unterschied, dass das maßgebliche Einkommenskonzept in diesem Falle das Gesamteinkommen aus *allen* Quellen ist und nicht allein das Arbeitseinkommen.

In der Schweiz wird neben dem Einkommen auch das Vermögen zur Berechnung eines Anspruchs auf Prämienverbilligung herangezogen, Für dieses Vorgehen spricht, dass dies im übrigen deutschen Transfersystem (z.B. bei der Sozialhilfe und der Grundsicherung für Arbeitssuchende) auch der Fall ist. Dabei ist aber Folgendes zu bedenken. Zum einen würden damit die Sparanreize geschwächt; zum zweiten wäre es mit der Abschaffung der Vermögensteuer nicht konsistent, das Vermögen an dieser Stelle implizit zu besteuern. Drittens würde ein Sozialausgleich, der das gesamte Haushaltseinkommen berücksichtigt, bereits die aus dem Vermögen fließenden Einkommen anrechnen, und schließlich spricht auch der zusätzliche Verwaltungsaufwand gegen eine Vermögensanrechnung.

Die Finanzierungsebene betrifft auch das wohl am stärksten verbreitete Argument gegen die „volle Gesundheitsprämie". Es besagt: Der mit ihr einhergehende Sozialausgleich wäre so teuer, dass er aus dem Bundeshaushalt ohne Steuererhöhungen nicht finanziert werden könnte. Wie hoch diese Kosten tatsächlich wären, hängt davon ab, welche der beiden

Reformoptionen I („volle Gesundheitsprämie") oder II („halbe Gesundheitsprämie") gewählt wird und wie diese im Detail ausgestaltet wird:

- Bei Reformoption II sind die Kosten nur etwa halb so hoch wie bei Option I, weil die Höhe der Prämie, die unter Beibehaltung des Arbeitgeberbeitrags die Ausgaben der Kassen deckte, nur etwa halb so hoch ist wie im anderen Fall.
- Wenn jeder Erwachsene, der in der GKV Versicherungsschutz genießt – also auch der heute beitragsfrei mitversicherte erwachsene Familienangehörige –, die Gesundheitsprämie entrichten muss, ist die Prämie und damit auch der Ausgleichsbedarf geringer, als wenn nur die bisherigen Kassenmitglieder prämienpflichtig werden.

Eine Berechnung hat die PROGNOS GmbH im Auftrag des Verbands der Bayerischen Wirtschaft erstellt (vbw 2009): Angenommen wird darin eine Gesundheitsprämie von 130 Euro für jeden der 49 Millionen erwachsenen GKV-Versicherten und eine Belastungsgrenze von 8 Prozent des Einkommens. Der Staat übernimmt die Kosten für die Versicherung der Sozialhilfeempfänger und der Kinder der GKV-Mitglieder (insgesamt 16 Milliarden Euro im Jahr). Unter diesen Voraussetzungen sind weitere 12,3 Milliarden Euro jährlich für den Sozialausgleich erforderlich. Die IGES GmbH (Albrecht 2009) errechnete für den Fall, dass nur Mitglieder beitragspflichtig werden (nicht aber mitversicherte Familienangehörige), eine Gesundheitsprämie von 163 Euro und einen Ausgleichbedarf von 22 Milliarden Euro im Jahr, von denen allerdings noch die 3,9 Milliarden Euro abgezogen werden müssen, um die der Bundeszuschuss im Jahr 2010 erhöht wurde, so dass reichlich 18 Milliarden Euro verbleiben.

Weder die Prognos-Studie noch die IGES-Studie geben Auskunft darüber, welchen Einfluss es auf den öffentlichen Finanzbedarf hätte, wenn die Vermögensposition eines Versicherten dessen Anspruch im Rahmen des Sozialausgleichs mit bestimmte.

Im Übrigen muss man berücksichtigen, dass durch eine Auslagerung der Einkommensumverteilung aus den GKV-Beiträgen viele Versicherte entlastet werden. Das betrifft zunächst einmal alle Mitglieder, deren Arbeitseinkommen zwischen dem Durchschnittslohn und der Beitragsbemessungsgrenze oder darüber liegen. Will man die bisherige Einkommensumverteilung dem Volumen nach unangetastet lassen, so bietet es sich an, die Grenzsteuersätze der Einkommensteuer in diesem Bereich zu erhöhen, womit die Ausgaben für den Sozialausgleich gegenfinanziert werden könnten. In diesem Falle würde die Gesamtbelastung mit Steuern und Abgaben in keinem Einkommensbereich erhöht.

Es kann nicht der Sinn des Sozialausgleichs sein, die in Abschnitt 2.a kritisierten Umverteilungsvorgänge im jetzigen System genau nachzubilden. Daher wird es durch die Umstellung Gewinner und Verlierer geben. Wer dies genau sein wird, hängt davon ab, welche Anpassungen im Einkommensteuertarif vorgenommen werden, um den Sozialausgleich zu finanzieren. Daher kann man nur Tendenzaussagen treffen. Gewinner werden diejenigen GKV-Mitglieder sein, die ein leicht überdurchschnittliches Arbeitseinkommen, aber nur geringe sonstige Einkünfte haben. Sie werden bei den Krankenkassenbeiträgen stärker entlastet, als sie bei der Einkommensteuer zusätzlich belastet werden. Verlierer sind diejenigen, die im Steuersystem mehr belastet, aber bei den GKV-Beiträgen wenig oder gar nicht entlastet werden, nämlich vor allem

- privat Krankenversicherte, darunter die meisten Beamten,
- Bezieher nennenswerter Nicht-Arbeitseinkommen,
- GKV-versicherte Ehepaare, von denen ein Partner ein hohes Arbeitseinkommen bezieht, während der andere wenig oder nichts verdient.

Gegner des Modells bemängeln, dass durch den Sozialausgleich ein großer Teil der Bevölkerung – in der Schweiz sind knapp 40 Prozent, in den Niederlanden sogar 70 Prozent der Bevölkerung Empfänger des Sozialausgleichs (Greß u.a. 2010) – zu Bittstellern degradiert würde. Diese Kritik ist nicht triftig, da der Sozialausgleich (ähnlich wie in den Niederlanden) gemeinsam mit dem Lohnsteuer-Jahresausgleich beim Finanzamt vorgenommen werden könnte.

Ein besonderer Vorteil der Gesundheitsprämie ist in der mit ihr verbundenen größeren Transparenz für die Versicherten hinsichtlich des Preises für ihren Versicherungsschutz zu sehen. Wenn der Beitrag als Euro-Betrag ausgedrückt ist, kann er leichter zwischen den Krankenkassen verglichen werden, was die Wechselbereitschaft erhöhen und damit den Wettbewerb zwischen den Kassen intensivieren dürfte. Solange der Beitrag lediglich in Form eines Prozentsatzes vom Lohneinkommen ausgedrückt wurde, wechselten weniger Versicherte die Kasse, als es aufgrund der effektiven Preisdifferenz zu erwarten gewesen wäre (vgl. Tamm u.a. 2007).[121]

Das gleiche gilt für den Wettbewerb zwischen der gesetzlichen und der privaten Krankenversicherung, der derzeit durch die Umverteilungselemente in der GKV verzerrt ist. Durch die „volle Gesundheitsprämie" käme ein unverzerrter Preiswettbewerb zustande, die „halbe Gesundheitsprämie" stellte immerhin einen großen Schritt in diese Richtung dar.

[121] Chetty u.a. (2009) zeigen, dass die Reaktion von Konsumenten auf Preise von deren Sichtbarkeit („salience") abhängt.

Beide Prämienmodelle versprechen zudem mehr Nachhaltigkeit der Finanzierung: Anders als im heutigen System sinkt mit Eintritt eines Versicherten in das Rentenalter der Beitrag nicht automatisch im selben Maße ab, wie die Rentenhöhe geringer ist als das vorherige Arbeitseinkommen. Die Gesundheitsprämie bleibt gleich, und ob der Versicherte einen Sozialausgleich beanspruchen kann, hängt von seinem gesamten Einkommen ab und nicht nur von der Rentenhöhe.

Manche sehen außerdem in der Entkopplung des Krankenkassenbeitrags vom Lohneinkommen eine Entlastung des Faktors Arbeit und damit einen Schritt zu mehr Effizienz auf dem Arbeitsmarkt. Dies ist jedoch nur teilweise richtig. Falls der Arbeitgeberbeitrag aufrechterhalten wird, wirkt sich beim Arbeitgeber allenfalls das Einfrieren des Beitragssatzes positiv aus. Bei Versicherten, die einen Sozialausgleich erhalten, werden hingegen acht Prozent ihres Einkommens auf diesen Anspruch angerechnet, so dass nach wie vor ein Anreiz besteht, weniger Arbeit anzubieten als bei einer festen Prämie. Bei den übrigen Versicherten entsteht zunächst durch den Wegfall des lohnbezogenen Beitrags eine Verringerung der Abgabenlast, die auf dem Arbeitseinkommen liegt. Dem stehen Steuererhöhungen zur Finanzierung des Sozialausgleichs gegenüber, die jedoch eine breitere Bemessungsbasis haben und daher prozentual geringer ausfallen werden, so dass es per saldo zu einer gewissen Entlastung des Faktors Arbeit kommt.

Schließlich macht der Übergang zur Gesundheitsprämie die Finanzierung der gesetzlichen Krankenversicherung weniger konjunkturabhängig. Sinken bisher die Einnahmen der GKV bei einem Rückgang der Lohneinkommen, würde dies bei Option I nicht mehr der Fall sein, bei Option II lediglich im Ausmaß des Arbeitgeberanteils.

Ein bei der Reformoption I zusätzlich zu regelndes Übergangs-Problem wirft der plötzliche Wegfall des Arbeitgeberbeitrags zur GKV auf. Der Sinn der Reform ist ja nicht die Entlastung der Arbeitgeber. Zur Kompensation könnten zum Stichtag der Umstellung die Arbeitgeber verpflichtet werden, den Arbeitgeberbeitrag an die Arbeitnehmer auszuzahlen. Das erhöhte Einkommen der Arbeitnehmer wäre mit einem zusätzlichen Steueraufkommen verbunden, die durch eine Erhöhung des Sonderausgabenabzugs wettgemacht werden könnte.

Ein Vorteil von Option II gegenüber Option I liegt darin, dass die Arbeitgeber weiterhin formal an der Finanzierung beteiligt wären, somit die in Option I notwendige Kompensation wegfallen würde und darüber hinaus die Prämie der Beschäftigten wie bisher von den Arbeitgebern einbehalten und weitergeleitet werden könnte. Die Frage, wie die Prämien für nicht berufstätige Kassenmitglieder erhoben werden sollen, ist damit allerdings noch nicht beantwortet. Zu klären wäre außerdem in Option II, in welcher Form die Arbeitgeberanteile weitergeleitet werden. Hier gibt es zwei Möglichkeiten. Die eine wäre, den Arbeitgeberanteil über einen dann kleineren Gesundheitsfonds mit Risikostrukturausgleich an die Krankenversicherungen weiterzuleiten. Die andere wäre, zu einem System wie *vor* der Einführung des Gesundheitsfonds zurückkehren. In diesem Falle flössen die Arbeitgeberanteile direkt an die Krankenversicherung des Beschäftigten. Dies würde die Abschaffung des Gesundheitsfonds erlauben. Der Risikostrukturausgleich wäre dann wieder separat zu organisieren. Ihm fiele dann aber auch erneut die – nun etwas kleinere – Aufgabe des einnahmeseitigen Finanzkraftausgleichs zwischen den Kassen zu, die jetzt der Gesundheitsfonds mit erledigt.

Die „halbe Gesundheitsprämie“ verbindet das Element eines lohnabhängigen Systems (bei den Arbeitgeberbeiträgen) mit dem Element einer Gesundheitsprämie. Wenn zusätzlich Zuschüsse aus dem Bundeshaushalt notwendig sind, ist diese Mischfinanzierung nicht sehr transparent. Es ist daher davon abzuraten, dieses Problem durch eine schrittweise Einführung einer Pauschale für den Arbeitnehmeranteil zu verstärken.

Reformoption III: Die „kleine Gesundheitsprämie“

Die dritte Variante der Gesundheitsprämie beinhaltet gegenüber dem Status Quo nicht so große Änderungen wie die beiden ersten (insbesondere bleibt der Gesundheitsfonds erhalten): Der Bundesgesundheitsminister wird vom Gesetzgeber beauftragt, die Höhe des für alle Kassen geltenden allgemeinen Beitragssatzes jeweils so zu bemessen, dass die kostengünstigsten Krankenkassen gerade ohne oder mit einem sehr geringen Zusatzbeitrag (bis maximal 10 Euro pro Monat) auskommen. Die „Überforderungsklausel“, die die Höhe der Zusatzbeiträge begrenzt, wird gestrichen, den Kassen also völlige Freiheit bei der Festsetzung des Zusatzbeitrags eingeräumt. Wichtig ist außerdem: Der Zusatzbeitrag wäre von jedem erwachsenen Versicherten zu entrichten, nicht nur von den beitragspflichtigen Mitgliedern und er müsste in einem einkommensunabhängigen Festbetrag bestehen.

Die Überforderungsklausel ist schon heute aus sozialpolitischer Sicht entbehrlich, da die Versicherten jederzeit die Möglichkeit haben, die Kasse zu wechseln, wenn sie sich von der Höhe des Zusatzbeitrags überfordert fühlen. Einzige Voraussetzung dafür ist, dass es Kassen gibt, deren Zusatzbeiträge niedrig genug sind, niemanden zu überfordern.

Erst durch die Aufhebung der Begrenzung kann der Zusatzbeitrag die Funktion übernehmen, für einen wirksamen Wettbewerb zwischen den

Krankenkassen zu sorgen. Es ist nicht einfach, die Spanne der Zusatzbeiträge, die sich einstellen mag, zu prognostizieren. Seit der Einführung des Gesundheitsfonds ist auch der Risikostrukturausgleich durch eine Morbiditätskomponente verfeinert worden. Deshalb kann man mit einer Rechnung nicht ohne Korrektur an den Erfahrungen aus der Zeit vor dem Gesundheitsfonds anschließen. Eine Größenordnung der Spanne von 30 Euro ist wahrscheinlich.

Die Fühlbarkeit eines Zusatzbeitrags in dieser Höhe und damit der Wettbewerbsdruck, der von entsprechend großen Beitragsdifferenzen ausginge, würde auch noch davon gewinnen, dass der Zusatzbeitrag eben als Betrag erfahren wird und nicht wie früher als prozentuale Beitragssatzdifferenz, von der zudem die Hälfte vom Arbeitgeber getragen wurde. Dies dürfte zur Folge haben, dass ein enormer Druck auf die teuren Kassen ausgelöst wird, Kosten einzusparen, um den Zusatzbeitrag senken zu können. Diesen Druck müssten die Kassen an die Leistungserbringer wie Ärzte und Krankenhäuser weitergeben, wodurch auch auf dieser Ebene das Interesse entstünde, die Wirtschaftlichkeit der Leistungserstellung zu verbessern. Ein Indiz für die Wirkung des Zusatzbeitrags liefert die Zahl von 250.000 Kassenwechslern im ersten Quartal 2010 nach Einführung von Zusatzbeiträgen durch einige große Kassen.

Einige der oben beschriebenen administrativen Probleme einer Umstellung auf Gesundheitsprämien würden bei Option III entfallen. So könnte man den Arbeitgebern zumuten, auch die Zusatzbeiträge im Quellenabzugsverfahren an die Krankenkassen ihrer Beschäftigten zu entrichten. Der gravierende Nachteil bestünde darin, dass die unbefriedigende Situation eines zweiten Systems der Einkommensumverteilung nicht beseitigt würde.

IV. Eine denkbare Langfrist-Perspektive: die „marktwirtschaftliche Gesundheitsprämie"

Es soll abschließend eine Konzeption diskutiert werden, die so wesentliche Änderungen in das System der Gesetzlichen Krankenversicherung einbringen würde, dass sie kurz- und mittelfristig nicht zu realisieren sein wird. Es geht um das Modell einer rein marktwirtschaftlichen Gesundheitsprämie. Die bisher vorgestellten Reformvarianten können einen ersten Schritt dorthin bilden.

Die Grundidee der „marktwirtschaftlichen Gesundheitsprämie", die auf Donges u.a. (2002) zurückgeht, besteht darin, dass jeder Versicherte durch einen langfristigen Versicherungsvertrag gegen eine Verschlechterung seines Gesundheitsrisikos geschützt ist, dass die Versicherungen dieses Risiko übernehmen und dafür adäquate Rückstellungen ausweisen müssen. Daher haben sie den Anreiz, alles zu tun, um durch Prävention dieses Risiko zu dämpfen. Der Begriff „Versicherungen" kann sich dabei sowohl auf gesetzliche Krankenkassen als auch auf private Krankenversicherungen beziehen. Die regulatorischen Voraussetzungen für die marktwirtschaftliche Gesundheitsprämie wären:

1) die Vorgabe eines Katalogs von Regelleistungen für Krankenversicherungen durch den Staat.

2) die Verpflichtung aller Krankenversicherungen, im Umstellungszeitpunkt jeden Bürger und später jeden Neugeborenen zu einer nicht vom individuellen Risiko abhängigen gruppenspezifischen Standardprämie in einen Vertrag mit Regelleistungen aufzunehmen und diese Prämie nur in dem Maße anzupassen, wie sich die allgemeinen Krankheitskosten erhöhen,

3) die Ermächtigung aller Krankenversicherungen zu freier Prämienbildung bei Wechsel eines Versicherten,

4) die Verpflichtung aller Krankenversicherungen, für alle Versicherten Altersrückstellungen zu bilden und diese den einzelnen Versicherten nach Maßgabe ihres individuellen Krankheitsrisiko zuzuordnen,[122] und

5) die Verpflichtung aller Krankenversicherungen, beim Wechsel eines Versicherten zu einer anderen Versicherung die individuelle Altersrückstellung auf die neue Versicherung zu übertragen.

Unter diesen Voraussetzungen wird ein Versicherter die Versicherung wechseln, wenn er danach eine günstigere Prämie zahlt als vorher. Diese kann auf Unterschieden zwischen den Versicherungen beim Tarif für die gleichen Versicherungsbedingungen beruhen oder auf Unterschieden zwischen den Versicherungen bei der Einschätzung und Bewertung des individuellen Versicherungsrisikos, das ein Versicherter darstellt.

Die praktischen Voraussetzungen für ein solches System zu schaffen, dürfte schwieriger sein. Zum einen gibt es bisher in Krankenversicherungssystemen keine Erfahrungen mit übertragbaren Altersrückstellungen, die am individuellen Versicherungsrisiko dessen, der eine Versicherung wechselt, ausgerichtet sind. Zum anderen kommt ein System mit rein marktwirtschaftlichen Gesundheitsprämien zwar langfristig ohne Risikostrukturausgleich aus. Krankenkassen, die risikogerechtete

122 Einen Vorschlag, wie dies regulatorisch erreicht werden kann, ohne den Wechsel zu behindern, haben Nell und Rosenbrock (2008) unterbreitet.

Rückstellungen gebildet haben, brauchen so etwas nicht. Aber vorläufig haben die gesetzlichen Kassen diese Rückstellungen nicht und auch die privaten Krankenversicherungen womöglich nicht in ausreichender Höhe.

Attraktiv an der geschilderten Regulierung ist die Aussicht, dass auf diesem Wege alle am Anfang dieses Gutachtens genannten Reformziele zumindest teilweise erreicht werden könnten:

- Den Unterschied zwischen Privatpatienten und Kassenpatienten würde es nicht mehr geben, wenn auch weiterhin ein Unterschied zwischen denen, die viel, und denen, die wenig für Zusatzversicherungen ausgeben, bestehen würde.
- Die nötige Vorsorge angesichts der Belastungen aus der demographischen Entwicklung und der medizinischen Entwicklung käme, anders als bei den ersten drei Reformvarianten, auch in der Krankenversicherung in Gang.
- Bei keiner anderen Reformvariante würde für die Intensivierung des Wettbewerbs zwischen den Krankenkassen vergleichbar viel gewonnen. Voll wirksamen Wettbewerb ohne freie Preisbildung gibt es nicht. Und von freier Preisbildung kann nicht gesprochen werden, wenn die Versicherungen genötigt sind, für die Versicherung unterschiedlicher Risiken einen Einheitspreis zu verlangen. Die Notwendigkeit, unterschiedliche Risiken zu einheitlichen Prämien zu versichern, gäbe es beim hier erörterten Konzept nur aus Anlass des Übergangs vom alten zum neuen System in der Gesetzlichen Krankenversicherung.
- Der administrative Risikostrukturausgleich würde langfristig obsolet, wenn die Krankenkassen aus den überkommenen Unterschieden in der Risikostruktur der Versichertenbestände herausgewachsen sind und sobald sie ausreichend hohe Rücklagen gebildet haben, um der Möglichkeit gewachsen zu sein, dass auch im freien Wettbewerb Wechselfälle bei der Risikostruktur auftreten können, die den Rückgriff auf erhebliche Reserven erfordern. Damit würde das Eigeninteresse den Versicherungen gebieten, die Gesundheitsrisiken ihrer Versicherten möglichst richtig einzuschätzen und diese wo immer möglich zu verringern.

Wegen der aufgezeigten Probleme kommt dieses Modell kurzfristig nicht als Lösung für die gesetzliche Krankenversicherung in Frage. Es sollte aber in der privaten Krankenversicherung erprobt werden. Falls es sich dort als funktionsfähig erweist, könnte man prüfen, ob und wie es auch auf die gesetzliche Krankenversicherung übertragen werden kann.

[Beginn des Minderheitsvotums]

Eine Minderheit des Beirats hat ernste fachliche Bedenken gegen die Einschätzung, dass sich die unterstellten positiven Effekte der sogenannten „marktwirtschaftlichen Gesundheitsprämie" in einem freien Krankenversicherungsmarkt herausbilden würden.

[Ende des Minderheitsvotums]

V. Handlungsempfehlung

Mit dem bisherigen System der Gesetzlichen Krankenversicherung leicht zu vereinbaren sind die drei in Abschnitt 3 genannten Reformoptionen. Wenn es allein um die Stärkung des Wettbewerbs geht, sind alle drei Optionen im Prinzip gleich gut geeignet. Berücksichtigt werden muss aber auch, dass das bisherige System der Finanzierung der Gesetzlichen Krankenversicherung Umverteilungsmechanismen enthält, die nicht dem Krankenversicherungsschutz dienen und normativ nicht begründet werden können. Die Ungerechtigkeiten, die sich mit den überkommenen Beitragsregeln verbinden, werden zudem immer gravierender, je höher die Beiträge werden, welche die Entwicklung im Gesundheitswesen bedingt. Will man diesen Mangel des Systems beseitigen und die Einkommensumverteilung aus der Krankenversicherung heraus verlagern, so bietet sich die Reformoption I, die „volle Gesundheitsprämie", an. Die Reformoption II wäre immerhin ein großer Schritt in die richtige Richtung. Der erforderliche Sozialausgleich könnte gemeinsam mit dem Lohnsteuerjahresausgleich beim Finanzamt vorgenommen werden.

Wegen des administrativen Aufwands ist von Mischlösungen zwischen den Optionen II und III abzuraten.

Die „marktwirtschaftliche Gesundheitsprämie" würde einen Systemwechsel erfordern. Sie beinhaltet als zentrales Element eine übertragbare, am individuellen Gesundheitsrisiko ausgerichtete Alterungsrückstellung. Dieses Modell sollte in der Privaten Krankenversicherung erprobt werden. Wenn die Erfahrungen mit einer solchen Lösung positiv sind, so kann man zu einem späteren Zeitpunkt darüber nachdenken, ob und wie das Konzept auch auf die Gesetzliche Krankenversicherung übertragen werden kann.

Berlin, den 16. April 2010

Die Vorsitzende des Wissenschaftlichen Beirats
beim Bundesministerium für Wirtschaft und Technologie

Prof. Dr. Claudia M. Buch

Das Gutachten wurde vorbereitet von folgenden Mitgliedern des Wissenschaftlichen Beirats beim Bundesministerium für Wirtschaft und Technologie

Professor Dr. Friedrich Breyer (Federführung, Stellvertretender Vorsitzender)
Professor für Volkswirtschaftslehre
an der Universität Konstanz

Professor Dr. Claudia M. Buch (Vorsitzende)
Professor für Wirtschaftstheorie,
insbesondere Geld und Währung,
an der Universität Tübingen

Professor Dr. Eckhard Janeba
Lehrstuhl für Volkswirtschaftslehre, insbesondere Finanzwissenschaft
und Wirtschaftspolitik an der Universität Mannheim

Professor Dr. Olaf Sievert
Präsident der Landeszentralbank in den
Freistaaten Sachsen und Thüringen, Leipzig i. R.
Honorarprofessor an der Universität des Saarlandes

Professor Achim Wambach, Ph. D.
Professor für Staatswissenschaften
an der Universität zu Köln

Literaturverweise

Albrecht, Michael (2009). Wie „teuer“ wären einkommensunabhängige Arbeitnehmerbeiträge? *Die Ersatzkasse* 12/2009.

Breyer, Friedrich, Joan Costa-i-Font und Stefan Felder (2010). Ageing, Health and Health Care, erscheint in: *Oxford Review of Economic Policy* 26, Special Issue on the Economics of Ageing.

Bundesregierung (2008). *Rentenversicherungsbericht* 2008, Deutscher Bundestag Drucksache 16/11060 vom 21.11.2008

Chetty, Raj, Adam Looney und Kory Kroft (2009), Salience and Taxation: Theory and Evidence, *American Economic Review* 99: 1145–1177.

Donges, Jürgen B. u.a. (Kronberger Kreis) (2002). *Mehr Eigenverantwortung und Wettbewerb im Gesundheitswesen*, Berlin.

Eekhoff, Johann, Vera Bünnagel, Susanne Kochskämper und Kai Menzel (2008). Nachhaltigkeit und Effizienz für das Deutsche Gesundheitssystem, Otto-Wolff-Institut Discussion Paper 1/2008.

Greß, Stefan, Stephanie Heinemann und Klaus Jacobs (2010). Spicken bei den Nachbarn, *Gesundheit und Gesellschaft* 13, Ausgabe 1, 21–25.

Kifmann, Mathias und Kerstin Roeder (2008). Can Risk-Based Premiums Be More Equitable than Social Insurance?, unveröffentlichtes. Manuskript, Universität Augsburg.

Nell, Martin und Stephan Rosenbrock (2008). Wettbewerb in kapitalgedeckten Krankenversicherungssystemen: Ein risikogerechter Ansatz zur Übertragung von Alterungsrückstellungen in der Privaten Krankenversicherung, *Perspektiven der Wirtschaftspolitik* 9, 173–195.

Oberender, Peter, Volker Ulrich, Stefan Felder, Udo Schneider, Andreas Werblow und Jürgen Zerth (2006). *Bayreuther Versichertenmodell: Der Weg in ein freiheitliches Gesundheitswesen*, Bayreuth.

Richter, Wolfram (2009). Zur zukünftigen Finanzierung der Gesundheitsausgaben in Deutschland, *Perspektiven der Wirtschaftspolitik* 10, 469–479.

Rochet, Jean-Charles (1991). Incentives, Redistribution and Social Insurance, *Geneva Papers on Risk and Insurance Theory* 16, 143–165.

Sachverständigenrat zur Begutachtung der Entwicklung im Gesundheitswesen (2002), *Bedarfsgerechtigkeit und Wirtschaftlichkeit, Band III: Über-, Unter- und Fehlversorgung*, Baden-Baden.

Tamm, Marcus, Harald Tauchmann, Jürgen Wasem und Stefan Greß (2007). Elasticities of Market Shares and Social Health Insurance Choice in Germany: A Dynamic Panel Approach, *Health Economics* 16, 243–256.

vbw – Vereinigung der Bayerischen Wirtschaft (2009). Der Regionale Gesundheits-Kombi. Berechnungen zum Finanzvolumen eines sozialen Ausgleichs in der Krankenversicherung, url: http://www.vbw-bayern.de.

„Wachstum, Bildung, Zusammenhalt“. Koalitionsvertrag zwischen CDU, CSU und FDP, 17. Legislaturperiode, vom 27.10.2009.

Wissenschaftlicher Beirat beim BMWi (2006). „Mehr Wettbewerb im System der Gesetzlichen Krankenversicherung“, Gutachten vom 13. Mai 2006.

Zweifel, Peter und Michael Breuer (2006). The Case for Risk-based Premiums in Public Health Insurance, *Health Economics, Policy and Law* 1, 171–188.

Gutachten vom 16. April 2010

Thema: Reform von Bankenregulierung und Bankenaufsicht nach der Finanzkrise

In seinen Briefen vom 10. Oktober 2008 und vom 23. Januar 2009 an den Bundesminister für Wirtschaft und Technologie hat der Wissenschaftliche Beirat auf akuten Handlungsbedarf in der Finanzkrise hingewiesen, ohne bereits auf die Frage einer

„Reform von Bankenregulierung und Bankenaufsicht nach der Finanzkrise"

einzugehen. Der Beirat hat sich nunmehr in mehreren Sitzungen, zuletzt am 15. und 16. April 2010, mit diesem Thema befasst und dazu das folgende Gutachten verabschiedet.

I. Anlass

Als im Oktober 2008 Finanzmärkte und Finanzinstitutionen weltweit zusammenzubrechen drohten, war unmittelbar ersichtlich, dass staatliche Hilfen erforderlich waren, um das Schlimmste zu verhindern und die Funktionsfähigkeit des Finanzsektors als Teil der Infrastruktur der Wirtschaft zu schützen. Gleichzeitig war ersichtlich, dass die Steuerungsmechanismen des Finanzsektors neu durchdacht und gegebenenfalls reformiert werden müssten. Staatshilfen sind eine Anomalie in der marktwirtschaftlichen Ordnung; sie schalten die für diese Ordnung konstitutiven Haftungsmechanismen aus. Führen die Steuerungsmechanismen eines Sektors dazu, dass Staatshilfen als unabdingbar betrachtet werden, so müssen diese Steuerungsmechanismen selbst auf den Prüfstand gestellt werden.

Die nationale und internationale Diskussion zu diesem Thema konzentriert sich auf einzelne inhaltliche Aspekte wie die Rolle von Bonussystemen, die Handhabung der Eigenkapitalregulierung oder die Liquidität von Finanzinstitutionen. Darüber hinaus wird eine Reform der für die internationale Koordination der Aufsicht zuständigen Institutionen ins Auge gefasst. Es fehlt jedoch an einer gründlichen *ex post*-Analyse der Rolle der Finanzaufsicht im Vorfeld der Krise. Was wäre anders gelaufen, wenn die jetzt geplanten Änderungen schon früher umgesetzt worden wären? Es fehlt auch an einer Auseinandersetzung mit der Möglichkeit, dass die Regulierung selbst mitverantwortlich für die Krise sein könnte. Ohne eine solche Auseinandersetzung ist jedoch zu befürchten, dass die Ursachen der Fehlsteuerung im Finanzsektor nicht wirklich behoben werden. Im Übrigen besteht die Gefahr, dass Reformen an der falschen Stelle ansetzen und die Funktionsfähigkeit des Finanzsystems durch verfehlte oder übertriebene Regulierungen beeinträchtigen.

Zu den komplexen Ursachen der Krise, zu denen auch die Geldpolitik zu zählen ist, hat sich der Beirat ausführlich in seinem Brief vom 23. Januar 2009 geäußert.[123] Darin führte er aus, dass die Krise nicht nur auf das Versagen von Steuerungsmechanismen bei der Initiierung und Verbriefung von *Subprime Mortgages*, Hypotheken minderer Qualität in den USA, zurückzuführen ist. Ein zweiter wichtiger Grund findet sich in dem sogenannten Schatten-Bankensystem, den Zweckgesellschaften, *Conduits* und SIVs (*Structured Investment Vehicles*), die insbesondere auch Banken aus Deutschland nutzten, um fern der Kontrolle durch die Bankenaufsicht in Hypothekenverbriefungen und andere Derivate zu investieren – bei sehr kurzfristiger Refinanzierung. Der Zusammenbruch der Refinanzierung dieser Zweckgesellschaften im Sommer 2007 markiert die Ausweitung der Krise von einer Krise eines kleinen Teils des US-amerikanischen Finanzsektors zu einer Weltfinanzkrise.

Ebenfalls von Bedeutung waren Fehler in der Systemarchitektur des Finanzsektors. Aus dem Zusammenspiel von Kursverlusten der Wertpapiere in funktionsunfähigen Märkten, Zeitwertbilanzierung (*Fair Value Accounting*) für Marktrisiken und Eigenkapitalmangel ergab sich für die betroffenen Banken die Notwendigkeit eines *Deleveraging*, d.h. einer Bilanzverkürzung durch Wertpapierverkäufe zur Reduktion der Verschuldung; dieses *Deleveraging* wiederum ließ die Kurse der Wertpapiere weiter sinken. So kam es nach dem Anfangsschock vom Sommer 2007 zu einer Abwärtsspirale der Preise auf den Finanzmärkten und der Bilanzen von Finanzinstitutionen, die erst durch die staatlichen Interventionen seit Oktober 2008 gestoppt wurde.

Im Einzelnen sind folgende Defizite von Bankenregulierung und Bankenaufsicht im Vorfeld der Krise zu nennen:

- Das Fehlen jeglicher Aufsicht bei der Initiierung und Verbriefung von Hypotheken minderer Qualität hat zum Versagen der marktwirtschaftlichen Steuerungsmechanismen beigetragen.
- Das Fehlen jeglicher Aufsicht bei Hedge Funds, Zweckgesellschaften und Investment-Banken hat dazu beigetragen, dass bezüglich der von diesen Institutionen ausgehenden Systemrisiken keinerlei Transparenz bestand. Dass diese Institutionen eine Rolle spielten, war zwar

[123] Vgl. auch Hellwig (2009).

bekannt, aber die Größe dieses Schatten-Bankensystems[124] und das Ausmaß des im August 2007 zu Tage tretenden Refinanzierungsbedarfs hat doch die meisten Marktteilnehmer überrascht.

- In diesem Zusammenhang ist auch der Umgang der Aufsicht mit den Verpflichtungen der ihr unterstellten Bankinstitute gegenüber den von diesen Banken eingerichteten Zweckgesellschaften zu nennen. Exorbitante Fristentransformation bei den Zweckgesellschaften und exorbitante Liquiditätszusagen der Mutterbanken für diese Zweckgesellschaften hätten im Rahmen der zweiten Säule von Basel II als unprofessionelle Geschäftspraktiken untersagt werden können und müssen, auch wenn in der Phase des Übergangs von Basel I zu Basel II noch nicht die Verpflichtung bestand,[125] Zweckgesellschaften in die eigenen Bücher zu übernehmen, und auch wenn der unterjährige Charakter der vorgeblichen Liquiditätszusagen und sonstigen Garantien eine unmittelbare Anwendung des Verbots von Klumpenrisiken ausschloss.

- Dass viele bedeutende Banken ein zu geringes Eigenkapital aufweisen, ist der Handhabung der Eigenkapitalregulierung im Rahmen des modellbasierten Ansatzes zuzuschreiben, wie er insbesondere für Marktrisiken verwandt wird. Im Rahmen des modellbasierten Ansatzes bedeutet eine Kernkapitalquote[126] von 10 Prozent („10 Prozent Kernkapital"), dass das Kernkapital 10 Prozent der risikogewichteten Vermögenswerte entspricht; je nach Zusammensetzung der mit Kernkapital unterlegten Positionen, je nach Anlagestrategie und Modellkalibrierung läuft das auf einen Anteil von 1–3 Prozent des echten Eigenkapitals an der (ungewichteten) Bilanzsumme hinaus. Dies ist zu wenig, um einen wirksamen Puffer auch gegenüber Fehlern in den Risikomodellen der Banken zu bieten.

- Die niedrige Eigenkapitalausstattung der Banken hatte auch zur Folge, dass die Multiplikatoren für das *Deleveraging* nach Kursverlusten sehr groß waren: Beträgt das anrechenbare Kernkapital 4 Prozent der Bilanzsumme, und gibt es kein „freies" Eigenkapital, d. h. keinen Überschuss über das hinaus, was die Aufsicht oder die Kapitalmärkte verlangen, so müssen nach einem Verlust je Euro an fehlendem

124 Dodd and Mills (2008) nennen einen Umfang von 1 Bn. US $. Das Volumen an verbrieften *Non-Prime Mortgages* insgesamt wird vom Internationalen Währungsfonds auf 1,1 Bn. US $ geschätzt; vgl. auch IMF (2008). Selbst wenn man berücksichtigt, dass Zweckgesellschaften u.ä. auch in andere Verbriefungen investierten, ist festzustellen, dass das Schatten-Bankensystem einen erheblichen Marktanteil hatte.

125 Vgl. auch Abschnitt 3.2.

126 Mit Kernkapital wird die Summe aus dem gezeichneten Eigenkapital, Rücklagen und Fonds für allgemeine Bankrisiken bezeichnet.

Eigenkapital Wertpapiere für ca. 25 Euro verkauft werden, um die erforderliche Relation zwischen Eigenkapital und riskanten Anlagen wiederherzustellen.

Auf der G20-Tagung im September 2009 in Pittsburgh wurde beschlossen, dass die Banken in Zukunft wieder höhere Eigenkapitalausstattungen haben müssen. Jedoch wurde nicht viel darüber gesagt, wie dies geschehen soll, und auch nicht darüber, welche Faktoren dafür gesorgt haben, dass die Eigenkapitalausstattung der Banken in den Jahren vor der Krise so niedrig war, und wie man diesen Faktoren entgegenwirken will. Im Zuge der verschiedenen Reformen der Eigenkapitalregulierung der Banken seit den frühen neunziger Jahren hieß es immer, der im ersten Basler Abkommen für Bankenaufsicht von 1988 vorgesehene Satz von 8 Prozent Eigenkapitalunterlegung bezogen auf die risikogewichteten Aktiva werde im Durchschnitt auch weiterhin gelten, die anstehende Reform werde nur dafür sorgen, dass die für die einzelnen Anlagen jeweils geforderte Eigenkapitalunterlegung genauer auf die Risiken dieser Anlagen zugeschnitten würden. Tatsächlich wurde die Verfeinerung der Risikokalibrierung der Eigenkapitalregulierung von maßgeblichen Banken benutzt, um ihre durchschnittliche Eigenkapitalunterlegung dramatisch zu senken – mit den im Vorstehenden beschriebenen Konsequenzen. Wie solche Entwicklungen in Zukunft ausgeschlossen werden sollen, ist den Beschlüssen von Pittsburgh nicht zu entnehmen.

Der Basler Ausschuss für Bankenaufsicht hat Ende Dezember 2009 Eckpunkte für eine Reform der Bankenregulierung vorgelegt.[127] Diese Eckpunkte umfassen unter Anderem eine Harmonisierung der Eigenkapitaldefinition, eine Schuldengrenze (*leverage ratio*), Maßnahmen zur Minderung der prozyklischen Wirkungen der Eigenkapitalregulierung und Standards für die Liquidität von Finanzinstitutionen. Die Vorschläge sollen bis Ende 2010 überprüft und gegebenenfalls bis Ende 2012 implementiert werden. Eine umfassende Analyse der zu erwartenden Wirkungen für das Finanzsystem vor dem Hintergrund der in der Krise gemachten Erfahrungen wird in diesem Zusammenhang allerdings nicht vorgelegt. Insofern fügen sich die Vorschläge des Basler Ausschusses nahtlos ein in eine Tradition der Entwicklung und Verfeinerung der Eigenkapitalregulierung im Diskurs der Aufseher und der Regulierten, ohne dass eine theoretische oder empirische Analyse zur Wirkungsweise der vorgesehenen Maßnahmen geliefert würde.

Im folgenden Teil 2 dieses Gutachtens werden zunächst einige grundsätzliche Aspekte zu Zielen und Wirkungen der Bankenregulierung disku-

[127] Vgl. Basel Committee on Banking Supervision (2009).

tiert. Verschiedene Ziele und mögliche Zielkonflikte werden identifiziert; es wird argumentiert, dass die Bedeutung vorgesehener Regulierungsmaßnahmen für das Erreichen der einzelnen Ziele im Rahmen eines Systemansatzes aufzuzeigen ist.

Sodann befasst sich Teil 3 mit den Regulierungsinstrumenten. Im Einzelnen behandelt werden die Ausgestaltung der Eigenkapitalregulierung, die Rolle von Ermessensentscheidungen der Aufsicht im Rahmen der zweiten Säule von „Basel II“, Rahmenbedingungen für die Governance der Banken und Regeln und Verfahren für den Umgang mit Schieflagen. Institutionelle Aspekte werden in Teil 4 behandelt. Hier geht es zum einen um die geplante Einrichtung eines europäischen Risikorats, zum anderen um die von der Regierungskoalition angestrebte Verlagerung der Bankenaufsicht in die Bundesbank.

Bankenregulierung ist heutzutage in vielen Punkten ein Ergebnis internationaler Diskussionen und Verhandlungen. Daher behandeln die folgenden Ausführungen viele Aspekte des Themas in einem den nationalen Bedingungen übergeordneten Rahmen; Hinweise auf einschlägige Entwicklungen im Vorfeld und in der Finanzkrise stützen sich auf Erfahrungen in vielen Ländern. Spezifisch deutsche Erfahrungen nehmen demgegenüber eine untergeordnete Rolle ein. Aus deutscher Sicht war die Krise vor allem eine Krise der Landesbanken; hinzu kamen die Krisen einzelner Institute, Deutsche Industriebank (IKB), Hypo Real Estate (HRE), Dresdner Bank (und in der Folge Commerzbank). Die hier zutage getretenen Probleme hatten nicht nur mit den internationalen Entwicklungen, sondern auch mit der Struktur des deutschen Finanzsektors zu tun, insbesondere mit dem Landesbankensektor, der seit Mitte der neunziger Jahre beobachteten Wettbewerbsintensivierung, gerade im Bereich des Wholesale Banking, und verschiedenen Altlasten aus den neunziger Jahren. Auf diese deutschen Eigenheiten geht das Gutachten kaum ein. Für die internationale Regulierungsdiskussion spielen sie keine besondere Rolle.

Das Gutachten geht auch nicht auf Fragen des Übergangs ein. Einzelne Vorschläge, etwa zur Eigenkapitalregulierung, wird man nicht unmittelbar implementieren wollen, solange die Krise nicht überstanden ist. Jedoch ist es wichtig, auch jetzt schon eine Orientierung zu haben, welcher Regulierungsrahmen mittelfristig anzustreben ist. Dazu soll dieses Gutachten dienen.

Das Gutachten behandelt auch nicht die makroökonomischen Rahmenbedingungen der Finanzsysteme. Die Stabilität von Finanzmärkten und Finanzinstitutionen hängt grundsätzlich auch davon ab. So hat die US-amerikanische Geldpolitik zunächst durch übermäßige Expansion in den

Jahren 2002–2004 zum Entstehen der Immobilien- und Verbriefungsblase beigetragen. Auch andere Notenbanken haben der z. T. übermäßigen Expension der Kredit- und Geldvolumen erst spät Grenzen gesetzt. Auch undisziplinierte Staatsverschuldung birgt Risiken für die Finanzmärkte; die derzeitige Auseinandersetzung um die Refinanzierung der griechischen Staatschulden liefert ein aktuelles Beispiel. Gleichwohl werden diese Themen hier ausgeklammert. Hier geht es nur um die Funktionsweise und die Funktionsfähigkeit des Finanzsystems selbst.

II. Grundlegende Erwägungen

1. Ziele der Regulierung

Jegliches Regulierungssystem sollte auf klare Zielvorstellungen hin ausgerichtet sein. Sofern mehrere Ziele verfolgt werden, sollte eine klare Zuordnung der einzelnen Regulierungsinstrumente zu den verschiedenen Zielen vorgenommen werden. Diese Zuordnung sollte die mit den Regulierungsinstrumenten verbundenen Wirkungsmechanismen widerspiegeln. Soweit es bei der Verwendung der Regulierungsinstrumente Konflikte zwischen den verschiedenen Regulierungszielen gibt, sollten die Aufsicht und das für die Aufsicht zuständige Ministerium sich diese Konflikte bewusst machen und Verfahren zur Handhabung des bei der Abwägung zwischen den Zielen erforderlichen Ermessens entwickeln.

Im derzeit praktizierten System der Bankenregulierung und Bankenaufsicht sind klare Zielformulierungen und klare Zuordnungen von Regulierungsinstrumenten zu Regulierungszielen kaum anzutreffen. Gewiss stehen die Sicherheit der Banken und die Stabilität des Finanzsystems als Ziele von Regulierung und Aufsicht im Raum. Diese Ziele werden aber nicht so operationalisiert, dass man aus ihnen konkrete Schlüsse für die Regulierung ziehen könnte. Die Regulierung selbst gründet sich in wesentlichen Punkten auf die Ergebnisse internationaler Verhandlungen, insbesondere im Rahmen des Basler Ausschusses für Bankenaufsicht; auch im Rahmen dieser Verhandlungen und der getroffenen Vereinbarungen sind klare Zielformulierungen und klare Zuordnungen von Regulierungsinstrumenten zu Regulierungszielen selten.

Das hier angesprochene Defizit lässt sich am Beispiel des Umgangs mit Hedge Funds veranschaulichen. Von vielen Seiten wird seit Jahren eine staatliche Aufsicht über Hedge Funds gefordert. Diese Forderung ist insbesondere von Seiten der USA und des Vereinigten Königreichs immer wieder mit dem Argument abgelehnt worden, eine solche Aufsicht sei nicht erforderlich, schließlich handle es sich bei den Anlegern in Hedge

Funds um reiche Investoren, die die mit dieser Art der Anlage verbundenen Risiken ermessen und gegebenenfalls auch tragen könnten. Dieses Argument stellt allein auf den Anlegerschutz ab. Dass der Umgang mit Hedge Funds möglicherweise anders zu beurteilen ist, wenn man auf Systemschutz abstellt, wurde dabei verdrängt. Von Seiten derer, die eine Aufsicht über Hedge Funds forderten, wurde die Verschuldung der Hedge Funds als systemisches Problem genannt. Da aber die Verschuldung der Hedge Funds deutlich niedriger war als die der meisten Banken, ganz zu schweigen von den von Banken eingerichteten Zweckgesellschaften, hatte dieses Argument nicht viel Gewicht.

Unausgesprochen blieb, dass eine staatliche Aufsicht über Hedge Funds nicht deshalb angestrebt wurde, weil man diese Institutionen als große Gefahr für die Finanzstabilität ansah, sondern weil die Einforderung von Aktionärsrechten auf Hauptversammlungen durch diese Institutionen viele überkommene aktionärsfeindliche Praktiken im System der Unternehmenskontrolle infrage stellte. Gleichzeitig wurde von allen Beteiligten übersehen, dass die Rolle, die Hedge Funds in verschiedenen Wertpapiermärkten ausfüllen, für das Zusammenspiel von Finanzinstitutionen und Finanzmärkten von systemischer Bedeutung ist und dass die Intransparenz über die aggregierten Positionen von Hedge Funds (wie auch von den Zweckgesellschaften der Banken) es der Aufsicht ebenso wie den anderen Marktteilnehmern unmöglich machte, die Verletzlichkeit des Gesamtsystems gegenüber den mit Hypothekenverbriefungen verbundenen Bewertungsrisiken und Refinanzierungsrisiken überhaupt zu erfassen.

Als im August 2007 das Ausmaß der Fristen- und Liquiditätstransformation im Schatten-Bankensystem zutage trat, war der Schock umso größer. Diese Intransparenz hätte sich vielleicht vermeiden lassen, wenn die Diskussion über die Regulierung von Hedge Funds von vorneherein mit mehr Genauigkeit, Ehrlichkeit und Gründlichkeit bezüglich der Regulierungsziele und der zur Verfolgung dieser Ziele erforderlichen Maßnahmen geführt worden wäre.

Bei der Formulierung von Regulierungszielen sollte daher klar gemacht werden, warum es der staatlichen Intervention bedarf und warum die Beteiligten die zugrunde liegenden Probleme nicht selber lösen können. Grundsätzlich könnte man sich ja vorstellen, dass Fehlsteuerungen in Finanzbeziehungen auch ohne Staatseingriff, durch „Marktdisziplin“ oder eine andere Form der Selbstregulierung der Beteiligten, behoben oder gemildert werden. Insoweit dies der Fall ist, kann staatliche Regulierung schaden, sei es, dass sie die Versorgung der Wirtschaft mit Finanzmitteln verteuert oder anderweitig beeinträchtigt, sei es gar, dass sie selbst zur

Instabilität des Finanzsystems beiträgt. Letzteres galt beispielsweise für die bis in die achtziger Jahre in vielen Ländern anzutreffenden Formen der Einlagenzinsregulierung und Anlagevorschriften, die zu einer Unterdiversifizierung in den Bankbilanzen führten; etliche der Bankenkrisen der achtziger und frühen neunziger Jahre wurden dadurch verursacht.

In einer Marktwirtschaft bedarf staatliche Regulierung der Begründung. Wesentliche Begründungen für eine staatliche Intervention bei Banken können sein:

- Das Verhalten der Beteiligten hat Rückwirkungen auf unbeteiligte Dritte, die geschützt werden sollen.
- Erhält eine Bank Mittel von vielen Kapitalgebern, so kann die Überwachung des Verhaltens der Bank daran leiden, dass die Koordination der Kapitalgeber nicht funktioniert, sei es, dass die Überwachung aufgrund von Trittbrettfahrereffekten gar nicht stattfindet, sei es dass jeder einzelne Kapitalgeber einen Nachteil daraus befürchten muss, dass andere Kapitalgeber besser informiert sind als er. In diesem Zusammenhang ist auch die Gefahr eines *Run* zu nennen.
- Die Überwachung des Verhaltens der Bank funktioniert auch nicht, wenn es sich bei den Kapitalgebern um Kleinanleger handelt, die nicht die Expertise besitzen, die für eine solche Überwachung erforderlich wäre, ganz zu schweigen von der Fähigkeit, sich die erforderlichen Informationen zu beschaffen.
- Dies gilt insbesondere bei Transaktionen im Rahmen des normalen Zahlungsverkehrs oder bei Transaktionen in anonymen Märkten, wo es jeweils auf die Reibungslosigkeit der Transaktion ankommt. Hier dient eine staatliche Aufsicht dazu, die mit der Überwachung des Kapitalnehmers verbundenen Transaktionskosten zu reduzieren.
- Wenn damit zu rechnen ist, dass *ex post*, nachdem eine Bank insolvent geworden ist, aus politischen Gründen der Steuerzahler für die Einleger aufkommen muss, so gibt es ein natürliches Interesse, sich auch schon *ex ante*, während die Bank ihre Strategie festlegt und verfolgt, an der Überwachung der Bank zu beteiligen, um die Risiken für den Steuerzahler möglichst gering zu halten.

Bei vielen der hier genannten Effekte könnte die Abwesenheit von Regulierung dazu führen, dass die betreffenden Finanzierungsbeziehungen gar nicht zustande kommen. Im Einzelfall mag das auch effizient sein. Dies gilt allerdings nicht für Beziehungen, die an die Rolle der Bankeinlagen im Zahlungssystem geknüpft sind; diese sind für die Infrastruktur der Wirtschaft unverzichtbar. Gerade hier ist die Fähigkeit der Einleger, den Kapitalnehmer zu überwachen, wenig ausgeprägt. Allerdings ist auch hier zu fordern, dass staatliche Eingriffe auf das beschränkt bleiben, was zum Erreichen der gesetzten Ziele angemessen und erforderlich ist.

Anlegerschutz

Anlegerschutz ist traditionell das wichtigste Ziel von Bankenregulierung und Bankenaufsicht. Schutzbedürftig sind vor allem die Einleger, insbesondere die Kleineinleger. Bei ihnen kommen mehrere der oben genannten Gesichtspunkte zusammen: die Rolle der Einlagen im Zahlungsverkehr, mangelnde Expertise, und Koordinationsprobleme einer Überwachung der Bank.

Bei den Einlegern ist auch zu bedenken, dass *ex post* ein Eintreten des Steuerzahlers politisch nicht zu vermeiden ist. Die politischen Konsequenzen einer Schädigung vieler Kleineinleger durch einen Bankzusammenbruch könnte kaum eine Regierung überstehen.

Grundsätzlich ist zu unterscheiden zwischen Eingriffen *ex post*, nachdem eine Bank in Schwierigkeiten gekommen ist, und Eingriffen *ex ante*, bevor die ersten Probleme auftreten. *Ex post* geht es um die Frage, inwiefern der Steuerzahler im Ernstfall für Verbindlichkeiten der Bank aufkommt. *Ex ante* geht es um Maßnahmen, die dafür sorgen sollen, dass es erst gar nicht zum Ernstfall kommt. Aus politischen Gründen ist, wie erwähnt, ein Eintreten des Steuerzahlers *ex post* oft nicht zu vermeiden. Jedoch ist zu erwägen, dass die Erwartung, der Staat werde es schon richten, den Anlegern die Anreize nimmt, sich selbst darum zu kümmern, wie vertrauenswürdig ihre Bank ist. Eine explizite Verpflichtung dieser Art verstärkt aber auch die Legitimität einer staatlichen Aufsicht *ex ante*.

In einem Teil der wirtschaftswissenschaftlichen Literatur wird ein Zusammenhang hergestellt zwischen der Existenz eines staatlichen Einlagenversicherungssystems und der Inzidenz von Bankenkrisen. Dieser wird theoretisch mit fehlenden Anreizen zur Überwachung der Banken durch die Einleger begründet.[128] Eine neue Arbeit von Boyd et al. (2009) zeigt allerdings, dass in früheren Studien das Auftreten von Bankenkrisen mit einem staatlichen Eingreifen gleichgesetzt wird; misst man das Auftreten von Bankenkrisen mit Daten, die nicht auf Staatsinterventionen abstellen, so ist kein Zusammenhang zwischen der Existenz eines staatlichen Einlagenversicherungssystems und dem Auftreten von Bankenkrisen festzustellen (Boyd et al. 2009).

[128] Vgl. Demirgüc-Kunt und Detragiache (2002) oder Barth, Caprio und Levine (2004).

Weniger schutzbedürftig als die Einleger sind die Obligationäre. Beim Kauf einer Inhaberschuldteilschuldverschreibung einer Bank wird eine bewusste Entscheidung zur Anlage eines zumeist größeren Betrags getroffen. Ein Transaktionskostenargument für einen über die Vorkehrungen des allgemeinen Privatrechts und des Wertpapierrechts hinausgehenden Anlegerschutz ist nicht ersichtlich. Soweit es sich um institutionelle Investoren handelt, sollte auch das Argument der mangelnden Expertise entfallen. Insofern ist problematisch, dass in der gegenwärtigen Finanzkrise in Deutschland, etwa bei der Hypo Real Estate, die Obligationäre, auch die Inhaber nachrangiger Schuldtitel, ungeschoren geblieben sind.

Die Aktionäre schließlich sollten keinerlei staatlichen Schutz genießen, zumindest keinen, der über die Vorkehrungen des Aktienrechts hinausgeht. Eigenkapital hat eine Haftungsfunktion. Diese sollte nicht durch staatliche Schutzmaßnahmen unterminiert werden.

Funktionsschutz von Märkten

Die Leistungsfähigkeit vieler Märkte beruht darauf, dass die Teilnehmer schnell und ohne große Transaktionskosten in ihnen handeln können, ferner auch darauf, dass es eine große Zahl von Teilnehmern gibt, die als potentielle Partner zur Verfügung stehen und bereit sind, schon bei kleineren Preisbewegungen zu handeln. Diese Eigenschaften, die die Liquidität der Märkte begründen, bieten dem einzelnen Anleger eine gewisse Gewähr, dass er das betreffende Wertpapier ohne Schwierigkeiten verkaufen kann; sie bieten auch die Grundlage für eine gewisse Verlässlichkeit der Prognosen bezüglich des Preises, zumindest kurzfristig. In den Märkten für Hypothekenverbriefungen in den USA waren diese Eigenschaften vor der Krise gegeben; im Juli und August 2007 jedoch sind sie binnen Tagen verschwunden. Die Preise brachen ein; teilweise war es gar nicht mehr möglich, Käufer für diese Papiere zu finden.

Beim Funktionsschutz für die Märkte geht es zum einen um die gehandelten Titel, zum anderen um die Marktteilnehmer, zum Dritten schließlich um die rechtlichen Rahmenbedingungen für die betreffende Transaktion. Die Funktionsfähigkeit des Marktes wird beschädigt, wenn die Teilnehmer erhebliche Zweifel über die Qualität der gehandelten Titel haben müssen, auch wenn sie befürchten müssen, dass der jeweilige Vertragspartner, sei es als Käufer, sei es als Verkäufer, einen Informationsvorsprung hat und sie übervorteilen könnte. Diese Erwägung begründet beispielsweise die staatliche Setzung von Mindestanforderungen für die Börsenzulassung und für die Publizität von börsennotierten Unternehmen, ferner auch das staatliche Verbot des Insiderhandels.

Die Funktionsfähigkeit des Marktes wird auch beschädigt, wenn die Teilnehmer Zweifel haben müssen, ob der jeweilige Vertragspartner auch leisten kann. In Aktienbörsen wird dieses Problem dadurch gelöst, dass Dritte als Makler zwischen Käufer und Verkäufer treten, so dass das Problem der Kreditwürdigkeit des Partners nicht direkt auftritt, zumindest solange man den jeweiligen Maklern Vertrauen schenkt. In Interbankenmärkten treten die beteiligten Banken unmittelbar in Beziehung zueinander; die Folgen eines Vertrauenseinbruchs für diese Märkte wurden im Laufe der Krise mehrfach deutlich, bis hin zum gänzlichen Zusammenbruch des Marktes nach der Insolvenzerklärung von Lehman Brothers im September 2008.

In diesem Zusammenhang spielen auch die rechtlichen Rahmenbedingungen eine Rolle: In welchem Umfang müssen die Beteiligten bei Zug-um-Zug-Transaktionen damit rechnen, dass das sogenannte „Herstatt-Risiko" eintritt, d.h. dass aufgrund der nicht gänzlich herzustellenden Gleichzeitigkeit von Leistung und Gegenleistung die Partei, die früher leistet, dem Risiko unterliegt, dass die andere Partei ausfällt? Inwiefern können die Beteiligten an einem Zinsswap-Geschäft damit rechnen, dass das in solchen Geschäften übliche *Netting* sich in einem Insolvenzverfahren als gerichtsfest erweist? Dass man im Falle des Hedge Fonds *Long-Term Capital Management* (LTCM) im Jahr 1998 ein Insolvenzverfahren vermeiden wollte, hatte auch den Grund, dass man die mit einem solchen Verfahren verbundenen rechtlichen Risiken vermeiden wollte. Seither sind allerdings die Rechtsunklarheiten kaum beseitigt worden.

Systemschutz

Über den Funktionsschutz einzelner Märkte hinaus ist auch der Schutz des Finanzsystems insgesamt von Bedeutung. Gemeint ist der Schutz von Finanzinstitutionen und Finanzmärkten vor den Rückwirkungen von Fehlverhalten oder gar Insolvenz einer oder mehrerer Institutionen. Als Beispiel sei die im Rahmen des sogenannten Schatten-Bankensystems in den Jahren vor 2007 betriebene Fristentransformation genannt. Etliche Banken, darunter in großem Umfang auch deutsche öffentliche Banken, hatten Zweckgesellschaften eingerichtet, die Hypothekenverbriefungen hielten und sich auf dem Geldmarkt, d.h. sehr kurzfristig, refinanzierten, gestützt durch Beistandszusagen der verantwortlichen Banken. Als im Sommer 2007 die Probleme der Hypothekenverbriefungen deutlich wurden, brach, wie eingangs schon erwähnt, die Refinanzierung dieser Zweckgesellschaften zusammen. Dieser Zusammenbruch der Refinanzierung der Zweckgesellschaften, in einem geschätzten Gesamtvolumen von 1.000 Mrd. US Dollar, trug mit zum Zusammenbruch der Preise der Hypothekenverbriefungen bei (Dodd und Mills 2008). Dies belastete nicht nur die Märkte für diese Papiere, sondern auch alle Institutionen, die diese Papiere hielten. Da einige der verantwortlichen Banken aufgrund ihrer Beistandszusagen sogleich insolvent waren, hing auch sofort das Menetekel der Insolvenz über den Märkten, belastete die Funktionsfähigkeit der Interbankenmärkte und gab jeder einzelnen Bank ein Gefühl der Verletzlichkeit, das es ratsam erscheinen ließ, auf alle Marktentwicklungen defensiv zu reagieren.

Unter dem Stichwort „systemisches Risiko" werden zwei Zusammenhänge erfasst: Ansteckungszusammenhänge aufgrund von Dominoeffekten und Ansteckungszusammenhänge aufgrund von Informationseffekten. Dominoeffekte liegen vor, wenn der Zusammenbruch von Bank A dazu führt, dass Bank B ihre Forderungen gegenüber Bank A abschreiben muss, dann selbst in Schwierigkeiten kommt, im weiteren Verlauf vielleicht auch noch Bank C, die Forderungen gegenüber Bank B hat. Informationseffekte liegen vor, wenn der Zusammenbruch von Bank A dazu führt, dass die Einleger vermuten, dass Bank B, die ein ähnliches Portefeuille hält wie Bank A, möglicherweise ebenfalls Probleme hat, und deshalb ihre Einlagen von Bank B abziehen.

Die aktuelle Finanzkrise hat noch einen anderen Systemzusammenhang deutlich gemacht: Wenn die Schwierigkeiten von Bank A dazu führen, dass Bank A Wertpapiere verkaufen muss, und wenn dies die Preise dieser Wertpapiere sinken lässt, so sinkt der Wert der Aktiva bei allen Banken, die auch solche Wertpapiere halten. Diese Verluste gehen unmittelbar zu Lasten des Eigenkapitals dieser Banken. Wenn diese Banken selbst mit eigenen Wertpapierverkäufen reagieren, kann sich eine Kettenreaktion ergeben. In der aktuellen Krise war dies wohl der wichtigste Systemzusammenhang zwischen den Banken. Demgegenüber traten Dominoeffekte über Vertragsbeziehungen erst ganz am Schluss auf, im Gefolge der Lehman-Insolvenz.

Das Anliegen des Systemschutzes ist von dem des Anlegerschutzes deutlich zu unterscheiden. Beim Anlegerschutz geht es um den Schutz der Personen und Institutionen, die einer Bank Mittel zur Verfügung stellen, vor einem Missbrauch des zugrundeliegenden Vertrauens durch die Bank. Beim Systemschutz geht es um den Schutz von im Vorhinein nicht weiter zu identifizierenden Märkten und Institutionen vor den Rückwirkungen der Aktivitäten von Marktteilnehmern, ohne dass diese mit den zu Schützenden in einer vertraglichen Beziehung ständen. Transparenzerfordernisse für Zweckgesellschaften und Hedge Funds hätten vielleicht dazu beigetragen, dass das Ausmaß der im Schatten-Bankensystem vorgenommenen Fristentransformation nicht erst im Sommer 2007 zutage getreten wäre. Dann hätten andere Marktteilnehmer die Möglichkeit gehabt, sich auf die damit verbundenen Risiken einzurichten.

2. *Wirkungsweise der Regulierung*

Erfordernis einer Inzidenzanalyse

Nach den Zielen der Regulierung ist auch auf die Wirkungsweise der Regulierung einzugehen. Bei der Entwicklung der Bankenregulierung im Rahmen des Basler Ausschusses wurde versäumt, für die einzelnen Regulierungsinstrumente jeweils vorab eine angemessene Wirkungsanalyse vorzunehmen. So ist etwa bei der 1996 vorgenommenen Ergänzung des ersten Basler Abkommens zur Ausdehnung der Eigenkapitalregulierung auf Marktrisiken den Banken die Option gegeben worden, die Eigenkapitalanforderungen aufgrund ihrer eigenen Risikomodelle zu berechnen, ohne dass vorher theoretisch oder empirisch untersucht worden wäre, wie sich diese Form der Regulierung auf die einzelne Bank und auf das Finanzsystem insgesamt auswirken würde.

Aus heutiger Sicht ist dazu anzumerken, dass diese Form der Regulierung den Banken die Möglichkeit gegeben hat, die Aktivitäten, die sie mit ihrem Eigenkapital unterlegen können, dramatisch auszuweiten, so dass die ungewichtete Bilanzsumme teilweise das Vierzig- oder Fünfzigfache des Eigenkapitals ausmachte. In der Krise hat dies an zwei Stellen fatale Auswirkungen gehabt: Zum einen kann ein Risiko, an das man nicht gedacht hat und das daher auch nicht in den bankinternen Modellen berücksichtigt wurde, sehr schnell die Solvenz einer Bank gefährden, wenn deren Eigenkapital nur 2 Prozent oder 2,5 Prozent der Bilanzsumme ausmacht. Zum anderen muss die Bank auf eine Eigenkapitallücke durch Veräußerungen von Vermögenswerten in Höhe des Vierzig- oder Fünfzigfachen der Eigenkapitallücke reagieren; die Prozyklizität der Eigenkapitalregulierung wird dadurch extrem gesteigert.

Das Fehlen geeigneter Inzidenzanalysen bei der Einführung des modellbasierten Ansatzes der Eigenkapitalregulierung 1996 steht in merkwürdigem Kontrast zu den vielfältigen Anforderungen an die Wirkungsanalysen, die etwa ein Unternehmen der pharmazeutischen Industrie vorlegen muss, ehe es ein neues Medikament auf den Markt bringen darf.

Erfordernis eines Systemansatzes bei der Wirkungsanalyse

Das Fehlen angemessener Wirkungsanalysen geht unter anderem darauf zurück, dass Regulierung und Aufsicht vor allem auf die einzelne Institution abstellen und dabei nicht auf die Wechselwirkungen mit dem System achten. Gewiss ist die einzelne Bank der Adressat der Rechtsnormen, mit deren Hilfe die Regulierungsvorschriften umgesetzt werden. Jedoch kann man die Wirkungsmechanismen nicht allein auf der Ebene der einzelnen Bank erfassen, sondern man muss die Wechselwirkungen zwischen der einzelnen Bank bzw. den verschiedenen Banken und dem Rest des Finanzsystems mit einbeziehen. Dies wird unmittelbar deutlich, wenn man bedenkt, dass ein von der Eigenkapitalregulierung nach Verlusten erzwungenes *Deleveraging*, d.h. wie oben beschrieben die Veräußerung von Aktiva, um die Bilanz zu verkürzen und in Einklang mit dem geschrumpften Eigenkapital zu bringen, auf die Marktpreise dieser Aktiva drückt, was zu Verlusten bei anderen Banken führen kann.

Die Vorstellung, dass man die Stabilität des Systems sichert, indem man sicherstellt, dass jede einzelne Institution „genügend“ Eigenkapital hat, setzt voraus, dass man die Sicherheit der einzelnen Institution tatsächlich unabhängig vom System beurteilen kann. Dies ist eine Illusion, denn die Sicherheit der einzelnen Institution hängt von Systemzusammenhängen ab: Können die Gegenparteien zahlen? Diese Frage ist etwa von Bedeutung, wenn die Bank ein Zinsänderungsrisiko im Rahmen eines Swapgeschäfts abgegeben hat: Möglicherweise kann die Gegenpartei genau dann nicht zahlen, wenn die Versicherungsfunktion des Swapgeschäfts benötigt wird, d.h. möglicherweise hat die Bank durch das Swapgeschäft das Zinsrisiko nur in ein mit dem Zinsrisiko korreliertes Gegenparteirisiko umgewandelt. Über dieses Gegenparteirisiko und seine Korrelation mit dem Zinsrisiko jedoch ist aus der isolierten Analyse der einzelnen Bank so gut wie nichts zu ermitteln. Insofern kann weder das Risikomodell der Bank noch der Aufseher, der die Bücher der Bank prüft, diese Korrelation angemessen berücksichtigen.[129]

Das Problem der Zeitinkonsistenz der Regulierung

Eine Wirkungsanalyse sollte sich auch der Frage stellen, wie die Aufsicht *ex post* reagieren wird oder reagieren sollte, wenn größere Probleme auftreten. Und was werden die Wirkungen dieser Intervention sein? Wird

[129] In diesem Zusammenhang ist zu erwähnen, dass die UBS Investment Bank die Kreditrisiken aus Hypothekenverbriefungen, die sie durch Hedge-Operationen abgegeben hatte, im Rahmen der quantitativen Risikomodellierung glatt gestellt hatte – im Glauben an die Zahlungsfähigkeit der *Monoline Insurers*, die als Gegenpartei dienten.

man bereit sein, zu intervenieren und die gegebenen Vorschriften hart durchzusetzen, z. B. in einer Rezession die Anpassung der Kredit-Ratings und der Eigenkapitalanforderungen an die laufende Entwicklung genau entsprechend den Anforderungen von Basel II vornehmen? Oder wird man die prozyklischen Wirkungen eines solchen Durchgreifens fürchten und stattdessen zwei Augen zudrücken? Wie geht man dann mit dem Problem um, dass eine Bank mit ungelösten (verdeckten) Solvenzproblemen eine Gefahr für die Stabilität des Finanzsystems darstellt?

In seinem Brief vom 23. Januar 2009 hat der Beirat bereits für das Jahr 2009 eine Aussetzung der strikten Anwendung von Basel II empfohlen, um die Rückwirkungen der realwirtschaftlichen Rezession auf die Kreditvergabe der Banken etwas abzumildern. Dabei war er sich der mit einer Verschleppung von Solvenzproblemen verbundenen Risiken durchaus bewusst, hielt es aber für besser, in der gegebenen Situation die prozyklischen Wirkungen der Regulierung abzumildern. Etwaigen Solvenzproblemen sollte gleichwohl die gebührende Aufmerksamkeit der Aufsicht gewidmet werden.

Hier geht es allerdings nicht um die Frage, was *ex post*, bei gegebenem Regulierungssystem, als angemessener Umgang mit der Krise anzusehen ist, sondern um das Erfordernis, dass man *ex ante*, wenn man die Regulierungsvorgaben verabschiedet, erwägen muss, was man *ex post* bereit sein wird, umzusetzen. Dabei ist das so genannte *Zeitkonsistenzproblem* zu berücksichtigen, dass man *ex post* möglicherweise weniger strikt vorgehen wird, als man es *ex ante* androhen würde. In diesem Fall ist vor dem Wunschdenken zu warnen, man werde der Versuchung zu laxerem Eingreifen *ex post* schon widerstehen können.

Marktstrukturen und Wettbewerbsverhältnisse als Randbedingungen der staatlichen Regulierung

Eine angemessene Wirkungsanalyse muss auch den Nebenbedingungen Rechnung tragen, die sich aus den Strukturen des Finanzsystems selbst ergeben. Für Deutschland sind hier vor allem die Marktstrukturen und die Wettbewerbsverhältnisse zu nennen. Im Rahmen des Drei-Säulen-Systems haben traditionell die Sparkassen und die Genossenschaftsbanken sehr starke Stellungen im Retail-Geschäft und erzielen damit beträchtliche Gewinne. Die privaten Banken haben es nicht verstanden, hier ähnlich profitable Positionen aufzubauen. Stattdessen hatten sie traditionell starke Stellungen im Wholesale-Geschäft und im Bereich der Industriekredite. In diesem Bereich ist seit Anfang der neunziger Jahre die Wettbewerbsintensität deutlich gestiegen und sind die Intermediationsmargen geschrumpft. Dies hat die Fähigkeit der Banken zum

Ausgleich von Verlusten und zum Aufbau neuen Eigenkapitals aus einbehaltenen Gewinnen deutlich beeinträchtigt. Bei den Landesbanken ist das Problem noch größer. Ihre Gewinnbasis lag lange Zeit in den durch die staatlichen Garantien bedingten günstigen Refinanzierungsmöglichkeiten. Der Fortfall dieser Refinanzierungsmöglichkeiten[130] stellt ihr Geschäftsmodell insgesamt infrage. Dies dürfte auch erklären, warum die deutschen Landesbanken in so großem Umfang Hypothekenverbriefungen in den USA gekauft haben und warum sie so stark von der Krise betroffen sind.

Unabhängig davon, wie man diese Strukturen im einzelnen beurteilt – die Bankenregulierung muss sich der Tatsache stellen, dass mittel- und langfristig die Stabilität von Banken und anderen Finanzinstitutionen auch davon abhängt, inwiefern Marktstrukturen und Wettbewerbsverhältnisse ihnen die Möglichkeit geben, Geld zu verdienen und ihre Kosten zu tragen.

Die Beobachtung, dass die Fähigkeit der Banken zum Ausgleich von Verlusten aufgrund des intensiveren Wettbewerbs heute geringer ist als vor vierzig Jahren, sollte nicht dazu führen, dass man versucht, die Wettbewerbsentwicklung zurückzudrehen. Die Intensivierung des Wettbewerbs im Finanzsektor ist in großen Teilen ein Ergebnis von technischen Entwicklungen, insbesondere in Informationsverarbeitungs- und Kommunikationstechnologien, teilweise auch ein Ergebnis von Verhaltensänderungen bei den Kunden, die sich weniger stark als in der Vergangenheit an „ihre“ Bank gebunden fühlen. Solche Entwicklungen entziehen sich weitgehend der Einflussnahme des Staates. Die von ihnen ausgehenden Risiken für die Finanzstabilität sind dort besonders ausgeprägt, wo Marktstrukturen und Verhaltensweisen sich noch nicht den neuen Bedingungen angepasst haben. Wo solche Anpassungen vollzogen wurden und die Marktteilnehmer ihr Risikoverhalten angepasst haben, muss höhere Wettbewerbsintensität nicht zu Lasten der Finanzstabilität gehen.[131]

130 Mit Entscheidung der EU Kommission vom Juli 2001 wurde den Landesbanken eine Übergangsfrist eingeräumt; für bis 2005 aufgenommene Kredite gilt die Gewährträgerhaftung bis maximal 2015 (vgl. Sinn 2009: 68).

131 Die empirische Untersuchung von Boyd et al. (2009) kommt sogar zu dem Ergebnis, dass höhere Wettbewerbsintensität im Banksektor die Wahrscheinlichkeit einer Bankenkrise senkt. Auch diese Abweichung von den Ergebnissen früherer Studien beruht demnach auf der unterschiedlichen Messmethode, bei der die Inzidenz von Bankenkrisen an den Schwierigkeiten des Bankensystems und nicht etwa an Staatseingriffen festgemacht wird.

Bewusster Umgang mit Zielkonflikten

Schließlich muss eine angemessene Wirkungsanalyse auch Zielkonflikte benennen und aufzeigen, welchen Zielen die jeweiligen Maßnahmen dienen. In der öffentlichen Diskussion dieses Jahres ist ein bemerkenswerter Umschwung zu beobachten. Hat man im letzten Jahr noch geschimpft, dass die Banken zu hohe Risiken eingegangen sind, so beschwert man sich jetzt, dass sie der Realwirtschaft zu wenig Kredite geben. Dass solche Kredite riskant sind und die heutige Empfehlung teilweise in diametralem Gegensatz zur letztjährigen Empfehlung steht, wird kaum gesehen. Es ist auch wenig hilfreich, wenn in der Diskussion um die Zukunft der Eigenkapitalregulierung an einem Tag davon gesprochen wird, die Banken müssten mehr Eigenkapital haben, um zu verhindern, dass eine solche Krise sich wiederholen könnte, und dann am nächsten Tage gesagt wird, durch solche Vorschriften dürfte aber nicht die Verfügbarkeit von Bankkrediten für mittelständische Unternehmen beeinträchtigt werden.

In diesem Zusammenhang ist auch die Rolle von Banken, insbesondere von öffentlichen Banken als Teil der Daseinsvorsorge, auf den Prüfstand zu stellen. Für Finanzierungsleistungen von Banken als Teil der Daseinsvorsorge gilt dasselbe wie für die Leistungen von Banken bei der Finanzierung von mittelständischen Unternehmen: Wenn diese Finanzierungsleistungen sich einzelwirtschaftlich nicht rechnen, besteht die Gefahr, dass die Bank ihre Verbindlichkeiten gegenüber ihren eigenen Geldgebern nicht erfüllen kann und dass die Kosten einer solchen Daseinsvorsorge am Ende den Steuerzahler treffen. Auch diesbezüglich gilt es, Zielkonflikte zu benennen und bewusst auszutarieren. Alle Ziele auf einmal wird man nicht ohne weiteres erreichen können.

Ein unreflektierter Umgang mit anstehenden Zielkonflikten öffnet die Türen für Lobbyismus. Schon jetzt ist von Interessengruppen zu hören, die Eigenkapitalregulierung der Banken dürfe nicht verschärft werden, schon gar nicht sei an die Einführung einer *Leverage Ratio*, einer Verschuldungsgrenze zu denken, die unabhängig von den Anlagerisiken der Bank wäre. Solche Maßnahmen würden die Banken zwingen, ihre Kreditvergabe zu beschränken, mit negativen Konsequenzen für die Realwirtschaft. Sie würden auch die internationale Wettbewerbsfähigkeit der Banken schädigen.[132] Dass eine auf Subventionen des Steuerzahlers beruhende Wettbewerbsfähigkeit deutscher Banken nicht im Interesse

[132] So Frenkel und Rudolf (2010), Die Auswirkungen der Einführung einer *Leverage Ratio* als zusätzliche aufsichtsrechtliche Beschränkung der Geschäftstätigkeit von Banken, Gutachten für den Bundesverband deutscher Banken.

des Gemeinwesens liegen kann, wird dabei verdrängt.[133] Unterschlagen wird auch, dass der Mangel an Eigenkapital bei den Banken in erheblichem Maße zur Krise beigetragen hat.

III. Regulierungsinstrumente

1. *Eigenkapitalregulierung*

Zur Entwicklung der Eigenkapitalregulierung seit 1988

Die Eigenkapitalregulierung steht seit dem Basler Abkommen von 1988 im Zentrum der Bankenregulierung. In früheren Jahrzehnten hatten sich Bankenregulierung und Bankenaufsicht weltweit vor allem auf die Regulierung der Marktstrukturen, auf Anlagevorschriften und auf die Regulierung der Einlagenzinsen konzentriert. Beispiele aus den USA sind die auf das Glass-Steagall-Gesetz der dreißiger Jahre zurückgehende Trennung von Commercial Banking und Investment Banking, Beschränkungen der Kreditvergabe an Nichtbanken außerhalb der Grenzen des jeweiligen Bundesstaates und die in *Regulation Q* festgesetzten Obergrenzen für Einlagenzinsen. Diese Formen der Regulierung sind seit Mitte der siebziger Jahre weitgehend abgeschafft worden.[134] Bei zunehmendem Wettbewerb zwischen Finanzinstitutionen in verschiedenen Teilen des Finanzsystems und zwischen Finanzinstitutionen in verschiedenen Ländern erwiesen sie sich als dysfunktional; so ging die US-amerikanische Sparkassenkrise der achtziger Jahre weitgehend darauf zurück, dass Anlagevorschriften und Zinsregulierung dazu geführt hatten, dass zu Beginn des Jahrzehnts ein großer Teil der *Savings and Loans Institutions de facto* insolvent war.

Mit dem Basler Abkommen von 1988 wurde der Versuch unternommen, im Rahmen einer internationalen Harmonisierung der Bankenregulierung die Tendenz zur Deregulierung zu stoppen. Die internationale Harmonisierung sollte als eine Grundlage für das *Home Country Principle*

[133] Dadurch dass die Landesbanken in der Lage waren, bis 2005 mit staatlichen Garantien erhebliche Mittel in den internationalen Kapitalmärkten aufzunehmen und einen dreistelligen Milliardenbetrag in US-amerikanische Hypothekenverbriefungen anzulegen, ist der deutsche Steuerzahler außerordentlich stark belastet worden, ohne dass diese Art der „internationalen Wettbewerbsfähigkeit“ ihm irgendetwas gebracht hätte.

[134] Für einen Überblick siehe Baltensperger und Dermine (1987) und OECD (1992). Im Unterschied etwa zu Frankreich, Spanien oder Schweden war die Bundesrepublik Deutschland von dieser Entwicklung kaum betroffen, da es viele der genannten Regulierungen hier gar nicht gab. Die Zins-Konvention war Ende der sechziger Jahre aufgehoben worden. Die wichtigste Deregulierungsmaßnahme in Deutschland war vermutlich die Zulassung von Geldmarktfonds 1994; siehe dazu Fischer und Pfeil (2004).

dienen, wonach die Aufsicht durch die Behörden des Sitzlandes ausreichte und als Voraussetzung der Banktätigkeit auch in anderen Ländern akzeptiert wurde. Frühere Regulierungsformen wie Anlagevorschriften und Einlagenzinsregulierung wären für eine solche Harmonisierung auf Grund der unterschiedlichen Verhältnisse in verschiedenen Ländern nicht geeignet gewesen. Eine Harmonisierung der Anforderungen für die Eigenkapitalunterlegung von Krediten ließe sich eher vertreten, zumindest wenn man unterstellte, dass z. B. Kredite an Bauunternehmer in verschiedenen Ländern weitgehend ähnliche Risiken aufwiesen.

Das Basler Abkommen von 1988 sah zunächst eine Eigenkapitalunterlegung von 8 Prozent für gewöhnliche Kreditrisiken vor.[135] Dieser Satz ergab sich aus einer längerfristigen Durchschnittsbetrachtung der Ausfallquoten für einzelne Kredite. In einer zweiten Stufe wurde die Ausdehnung der Eigenkapitalregulierung für Marktrisiken ins Auge gefasst. Ein Vorschlag dazu wurde 1993 vom Basler Ausschuss vorgelegt. Dieser Vorschlag, heute als „Standard-Ansatz" bekannt, wurde von den großen international tätigen Bankinstituten und ihren Interessenverbänden mit dem Argument abgelehnt, er bedeute einen Rückschritt gegenüber den schon praktizierten Methoden des Risikomanagements auf der Grundlage quantitativer Modelle. Die starren Unterlegungssätze des Standard-Ansatzes wie schon des Basler Abkommens von 1988 nähmen den Banken die Möglichkeit einer genauen Kalibrierung von Risiken und einer Eigenkapitalunterlegung entsprechend den tatsächlichen, teilweise sehr heterogenen Risiken der einzelnen Anlagen. Diese Diskussion führte dazu, dass die 1996 beschlossene Ergänzung des Basler Abkommens zur Ausweitung der Eigenkapitalregulierung auf Marktrisiken den Banken die Möglichkeit einräumte, anstelle des Standardansatzes ihre eigenen Risikomodelle zur Bestimmung der erforderlichen Eigenkapitalunterlegung für Marktrisiken zu verwenden. Das später, nach langen Verhandlungen, abgeschlossene zweite Basler Abkommen („Basel II") eröffnet diese Möglichkeit auch für Kreditrisiken. In dem hier beschriebenen „Basler Prozess" erscheint die risikokalibrierte Eigenkapitalregulierung als Ergebnis intensiver Diskussionen des Basler Ausschusses mit den Interessenvertretern der zu Regulierenden.

Die Frage, ob und inwiefern eine getrennte Behandlung von Marktrisiken und Kreditrisiken sinnvoll ist, scheint in dieser Entwicklung allenfalls eine untergeordnete Rolle gespielt zu haben. Ausgangspunkt der Diskussion war die traditionelle Trennung von Handelsbuch und Kreditbuch der Bank. Anlagen im Handelsbuch werden im Wesentlichen als

135 Für Kredite an andere Banken oder Immobiliarkredite galten 4%; für Kredite an souveräne Schuldner 0 %.

Marktrisiken behandelt, Anlagen im Kreditbuch als Kreditrisiken. Bei ersteren liegt der Schwerpunkt der Analyse auf Kursrisiken, bei letzteren auf den Ausfallrisiken der Kreditnehmer.

Möglichkeiten der Regulierungsarbitrage zwischen Handelsbuch und Kreditbuch wurden unterschätzt, desgleichen die Rolle von Korrelationen zwischen Marktrisiken und Kreditrisiken. Die durch die Ergänzung des Basler Abkommens von 1996 gegebene Möglichkeit der Eigenkapitalunterlegung anhand eigener bankinterner Risikomodelle hat zur Folge, dass die Eigenkapitalunterlegung eines Papiers im Handelsbuch eine geringere Eigenkapitalunterlegung erfordern kann als im Kreditbuch. Aus diesem Grund achteten viele Banken darauf, dass sie US-Hypothekenverbriefungen in ihr Handelsbuch nahmen und als Marktrisiken behandelten; nach den Kurseinbrüchen dieser Papiere 2007/2008 war der Abschreibungsbedarf um so größer.[136]

Senkung der Eigenkapitalquoten

Die seit Mitte der neunziger Jahre erfolgten Modifikationen der Eigenkapitalregulierung sollten dafür sorgen, dass die Eigenkapitalunterlegung der Banken genauer auf die eingegangenen Risiken zugeschnitten würde; die durchschnittliche Eigenkapitalunterlegung sollte dadurch nicht verändert werden.[137] Tatsächlich haben diese Modifikationen, insbesondere der modellbasierte Ansatz für den Umgang mit Marktrisiken, dazu geführt, dass die durchschnittliche Eigenkapitalunterlegung insbesondere der großen, international tätigen Bankinstitute deutlich zurückgegangen ist und diese Institute mit dem ihnen zur Verfügung stehenden Eigenkapital ihre Aktivitäten erheblich ausgeweitet haben. So stellt der Basler Ausschuss in seinem Konsultationspapier vom Dezember 2009 fest, dass das Bankensystem insgesamt mit einer zu hohen Verschuldung in die Krise gegangen ist. Dass das Eigenkapital (*common equity*) großer Banken bei nur 2 Prozent der Bilanzsumme lag, wird nun als Problem bemerkt (Basel Committee 2009: Tz. 7), nachdem man zuvor allein auf die risikogewichteten Vermögenswerte abgestellt hatte. Dass die Risikokalibrierung der Eigenkapitalregulierung selbst für den Eigenkapitalmangel

136 Für eine Analyse der dabei verwandten Mechanismen, siehe Acharya et al. (2009).

137 Die Frage, ob ein Unterlegungssatz von 8 %, wie er für Kreditrisiken eingeführt worden war, auch für Marktrisiken angemessen wäre, scheint nur eine untergeordnete Rolle gespielt zu haben, desgleichen die Frage, welcher Unterlegungssatz angemessen wäre, wenn man Korrelationen der verschiedenen Risiken berücksichtigte.

verantwortlich sein könnte, wird vom Basler Ausschuss allerdings nicht angesprochen.[138]

Stattdessen kritisiert der Basler Ausschuss, dass in einigen Ländern und bei einigen Institutionen die Qualität des Eigenkapitals zu wünschen übrig gelassen habe, dass bestimmte Risiken nur unzureichend berücksichtigt wurden und die Risikomodelle der Banken nicht genügend verlässlich gewesen seien. So wird vorgeschlagen, die Anrechnung von Hybriden aus Anteils- und Schuldtiteln auf das regulatorische Eigenkapital deutlich einzuschränken (a.a.O. Tzz. 87ff.) und die Gegenparteirisiken bei Derivaten genauer zu berücksichtigen (a.a.O. Tzz. 112). So sollen insbesondere die Bestimmungen für den Umgang mit Gegenparteirisiken in den Risikomodellen der Banken stringenter gefasst werden.

Die vom Basler Ausschuss genannten Probleme sind gewiss ernst zu nehmen. Die Beschränkung der Anrechnung von hybriden Finanzierungsformen und damit die stärkere Konzentration auf Kapitalinstrumente, welche tatsächlich Verluste absorbieren können, ist zu begrüßen. Es ist aber eindringlich vor der Vorstellung zu warnen, dass es genügt, die genannten Probleme zu beheben, um die Eigenkapitalausstattung der großen international tätigen Bankinstitute wesentlich zu erhöhen. Dass die Eigenkapitalausstattung vieler Banken so niedrig ist, wie sie ist, beruht nicht so sehr auf Fehlern im Detail der Eigenkapitalregulierung, sondern vielmehr darauf, dass die Verantwortlichen in den Banken ein Interesse haben, mit dem ihnen zur Verfügung stehenden Eigenkapital möglichst viel zu bewegen, und darauf, dass die Risikokalibrierung der Eigenkapitalregulierung ihnen die Möglichkeit dazu gibt – ohne Rücksicht darauf, dass die damit verbundenen Risiken teilweise zu Lasten der Gläubiger oder der Steuerzahler gehen und dass die systemischen Rückwirkungen dieser Risiken den Finanzsektor und das Gemeinwesen insgesamt erheblich belasten können. Solange diese Anreize bestehen, ist jeglicher Versuch zu einer stringenteren Fassung der Vorschriften für die Risikokalibrierung und für den Umgang mit den Risikomodellen zum Scheitern verurteilt. Auch wenn das Regelwerk noch so stringent formuliert ist, die Verantwortlichen werden immer Möglichkeiten finden, um die Geschäfte auszuweiten, die sie mit den verfügbaren Eigenmitteln durchführen können.

Letztlich geht es hier um den Umgang mit dem für die Regulierung maßgeblichen Governance-Problem: Bankenregulierung und Bankenaufsicht sollen verhindern, dass die Risiken einer Bank das Finanzsystem oder den Steuerzahler belasten. Dem liegt die Erwartung zugrunde, dass die

[138] Dass diese Wirkung vorherzusehen war, zeigt allerdings der Diskussionsbeitrag von Zuberbühler (1996: 768ff.).

für die Bank Verantwortlichen diese Belange nicht schon von sich aus in angemessenem Maße berücksichtigen. Um sie dazu zu veranlassen, unterwirft man sie einer gewissen Kontrolle durch die Aufsicht. Dann aber verlässt man sich darauf, dass Risikomodellierung und Risikomanagement der Banken so professionell sind, dass man die Risikokalibrierung der Eigenkapitalanforderungen weitgehend darauf stützen kann. Die Frage, ob die Rückwirkungen auf Finanzsystem und Steuerzahler nicht auch bei Risikomodellierung und Risikomanagement der Banken zu kurz kommen, wird dabei ausgeklammert. Hierin liegt eine gewisse Inkonsistenz.[139]

Illusion über die Messbarkeit von Risiken

Dem Basler Ausschuss ist darin zuzustimmen, dass viele der in der Krise zutage getretenen Risiken in den Risikomodellen der Banken nicht angemessen berücksichtigt worden waren. Zu nennen sind insbesondere

- die Risiken aufgrund von Korrelationen zwischen den Kreditrisiken verschiedener Hypotheken oder verschiedener Hypothekenverbriefungen; solche Korrelationen entstehen insbesondere aufgrund der gemeinsamen Abhängigkeit der Kreditrisiken von zugrunde liegenden Faktoren, z.B. der Konjunktur, der Entwicklung der Marktzinsen oder der Entwicklung der Immobilienmärkte;[140]
- die Risiken aufgrund von Korrelationen zwischen den Kreditrisiken der Gegenparteien und den zugrunde liegenden Risiken in Derivaten und anderen Absicherungsverträgen; dass es solche Korrelationen gibt, liegt in der Natur der Sache, denn eine Gegenpartei, die sich für viele Absicherungsverträge zur Verfügung stellt, wird dann besonders belastet, wenn das zugrunde liegende Risiko, das durch diese Verträge abgesichert werden soll, ungünstig ausfällt;[141]
- das Risiko, dass die Kurse bestimmter Wertpapiere einbrechen, weil viele der Marktteilnehmer, die diese Papiere halten, eine ungesunde Bilanzstruktur haben und die Refinanzierung dieser Markteilnehmer zusammenbricht; hier sind wieder die von Zweckgesellschaften ausgehenden Systemrisiken zu nennen.

Bei diesen Fehlern der Risikomodellierung handelt es sich aber nicht einfach um technische Fehler, die durch eine Verbesserung der Vorschriften

139 Das hier angesprochene Governance-Problem betrifft nicht nur das Verhältnis zwischen Aufsicht und Bank, sondern auch innerhalb der Bank das Verhältnis zwischen Konzernleitung und Investment Bank, vgl. UBS (2008).

140 Zur Bedeutung dieses Problems vgl. UBS (2008).

141 So schon Hellwig (1995).

und der Verfahren zu beheben wären. Hinter diesen Fehlern stehen grundsätzliche Probleme, die das System der modellbasierten Eigenkapitalregulierung insgesamt infrage stellen. Vorab ist festzustellen, dass die empirische Basis der Risikomodellierung der Banken ungenügend ist. Viele der verwandten Zeitreihen sind sehr kurz. Noch dazu gibt es in diesen Zeitreihen erhebliche Nichtstationaritäten, die verlässliche Schätzungen der zugrunde liegenden Strukturen ausschließen.[142] Dies gilt insbesondere für die Schätzung der Korrelationen zwischen den verschiedenen Risiken.[143]

Bei Kreditrisiken kommt hinzu, dass Kreditausfälle – anders als Kursschwankungen bei Wertpapieren – relativ seltene Ereignisse sind. Wichtiger noch ist die Erwägung, dass Kreditrisiken als endogen anzusehen sind: Sie hängen vom Verhalten der Beteiligten und von der Entwicklung der Märkte, in denen sie operieren, ab. Sie verändern sich auch im Zeitablauf, ohne dass dies von außen unmittelbar beobachtet werden könnte. So hängen die Gegenparteirisiken von Vertragspartnern in Derivaten und anderen Absicherungsverträgen sowie die Korrelation dieser Gegenparteirisiken mit den Risiken, die den Gegenstand der Absicherung ausmachen, unter anderem davon ab, wie viele gleichartige Verträge die absichernde Partei geschlossen hat. Die Vorstellung, dass es sich bei diesen Risiken und diesen Korrelationen um objektive Größen handelt, die man verlässlich schätzen kann, ist daher nur eine Illusion.

Bemerkenswerterweise spricht das Konsultationspapier des Basler Ausschusses nur von der Berücksichtigung der Gegenparteirisiken in Absicherungsverträgen. Die Korrelation dieser Gegenparteirisiken mit den zugrunde liegenden Risiken, d.h. die Größe, auf die es eigentlich ankommt, wird nicht thematisiert.

Ehe die Risikokalibrierung der Eigenkapitalregulierung eingeführt wurde, ging man davon aus, dass es bei der Schätzung von Kreditrisiken, im Gegensatz zur Schätzung von Risiken im Massengeschäft der Versicherer, weniger um statistische Messungen geht als um die – teilweise sehr subjektive – Einschätzung der Kreditwürdigkeit durch die Zuständigen in der Bank. Dass dies heute anders gehandhabt wird, beruht nicht so sehr darauf, dass die Verfahren der Kreditwürdigkeitsprüfung sich so deutlich verändert hätten, als vielmehr darauf, dass die Banken im System der risikokalibrierten Eigenkapitalregulierung ein handfestes Interesse haben, Kreditrisiken und ihre Korrelationen mit anderen Risiken als messbar erscheinen zu lassen.

142 Auch hierzu liefert der UBS-Bericht erhebliches Anschauungsmaterial.
143 Eine entsprechende Warnung im Vorfeld der Krise gibt Duffie (2007).

2. *Konzeptionelle Defizite der Eigenkapitalregulierung*

Von Seiten der Beteiligten, Vertretern der Bankenaufsicht wie der Banken, kommt in diesem Zusammenhang regelmäßig die rhetorische Frage, ob man denn nicht zustimme, dass ein risikokalibriertes System der Eigenkapitalregulierung besser sei als ein System, das den Unterschieden der Risiken verschiedener Anlagen nicht Rechnung trage. Die dieser Frage zugrunde liegende Einschätzung bildet die Grundlage der Diskussionen des Basler Ausschusses seit der oben skizzierten Diskussion um die Eigenkapitalunterlegung von Marktrisiken Anfang der neunziger Jahre. Jedoch ist die Frage sinnlos, solange der Kontext nicht klar ist, d.h. solange Ziele und Wirkungsweise der Regulierung nicht spezifiziert werden. Die Verantwortlichen, Vertreter der Bankenaufsicht wie der Banken haben Ziele und Wirkungsweise der Eigenkapitalregulierung nie genau spezifiziert. Die Diskussion um Entwicklung und Weiterentwicklung der Eigenkapitalregulierung leidet an mehreren fundamentalen Defiziten:

- Es wird nicht klar, welchem konkreten Ziel die Eigenkapitalregulierung dienen soll.
- Die Dynamik der Implementierung im Zeitverlauf wird unzureichend durchdacht.
- Systemzusammenhänge werden vernachlässigt.

Diese Defizite sind mitverantwortlich dafür, dass die Vertreter der Bankenaufsicht den Vertretern der Banken in den Diskussionen um eine bessere Risikokalibrierung kaum Widerstand leisten, auch wenn sie wissen mögen, dass die behauptete bessere Risikokalibrierung *de facto* oft zur Senkung der Eigenkapitalunterlegung dient. Sie sind auch mitverantwortlich dafür, dass Dysfunktionalitäten der Regulierung selbst in der Vergangenheit so gut wie gar nicht in den Blick genommen wurden.

Ziele der Regulierung
Grundlegendes Ziel der Regulierung ist die Sicherung der Solvenz der Banken und der Stabilität des Bankensystems. Auf welche Weise die Eigenkapitalregulierung dazu beiträgt, bleibt zumeist unklar. Drei Ansätze dazu stehen im Raum:

- Eigenkapital dient als Puffer gegen unerwartete Verluste.
- Eigenkapital reduziert die Anreize, Risiken zu Lasten der Gläubiger oder des Steuerzahlers einzugehen.
- Eine regulatorische Eigenkapitalanforderung schafft einen Bereich *vor* der Insolvenz, innerhalb dessen die Aufsicht eingreifen und Einfluss auf die Bank nehmen kann.

In den verschiedenen Dokumenten zur Bankenaufsicht werden alle drei Ansätze genannt. Dabei wird übersehen, dass die Implikationen für eine Risikokalibrierung der Eigenkapitalanforderungen teilweise sehr unterschiedlich sind. So erfordert der dritte Ansatz, dass die Regulierung möglichst immun ist gegen Manipulationen, damit die Bank den Eingriff der Aufsicht nicht hinauszögern kann, bis es zu spät ist; dieses Ziel würde allenfalls eine Kalibrierung nach Liquidität, d. h. nach kurzfristiger Verwertbarkeit der Anlagen erfordern. Der erste Ansatz verlangt nach einer Kalibrierung entsprechend dem Gesamtrisiko der Bank, der zweite nach einer Kalibrierung entsprechend den marginalen Anreizen zum Eingehen verschiedener Risiken. Die mit diesen Unterschieden verbundenen Zielkonflikte sind bisher nicht thematisiert worden.

Dynamik der Implementierung im Zeitverlauf

Vor der Finanzkrise fehlte jegliche Auseinandersetzung mit dem Paradoxon, dass regulatorisch gefordertes Eigenkapital nur begrenzt als Puffer zur Verfügung steht, da man es ja braucht, um die Eigenkapitalanforderungen zu erfüllen.[144] Ein Grund für diesen Mangel liegt darin, dass man sich zu wenig mit dem Zeitverlauf der Implementierung der Eigenkapitalanforderungen beschäftigt hatte. Gedanklich ist man nie aus der Welt eines Zwei-Perioden-Modells heraus gekommen, in dem heute die Anlage- und Finanzierungsentscheidungen getroffen werden und morgen die Erträge realisiert und entsprechend den verschiedenen Ansprüchen verteilt werden. Die mechanische Anwendung von Denkmustern aus der Welt eines Zwei-Perioden-Modells auf eine Praxis, in der laufend neue Anlage- und Finanzierungsentscheidungen zu treffen sind, ist aber problematisch.

Für eine Zwei-Perioden-Welt lässt sich leicht nachweisen, dass eine Eigenkapitalregulierung der Finanzstabilität dient, indem sie für einen besseren Puffer sorgt und gleichzeitig die Anreize zum Eingehen von Risiken zu Lasten Dritter mindert. In einer Mehr-Perioden-Welt treffen beide Aussagen nicht ohne weiteres zu.[145] So kann die Erwartung über die in der Zukunft relevante Eigenkapitalregulierung Anreize dafür schaffen,

[144] Zu Beginn der neunziger Jahre, als die heutige Eigenkapitalregulierung entwickelt wurde, spielte dieses Paradoxon nur eine geringe Rolle, denn viele Banken hielten mehr als nur das regulatorisch geforderte Eigenkapital. In Deutschland hatten die Banken auch erhebliche stille Reserven. Seither sind diese Puffer weitgehend verschwunden. Hier haben sich die Verluste aus der Kreditexpansion der späten achtziger und frühen neunziger Jahre ausgewirkt, die Erosion der Intermediationsmargen durch intensiveren Wettbewerb seit Mitte der neunziger Jahre, schließlich auch ein im Namen von „Shareholder Value“ und „Marktdisziplin“ propagiertes Denken, bei dem „Return on Equity“ im Zentrum steht, ohne dass die Risiken, einschließlich der Risiken für Gläubiger und Steuerzahler, angemessen berücksichtigt würden.

[145] Vgl. dazu ausführlich Hellwig (1995).

dass man im Vorhinein zusätzliche Risiken eingeht, denn die im Erfolgsfall erzielten außerordentlichen Erträge werden dem Eigenkapital zugewiesen und vergrößern den Spielraum für weitere Aktivitäten, teilweise mit beträchtlichen Multiplikatoren.[146] Wichtiger noch: Die Koppelung von *Fair-Value-Accounting* mit einer mechanisch gehandhabten Eigenkapitalregulierung schädigt die Solvenz der Bank, wenn die Regulierung ein *Deleveraging* erzwingt, bei dem die Bank in funktionsunfähigen Märkten Anlagen zu Preisen unter den Ertragswerten verkauft.[147]

Es ist zu begrüßen, dass der Basler Ausschuss sich dieses Themas jetzt angenommen hat und versucht, die Eigenkapitalregulierung an zyklische Entwicklungen im Finanzsektor anzupassen. Das Paradox der Regulierung, dass regulatorisches Eigenkapital nicht als Puffer dient, kann dadurch gemildert oder sogar aufgehoben werden. Allerdings ist zu warnen vor der Vorstellung, man könnte eine solche Anpassung in quantitative Regeln, etwa über die Mittelung der Eigenkapitalanforderungen „über den Zyklus", fassen. Auch hier werden die Bemühungen des Basler Ausschusses allzu sehr durch Illusionen der Messbarkeit – nunmehr der Zyklizität der Entwicklung des Finanzsektors – geprägt. Offen bleibt, was zu tun ist, wenn sich herausstellt, dass diese makroprudentiell[148] eingebetteten Formeln der Eigenkapitalregulierung den tatsächlich auftretenden zyklischen Entwicklungen nicht gerecht werden. Zu erwägen ist auch, dass die vorstehende Kritik an der derzeitigen Handhabung der Dynamik der Implementierung noch gar nicht auf Systemzusammenhänge abstellt, sondern schon bei isolierter Betrachtung der einzelnen Bank zu erheben ist.

Vernachlässigung von Systemzusammenhängen

Die Vernachlässigung von Systemzusammenhängen betrifft insbesondere zwei Punkte: zum einen die mehrfach angesprochenen Korrelationen von Gegenparteirisiken und zugrunde liegenden Risiken in Derivaten und anderen Absicherungsverträgen,[149] zum anderen die „prozyklischen" Wirkungen des regulierungsbedingten *Deleveraging*.[150] Ersteres betrifft die Einschätzung der Risiken im Vorhinein, letzteres die Systemimplikationen der in einer Notlage zu treffenden Maßnahmen.

Ob die Gegenpartei die ihr im Rahmen eines Absicherungsvertrags obliegenden Pflichten erfüllen kann, hängt zum einen davon ab, welche

146 Vgl. Blum (1999).

147 Nach Einschätzung des Internationalen Währungsfonds (2008) lagen die Ertragswerte US-amerikanischer Hypothekenverbriefungen 2008 teilweise deutlich über den Marktwerten, und boten die Marktwerte keinen angemessenen Maßstab für Entscheidungen, die den langfristigen Wert des Unternehmens maximierten.

148 Zur Unterscheidung mikro- und makroprudentieller Aufsicht vgl. auch Abschnitt 4.1.

149 Vgl. auch dazu ausführlich Hellwig (1995).

150 Vgl. Blum und Hellwig (1996).

Verträge die Gegenpartei sonst noch abgeschlossen hat, zum anderen davon, in welcher Lage sich das Finanzsystem insgesamt befindet. Dass die Absicherung von Kreditrisiken bei *Monoline Insurers* sich in der Krise als Problem erwies, rührte daher, dass diese viele Risiken versichert hatten, die aufgrund ihrer gemeinsamen Abhängigkeit von der Entwicklung der US-amerikanischen Immobilien- und Hypothekenmärkten hoch miteinander korreliert waren. Die Krise selbst war am Ende die Ursache für die maßgeblichen Korrelationen.

Die „prozyklischen" Wirkungen eines regulierungsbedingten *Deleveraging* sind ein weiteres Beispiel dafür, dass die Eigenkapitalregulierung selbst die Finanzstabilität beeinträchtigen kann. Wenn Bank A Vermögenswerte verkaufen muss, um die Relation zwischen Eigenkapital und Aktiva wieder auf den von der Regulierung geforderten Stand zu bringen, so bewirkt dies einen Druck auf die Preise der betreffenden Titel. Wenn die Preise sinken, muss Bank B, die eben diese Titel auch in ihrem Portefeuille hat, ihre Bücher anpassen und sieht möglicherweise ihre Solvenz gefährdet; vielleicht ist Bank B auch „nur" zu eigenem *Deleveraging* gezwungen, dessen Rückwirkungen möglicherweise wieder Bank A schädigen.

Das in der regulatorischen Diskussion zu diesem Zusammenhang übliche Wort „prozyklisch" ist ein Euphemismus. Es geht hier nicht um einen Zusammenhang etwa mit dem Konjunkturzyklus. Letzterer spielt sich auf der Ebene von *Stromgrößen* ab, laufenden Einkommen, Investitionen, Neukreditvergabe usw. Hier geht es aber um Verzerrungen auf der Ebene von *Bestandsgrößen.* Trifft ein negativer Schock das Finanzsystem, so beeinflusst dies die Relation zwischen Eigenkapital und Aktiva des Finanzsystems. Ergibt sich daraus eine Verletzung der regulatorischen Eigenkapitalanforderungen, so ist eine Korrektur auf der Ebene der Stromgrößen nicht möglich. Eine Korrektur ist nur möglich auf der Ebene der für die Regulierung maßgeblichen Bestandsgrößen. Eine solche Korrektur könnte darin bestehen, dass Aktiva an unbeteiligte Dritte verkauft werden, etwa an Privatpersonen, vielleicht auch an Finanzinstitutionen, die der betreffenden Regulierung nicht unterliegen. Die Spielräume dafür sind allerdings begrenzt.

Gelingt der Verkauf an unbeteiligte Dritte nicht, so kann das System kein neues Gleichgewicht finden. Die Anforderungen der Regulierung können dann gar nicht erfüllt werden; der Versuch des *Deleveraging* bewirkt eine Abwärtsspirale des Systems, einen Kollaps der Preise – und der Finanzinstitute – ohne dass eine Untergrenze ersichtlich wäre. Die Abwärtsspirale selbst ist allerdings auch ein Grund, warum unbeteiligte Dritte sich zurückhalten werden (und in der Krise zurückgehalten haben): Warum jetzt schon kaufen, wenn zu erwarten ist, dass weiteres *Deleveraging* die Preise noch weiter senkt?

Es ist bei Bankaufsehern und Banken üblich, das Problem des Risikomanagements von Banken als betriebswirtschaftliches Problem zu behandeln und dabei die Rahmenbedingungen in den Märkten als gegeben zu betrachten. Die hier angesprochenen Zusammenhänge sind aber mit betriebswirtschaftlichen Konzepten nicht angemessen zu erfassen. Um sie zu verstehen, benötigt man gleichgewichtstheoretische Konzepte, wie sie in der Volkswirtschaftslehre benutzt werden, um die Anpassung eines Systems nach einer Störung zu untersuchen.

Fazit und Empfehlungen

Die vorstehenden Erwägungen begründen die Empfehlung, dass die Reform der Eigenkapitalregulierung von Banken sich nicht auf Detailverbesserungen beschränken darf, auch wenn die eine oder andere Änderung für sich genommen in eine gute Richtung gehen mag. Zu fordern ist vielmehr ein grundlegend neuer Ansatz. Dabei sind zwei Prinzipien zu verfolgen:

- Man muss wegkommen von der Illusion einer Feinsteuerung durch Eingehen auf immer neue Detailaspekte der Risikomessung und des Risikomanagements.
- Es ist durch geeignete Regulierung dafür zu sorgen, dass die Eigenkapitalausstattung der Banken insgesamt deutlich erhöht wird.

Das erste dieser beiden Prinzipien gründet sich auf die vorstehenden Ausführungen zur Illusion der Messbarkeit bestimmter Risiken und zur Endogenität der Risiken, insbesondere auch im Systemzusammenhang. Die Versuche zur Feinsteuerung insbesondere anhand der bankinternen Modelle sind auch ein Grund für Systemrisiken aufgrund hoher Interkonnektivität. Ohne den derzeit praktizierten Regulierungsansatz hätte es vermutlich viele Transaktionen gar nicht gegeben, die in der Krise als Transmissionsmechanismen für Dominoeffekte fungierten.[151]

Die zur Messbarkeit und zur Endogenität der Risiken angeführten Bedenken betreffen auch die zur Diskussion stehenden Versuche, der „Pro-

[151] So schreibt der amerikanische Versicherer AIG im Jahresbericht für 2007: „... approximately $ 379 billion ... of the $ 527 billion in notional exposure of AIGFP's super senior credit default swap portfolio as of December 31, 2007 represents derivatives written, for financial institutions, principally in Europe, for the purpose of providing them with regulatory capital relief rather than risk mitigation." Nach dem Zusammenbruch von Lehman Brothers war AIG unmittelbar durch die von solchen Verträgen ausgehenden Dominoeffekte betroffen und musste selbst vom Staat gerettet werden.

zyklizität“ der Regulierung entgegenzuwirken und makroprudentielle Erwägungen bei der Umsetzung der Eigenkapitalregulierung zu berücksichtigen. Auch hier ist zu befürchten, dass die Banken die Detailregelungen nutzen werden, um Eigenkapitalanforderungen relativ niedrig zu halten.[152]

Das auch vom Basler Ausschuss skizzierte Vorhaben der Einführung einer Schuldengrenze nach Schweizer Vorbild ist daher zu begrüßen. Die damit verbundene *de facto*-Untergrenze für das Verhältnis zwischen Eigenkapital und Bilanzsumme wird den Banken die Möglichkeit nehmen, durch Ausnutzen der Regeln für die Kalibrierung der Eigenkapitalanforderungen die Höhe des erforderlichen Eigenkapitals relativ zur Bilanzsumme weiter zu senken.

Allerdings sollte man dieses Instrument nicht subsidiär zur eigentlichen Eigenkapitalregulierung und somit nur zaghaft einsetzen. Man sollte es vielmehr verwenden, um die Eigenkapitalausstattung der Banken insgesamt deutlich zu erhöhen. Eine Eigenkapitalanforderung von deutlich mehr als 10 Prozent der ungewichteten Bilanzsumme etwa würde in Richtung dessen gehen, was zu Beginn des zwanzigsten Jahrhunderts üblich war.[153] Die von den Banken selbst bei Unternehmen der Realwirtschaft geforderten Eigenkapitalquoten liegen zumeist deutlich höher.

Die Forderung nach einer deutlichen Erhöhung der Eigenkapitalausstattung gründet sich nicht auf die Einschätzung, dass dadurch Solvenzprobleme effektiv ausgeschlossen würden. Bankzusammenbrüche, auch Bankenkrisen, hat es in der Vergangenheit immer wieder gegeben und wird es auch in der Zukunft immer wieder geben. Die Forderung nach einer deutlichen Erhöhung der Eigenkapitalregulierung stützt sich auf die Einschätzung, dass die systemischen Rückwirkungen solcher Bankzusammenbrüche und Bankenkrisen auf den Rest des Systems deutlich gemildert würden. Die Finanzkrise von 2007/2008 unterschied sich von früheren Krisen gerade dadurch, dass die Probleme eines relativ kleinen

152 Frenkel und Rudolf (2010, Fn. 8) argumentieren zu diesem Thema widersprüchlich: Einerseits wird kritisiert, dass eine *Leverage Ratio* die Eigenkapitalanforderungen erhöht und eine Kreditklemme verursachen kann. Andererseits wird eingeräumt, dass die Banken im Vorfeld der Krise zu wenig Eigenkapital hatten. Jedoch wird gefordert, dieses Problem auf der Ebene der risikokalibrierten Eigenkapitalregulierung zu lösen. Dass letzteres entweder nicht gelingt, weil die Banken die Möglichkeiten der Risikokalibrierung nach wie vor missbrauchen, um mit wenig Eigenkapital ein extrem hohes Geschäftsvolumen zu finanzieren, oder aber, wenn es gelingt, ebenfalls eine Kreditklemme verursachen kann, wird nicht angesprochen.

153 Haldane (2009) gibt einen Überblick über die historische Entwicklung. Danach lag das Eigenkapital der Banken in den USA zu Beginn des 20. Jahrhundert bei 20–25 %; im Vereinigten Königreich, wo die Entwicklung weiter fortgeschritten war, lag sie immerhin noch bei 15 %.

Teils des globalen Finanzsystems aufgrund systemischer Rückwirkungen das gesamte Finanzsystem in Mitleidenschaft gezogen haben. Solche systemischen Wirkungen gilt es möglichst gering zu halten.

Für eine erhöhte Eigenkapitalanforderung sprechen folgende Erwägungen:

- Das Problem der „Prozyklizität" würde drastisch reduziert.[154] Bei einer Eigenkapitalanforderung von 15 Prozent der Bilanzsumme reduziert sich der für *Deleveraging* maßgebliche Multiplikator auf 100/15 = 6,7; dies würde eine deutliche Absenkung gegenüber Multiplikatoren von 25 und höher bedeuten, die sich aus der derzeitigen tatsächlichen Eigenkapitalausstattung der Banken ergeben.
- Solvenzprobleme würden deutlich verringert. Das Problem des Eigenkapitalmangels in der Krise betraf ja nicht nur die Abwesenheit von „freiem" Eigenkapital, d. h. von Überschüssen des Eigenkapitals über das hinaus, was von der Regulierung gefordert war, sondern auch den Mangel an Eigenkapital überhaupt, der dazu führte, dass die Verluste in der Krise relativ bald die Solvenz der Banken infrage stellten – mit der Folge, dass die Refinanzierung dieser Institute durch die übrigen Marktteilnehmer beeinträchtigt wurde. Der Zusammenbruch der Interbankenmärkte ist auch eine Folge mangelnden Vertrauens in die Solvenz der anderen Institute.
- Korrekturmechanismen bei systemweiten Verletzungen der Eigenkapitalanforderungen würden vereinfacht und kämen in der Regel ohne staatliche Unterstützung aus. Sinkt beispielsweise in einem Abschwung das Eigenkapital vieler Banken unter die regulatorisch geforderte Quote, so kann der regulatorische Umgang mit der Verletzung sich auf die Vorgabe eines Zeitrahmens beschränken, innerhalb dessen die Banken selbst die erforderliche Korrektur unter besonders intensiver Aufsicht vornehmen müssen.[155]

Natürlich kann eine Anpassung an massiv höhere Eigenkapitalanforderungen nur nach Überwindung der jetzigen Krise und auch nur schrittweise erfolgen. Ansonsten bestände die Gefahr eines weiteren *Deleveraging* der Banken, mit der Folge einer deutlichen Einschränkung der Kreditvergabe an Unternehmen. Auf die Gefahren eines regulierungsinduzierten *Deleveraging* der Banken in der Krise hat der Beirat in seinem Brief vom 23. Januar 2009 hingewiesen (Wissenschaftlicher Beirat 2009). Hier jedoch geht es um die Formulierung langfristiger Perspekti-

[154] Für eine theoretische Analyse und empirische Kalibrierung siehe Meh und Moran (2008).

[155] Mögliche Formen der Anpassung werden in Gersbach und Hahn (2010) diskutiert.

ven für die Reform der Regulierung. Auch wenn man diese nicht unmittelbar implementiert, sollte man eine Vorstellung haben, was langfristig anzustreben ist.

Von Seiten der Betroffenen wird eingewandt, Eigenkapital sei teuer, und allzu hohe Eigenkapitalanforderungen würden die Kreditfinanzierung der Wirtschaft gefährden.[156] Bei der Aussage, Eigenkapital sei teuer, ist aber nicht klar, ob von betriebswirtschaftlichen Kosten oder von volkswirtschaftlichen Kosten die Rede ist.[157] Für den Verantwortlichen in der Bank mag es als aufwändig erscheinen, neues Eigenkapital auf dem Markt aufzunehmen und die dabei anfallenden Informationspflichten materiell auszufüllen. Es mag auch als nachteilig erscheinen, wenn das Aktivgeschäft der Bank vom 25–50-fachen des Eigenkapitals auf das 4–7-fache des Eigenkapitals reduziert wird; die Ertragsrate auf das eingesetzte Eigenkapital (*Rate of Return on Equity*) wird dadurch sicher gesenkt. Jedoch wird auch das Risiko der Eigenkapitalgeber verringert, ebenso die Risiken für die Fremdkapitalgeber. Insofern ist nicht klar, dass die Verringerung der Hebelwirkung, mit der das Eigenkapital eingesetzt wird, volkswirtschaftlich als Belastung anzusehen ist. Allerdings kann sich die Basis für die von den Verantwortlichen zu erwartenden Boni und sonstigen Leistungszulagen verringern.

Insofern hohe Ertragsraten auf Eigenkapital ein Korrelat hoher Risiken sind, ist nicht einmal klar, dass es sich um betriebswirtschaftliche Kosten handelt. Insofern die Risiken Dritte betreffen, ist aber klar, dass hohe Ertragsraten als Folge niedriger Eigenkapitalausstattungen ein Ergebnis verzerrter Anreize sind.[158] In dem Maße, in dem die Risiken schlechter Geschäftsergebnisse Gläubigern und Steuerzahlern zur Last fallen, ist mit volkswirtschaftlichen Fehllenkungen zu rechnen. Bei den derzeitigen exorbitant niedrigen Eigenkapitalausstattungen ist diese Gefahr besonders groß. Eigenkapital hat eine für die marktwirtschaftliche Ordnung konstitutive Haftungsfunktion. Der Versuch, den Eigenkapitaleinsatz zu minimieren, beinhaltet immer auch eine Tendenz, diese Haftungsfunktion zu erodieren.

Zu den Auswirkungen auf die Finanzierung der Wirtschaft ist dreierlei anzumerken. Zum ersten ist das Eigenkapital, das die Banken einsetzen, nicht exogen vorgegeben. Die Banken können das Eigenkapital durch

156 Vgl. Frenkel und Rudolf (2010: Fn. 8).

157 Vgl. King (1990).

158 Haldane (Fn. 27) schreibt die Senkung der Eigenkapitalquoten von Banken seit Beginn des 20. Jahrhunderts u. a. einer ausgeprägten Strategie der Erhöhung der Eigenkapitalertragsraten durch Erhöhung der Verschuldung bei gleichzeitiger Erhöhung der Risiken für Gläubiger und Steuerzahler zu.

einbehaltene Gewinne oder durch die Aufnahme von neuem Eigenkapital auf dem Markt erhöhen.

Zum zweiten dient ein Teil der Aktivitäten der Banken gar nicht der Finanzierung der Wirtschaft; gerade die Milliarden, die in den Kauf von Hypothekenverbriefungen in den USA gingen, haben mit Wirtschaftsfinanzierung in Deutschland nichts zu tun; als Wirtschaftsfinanzierung für die US-amerikanischen Immobilienmärkte waren diese Milliarden in großem Umfang Fehlinvestitionen.

Zum dritten schließlich geht die Abhängigkeit der mittelständischen Unternehmen in Deutschland auch darauf zurück, dass viele dieser Unternehmen keinen Zugang zu externem Eigenkapital über die Börse haben. Das liegt teilweise daran, dass sie einen solchen Zugang nicht haben wollen, teilweise aber auch daran, dass der Börsenzugang zumindest in der Vergangenheit sehr restriktiv gehandhabt wurde, insbesondere von den im Emissionsgeschäft tätigen Banken, die auf diese Weise *de facto* ihr Kreditgeschäft schützten.[159]

Werden die Eigenkapitalanforderungen für Banken insgesamt erhöht, so ist zu erwarten, dass die Banken von sich aus die Eigenkapitalausstattungen erhöhen, um rentable Geschäfte weiter zu betreiben. Ansonsten sollten die Rahmenbedingungen für den Zugang mittelständischer Unternehmen zu anderen Finanzierungsformen, insbesondere auch über die Börse, verbessert werden.

Es ist nicht auszuschließen, dass eine deutliche Erhöhung der Eigenkapitalanforderungen an Banken auch langfristig, nach einer angemessenen Phase des Übergangs und nach etwaigen Reformen der Rahmenbedingungen für die Börsenfinanzierung von Unternehmen, die Finanzierungsspielräume für die Realwirtschaft verengen wird. Im Hintergrund steht ein strukturelles Problem des deutschen Finanzsystems, das sich auf Dauer nicht verdrängen lässt. Im Vergleich zu etlichen anderen Ländern bezieht die deutsche Wirtschaft ihre externen Mittel nicht direkt von Letztanlegern durch Verkauf von Anteilspapieren sondern in hohem Maße durch Kredite, insbesondere Bankkredite.[160] In einer derartigen Struktur, mit nominell risikofreien Titeln der Letztanleger gegenüber den Banken und anderen Finanzintermediären, sind die *de facto* ja vorhandenen Risiken der Realwirtschaft teilweise auch von den Finanzintermediären zu tragen. In der Vergangenheit konnten die Banken dies ohne weiteres tun, denn die Intermediationsmargen boten genügend Spielräume um diese Risiken auszugleichen, gegebenenfalls auch nach

[159] Dazu Wissenschaftlicher Beirat (1997).
[160] Vgl. Hackethal und Schmidt (1999).

einer Krise die entstandenen Verluste durch neue Überschüsse zu kompensieren. Seit Mitte der neunziger Jahre allerdings sind die Intermediationsmargen in Deutschland drastisch geschrumpft. Insofern sind insbesondere die im Wholesale-Geschäft tätigen Banken kaum noch in der Lage, diese Risikopufferfunktion für die Realwirtschaft zu übernehmen. Langfristig wird es unumgänglich werden, dass die Letztanleger einen größeren Teil dieser Risiken als bisher übernehmen.

Ein weiterer Einwand gegen eine drastische Erhöhung der Eigenkapitalanforderungen für Banken ergibt sich aus der Erwägung, dass damit nur Anreize zur Schaffung eines neuen Schatten-Bankensystems geschaffen würden. Innerhalb des regulierten Sektors hätte man relativ sichere Institute. Daneben würde sich dann aber ein unregulierter Finanzsektor entwickeln, in dem mit niedrigen Eigenkapitalanforderungen unkontrolliert Risiken eingegangen würden.

Die Entwicklung eines solchen unregulierten Finanzsektors ist allerdings kaum zu vermeiden. Regulierungsarbitrage durch Auslagerung bestimmter Geschäfte ist eine Begleiterscheinung jeglicher Regulierung. Eine solche Entwicklung ist aber nicht notwendigerweise von Schaden für das Gemeinwesen. Ein solcher Schaden ergibt sich nur, wenn die in diesem unregulierten Sektor entstehenden Risiken aufgrund von Systemzusammenhängen auf die Banken zurückwirken und wenn der Steuerzahler im Krisenfall auch für diesen Teil des Finanzsektors aufkommen muss. Um dem vorzubeugen, bedarf es allerdings deutlicher Reformen bei den Verfahren der Krisenintervention und der Abwicklung von Finanzinstituten in der Krise (vgl. Abschnitt 3.3).

3. *Ermessensentscheidungen der Finanzaufsicht: Säule II*

Das Grundkonzept von Basel II sieht drei wesentliche Bestandteile („Säulen“) vor: Die Mindestkapitalanforderung (Säule 1), die erweiterte Offenlegung als Forderung nach erhöhter Markttransparenz (Säule 3) sowie das aufsichtliche Überprüfungsverfahren (Säule 2). Insgesamt sieht die zweite Säule eine umfassende Risikotragfähigkeitsprüfung vor, die für die jeweilige Institution – unter Berücksichtigung aller Risiken – das Gesamtrisikoprofil dem Risikodeckungspotential gegenüberzustellen hat. Hierbei ist die Aufsicht nicht an feste Vorgaben – und damit insbesondere auch nicht an feste Modellvorgaben zur Ermittlung des Risikos – gebunden. Ferner hat die Aufsicht prinzipiell die Möglichkeit, umfassend auf Informationen zuzugreifen: Nach § 40 KWG (Kreditwesengesetz) kann die Bankenaufsicht Auskünfte über alle Geschäftsangelegenheiten verlangen sowie Sonderprüfungen anordnen.

Die zweite Säule entspricht damit eher dem Modell einer prinzipiengeleiteten Aufsicht, während in der ersten Säule klare Regeln vorgegeben werden. Prinzipien- und regelgeleitete Aufsicht haben Vor- und Nachteile.

Einerseits schafft eine regelgeleitete Aufsicht möglicherweise größere (Planungs-)Sicherheit für die Adressaten. Da sie den diskretionären Spielraum der Aufsicht einengt, besteht auch weniger Spielraum für eine gezielte Einflussnahme durch die Adressaten (*regulatory capture*). Dadurch, dass ein festes Regelwerk auch weniger der kurzfristigen Einflussnahme der Politik ausgesetzt ist, wird ferner das in Abschnitt 2.2.3 angesprochene Zeitinkonsistenzproblem reduziert.

Andererseits ist aber wohl die Vorstellung utopisch, dass lediglich durch die Überwachung der Einhaltung eines noch so fein abgestimmten Regelwerks, das aber den Institutionen genügend Spielraum für Wettbewerb und Innovation lässt, eine adäquate Aufsicht im Finanzbereich sichergestellt werden kann. Zu groß sind die Anreize, durch Finanzinnovationen Regulierungsarbitrage in einem festgezurrten Regelwerk zu betreiben. Ferner bleibt bei jeder verwendeten Messgröße und bei jedem Verfahren noch ein erhebliches Maß an Unsicherheit – so beispielsweise bei der Bemessung operationeller Risiken.

Generell gibt es damit für die zweite Säule zwei wichtige Funktionen. Zum einen können hier – insbesondere auch im internationalen Akkord – neue Elemente der Bankenaufsicht integriert werden, bevor diese dann möglicherweise in ein erweitertes Regelwerk der ersten Säule migrieren. Zu denken ist hierbei etwa an die Aufnahme von expliziten Verschuldungsgrenzen, wie sie in der Pittsburgher Erklärung vom September 2009 gefordert wurden. Zum anderen kommt der zweiten Säule aber auch eine eigenständige Rolle zu. Sie verpflichtet die Aufsicht, sich ein möglicherweise weit über die für die erste Säule notwendigen Kenngrößen hinausgehendes, umfassenderes Bild der Finanzstabilität (was auch systemische Komponenten mit einbezieht; vgl. auch Abschnitt 4.1) zu machen und dann gegebenenfalls zu handeln. Es ist allerdings nicht ersichtlich, in wieweit die Aufsicht vor der Krise diesen Aufgaben nachgekommen ist.

Damit über die zukünftige Ausgestaltung der Aufsicht, einschließlich der Frage, bei welchen Institutionen welche Aufsichtsfunktionen am besten anzusiedeln wären (vgl. Abschnitt 4), entschieden werden kann, ist es unabdingbar, dass eine transparente Aufarbeitung der Entscheidungen *vor* der Krise stattfindet. Insbesondere ist hier zu denken an den Umgang mit den Zweckgesellschaften, die die Landesbanken und die Industriekreditbank nutzten, um in US-amerikanische Hypothekenverbriefungen zu investieren. Diese Zweckgesellschaften dienten nur der Umgehung der Eigenkapitalregulierung: Da sie gesondert geführt wurden, mussten die Banken sie nicht in die eigene Bilanz aufnehmen. Dass die Banken mit ihren Refinanzierungszusagen und sonstigen Garantien gleichwohl im Obligo standen, wurde nicht bilanziert, da eine Fälligkeit der Garantien für unwahrscheinlich erklärt wurde. Das Verbot des Eingehens von Klumpenrisiken wurde als nicht maßgeblich angesehen, da es sich formal um unterjährige Zusagen handelte. Dass diese Zusagen revolvierend immer wieder zu erneuern waren, wurde vernachlässigt. Nach den Buchstaben der Vorschriften hatte alles seine Richtigkeit – und doch musste klar sein, dass es sich um eine unprofessionelle Art des Bankgeschäfts im Sinne von extremer Fristentransformation mit mittel- bis langfristigen Anlagen, revolvierend refinanziert über den Geldmarkt, handelte.

In Anbetracht des Ausmaßes der damit verbundenen Risiken, zumindest für einige Institute, wäre es angebracht gewesen, dass die Aufsicht einschritt und diese Praktiken unterband, nicht unter Berufung auf irgendeine spezifische Vorschrift, sondern weil Engagements dieses Ausmaßes nicht mit der in der zweiten Säule von Basel II geforderten Professionalität des Bankmanagements zu vereinbaren waren. Als im August 2007 die Refinanzierung der Zweckgesellschaften zusammenbrach, waren Industriekreditbank (IKB) und Sächsische Landesbank aufgrund der Garantien, die sie gegeben hatten, und aufgrund der bereits eingetretenen Verluste der Zweckgesellschaften sofort faktisch insolvent; bei der Sächsischen Landesbank hatten die Garantien mehr als das Zehnfache, bei der IKB mehr als das Vierfache des Eigenkapitals ausgemacht. Relativ zum Eigenkapital und zum sonstigen Geschäft der Bank war das Engagement dieser Institute, sowie der West LB, bei ihren Zweckgesellschaften deutlich höher als das Engagement aller anderen Institute.[161]

Die Finanzaufsicht hat es bei diesen Problemen allerdings vorgezogen, sich nicht auf ein Ermessen im Umgang mit der zweiten Säule von Basel II zu berufen, sondern die schädlichen Praktiken zu tolerieren, da sie keine Vorschrift nennen konnte, gegen die formal verstoßen wurde. Allerdings handelte es sich materiell um genau die Tatbestände, für die es formale Regeln gab; diese Regeln wurden durch missbräuchliches Ausnutzen von Formulierungsdetails umgangen. In Anbetracht dessen, dass explizit formulierte, vorgegebene Regeln solchen Missbrauch nie gänzlich ausschließen können, ist unbedingt zu fordern, dass die Aufsicht in Zukunft für Ermessenentscheidungen auf der Grundlage der zweiten Säule von Basel II mehr Mut aufbringt.

161 Vgl. Acharya et al. (2009).

Bei einem Überdenken der Rolle und Ausgestaltung der zweiten Säule der Bankenaufsicht muss auch die bisherige Zusammenarbeit mit den Adressaten im Vordergrund stehen. Die Tatsache, dass hier die Aufsicht sehr flexibel auf die Modellvorgaben der Adressaten eingehen kann, ist zum einen von Vorteil. Dadurch wird einerseits der Wissensvorsprung der Institute berücksichtigt, und eine heterogene Weiterentwicklung von Methoden des Messens und des Managements von Risiken wird unterstützt. Andererseits darf dies nicht dazu führen, dass die gegebenen Spielräume einseitig genutzt werden.

Dies muss auch vor dem Hintergrund gesehen werden, dass mit Basel II die erste Säule der Aufsicht den Instituten einen weitgehenden Spielraum bei der Verwendung interner Risikomodelle zur Bestimmung des regulatorisch geforderten Eigenkapitals einräumt. Möglicherweise berücksichtigten diese Modelle nicht hinreichend die Korrelationen der eingegangen Risiken, so etwa zwischen Marktpreisrisiko und dem Risiko, dass die Gegenpartei nicht mehr zahlungsfähig ist. Es ist jedoch gerade die Aufgabe der zweiten Säule, solche möglichen Unzulänglichkeiten auszugleichen.

Gerade wenn hier auch systemische Aspekte (siehe die Ausführungen in Abschnitt 4.1 zur „makroprudentiellen Regulierung") berücksichtigt werden sollen, kann es zweckdienlich sein, dass die Aufsicht auch bei der zweiten Säule formale Vorgaben zur Berichterstattung und zu den verwendeten Methoden und Modellen macht. Hier können sich dann auch regelgebundene Auflagen anschließen, soweit diese in die zweite Säule aufgenommen werden. Ferner könnte im Rahmen der zweiten Säule über die institutionelle Verankerung von *prompt action* Maßnahmen, d. h. von Regeln, die ein aufsichtsrechtliches Handeln erzwingen, nachgedacht werden.

In diesem Zusammenhang muss auch über eine mögliche gesonderte Behandlung so genannter „systemrelevanter" Institute nachgedacht werden. Eine Insolvenz dieser Institute hätte mit einer hohen Wahrscheinlichkeit massive Auswirkungen auf die Stabilität des Finanzsystems. Möglicherweise wurde allerdings in dieser Krise der Begriff der „Systemrelevanz" inflationär benutzt, um die Bestandsinteressen von Eigentümern und nachrangigen Obligationären der betroffenen Banken zu schützen.

Auch bislang dürfte sich die Aufsicht über diese Institute schwieriger gestalten als die kleinerer Institute; ganz abgesehen davon, dass Größe weder ein notwendiges noch ein hinreichendes Kriterium dafür ist, dass ein Institut „systemrelevant" wird. Unter anderem gibt es für eine Beurteilung der Risikotragfähigkeit weniger Vergleichsmöglichkeiten. Zudem muss nun gefragt werden, ob für solche Institute nicht auch gesonderte Maßstäbe gelten sollen. Gegenwärtig gibt es hierzu Diskussionen im Rahmen einer Anpassung der ersten Säule. Es ist allerdings fragwürdig, ob eine geringfügige Anpassung der Eigenkapitalanforderung in Abhängigkeit von Größe oder Vernetzung des betroffenen Institutes hinreichend ist. (Siehe auch Abschnitt 3.1 zur grundlegenden Frage der Zielsetzung der Eigenkapitalregulierung.) Bei einer Überarbeitung des *Supervisory Review Process* im Rahmen der zweiten Säule sollte daher auch auf die gesonderte Behandlung solcher „systemrelevanter" Institute eingegangen werden.

Der diskretionäre Spielraum ist das definierende Element der zweiten Säule. Damit muss sichergestellt werden, dass die entsprechenden Entscheidungen im Sinne der langfristigen Zielsetzungen der Aufsicht getroffen werden. Dies betrifft bereits die Entscheidung, mehr Informationen einzufordern sowie gewisse Aktivitäten als möglicherweise besonders risikobehaftet auszuweisen. Es muss sichergestellt werden, dass diese Entscheidungen ohne öffentlichen und politischen Druck sowie ohne unverhältnismäßige Einflussnahme der Institute getroffen werden. Dies erfordert vor allem auch die nötige Expertise, um mit den Adressaten „auf Augenhöhe" zu sprechen. Da für die Finanzmarktaufsicht bereits aufgrund der finanzpolitischen Implikationen eine Unabhängigkeit, wie sie Zentralbanken oft weitgehend haben, weder umsetzbar noch wünschenswert ist, muss über alternative Maßnahmen nachgedacht werden, um die Aufsicht im Interesse der Wahrnehmung ihres Mandates gegen kurzfristig orientierte Einflussnahme zu wappnen. Dazu wird im Folgenden Stellung bezogen.

4. *Zur Governance von Banken*

Governance-Versagen

Übermäßige Fokussierung auf Ertragsraten und Vernachlässigung von Risiken sind letztlich auf das Versagen oder gar das Fehlen von internen und externen Steuerungs- und Kontrollmechanismen bei den Banken zurückzuführen. Der Bericht, den die schweizerische UBS über die Ursachen der eigenen Verluste erstellt hat,[162] nennt dazu die folgenden Punkte:

- Die Mitarbeiter im Investment Banking erhielten Boni, die sich am kurzfristigen Geschäftserfolg orientierten, ohne Rücksicht auf eingegangene Risiken und ohne Infragestellen der Nachhaltigkeit des Geschäftserfolgs.

[162] Vgl. UBS (2008).

- Auch die der Investmentbank in Rechnung gestellten Refinanzierungskosten enthielten keine angemessenen Risikoprämien.
- Die Konzernleitung versäumte es, das Geschäftsmodell der Hypothekenverbriefung im Vorhinein *in toto* zu prüfen.
- Es gab auch keine systematische Überprüfung der mit diesem Geschäftsmodell verbundenen Risiken. Die Risikomodelle der Investment Bank waren inadäquat, das Risiko-Controlling von Seiten der Konzernzentrale unsystematisch. Eine systematische und umfassende Diskussion der Risiken auf Konzernleitungsebene fand zu keinem Zeitpunkt statt.

Ein Grund für das Versagen der Konzernleitung wird nicht angegeben. Man kann vermuten, dass die Investment Bank selbst dazu beitrug, eine Diskussion über die mit ihrem Geschäftsmodell verbundenen Risiken zu unterbinden. Wer unterwirft sich schon gerne einer Prüfung, an deren Ende die Quelle der hohen Boni, die man verdient, verstopft wird? Man kann auch vermuten, dass die Konzernleitung selbst nicht allzu sehr insistiert hat. Wer legt sich schon gerne mit dem größten *Money Earner* des Konzerns an, wenn doch alles gut zu laufen scheint? In einer *Community*, in der die laufenden Beiträge zum Konzernergebnis und die Boni den Maßstab für Leistung und die Grundlage persönlichen Reichtums bilden, sind hohe Überschüsse eine Legitimationsquelle, die auch ein Risiko-Controller und eine Konzernleitung nicht ohne weiteres infrage stellen können. Insofern dürfte auch auf der Ebene der Konzernleitung das Ertragsdenken den Blick für Risiken vernebelt haben.

In diesem Zusammenhang ist auch ein Versagen einer an „Shareholder Value" orientierten „Marktdisziplin" zu konstatieren. Als „Marktdisziplin" ist der Zusammenhang zu verstehen, dass die für die Bank Verantwortlichen auf den Börsenkurs der Aktie achten und auf die Beurteilung der Bank durch Investoren, Analysten und Medien, die die Entwicklung des Börsenkurses beeinflusst.[163] Im Diskurs der Konzernleitung mit der Außenwelt stehen regelmäßig die erzielten Renditen im Vordergrund. Insofern ist es nicht falsch, wenn ein Verantwortlicher in führender Position sagt, er werde an der Benchmark der Analysten für diese Rendite gemessen. Über Risiken wird in diesem Diskurs weniger geredet – man kann über sie weniger gut kommunizieren als über die erzielten Renditen. So wird auch hier zumeist versäumt, zu fragen, mit welchen Risiken die erzielten Renditen erkauft wurden. Schon gar nicht wird gefragt, ob ein Benchmark von 25 Prozent Eigenkapitalrendite nicht eigentlich ein

[163] Vgl. Hellwig (2005).

Beleg für die Unterkapitalisierung der Branche ist – erkauft mit erheblichen Risiken zu Lasten Dritter.

UBS ist das einzige Finanzinstitut, das derart gründlich das eigene Governance-Versagen untersucht und die Ergebnisse der Untersuchung offen gelegt hat. Jedoch erscheinen die aufgezeigten Versäumnisse als typisch und dürften insofern generalisierbar sein. Der Kern des Problems liegt darin, dass in den vorhandenen Governance-Strukturen und Mechanismen zu wenig Raum war für eine gründliche *ex ante*-Prüfung der mit dem Geschäftsmodell verbundenen Risiken. Dabei wären einige der maßgeblichen Risiken bei sorgfältiger Analyse auch im Vorhinein schon erkennbar gewesen.[164]

Auf Seiten der deutschen öffentlichen Banken scheinen die Governance-Probleme allerdings noch größer gewesen zu sein. Gab es auf Seiten der privaten Banken eine Rendite-Manie, so dürfte hier das Wort Rendite-Panik angebracht sein. Wo sollen bei niedrigen Zinsen und niedrigen Intermediationsmargen die Renditen herkommen, die man braucht, um die laufenden Kosten zu decken und darüber hinaus die Finanzierungswünsche der öffentlichen Eigentümer zu bedienen? Da kam die Anlage in hypothekengesicherte Papiere, refinanziert über den amerikanischen Geldmarkt, gerade recht. Die Vertreter der Eigentümer in den Aufsichtsgremien freuten sich über die Überschüsse aus diesen Anlagen, die in den Jahren vor 2007 immerhin einen erheblichen Teil der überhaupt erwirtschafteten Überschüsse ausmachten. Inwiefern sie die mit dem Geschäftsmodell verbundenen Risiken durchschauten oder auch nur durchschauen wollten, sei dahingestellt. Jedenfalls scheinen sie die Augen vor diesen Risiken verschlossen zu haben; die Kosten für den deutschen Steuerzahler, einschließlich der von den Ländern aufzubringenden Rekapitalisierungsmittel, dürften einen dreistelligen Milliardenbetrag ausmachen.

Reformbedarf: Verbesserung von Haftungsmechanismen

Das Versagen von Governance-Mechanismen beruht letztlich darauf, dass die verschiedenen Beteiligten nur unzureichend für die Konsequenzen ihrer Entscheidungen und Handlungen haften. Insofern haben diese Entscheidungen und Handlungen externe Effekte, Auswirkungen auf Dritte, die nicht genügend berücksichtigt werden.

164 So etwa die Risiken aus der Korrelation zwischen Verbriefungsgeschäft und Anlageportefeuille, die relevant wurden, als man entschied, die so genannten *Super Senior Tranches* aus eigener Verbriefung selbst zu behalten.

Das Problem unzureichender Haftung betrifft zum einen die beschränkte Haftung von Eigenkapital. Dieser Aspekt wiegt umso schwerer, je geringer die Eigenkapitalausstattung der Banken ist und je mehr die Risiken, die eingegangen werden, zu Lasten der Gläubiger oder der Steuerzahler gehen. Der oben formulierte Vorschlag, dass das Verhältnis der Eigenkapitalausstattung zur Bilanzsumme deutlich erhöht werden sollte, dient auch dazu, die negativen Anreizwirkungen der beschränkten Haftung der Eigentümer zu mildern. Dies könnte auch durch eine Aufhebung der beschränkten Haftung der Eigentümer erreicht werden, etwa durch Schaffung einer Nachschusspflicht, jedoch würde dies die Funktionsfähigkeit der Aktie als Finanzierungsinstrument drastisch beeinträchtigen. Privatanleger, die das mit einer Nachschusspflicht verbundene Risiko scheuen, etwa, weil es ihre eigene Risikokapazität übersteigt, würden für die Anlage in Aktien nicht mehr infrage kommen.

Das Problem unzureichender Haftung betrifft auch die so genannte „Trennung von Eigentum und Kontrolle", genauer, von Leitungs- bzw. Aufsichtsfunktion und Ausschüttungsansprüchen. Vorstände und Aufsichtsgremien sind für Entscheidungen und Maßnahmen zuständig, deren finanzielle Konsequenzen nicht sie selbst treffen würden, sondern die Anteilseigner bzw. im Insolvenzfall die Gläubiger des Unternehmens. Das Versagen der Governance-Mechanismen im Vorfeld der Krise geht vor allem darauf zurück, dass bei diesen Maßnahmen und Entscheidungen den Risiken zu Lasten der Anteilseigner und der Gläubiger zu wenig Aufmerksamkeit geschenkt wurde.

Um solches Versagen der Governance-Mechanismen in der Zukunft zu verhindern oder zumindest weniger wahrscheinlich zu machen, sollte die persönliche Haftung der verantwortlichen Personen verstärkt werden. Wenn ein Mitglied eines Aufsichtsgremiums zur eigenen Entschuldigung ausführt, er sei kein Banker und habe sich auf die Erläuterungen der Zuständigen verlassen, so spricht aus dieser Äußerung eine Fahrlässigkeit, die eigentlich Folgen haben sollte. Wenn man weiß, dass man von der Sache nichts versteht, sollte man die Aufgabe nicht akzeptieren oder sich anderweitig den für die Kontrolle nötigen Sachverstand einkaufen. Dass dies – gerade auch bei den deutschen öffentlichen Banken – zu wenig geschehen ist, kostet den Steuerzahler sehr viel Geld. Eine stärkere persönliche Haftung derer, die sich eine solche Fahrlässigkeit haben zuschulden kommen lassen, ist angebracht.

Unter Juristen ist umstritten, inwiefern die bestehenden Rechtsgrundlagen schon eine stärkere persönliche Haftung der Mitglieder von Vorständen und Aufsichtsgremien begründen.[165] Tatsächlich haben Versäumnisse im Vorfeld der Krise im Nachhinein nur in wenigen Fällen persönliche Konsequenzen gehabt. Insofern ist zu empfehlen, dass die Rechtsgrundlagen für eine persönliche Haftung der Mitglieder der Vorstände und Aufsichtsgremien deutlich verbessert werden.

In diesem Zusammenhang sind auch die Bonus-Systeme zu erwähnen. Ein Bonus-System, das einem Verantwortlichen, sei es auf Vorstandsebene, sei es im Investment Banking, in einem Jahr hohe Einkünfte gibt, wenn das von ihm praktizierte Geschäftsmodell hohe Buchgewinne erzeugt, in einem anderen Jahr aber, wenn dieses Geschäftsmodell Verluste erzeugt, keine entsprechenden Rückzahlungen verlangt, schafft einen künstlichen Anreiz zum Eingehen von Risiken nach dem Prinzip „Kopf – ich gewinne; Zahl – die Bank verliert“ Bei UBS Investment Bank entstanden die Verluste 2007 und 2008 bei genau den Papieren, die die Bank 2005 oder 2006 ins Portefeuille genommen hatte, für die die Verantwortlichen große Boni eingestrichen hatten, weil einige Basispunkte über dem Geldmarktzins auf ein großes Volumen so hohe Überschüsse erzeugt hatten.

Grundsätzlich fallen die Entlohnungssysteme für Vorstände und Angestellte der Banken in den Bereich privater Vertragsgestaltung. In Anbetracht der Bedeutung dieser Systeme für die Verhaltensanreize der Betroffenen und in Anbetracht der externen Effekte des Verhaltens für Gläubiger, Steuerzahler und Finanzsystem erscheint es aber als angebracht, diese Entlohnungssysteme einer gewissen aufsichtsrechtlichen Kontrolle zu unterwerfen.

Anzustreben ist, dass die Entlohnungssysteme genügende Anreize geben, den Risiken der Geschäftsmodelle und Anlagestrategien angemessen Rechnung zu tragen. Dafür gibt es verschiedene Möglichkeiten. So könnte man versuchen, von vornherein Risiken und Risikokosten angemessen zu berücksichtigen und in die Berechnung von Boni einzubeziehen. Man könnte auch eine gewisse Nachhaltigkeit der Geschäftserfolge verlangen und auf die Beiträge zum Überschuss der Bank über mehrere Jahre abstellen. Auch an die Einführung von Mali ist zu denken.

Welche Form der Berücksichtigung von Risiken in Entlohnungssystemen am besten geeignet ist, ist im Vorhinein nicht bekannt. Für die Suche nach der besten Form würde man gerne einen Wettbewerbsmechanismus einsetzen. Insofern ist zu empfehlen, dass auf der Ebene der Rechts-

165 Nach Lutter (2009) würden die Rechtsgrundlagen schon jetzt ausreichen, um die Verantwortlichen, auch Mitglieder der Aufsichtsgremien in erheblichem Umfang für die Fehlentwicklungen persönlich haftbar zu machen.

normen nur gewisse Grundprinzipien fixiert werden. Die Aufsicht hätte dann die Aufgabe, in Wahrnehmung ihrer Kompetenzen nach der zweiten Säule von Basel II zu prüfen, ob die verwandten Entlohnungssysteme den Grundprinzipien genügen.

Ein letzter Punkt zum Thema Haftungsmechanismen betrifft die Bereinigung von Marktstrukturen. Haftung in einem Marktsystem bedeutet auch, dass das Unternehmen bei mangelndem wirtschaftlichem Erfolg aus dem Markt ausscheidet. Es ist kein Zufall, dass in Deutschland die Landesbanken von der Krise am meisten betroffen waren. Diese erst Ende der sechziger Jahre aus den früheren Girozentralen der Sparkassen entstandenen Institute hatten seit jeher Schwierigkeiten, in einem auch im internationalen Vergleich eher kompetitiven Finanzsystem einen festen Platz zu finden. Ihre Schwäche wurde lange dadurch verdeckt, dass die Staatsgarantien ihnen billige Refinanzierungsmöglichkeiten eröffneten. Gleichwohl kam es über die Jahrzehnte immer wieder zu hohen Verlusten, die ohne die Nachschussbereitschaft der Länder und der Sparkassenverbände ein Ausscheiden aus dem Markt erzwungen hätten.

Auch jetzt ist zu befürchten, dass die Krise bei den Landesbanken nicht wirklich zu einer Strukturbereinigung führt. Vielmehr scheint die Sondersituation der Krise von einigen Ländern benutzt zu werden, um das europarechtliche Verbot staatlicher Subventionierung zu unterlaufen. Damit wird die nächste Finanzkrise für Deutschland vorbereitet. Das Problem unzureichender Haftungs- und Governance-Mechanismen betrifft auch das Verhalten der Länderministerpräsidenten, die Milliarden an Steuergeldern einsetzen, um Finanzinstitute zu erhalten, die wirtschaftlich prekär sind, die ihnen aber die Möglichkeit bieten, ohne langwierige parlamentarische Prozeduren Mittel für die von ihnen benannten Zwecke der Daseinsvorsorge zu mobilisieren.

Aufsicht und Governance

Kann die Aufsicht dazu beitragen, dass die Frage nach den Risiken der Geschäftsmodelle und Strategien stärker als bisher im Diskurs der Banken institutionalisiert wird? Man könnte daran denken, dass man die Geschäftsmodelle selbst in stärkerem Maße als bisher der Prüfung durch die Aufsicht unterwirft, wie dies im vorstehenden ja schon für Entlohnungssysteme angeregt wurde. Allerdings müsste die Aufsicht fähig und willens sein, ihr Ermessen in stärkerem Maße einzusetzen, als sie das im Umgang mit den von deutschen Banken eingerichteten Zweckgesellschaften getan hat. Dabei bestände ein Risiko der Überregulierung oder der Regulierungswillkür. Eine aufsichtsrechtliche Prüfung von Entlohnungssystemen ist insofern vergleichsweise einfach, als es nur darum geht, bestimmte, rechtlich fixierte Prinzipien durchzusetzen, die dafür sorgen sollen, dass Risiken berücksichtigt werden und dass nur nachhaltige Geschäftserfolge prämiert werden. Eine aufsichtsrechtliche Prüfung von Geschäftsmodellen dagegen ist deutlich schwieriger, denn man muss im konkreten Fall zunächst überhaupt die Risiken der Geschäftsmodelle identifizieren und abschätzen.

Eine andere Möglichkeit könnte darin bestehen, dass man die seit der Krise faktisch bestehende Rolle des Staates als Garant der Bankeinlagen institutionalisiert, und dass man den Vertretern der dafür zuständigen Institution die Möglichkeit gibt, an den Sitzungen der Aufsichtsgremien der Banken teilzunehmen und gegebenenfalls die Prämien, die für die staatliche Versicherungsleistung verlangt werden, von den verfolgten Geschäftsstrategien abhängig zu machen. Gegenüber einer aufsichtsrechtlichen Prüfung der Geschäftsstrategien hätte dieses Verfahren den Vorteil, dass der Staatseingriff nicht in Verbot oder Erlaubnis besteht, sondern in der Setzung eines Preises für eine staatliche Leistung nach Maßgabe der vermuteten Kosten dieser Leistung. Auch würde diese Preissetzung von der Einlagenversicherung im Rahmen ihrer Geschäftsbeziehung mit der Bank vorgenommen; dies wäre deutlich besser als der von der Regierung vorgesehene Versuch, eine solche risikoadäquate Abgabe durch einen Verwaltungsakt festzulegen.

An dieser Stelle mag eingewandt werden, die Vertreter einer staatlichen Einlagenversicherung verstünden zu wenig von der Sache oder seien zu wenig motiviert, um diese Aufgabe wahrzunehmen. In Anbetracht des beschriebenen Versagens der internen und externen Governance-Mechanismen bei den Banken selbst kann dieser Einwand allerdings nicht überzeugen. Nach den gemachten Erfahrungen stellt sich nicht die Frage, ob die vorgeschlagene Reform die Probleme verlässlich löst, sondern vielmehr die Frage, ob sie dafür sorgt, dass die Risiken der verfolgten Strategien im Diskurs der Banken intern und extern eine größere Rolle spielen als bisher. Im Übrigen dürften Sachverstand und Motivation der Vertreter einer staatlichen Einlagenversicherung auch von der Entlohnung abhängen, insbesondere davon, wie die Entlohnung vom „Geschäftserfolg" der Einlagenversicherung abhängt.

Gewichtiger ist der Einwand, dass eine staatliche Einlagenversicherung die bewährten Institutionen und Prüfmechanismen der bestehenden Einlagenversicherungen der verschiedenen Verbände verdrängen würde. Eine solche Verdrängung wäre nicht zu befürchten, wenn die staatliche Einlagenversicherung nur subsidiär tätig würde in Fällen, in denen das Ausmaß oder der systemische Charakter der Krise die Kapazitäten der bestehenden Einlagenversicherungen sprengen. Im Übrigen wäre zu erwägen, ob die hier angesprochene Governance-Funktion einer Einlagenversicherung nicht eine Entsprechung finden sollte in einer Stärkung der Governance-Funktionen der bestehenden Einlagenversicherungen der Verbände.

5. *Regeln und Verfahren für den Umgang mit Schieflagen*

Das Problem der Erpressbarkeit des Staates in der Krise

Im September 1998 hielt die Zentralbank der USA es für erforderlich, den durch Fehlspekulationen in eine Schieflage geratenen Hedge Fonds *Long Term Capital Management* (LTCM) nicht einfach untergehen zu lassen, sondern durch Mobilisierung einer Stützungsaktion etlicher Banken zumindest vorübergehend zu erhalten, um ihn dann in Ruhe abwickeln zu können. LTCM war eigentlich ein kleiner Teilnehmer am Kapitalmarkt. Die Struktur der Geschäftsbeziehungen war aber so komplex, die Zahl der direkt oder indirekt betroffenen Finanzinstitute und die Vielfalt der relevanten Gerichtsstände so groß, dass man befürchtete, ein Insolvenzverfahren würde in ein Chaos führen. Man fürchtete auch eine möglicherweise sehr heftige Reaktion der Wertpapiermärkte, damals vor allem der Anleihenmärkte, die nach der russischen Zahlungseinstellung kurz zuvor außerordentlich nervös waren. Ein größerer Kursverlust bei gewissen Wertpapieren hätte erhebliche Folgen für andere Finanzinstitutionen und für das Finanzsystem insgesamt haben können.

Die Entwicklung des Finanzsystems in den Tagen und Wochen nach der Insolvenz von Lehman Brothers im September 2008 entspricht den damaligen Befürchtungen: Durch unmittelbare Dominoeffekte kamen andere Institutionen in Schwierigkeiten (*American International Group*, AIG) und die Wertpapiermärkte weltweit wurden von einer Welle des Pessimismus überrollt, so dass die Regierungen der betroffenen Länder es alsbald für das kleinere Übel hielten, staatliche Garantien für Banken und andere Finanzinstitute zu geben, auch wenn die dabei auf dem Spiel stehenden Summen weit außerhalb der in Haushaltsdiskussionen gewohnten Größenordnungen lagen.

Lehman Brothers war erheblich größer als LTCM. Gleichwohl wird man zögern, von einer wirklich großen Bank zu sprechen. In Relation zu etlichen anderen Banken, schon gar in Relation zum Finanzsystem weltweit, war Lehman Brothers nicht sehr groß. *Too complex to fail, too interconnected to fail, too systemic to fail* – diese Charakterisierungen treffen den Vorgang genauer als die Standardformel *too big to fail.* Wichtig war auch die Signalwirkung der Lehman-Insolvenz auf die vielen Marktteilnehmer, die sich in diesem Jahr der Nervosität immer wieder gefragt hatten, wie schlimm es wohl noch werden könnte.

Die Erfahrung mit Lehman Brothers lehrt zweierlei. Zum einen: Wenn eine für das Finanzsystem wichtige Institution vor dem Abgrund steht, hat die Regierung kaum eine andere Wahl als mit den Mitteln des Steuerzahlers dafür zu sorgen, dass das Schlimmste verhindert wird.[166] In einer solchen Situation wird das für eine Marktwirtschaft konstitutive Prinzip der Haftung privater Wirtschaftssubjekte für die Risiken, die sie in eigener Verantwortung eingehen, außer Kraft gesetzt. Als Ordnungspolitiker muss man dies verdammen, doch darf man sich nicht der Illusion hingeben, die für den Staat Verantwortlichen könnten das Prinzip der Haftung privater Wirtschaftssubjekte für die Risiken, die sie eingehen, in einer Krisensituation strikt durchsetzen.

Zum anderen: Ob eine Finanzinstitution so wichtig ist, dass die Regierung sie in einer Krisensituation stützen muss, um Schlimmeres zu verhindern, ist im Vorhinein kaum zu entscheiden. Seit dem Oktober 2008 versuchen sich viele Experten an einer angemessenen Definition von Systemrelevanz einer Bank. Die Unterscheidung zwischen systemrelevanten und nicht systemrelevanten Banken soll dazu dienen, Erwartungen über zukünftige Stützungsaktionen des Staates zurückzuschrauben, vielleicht auch dazu, systemrelevante Banken, d.h. Banken, die erwarten können, dass der Staat sie im Zweifelsfall stützt, besonderen Regeln zu unterwerfen. Die Beispiele von LTCM und Lehman Brothers zeigen, dass es nicht einfach um Größe geht. Es geht auch um die Struktur und die Komplexität der Geschäftsbeziehungen. Vor allem geht es um die Wahrnehmung der anderen Marktteilnehmer in der konkreten Situation des Finanzsystems. LTCM und Lehman Brothers waren, jedes auf seine Art, systemrelevant, weil in der gegebenen Situation damit gerechnet werden musste, dass eine Insolvenz drastische Auswirkungen auf die Märkte haben würde.

Reformbedarf bei Intervention und Abwicklung

Um die Erpressbarkeit des Staates in der Krise zu mindern, benötigt man Interventions- und Abwicklungsmechanismen, bei denen die Rückwirkungen auf den Rest des Finanzsystems eingegrenzt werden können. Die nach Kreditwesengesetz und Insolvenzordnung derzeit verfügbaren Mechanismen genügen dieser Bedingung nicht.

Bei diesen Mechanismen steht durchweg das Ziel eines Schutzes der Gläubiger vor weiterem Mittelabfluss im Vordergrund. Zwar geben die §§ 45, 46 KWG der Aufsicht die Möglichkeit zu einem Eingreifen, noch

[166] In genau diesem Sinn hat der Beirat in seinem Brief 10. Oktober 2008 empfohlen, das Finanzsystem durch staatliche Stützungszusagen zu stabilisieren (Wissenschaftlicher Beirat 2008).

ehe eine Eigenmittel- oder Liquiditätsvorschrift verletzt, geschweige denn die Schwelle zur Insolvenz überschritten ist. Jedoch wird das in § 46 KWG genannte Eingriffskriterium einer „Gefahr für die Erfüllung der Verbindlichkeiten eines Instituts gegenüber seinen Gläubigern" in der Praxis entsprechend dem Kriterium der „drohenden Zahlungsunfähigkeit" nach § 18 InsO interpretiert. Die Eingriffsmaßnahmen zielen auf die vorläufige Sicherung der Vermögensposition des Instituts. Der Geschäftsbetrieb wird tendenziell eingefroren, einschließlich der Geschäftsbeziehungen zu Dritten. Etwaige Verluste, die diese dadurch erleiden, und die von solchen Verlusten ausgehenden systemischen Rückwirkungen spielen keine Rolle.

Die Furcht vor solchen Rückwirkungen war mit verantwortlich dafür, dass man sich im Fall der Hypo Real Estate nicht auf die Interventionsmechanismen des Kreditwesengesetzes stützte.[167] So kam es zu der Groteske, dass der Staat diese Bank zunächst mit Garantien vor der unmittelbaren Insolvenz bewahrte und dann den Konflikt mit den Aktionären austragen musste, als diese auf ihren Verfügungsrechten beharrten, die ihnen ohne die staatlichen Garantien schon längst entzogen worden wären. Die dann bei Übernahme der Bank nach dem Finanzmarktstabilisierungsergänzungsgesetz, der so genannten „Lex HRE", vorgesehene Entschädigung der Aktionäre war zwar geringer als das, was die Aktionäre forderten, aber immer noch höher, als das, was sie im Insolvenzfall erhalten hätten, nämlich nichts. Der Vorgang insgesamt ist ein weiteres Lehrbeispiel für die Erpressbarkeit des Staates in der Krise.

Einen möglichen Reformansatz bietet der Vorschlag des Sachverständigenrats zur Begutachtung der gesamtwirtschaftlichen Entwicklung, der sich seinerseits an das 2009 im Vereinigten Königreich eingeführte *Special Resolution Regime for Banks* anlehnt.[168] Maßgebliche Punkte des Vorschlags sind:

- Die Intervention kann frühzeitig erfolgen. Der Zeitpunkt bleibt *nicht* der Bank überlassen, sondern in Wahrnehmung ihrer polizeirechtlichen Befugnisse kann die Aufsicht von sich aus schon im Vorfeld einer Insolvenz oder einer Verletzung von Eigenmittel- oder Liquiditätsvorschriften eine Intervention auslösen. Im Vereinigten Königreich geschieht dies durch eine Erklärung der Finanzaufsicht; danach übernimmt die Bank of England das weitere Verfahren.
- Die Intervention dient nicht allein oder nicht vorrangig dem Gläubigerschutz, sondern auch oder sogar mit Priorität der Eindämmung

[167] Siehe Hopt et al. (2009: 515–554) sowie Sachverständigenrat (2009: 147–154).
[168] Vgl. Sachverständigenrat (2009: 151) sowie Sachverständigenrat (2008: 160).

von Systemrisiken. Eine langsame Abwicklung bei vorläufiger Aufrechterhaltung aller Geschäfte wie im Fall LTCM, die nach derzeitigem deutschem Recht ausgeschlossen ist, wäre mit dieser Zielsetzung vereinbar.

- Je nach Sachlage kann die Interventionsinstanz, im Vereinigten Königreich also die Bank of England, zwischen verschiedenen Strategien wählen: Sie kann die Bank ganz oder teilweise an einen privaten Käufer oder an eine Brückenbank (*Bridge Bank*) übertragen, die in ihrem Eigentum steht und die Geschäfte weiterführt, bis ein privater Käufer gefunden wird. Müssen öffentliche Mittel zur Stabilisierung der Bank eingesetzt werden, so können die Aktien der betroffenen Bank zeitweise an den Finanzminister übertragen werden, unter dessen Regie dann die Sanierung erfolgt; im deutschen Kontext wäre hier auch die Möglichkeit einer Rekapitalisierung der Bank aus Mitteln des Soffin einzuordnen.[169] Schließlich kann die Interventionsinstanz auch selbst eine Restrukturierung durchführen.
- Zur Sicherung der Funktionsfähigkeit des Finanzsystems, insbesondere für den Funktionsschutz von Märkten, kann die Interventionsinstanz bestimmte Vermögenswerte aussondern. Insbesondere das *Netting* in Derivativmärkten soll so geschützt werden.
- Eine pauschale Staatshilfe für alle Institute und für alle Anleger ist nicht vorzusehen. Als Grundprinzip ist festzuhalten, dass die Eigentümer der Bank haften. Solange staatliche Mittel eingesetzt werden, sollten die Eigentümer keinerlei Ansprüche aus ihren Titeln haben. Nach den Eigenkapitalgebern sollten auch die Obligationäre grundsätzlich haften. Die für die Funktionsfähigkeit von Finanzmärkten maßgebliche Regel des *Caveat Emptor* darf nicht durch eine pauschale Staatsgarantie außer Kraft gesetzt werden; ansonsten verlieren die Obligationäre jeglichen Anreiz, auf die Bonität der Bank zu achten und so einen disziplinierenden Einfluss auszuüben. Bei Einlegern, insbesondere bei Kleineinlegern, wird man von diesem Prinzip vielleicht abweichen, auch um zu verhindern, dass das Zahlungssystem, das ja an die Einlagen gebunden ist, in Mitleidenschaft gezogen wird.

Ein derartiges Regime für den Umgang mit Schieflagen von Banken würde dafür sorgen, dass Interventionen bei Finanzinstituten nicht einfach nach den Automatismen des allgemeinen Insolvenzrechts erfolgen. Dem Ziel des Systemschutzes könnte mehr Rechnung getragen werden. Die Erpressbarkeit des Staates würde zumindest ein bisschen reduziert.

[169] Vgl. Sinn (2009).

Wichtig ist dabei, dass die Einleitung des Verfahrens nicht in das Belieben der Bank gestellt wird, und dass die Arbeitsteilung der verschiedenen beteiligten Institutionen (Finanzaufsicht, Zentralbank, Finanzminister) schon im Vorhinein klar und transparent geregelt wird. Wichtig ist auch, dass die Verteilung finanzieller Belastungen im Vorhinein geregelt wird.

Erfordernis der internationalen Abstimmung

Das Erfordernis der Klarheit über Kompetenzen und Lastenteilung betrifft insbesondere auch international tätige Banken. Im Falle der ehemals belgischen Bank Fortis führte der Konflikt zwischen Belgien und den Niederlanden über die Lastenverteilung zu Verzögerungen der Intervention, durch die die Verluste am Ende noch einmal deutlich vergrößert wurden. Solche Konflikte können vermieden werden, wenn man die Regeln im Vorhinein klar festgelegt hat. Ein Institut wie Fortis (oder Nordea in den skandinavischen Ländern) mag aus deutscher Sicht als außergewöhnlich erscheinen. Jedoch ist damit zu rechnen, dass es solche Institute mit Schwerpunkten der Banktätigkeit in mehreren Ländern gleichzeitig in Zukunft auch in Deutschland oder einem der anderen „großen" Mitgliedstaaten der Europäischen Währungsunion geben wird. Schon die Konstellation Unicredito/Hypovereinsbank könnte entsprechendes Konfliktpotential bergen. Daher sollte sich die Regierung dafür einsetzen, dass zumindest auf europäischer Ebene, wenn nicht darüber hinaus, Verfahren und Lastenverteilung für Interventionen und gegebenenfalls Abwicklungen bei grenzüberschreitend tätigen Banken im Vorhinein auf eine klare und transparente rechtliche Grundlage gestellt werden.

Internationalen Abstimmungs- und Regelungsbedarf gibt es auch beim materiellen Insolvenzrecht. Im Fall LTCM war, wie erwähnt, die Struktur der Geschäftsbeziehungen so komplex, die Zahl der direkt oder indirekt betroffenen Finanzinstitute und die Vielfalt der relevanten Gerichtsstände so groß, dass man befürchtete, ein Insolvenzverfahren würde in ein Chaos führen. Zusätzliche Probleme entstehen dadurch, dass die insolvenzrechtliche Behandlung etlicher Regeln, die im Zusammenhang mit Finanzinnovationen auf privatrechtlicher Basis entwickelt wurden, noch nicht gerichtlich erprobt ist. Die damit verbundene erhebliche Rechtsunsicherheit ist umso größer, je mehr auch unterschiedliche Gerichtsstände und Insolvenzrechte involviert sind.

Daher sollte die Bundesregierung sich dafür einsetzen, dass die für das Finanzsystem wichtigsten Länder in Verhandlungen über ein Abkommen zur Regelung der hier relevanten Verfahrensfragen und zur Harmonisierung der relevanten materiell insolvenzrechtlichen Fragen eintreten und die Ergebnisse solcher Verhandlungen rechtlich umsetzen. Solange ein Insolvenzverfahren als Experiment zur Erprobung des Umgangs verschiedener Gerichtsbarkeiten mit *Covenants* in Derivaten und ähnlichem erscheint, wird das Problem der Erpressbarkeit des Staates nicht verschwinden.

In diesem Zusammenhang sollte materiellrechtlich dafür gesorgt werden, dass *Covenants* in privaten Verträgen nicht benutzt werden können, um die staatlicherseits vorgesehenen Mechanismen zum Umgang mit Banken in der Krise auszuhebeln. Dem Vernehmen nach haben verschiedene Staaten Abstand davon genommen, bei Banken, die sie mit staatlichen Mitteln vor der Insolvenz bewahrten, die Kontrolle zu übernehmen, weil etliche Derivativverträge und Kreditverträge sogenannte *Poison Pills* enthielten, d.h. *Covenants* in Form von *Change-of-Control Clauses*, die für den Fall einer Übernahme der Unternehmenskontrolle durch einen Dritten eine drastische Vervielfältigung der Verbindlichkeiten der Bank vorsahen. Die mit diesen Banken befassten staatlichen Instanzen befürchteten, dass die Belastung der Steuerzahler noch um einiges größer würde, wenn sie Kontrollkompetenzen übernähmen und diese *Poison Pills* dadurch aktiviert würden. Wie auch immer man solche *Poison Pill Covenants* in anderem Zusammenhang beurteilen mag, eine Aktivierung von *Poison Pills* bei einer staatlichen Übernahme von Kontrollkompetenzen in Verbindung mit staatlichen Garantien ist als ein Missbrauch anzusehen. Insofern die Beteiligten schon im Vorhinein auf diese Konstellation abstellen, missbrauchen sie die private Vertragsfreiheit, um die Erpressbarkeit des Staates noch zu steigern. Eine Reform des Bankinsolvenzrechts sollte dafür sorgen, dass solcher Missbrauch unterbunden wird.

Alternative Reformvorschläge

In der internationalen Diskussion finden sich derzeit noch viele weitere Reformvorschläge. Im Einzelnen zu nennen wären:

- Rückkehr zu einem Trennbankensystem mit der Maßgabe, dass nur ein (kleiner) Teil des Systems staatlich geschützt wird.
- Einführung von Eventualeigenkapital, etwa durch Vorkehrungen für automatische *Debt-Equity-Swaps* oder eine automatische Einforderung zusätzlichen Eigenkapitals.
- Eine Verpflichtung der Banken zur Erstellung von *Living Wills*, d.h. Plänen, in denen sie zeigen, wie das Institut auf einfache Weise abgewickelt werden kann.
- Eine Kalibrierung von Eigenkapitalanforderungen oder finanziellen Belastungen entsprechend der Größe, der systemischen Bedeutung oder einem anderen Maß für die Problemhaftigkeit der Bank.

Der Beirat steht diesen Vorschlägen weitgehend skeptisch gegenüber. Auf dem Papier scheinen sie die Probleme zu lösen; in der Krise wird manches anders aussehen. Fast alle Vorschläge leiden daran, dass die explizit oder implizit darin enthaltenen Drohungen letztlich nicht glaubwürdig sind. Zudem würden durch die deutlich erhöhten Eigenkapitalanforderungen viele der alternativen Maßnahmen hinfällig werden.

Die vom Präsidenten der USA und vom Gouverneur der Bank of England zur Diskussion gestellten Vorschläge zur Trennung des Finanzsektors in einen staatlich geschützten und streng regulierten Teil und in einen staatlich nicht geschützten und wenig regulierten Teil vernachlässigen zwei Probleme:

- In den USA war die Abkehr vom Trennbankensystem im Jahre 1999 weniger eine Folge der Deregulierung als vielmehr eine Folge technischer und institutioneller Innovationen, die zu einer Intensivierung des Wettbewerbs führten, mit der Folge, dass das Trennbankensystem dysfunktional wirkte. Die Krisen der *Savings and Loans Institutions* in den 1980er Jahren wurden unmittelbar dadurch verursacht, dass diese Institute mit ihrer Spezialausrichtung und Spezialregulierung dem Wettbewerb mit neuen Institutionen wie Geldmarktfonds nicht gewachsen waren.
- Die US-amerikanischen Investmentbanken, die *Government Sponsored Enterprises* Fannie Mae und Freddie Mac sowie schließlich auch AIG hatten keinen Anspruch auf staatliche Hilfe. In der Krise wurden die Vorschriften mehrfach geändert, um diesen Instituten zu helfen. Zuerst wurden die Vorschriften für den Zugang zu Zentralbankmitteln, dann die Vorschriften für die Papiere, die die Zentralbank als Sicherheiten akzeptieren würde, angepasst. Dann kamen die Staatsgarantien für Fannie und Freddie, schließlich auch für AIG. Zwischenzeitlich, nachdem Lehman Brothers in die Insolvenz gegangen war, stellte man fest, dass es besser gewesen wäre, auch Lehman zu schützen. Ankündigungen, der Staat werde bestimmte Institutionen nicht schützen, sind nicht glaubhaft.

Auch bei Eventualeigenkapital ergibt sich ein Glaubwürdigkeitsproblem. Wenn die Institutionen, die die betreffenden Papiere halten, hinreichend bedeutend sind, wird man es im Nachhinein für besser halten, diese Institutionen nicht dadurch zu belasten, dass man die Eventualklauseln auslöst. Genau genommen haben wir ja schon verschiedene Formen von Eventualeigenkapital etwa in Form von nachrangigen Schuldtiteln. Aufsichtrechtlich werden solche Schuldtitel sogar dem Eigenkapital der Bank zugerechnet. Und doch hielt man es im Fall HRE für besser, nicht einmal diese nachrangigen Schuldtitel mit haften zu lassen.

Vorschläge zur Kalibrierung von Regulierungsvorschriften, Eigenkapitalanforderungen oder finanziellen Belastungen entsprechend der Größe, der systemischen Bedeutung oder einem anderen Maß der Problemhaftigkeit der Bank weisen ähnliche Probleme auf wie die Risikokalibrierung der Eigenkapitalanforderungen. Hier wird zu viel Feinsteuerung angestrebt. In der Praxis wird es den Instituten ein Leichtes sein, diese Feinsteuerung auszuhebeln.

Bei all diesen Vorschlägen sollte man fragen, wie sie bei LTCM gewirkt hätten. LTCM war relativ klein. Als Hedge Fund hatte dieses Institut keinerlei staatliche Garantie. Und doch ließ man LTCM nicht einfach in die Insolvenz gehen.

IV. Institutionen

1. *Grundlegendes*

Die große internationale Finanzkrise, die im August 2007 ausbrach, hat aufgezeigt, wie gefährlich schnell und stark fehlerhafte Finanzentwicklungen sich kumulativ verstärken und international übertragen werden können. Allerdings muss nicht jede Krise sich gleich zu einer globalen Finanzkrise auswachsen, wie die Geschichte der Bank- und Finanzkrisen lehrt. Es wäre jedenfalls ineffizient, auf die Möglichkeit von Krisen mit einer generellen Beschränkung des international heute weitgehend freien Kapitalverkehrs zu reagieren, und sei es auch nur mit einer globalen Transaktionssteuer. Eine solche Steuer würde unterschiedslos sämtliche internationalen Transaktionen verteuern und damit den Warenaustausch und den Wirtschaftsverkehr behindern. Nicht die Intensität der internationalen Wirtschaftsbeziehungen ist das Problem, sondern eine fehlerhafte Regulierung und eine unvorsichtige Aufsicht. Erfolg versprechender als die Einführung einer internationalen Transaktionssteuer ist es, die Regulierungen und die Aufsicht der Finanzmärkte international gründlich zu reformieren. Dafür gibt es weltweit Konsens und so werden nicht nur in internationalen Gremien, wie dem *Financial Stability Forum* und dem Basler Ausschuss für Bankaufsicht, Reformüberlegungen angestellt, sondern ebenso in nationalen Gremien. Die Aufgaben der Finanzregulierung und der Finanzaufsicht fallen in die Kompetenz der Nationalstaaten, aber der Wettbewerb zwischen den Finanzplätzen kann nur effizient spielen, wenn es ein Mindestmaß an internationaler Harmonisierung gibt.

Die Finanzaufsicht lässt sich in eine mikroprudentielle und eine makroprudentielle Aufsicht unterteilen. Bei der mikroprudentiellen oder Mikroaufsicht handelt es sich um die Beaufsichtigung der einzelwirtschaftlichen

Geschäftstätigkeit von Banken, Versicherungen und Wertpapierdienstleistern. Ganz entsprechend den vertrauten Aufgaben der klassischen Bankenaufsicht geht es in der Mikroaufsicht darum, durch regelmäßige Prüfung jedes einzelnen Finanzinstituts sicherzustellen, dass seine Aktiv- und Passivgeschäfte unter Beachtung der Regulierungsvorschriften und nach dem Grundsatz einzelwirtschaftlicher Rationalität geführt werden, so dass die betriebswirtschaftlichen Voraussetzungen für die Aufrechterhaltung der Solvenz des Instituts erfüllt sind.

Eine makroprudentielle Aufsicht oder Makroaufsicht gibt es dagegen bisher weder in der Europäischen Union noch anderswo. Sie ist überall neu zu konzipieren. Der Begriff der makroprudentiellen Aufsicht wurde schon in den späten siebziger Jahren bei der Bank für Internationalen Zahlungsausgleich (BIZ) verwendet, aber erst von Crockett (2000) systematisch vom traditionellen Aufsichtsbegriff abgegrenzt (Borio 2009). Im Unterschied zur Mikroaufsicht geht es bei der Makroaufsicht nicht um eine Kontrolle der einzelnen Banken, Versicherungen oder Wertpapierdienstleister, sondern um das möglichst frühzeitige Erkennen von ungünstigen Entwicklungen an den Finanzmärkten und in der Finanzbranche, die das Potential haben, sich zu einer Finanzkrise zu verstärken und damit die Stabilität und den Bestand von Gruppen von Finanzinstituten, von wichtigen Finanzmärkten oder gar des gesamten Finanzsystems zu gefährden. Systemisches Risiko ist endogen, aber es entsteht nicht aus dem Nichts oder einem willkürlichen oder gar irrationalen Verhalten eines einzelnen Finanzinstituts. Sondern systemisches Risiko entwickelt sich aus gleichgerichteten, hoch korrelierten Reaktionen von Finanzmarktteilnehmern auf Informationen über negativ zu wertende, markterhebliche Schocks und sich verschlechternde Veränderungen der Marktbedingungen. Der Ausbruch einer viele Finanzinstitute erfassenden Krise lässt sich nicht sicher prognostizieren, aber er wird umso wahrscheinlicher, je mehr Finanzmarktteilnehmer, insbesondere große Banken und Hedgefonds, aber auch Investmentfonds und Versicherungen, damit beginnen, leicht veräußerbare Aktiva in großem Stil abzustoßen. Dann ist auf breiter Front mit einem Fall von Wertpapierkursen zu rechnen, der dramatisch werden und die Überlebensfähigkeit von Banken und anderen Anlageinstitutionen bedrohen kann, wenn die eintretenden Verluste nicht durch Eigenkapitalpuffer aufgefangen werden können.

Es gibt Konstellationen, die den Ausbruch einer Finanzkrise begünstigen. Sie rechtzeitig zu erkennen, ist die Aufgabe einer wohlverstandenen Makroaufsicht, die im Wesentlichen eine theoretisch fundierte empirische Systemanalyse sein muss. Von ‚Aufsicht' zu sprechen ist insofern irreführend, als eine mit der ‚Makroaufsicht' betraute Institution nur warnende Hinweise auf potentiell krisenträchtige Entwicklungen geben, aber keine der Mikroaufsicht vergleichbaren Anweisungen und Auflagen erteilen kann. Die Adressaten für Warnungen und Empfehlungen der Makroaufsicht sind hauptsächlich Regierungen und andere staatliche Organe. Sie sind prinzipiell nicht nur in der Lage stabilisierend einzugreifen, sondern sie sind teils auch dafür verantwortlich, dass eine potentiell krisenträchtige Lage überhaupt entstehen kann. Zu den bedeutendsten Faktoren gehören fehlerhafte staatliche Regulierungen im nationalen wie internationalen Rahmen, laxe Budgetpolitiken einzelner Nationalstaaten und zu expansiv gestaltete Geldpolitiken.

So hat die Subprime-Krise des amerikanischen Hypothekenmarktes eindrucksvoll gezeigt, wie sich aus fehlenden und fehlerhaften Regulierungen von Kreditgewährung, Verbriefung und anderen Finanzgeschäften systemische Risiken entwickeln können. Wenn es in den Vereinigten Staaten nicht möglich gewesen wäre, in großem Stil Hypothekarkredit sogar ohne jegliches Eigenkapital aufzunehmen, und wenn es weltweit den Banken nicht erlaubt gewesen wäre, zur Finanzierung dieser und anderer verbriefter Kredite sehr kurzfristig refinanzierte Zweckgesellschaften ohne hinreichende Eigenkapitaldeckung zu betreiben, wäre es sehr wahrscheinlich nicht zu der großen internationalen Finanzkrise gekommen.

Finanzkrisen können aber auch von makroökonomischen Verwerfungen ausgelöst werden. So entstand die Asienkrise 1997 aus dem Zusammenbruch eines von internationalen Kapitalzuflüssen ausgelösten Kreditbooms bei starren und dabei fundamental zunehmend unrealistischer werdenden Wechselkursfixierungen zum US-Dollar. In ähnlicher Weise entwickelte sich die schwedische Bankenkrise 1990–92 aus dem Platzen von kreditgetriebenen Immobilien- und Aktienpreisblasen. Auch eine anhaltend undisziplinierte staatliche Finanzpolitik, die eine übermäßig steigende Staatsverschuldung erzwingt, kann eine Finanzkrise auslösen, wenn es zu der Erwartung eines Staatsbankrotts kommt (Argentinien 2002). Das ist insbesondere dann wahrscheinlich, wenn es sich um einen Staat handelt, dessen Staatsschuld international gehalten wird. Und schließlich kann die Geldpolitik zu einer Rahmenbedingung werden, die das Entstehen einer Finanzkrise begünstigt. Das wird der Fall sein, wenn die verantwortliche Notenbank zu lange für sehr niedrige Zinsen und hohe Liquidität sorgt, somit eine anhaltende Inflationierung von Vermögenspreisen ermöglicht und die entstehenden Blasen ignoriert (USA und Eurogebiet 2002–06).[170]

[170] Vgl. dazu Taylor (2008) und Neumann (2009).

Für die Frage, welche Institutionen sich in besonderer Weise dafür eignen, die Mikroaufsicht und/oder die Makroaufsicht auszuüben, sind die Adressaten der verschiedenen Arten von Aufsicht von Bedeutung. Wie schon erwähnt, unterscheiden sie sich grundlegend. Die Adressaten der Mikroaufsicht sind die in Märkten operierenden Finanzinstitute, die dem öffentlich-rechtlichen Gewaltverhältnis unterworfen und denen staatliche Regulierungen, wie etwa das Kreditwesengesetz (KWG) das Versicherungsaufsichtsgesetz (VAG) oder das Wertpapierhandelsgesetz (WpHG), vorgegeben sind. Die im öffentlichen Auftrag operierende Mikroaufsicht kann – im Rahmen ihrer aufsichtsrechtlichen Kompetenzen – Finanzinstitute neu zulassen, ihnen spezifische Auflagen machen und sie gegebenenfalls auch schließen. Was die für solche Entscheidungen erforderliche fachliche Kompetenz angeht, so lässt sie sich grundsätzlich gleichermaßen bei der Zentralbank wie bei einem eigens eingerichteten öffentlichen Aufsichtsamt etablieren. Allerdings hat eine Zentralbank – jedenfalls, wenn sie aus Gründen der Bewahrung von Preisstabilität von der Regierung unabhängig sein soll – ein besonderes Handicap: Sie kann nicht eigenständig Aufsichtsmaßnahmen treffen, wenn diese den Einsatz von Steuermitteln erforderlich machen, sondern sie muss dann in Verhandlungen treten, um die Zustimmung des Finanzministers bzw. der Regierung zu erhalten. Das schränkt die Unabhängigkeit der Zentralbank ein. Für die alternative Lösung eines dem Finanzminister unterstehenden Aufsichtsamts ergibt sich kein vergleichbarer Interessenkonflikt.

Die Adressaten der Makroaufsicht sind dagegen nicht nur die einzelwirtschaftlichen Akteure an den Finanzmärkten, sondern machtvolle öffentliche Institutionen:

- der Gesetzgeber und die Regierung als verantwortliche Regulierer von Finanzindustrie und Finanzmärkten,
- die Regierung als verantwortliche Autorität der staatlichen Finanzpolitik und
- die Zentralnotenbank als Verantwortliche der Geldpolitik.

Für die Makroaufsicht stellt sich damit das besondere und im Hinblick auf die Qualität der Aufsicht schwerwiegende Problem, dass es keine öffentliche Institution gibt, für die es als selbstverständlich angenommen werden kann, dass sie die Makroaufsicht generell ohne jegliches Eigeninteresse betreiben wird. Sogar für die relativ politikferne Institution der Zentralnotenbank gilt, dass sie in eine Interessenkollision geraten kann, wenn sie sowohl Subjekt wie Objekt der Makroaufsicht ist. Das schränkt *a priori* die Qualität und damit die Wirksamkeit von

Makroaufsicht ein. Für die Fragen der inhaltlichen Gestaltung einer solchen Aufsicht können die systematischen Finanzanalysen der Bank für Internationalen Zahlungsausgleich und die jährlichen Finanzstabilitätsberichte der Zentralbanken einen sicherlich nützlichen, wenn auch nur ersten Anhaltspunkt geben. Es wird notwendig sein, das Zusammenspiel von Finanzmarktakteuren und Finanzmarktsegmenten ganz neu zu analysieren und empirisch zu modellieren. Dafür sind beispielsweise nicht allein Informationen über die Vernetzung der Banken am Interbankenmarkt erforderlich, sondern auch über ihre Vernetzung mit bedeutenden Kapitalmarktakteuren wie Versicherungen und anderen Kapitalsammelstellen. Ein Berichtssystem, das diese Informationen regelmäßig erfasst und zeitnah verfügbar macht, existiert bisher nicht.

Was die adäquate Umsetzung des Aufsichtsmandats auf der Mikroebene angeht, so ist, wie bereits in Abschnitt 3.2 diskutiert worden ist, für die Aufsicht im Rahmen der zweiten Säule von Basel II generell ein eigenständiges Handeln der damit betrauten Institution nötig und somit auch die entsprechende Unabhängigkeit gegenüber kurzfristiger Einflussnahme durch die Adressaten genauso wie durch die Politik. Es darf aber nicht vergessen werden, dass die Aufsicht nicht nur an der Norm*anwendung* beteiligt ist, sondern auch an der Norm*bildung*, etwa an dem Prozess, der zu Basel II führte.

Hier ist zu fragen, in wieweit die langwierigen Auseinandersetzungen um die Weiterentwicklung der Eigenkapitalregulierung von den Vorstellungen der Aufsichtsbehörden bestimmt wurden, oder aber in wieweit insbesondere die Neuregelungen bei den Eigenkapitalvorschriften durch die – von hoch bezahlten Spezialisten unterstützten – Vorstellungen der Adressaten geprägt wurden. Die seit 1996 eingeführten Neuregelungen führten mit dazu, dass die Eigenkapitalunterlegung bei einzelnen Banken drastisch zurückging.[171] Dies war vor allem dem damals eingeführten modellbasierten Ansatz für die Eigenkapitalunterlegung von „Marktrisiken", d.h. vor allem Bewertungsrisiken der Titel im Handelsbuch der Bank, geschuldet, mit der die Regulierung der Expertise der Regulierten Rechnung tragen wollte.

Für die Zukunft ist es nötig, auch bei der Weiterentwicklung der Normen eine Vereinnahmung durch die Adressaten und ihre Expertise zu vermeiden. Insbesondere muss die Mikroaufsicht in der Lage sein, den sich aus ihrer Aufsichtsfunktion ergebenden gesonderten Anspruch an die Messung von Risiken, sowie die notwendige Risikotragfähigkeit

[171] Das gilt nicht generell. Im Durchschnitt über alle deutschen Banken gemessen betrug die Relation Kernkapital zu Bilanzvolumen 3,8 Prozent in 2006 und in 2007, 4,2 Prozent in 2008 und 4,5 Prozent in 2009 (Deutsche Bundesbank 2010).

durchzusetzen. Dies betrifft insbesondere eine angemessene Berücksichtigung systemischen Risikos. Insoweit dafür nicht Vorsorge im Rahmen der Eigenkapitalvorschriften getroffen ist, sollte dies beispielsweise zur stärkeren Gewichtung der in den Modellen nicht erfassten Risiken bzw. bereits der Möglichkeit einer solchen Nichterfassung führen, da gerade diese dann fast zwangsläufig „systemisch" werden.

Die Aufsicht muss den Anforderungen, die sich sowohl aus dem diskretionären Spielraum bei der Normanwendung als auch aus der Mitwirkung bei der Normgestaltung ergeben, gewachsen sein. Dies erfordert nicht nur die nötige praktische Expertise sowie die für die laufende Arbeit nötigen (Personal-)Ressourcen, sondern auch den Anschluss an die hierfür einschlägigen wissenschaftlichen Arbeiten. Gerade dadurch kann auch die Unabhängigkeit und Eigenständigkeit im Umgang mit den Adressaten sowie der Politik gestärkt werden.

2. *Zur Reform der Aufsicht in der Europäischen Union*

Institutionelle Regelungen

In der Europäischen Union gibt es seit langem Bestrebungen, eine bessere Abstimmung der nationalen Regulierungen und eine engere Zusammenarbeit in der Aufsicht zu erreichen. Deshalb hatte die Europäische Kommission im Oktober 2008 eine hochrangige Expertengruppe unter dem Vorsitz von Jacques de Larosière mit dem Auftrag eingesetzt, Vorschläge zur Stärkung der europäischen Aufsichtsregelungen für alle Finanzsektoren mit dem Ziel zu erarbeiten, ein ‚effizienteres, integrierteres und nachhaltigeres europäisches Aufsichtssystem' zu schaffen. Auf der Grundlage des Anfang 2009 vorgelegten Berichts[172] hat die Kommission auf Ersuchen des Europäischen Rats im September 2009 Vorschläge für Verordnungen von Parlament und Rat zur Einrichtung eines *Europäischen Finanzaufsichtssystems (European System of Financial Supervision ESFS)* und zur Einsetzung eines *Europäischen Ausschusses für Systemrisiken (European Systemic Risk Board ESRB)* vorgelegt.[173] Zu diesen Vorschlägen hat die Europäische Zentralbank (EZB) zwei Stellungnahmen abgegeben,[174] und im Dezember 2009 hat der Ecofin-Rat Kompromissformulierungen beschlossen.[175] Insgesamt fügen sich die Vorschläge zu einem neuen europäischen System der Finanzaufsicht zusammen, das die Mikroaufsicht um eine Makroaufsicht ergänzt und die

[172] Vgl. De Larosière et al. (2009).
[173] Vgl. EU Commission (2009a, 2009b,2009c, 2009d, 2009e).
[174] Vgl. EZB (2009, 2010).
[175] Vgl. EU Parlament (2009).

Abstimmung zwischen den nationalen Aufsichtsämtern im Rahmen neu einzurichtender Europäischer Finanzaufsichtsbehörden regelt.

Was zunächst die Mikroaufsicht angeht, so ist die Einrichtung des ESFS die wichtigste institutionelle Neuregelung. Das ESFS soll ein Netz der Zusammenarbeit der 27 nationalen Aufsichtsbehörden und drei neuer Europäischer Finanzaufsichtsbehörden (European Supervisory Authorities ESA) bilden. Die ESA ersetzen die bisherigen europäischen Aufsichtsausschüsse und bestehen aus der Europäischen Bankaufsichtsbehörde (European Banking Authority EBA), der Europäischen Aufsichtsbehörde für das Versicherungswesen und die betriebliche Altersversorgung (European Insurance and Occupational Pensions Authority EIOPA) und der Europäischen Wertpapieraufsichtsbehörde (European Securities and Markets Authority ESMA). Jede ESA wird von einem als Fachmann berufenen Vorsitzenden geleitet, der von dem Aufsichtsorgan der ESA bestimmt wird. Stimmrecht im Aufsichtsorgan haben ausschließlich die Präsidenten der nationalen Aufsichtsbehörden der 27 Mitgliedsländer der Europäischen Union (EU). Die operationalen Aufgaben der ESA werden von einem Verwaltungsrat wahrgenommen, dem der Vorsitzende, vier gewählte Präsidenten nationaler Aufsichtsbehörden und ein Vertreter der Kommission angehören sollen.

Die entscheidende institutionelle Weichenstellung für die Schaffung einer Makroaufsicht bildet die Einrichtung des Europäischen Ausschusses für Systemrisiken (ESRB). Als Beschlussorgan ist ein Verwaltungsrat vorgesehen, dem die Mitglieder des Erweiterten Rates der EZB (Präsident und Vizepräsident der EZB sowie die Präsidenten der 27 Mitgliedsbanken), die Vorsitzenden der drei neuen Europäischen Aufsichtsbehörden (ESA) und ein Vertreter der Europäischen Kommission angehören sollen.[176] Die Beschlüsse des Verwaltungsrats werden von einem Lenkungsausschuss vorbereitet. Mitglieder dieses Ausschusses sind außer den Vorsitzenden der drei Europäischen Finanzaufsichtsbehörden, des Mitglieds der Kommission und des Vorsitzenden des Wirtschafts- und Finanzausschusses der EU sieben Mitglieder des Verwaltungsrats, die auch dem Erweiterten Rat der EZB angehören. Diese sieben Vertreter von Zentralbanken wählen aus ihrer Mitte den Vorsitzenden des ESRB und den stellvertretenden Vorsitzenden für eine Amtszeit von fünf Jahren. Die EZB wird ein Sekretariat stellen, das unter der Leitung des Vorsitzenden die analytischen, statistischen, administrativen und logistischen Arbeiten leisten wird. Schließlich ist ein Beratender Fachausschuss vorgesehen, der dem ESRB

[176] Außer den genannten 33 stimmberechtigten Mitgliedern soll es weitere 28 Mitglieder ohne Stimmrecht geben, und zwar die Vertreter der 27 nationalen Behörden der Mikroaufsicht sowie der Vorsitzende des Wirtschafts- und Finanzausschusses.

in maßgeblichen Fachfragen beratend und unterstützend zur Seite stehen soll. Diesem Ausschuss gehören im wesentlichen Vertreter der nationalen Zentralbanken und der nationalen Behörden der Mikroaufsicht an.

Vor- und Nachteile der geplanten Neuregelungen

Mikroaufsicht

Die Reform der Mikroaufsicht durch Einrichtung des Europäischen Finanzaufsichtssystems ESFS zielt im Wesentlichen darauf ab, im Rahmen der neuen Europäischen Finanzaufsichtsbehörden eine Straffung der grundsätzlich weiterhin in nationaler Verantwortung verbleibenden Aufsichtsarbeit durch die Nutzung von Netzwerkvorteilen zu ermöglichen. Die oft als unzureichend beklagte Zusammenarbeit der nationalen Aufsichtsbehörden in den gemeinsamen Aufsichtskollegien für grenzübergreifend tätige Finanzinstitute soll durch die Vereinbarung klarer Verfahrensweisen, beispielsweise bei der Streitbeilegung, verbessert werden. Ein wichtiges Ziel ist, eine größere Abstimmung in der Anwendung von Regulierungsvorschriften zu erreichen, insbesondere eine konsistente Anwendung der Gemeinschaftsregeln in allen Mitgliedstaaten zu gewährleisten.

Kommission und Rat geht es aber nicht lediglich darum, die Zusammenarbeit der nationalen Aufsichtsbehörden zu verbessern. Sondern es geht auch um die allmähliche Entwicklung eines einheitlichen EU-Regelwerks, zu dem die ESA durch die Formulierung von Leitlinien und technischen Standards für Finanzdienstleistungen beitragen sollen. Unbeschadet von Einzelheiten der Verordnungen für die Errichtung der ESA erscheint der Versuch, mit dieser Reform Bedingungen zu schaffen, die eine allmähliche Kristallisation einer gemeinsamen „Aufsichtskultur“ in der EU ermöglichen werden, als grundsätzlich richtig. Zwar ist zu berücksichtigen, dass es bei der Vereinheitlichung von Regulierungen zu der Tendenz einer generellen Überregulierung kommen kann. Andererseits haben klare Regeln und eine einheitlichere Regelanwendung den Vorzug, den Finanzinstituten das grenzüberschreitende Finanzierungsgeschäft zu erleichtern. Regulierungstransparenz führt zu mehr Markttransparenz und damit auch zu mehr Wettbewerb zwischen den Finanzprodukten und ihren Anbietern. Wie Querschnittsuntersuchungen zeigen, ist Wettbewerb in der Regel der Finanzstabilität zuträglich, vorausgesetzt es gibt eine effiziente Aufsicht; vgl. etwa Beck (2008).

Wenn eine nationale Aufsichtsbehörde Gemeinschaftsrecht fehlerhaft anwendet oder gar ignoriert, dann kann die Europäische Bankaufsichtsbehörde (EBA) sie zu einer Korrektur verpflichten und – kommt die nationale Behörde auch nach Aufforderung durch die Kommission dem nicht fristgerecht nach – so darf die EBA nach Artikel 9 Absatz 6 EBA-Verordnung ein einzelnes Finanzinstitut auch direkt anweisen, bestimmte Maßnahmen oder Unterlassungen zu treffen, um neutrale Wettbewerbsbedingungen zu gewährleisten. Dies mag man als einen zu weitgehenden Eingriff in die nationalen Regelungskompetenzen ansehen. Letztlich handelt es sich hier aber um eine politische Frage. Die Bundesregierung hat sich im Koalitionsvertrag „für eine Vereinheitlichung der Aufsichts- und Prüfungsstandards in der Gemeinschaft“[177] ausgesprochen und dementsprechend diese Regelung im Ecofin nicht beanstandet. Tatsächlich spricht viel dafür, eine kohärente Anwendung europäischen Rechts zu unterstützen.

Die Kommission ging in ihrem Verordnungsentwurf vom September 2009 sehr viel weiter und versuchte, der EBA ein unbeschränktes Recht des Durchgriffs in Form einer an ein Finanzinstitut gerichteten Einzelentscheidung für weitere Anwendungsfälle zu sichern, und zwar zum einen für den Krisenfall (Artikel 10), zum anderen für den Fall von Meinungsverschiedenheiten zwischen nationalen Aufsichtsbehörden (Artikel 11). Auf diese Ermächtigungen ist auch auf deutschen Wunsch verzichtet worden; sie hätten schwierige Fragen der Haftung und der Lastenverteilung aufgeworfen.

[Beginn des Minderheitsvotums]

Eine Minderheit des Beirats teilt nicht die Auffassung, dass es grundsätzlich richtig ist, die Finanzmarktregulierung auf europäischer Ebene zu zentralisieren und dafür Mehrheitsentscheidungen vorzusehen. Weder der Ausbruch noch das Ausmaß der Krise kann damit erklärt werden, dass die Finanzaufsicht in Europa zu wenig zentralisiert gewesen wäre. Zu dem Regulierungsversagen ist es ja nicht deshalb gekommen, weil die nationalen Aufsichtbehörden oder Politiker wissentlich die Krise riskiert hätten, um ihren Banken auf dem Weltmarkt Wettbewerbsvorteile zu verschaffen. Sie haben vielmehr die Risiken falsch eingeschätzt und sind jetzt dabei, aus den Ereignissen zu lernen – auch ohne internationale Vereinheitlichung.

Die geplante Zentralisierung auf EU-Ebene würde dagegen in die Überregulierung führen. Es gibt viele Beispiele dafür, dass die Regulierungsintensität (oder auch die Besteuerung) zunimmt, wenn die Regulierung (bzw. die Besteuerung) zentral vereinheitlicht wird. Denn die Markt-

[177] Vgl. Wachstum, Bildung, Zusammenhalt. Der Koalitionsvertrag zwischen CDU, CSU und FDP vom 26.10.2009.

teilnehmer können dann einer Überregulierung nicht mehr so leicht ausweichen, und den Wahlbürgern fehlen die Vergleichsmöglichkeiten. Eine Vielzahl von Experimenten ist auch deshalb wünschenswert, weil unsicher ist, welche Reformen jetzt optimal sind. Wie Hayek (1960: 28f) und Popper (1979: 66–74) im Einzelnen dargelegt haben, kann man aus Vielfalt besser lernen.[178]

Besonders groß ist die Gefahr einer Überregulierung, wenn die Vertreter der Mitgliedstaaten – wie vorgesehen – mit Mehrheit entscheiden, denn dann haben die Länder, die das höchste Regulierungsniveau aufweisen, die Möglichkeit und den Anreiz, der Minderheit – zum Beispiel Großbritannien und Luxemburg – schärfere Regulierungen aufzuzwingen mit dem Ziel, die Wettbewerbsfähigkeit dieser Länder zu beeinträchtigen. Da die Mehrheit auf die Minderheit keine Rücksicht mehr zu nehmen braucht, erhöht sie sogar das eigene Regulierungsniveau und erklärt dieses neue Regulierungsniveau als für alle Mitgliedstaaten verbindlich.

[Ende des Minderheitsvotums]

Makroaufsicht
Der ESRB soll das Finanzsystem im Hinblick auf systemische Risiken beobachten und analysieren. Die Mitgliedstaaten, die Zentralbanken und die verschiedenen Mikroaufsichtsbehörden sind in geeigneter Weise gehalten, dem ESRB dafür alle benötigten Informationen bereitzustellen. Darüber hinaus kann der ESRB von den Europäischen Finanzaufsichtsbehörden der Mikroaufsicht „Informationen in zusammengefasster oder allgemeiner Form" anfordern und im begründeten Einzelfall auch in „anderer" Form.[179] Das bedeutet, dass die ESA in der Regel keine sensitiven Informationen über einzelne Institute herausgeben werden. Das mag als ein Nachteil angesehen werden. Tatsächlich sind aber die vielfältigen unaufbereiteten Daten der einzelnen Institute für die Makroaufsicht im Regelfall entbehrlich. Im Krisenfall kann das anders sein, und dann soll der ESRB solche Information erhalten können. Ob sie dann hinreichend schnell beschafft werden können, ist eine andere Frage.

Der ESRB soll vertrauliche Warnungen vor systemisch relevanten Risiken aussprechen und gegebenenfalls auch Empfehlungen für Abhilfemaßnahmen geben. Diese Warnungen und Empfehlungen von Maßnahmen können sich an die Gemeinschaft insgesamt, an Gruppen von

[178] Vgl. Hayek (1960) und Popper (1979).
[179] Vgl. Artikel 16 der „Verordnung des Europäischen Parlaments und des Rates über die gemeinschaftliche Finanzaufsicht auf Makroebene und zur Einsetzung eines Europäischen Ausschusses für Systemrisiken" (2009).

Mitgliedstaaten, aber auch an einzelne Mitgliedstaaten oder einzelne nationale Aufsichtsbehörden richten. Die Adressaten der Empfehlungen sollen dann mitteilen, ob und wie sie die Empfehlungen umgesetzt haben. Unterbleibt die Umsetzung, so unterrichtet der ESRB den Rat. Die Warnungen und Empfehlungen können auch veröffentlicht werden, aber das setzt voraus, dass sich im Verwaltungsrat des ESRB eine qualifizierte Mehrheit dafür ausspricht. In der Tat sollte ein öffentliches Warnen vor bedrohlichen Entwicklungen eher die seltene Ausnahme sein, weil Warnungen kontraproduktiv wirken können, indem Finanzmarktteilnehmer verunsichert und panische Reaktionen begünstigt werden. Damit ist jedenfalls zu rechnen, wenn man sich zu einer Warnung erst dann entschließt, nachdem eine Krise eingesetzt hat, wenn die Warnung also im Grunde zu spät kommt. Im längerfristigen zeitlichen Vorfeld einer möglichen Krise dagegen kann es durchaus angezeigt sein, auf Vertraulichkeit der Warnung zu verzichten, um die Adressaten auch mittels öffentlichen Drucks zu entschlossenen Korrekturen zu veranlassen. Ob eine Warnung öffentlich oder nur vertraulich erfolgen sollte, lässt sich nur im konkreten Einzelfall entscheiden.

Insgesamt gesehen verdeutlicht der jetzt vorliegende Rechtssetzungsvorschlag, dass der ESRB ein hochkomplexes Gebilde sein wird, in dem der gesamte in den Zentralbanken und den Aufsichtsbehörden der EU versammelte Sachverstand berücksichtigt und gebündelt werden soll. Das erscheint auf den ersten Blick überzeugend, haben doch fehlende Transparenz und eine ungenügende Zusammenarbeit der nationalen Behörden zum globalen Versagen der Aufsicht beigetragen.

Zwei grundlegende Einwände gegen die Art der gewählten Konstruktion der Makroaufsicht sind aber zu prüfen.

Zum einen ist die Besonderheit der Konstruktion des ESRB zu hinterfragen, dass die Zentralbankpräsidenten zusammen mit Vertretern der Europäischen Finanzaufsichtsbehörden und der Kommission im Verwaltungsrat und im Lenkungsausschuss gemeinsame Beschlüsse fassen sollen. Mit dieser Regelung wird der aus Gründen des Erhalts der Geldwertstabilität den Präsidenten der Zentralbanken in Art 130 des Vertrages über die Arbeitsweise der Europäischen Union (AEUV) eingeräumte Status der Unabhängigkeit praktisch ignoriert. Nach Satz 2 dieses Artikels darf nicht versucht werden, „die Mitglieder der Beschlussorgane der Europäischen Zentralbank oder der nationalen Zentralbanken bei der Wahrnehmung ihrer Aufgaben zu beeinflussen.“ Das wird aber der Fall sein, wenn es im Verwaltungsrat zu fachlichen Konflikten und zu unter Umständen schwierigen Mehrheitsentscheidungen über Risikowarnungen und Empfehlungen kommen sollte. Damit ist insbesondere zu rechnen, wenn es um Konsequenzen hausgemachter Krisen einzelner Mitgliedstaaten, etwa aufgrund einer permanent verfehlten Budgetpolitik und/oder einer laxen Mikroaufsicht, geht. Die Unabhängigkeit der Präsidenten der Zentralbanken ließe sich nur wahren, wenn sie allein Mitglieder mit Stimmrecht im Verwaltungsrat des ESRB wären und daher sie allein den Inhalt von Warnungen und Empfehlungen bestimmen dürften.

Zum anderen ist in der Blaupause des ESRB nicht berücksichtigt worden, dass knapp die Hälfte der Mitglieder des Verwaltungsrats als Zentralbankgouverneure oder als Vorsitzende von Finanzaufsichtsbehörden in Mitgliedstaaten tätig sind, die teils aus politischen, teils aus wirtschaftlichen Gründen den Euro nicht eingeführt haben, sondern wie etwa Großbritannien und Schweden an einer eigenständigen Geld- und Währungspolitik festhalten. Die Zugehörigkeit der Verwaltungsratsmitglieder zu unterschiedlichen Währungsräumen wird offenbar für unbeachtlich angesehen, jedenfalls wird sie nirgends thematisiert. Sie kann aber zwischen den Beteiligten zu schwierigen Einschätzungs- und Abstimmungsproblemen hinsichtlich des Vorliegens systemischer Risiken führen, jedenfalls in Zeiten da die Vertreter einzelner nationaler Währungen einen anderen Kurs der Geldpolitik verfolgen als die EZB. Es ist möglich, aber schwer vorstellbar, dass es dann in jedem Einzelfall zu einer gemeinsamen oder jedenfalls gleichartigen Einschätzung der systemischen Risiken käme.

Für den Konfliktfall kann nicht einmal ausgeschlossen werden, dass Empfehlungen an einzelne Mitgliedstaaten außerhalb des Eurogebiets, die im Verwaltungsrat des ESRB vielleicht mit knapper Mehrheit gefasst wurden, von diesen ignoriert oder sogar zurückgewiesen werden. Das für sich würde Krisen verschärfend wirken, es sei denn, die in einem solchen Fall gebotene strikte Vertraulichkeit ließe sich wahren. Bei der Größe des Verwaltungsrats – 61 Mitglieder – ist das praktisch ausgeschlossen. Wer solche Weiterungen nicht riskieren will, wird von vornherein zu vermeiden suchen, dass es zu einer Abstimmung kommt. Das bedeutet, der Vorsitzende des Verwaltungsrats des ESRB wird den Entscheidungsprozess so zu steuern suchen, dass strittige Einschätzungen und Empfehlungen gar nicht erst aufkommen oder jedenfalls ausgeklammert werden. Eben weil sämtliche Mitgliedstaaten der EU ungeachtet ihrer Währungshoheit gleichermaßen an der vorgesehenen Einrichtung der gemeinschaftlichen Finanzaufsicht auf Makroebene beteiligt werden sollen, wird diese Aufsicht nicht das leisten können, was sich der Europäische Rat von ihr verspricht.

Bewertung

Mit der anstehenden Reform des Systems der Finanzaufsicht in der EU werden zwei Hauptziele verfolgt, zum einen eine engere Abstimmung der Anwendung europäischen Rechts in der Mikroaufsicht, zum anderen die Einführung einer die nationalen Bankensysteme übergreifenden Makroanalyse. Abgesehen von Einzelheiten befürwortet der Beirat den Grundansatz der Reform. Das Bemühen um ein kohärenteres Anwenden europäischer Rechtsvorschriften durch die nationalen Behörden der Mikroaufsicht wird die Integration der europäischen Finanzmärkte befördern und ihr Stabilisierungspotential stärken, vorausgesetzt alle Beteiligten bleiben sich der steten Gefahr bewusst, dass Vereinheitlichung zu Überregulierung führen kann.

Was dagegen die Makroaufsicht angeht, so erscheint es dem Beirat geraten, sie nicht in der jetzt geplanten Form umzusetzen. Im Grunde bedarf es für die Analyse der systemischen Risiken keiner zusätzlichen Gemeinschaftsinstitution wie des Europäischen Risikorates, sondern diese Aufgabe kann der EZB und den Mitgliedsbanken des Europäischen Systems der Zentralbanken (ESZB) als eine besondere Aufgabe gemäß Art. 127 Nr. 6 AEUV unmittelbar übertragen werden. Die EZB hat sich bereit erklärt, ein gemeinsames Sekretariat für die Zwecke der Makroaufsicht zu stellen, und sie hat betont, dass sie in der Lage sei, „mit der Beteiligung aller Mitglieder des Erweiterten Rates der EZB die makroökonomische Fachkompetenz sowie Finanz- und Währungskompetenz aller Zentralbanken der EU für den ESRB beizutragen.“ [180] Dieser Beitrag werde sich „auf die Tätigkeiten der EZB und des ESZB in den Bereichen Überwachung der Stabilität des Finanzsystems, makroökonomische Analyse, Erhebung statistischer Daten sowie die allgemeinen Synergien in Bezug auf die Fachkompetenz, Ausstattung und Infrastrukturen im Zusammenhang mit den bestehenden Zentralbanktätigkeiten in der EU stützen.“

Mit dieser umfassenden Zusage hat sich die EZB praktisch festgelegt, dass sie sämtliche mit der Makroaufsicht verbundenen Aufgaben ausführen wird. Wenn zudem die europäischen und die nationalen Aufsichtsämter rechtlich verpflichtet werden, die ihnen vorliegenden Informationen der Mikroaufsicht der EZB in geeigneter Weise für die Makroanalyse zur Verfügung zu stellen, dann werden die EZB und die 27 Zentralbanken des ESZB in der Lage sein, je für sich oder nach ihrer Entscheidung auch gemeinsam im Rahmen des Erweiterten Rats der EZB die notwendigen Schlussfolgerungen hinsichtlich eventuell drohender systemischer

[180] Vgl. Stellungnahme der Europäischen Zentralbank vom 26. Oktober 2009, Amtsblatt der Europäischen Union C 270/2; CON/2009/88.

Risiken zu ziehen und notwendige Warnungen oder Empfehlungen – wie schon bisher an deren Rat – in diskreter Form an die zuständigen Regierungen ihrer Währungsgebiete wie auch an den Europäischen Rat zu geben. Einer weiteren Institution bedarf es nicht.

Der große ordnungspolitische Vorzug dieser einfacheren Lösung ist darin zu sehen, dass die Zentralbankgouverneure ihre Risikoeinschätzungen in der gebotenen vollständigen Unabhängigkeit von Kommission und Regierungen entwickeln können und eine Verständigung auf vertraulich zu haltende Warnungen in einem zwar nicht kleinen, aber deutlich kleineren Kreis von Personen erfolgen kann als im Fall des Risikorats ESRB.[181] Das wird insbesondere dann von Bedeutung sein, wenn es darum gehen wird, einer Krise Herr zu werden.

3. Zur Reform der Bankenaufsicht in Deutschland

Institutionelle Regelungen

Die mikroorientierte Bankenaufsicht in Deutschland ist nach § 6 Abs. 1 Kreditwesengesetz (KWG) bisher der Bundesanstalt für Finanzdienstleistungsaufsicht (BaFin) übertragen. Sie ist befugt, aufsichtsrechtliche Maßnahmen zu treffen, von der Zulassung über Auflagen bis zur Schließung eines Kreditinstituts. Als eine Allfinanzaufsichtsbehörde führt die BaFin mit gesonderten Abteilungen außerdem die Versicherungsaufsicht (Versicherungsaufsichtsgesetz VAG) und die Wertpapieraufsicht (Wertpapierhandelsgesetz WpHG).

Die BaFin teilt sich in der Bankenaufsicht die Aufgaben mit der Deutschen Bundesbank (§ 7 Abs. 1 KWG). Dabei arbeitet die Bundesbank nach den Richtlinien, die die BaFin im Benehmen mit der Bundesbank erlässt. Und zwar sind der Bundesbank im Rahmen der laufenden Überwachung der Finanzinstitute im Wesentlichen die Auswertung der eingereichten Unterlagen (monatliche Bilanzen und Meldungen von Millionenkrediten, jährliche Abschlüsse und Prüfungsberichte) sowie die Prüfung der Angemessenheit der Eigenkapitalausstattung sowie der Risikosteuerungsverfahren der Institute übertragen.

Die Bankenaufsicht wird derzeit von rd. 1.400 Beschäftigten wahrgenommen (Bafin 420, Bundesbank knapp 1.000).[182] Die Aufwendungen der Bundesbank (Personal- und Sachaufwand) werden ihr von der Bafin ersetzt. Ihrerseits finanziert sich die Bafin durch Umlagen und Gebüh-

[181] Dem erweiterten Rat der EZB gehören 29 Personen an, dem Verwaltungsrat des ESRB sogar 61 Personen.

[182] Vgl. Hüther et al. (2009: 136).

ren. Die Umlagen bilden mit einem Anteil von vier Fünfteln die dominante Finanzierungsquelle und werden gut zur Hälfte von den Kreditinstituten aufgebracht (54 Prozent).

Der Koalitionsvertrag vom Oktober 2009 sieht vor, dass die Mikroaufsicht der Banken künftig in der Bundesbank „zusammengeführt" werden soll. Ein detaillierter Vorschlag, in welcher Weise das geschehen soll, ist bisher nicht veröffentlicht worden. Der Bankenverband unterstützt das Vorhaben, betont aber, dabei müsse die Unabhängigkeit der Bundesbank gewahrt bleiben. Die Versicherungswirtschaft lehnt das Vorhaben ab.[183]

Vor- und Nachteile der geplanten Neuregelung

Unbeschadet der noch nicht entschiedenen Einzelheiten der Neuregelung kann mit einem Effizienzgewinn gerechnet werden, wenn die Mikroaufsicht nicht länger von zwei Institutionen wahrgenommen wird. Mit einer Konzentration der Mikroaufsicht entweder in der Bundesbank oder in einem neuen Aufsichtsamt, das die zuständige Abteilung der Bundesbank mit den Abteilungen der BaFin integriert, entfielen unnötige Reibungsverluste und die von einzelnen Banken beklagte „Aufsichtskonkurrenz".[184] Tatsächlich ist die Wahrnehmung der Aufsicht durch eine einzige Institution – die Zentralbank oder ein Aufsichtsamt – die weltweit vorherrschende Lösung (Tabelle 1). Die Frage ist nur, ob es nicht angezeigt sein könnte, einem neu einzurichtendem Amt die alleinige Bankenaufsicht zu übertragen anstatt der Zentralbank. Dafür sprechen zwei grundsätzliche Erwägungen.

Die erste Erwägung betrifft die Frage der Vereinbarkeit von Geldpolitik und Mikroaufsicht über die Banken. Wenn einer Zentralbank zusätzlich zu ihrer Aufgabe, für eine auf das Ziel der Preisstabilität ausgerichtete Geldpolitik zu sorgen, als zweite Aufgabe die Bankenaufsicht und damit eine Verantwortung für die Stabilität des Bankensystems übertragen wird, dann wird das tendenziell zu einer dauerhaften Verschlechterung der Erfüllung beider Aufgaben führen. Zwar gefährdet eine nachlässige Aufsichtspraxis den Bestand des Bankensystems, aber dem lässt sich von der Zentralbank in gewissen Grenzen durch eine ebenfalls weiche Geldpolitik des leichten Geldes entgegensteuern, die eine höhere Inflationsrate in Kauf nimmt, um den Banken höhere Gewinne zu ermöglichen.[185]

183 Vgl. Stellungnahme des Gesamtverbands der Deutschen Versicherungswirtschaft (24.10.2009).

184 Vgl. DIW (2006).

185 Für eine formale Analyse vgl. Cukierman (1991).

Es ist mit einer Annäherung der Interessen von Aufsehern und zu Beaufsichtigenden, der Interessen der Banken und der Zentralbank, zu Lasten der Bürger zu rechnen. Nun wird zwar die Geldpolitik für Deutschland nicht mehr von der deutschen Zentralbank entschieden, sondern von der Europäischen Zentralbank. Aber im Rat der EZB sind eine Reihe von Zentralbanken (Frankreich, Italien, Niederlande, Spanien) vertreten, denen bereits seit langem die alleinige Aufsicht über ihre Banken anvertraut ist und die daher demselben negativen Anreiz ausgesetzt sind.

Eine zweite Erwägung bezieht sich auf die Garantie der Unabhängigkeit der Zentralbank. Der mit Artikel 130 des Vertrages über die Arbeitsweise der Europäischen Union (AEUV) den Zentralbanken des ESZB eingeräumte Status einer weitgehenden Unabhängigkeit von der Regierung und den Organen der Union ist nicht verträglich mit einer direkten Verantwortung von Zentralbanken für die Mikroaufsicht über die Banken.[186] Denn jedenfalls in einem Krisenfall wäre eine Zentralbank darauf angewiesen, mit dem zuständigen Finanzminister über das aufsichtsrechtliche Vorgehen in Einzelfällen zu verhandeln und sich mit ihm auf konkrete Lösungen einschließlich etwaiger finanzieller Folgen für das Staatsbudget zu einigen. Diese Abhängigkeit von der Politik lässt sich auch nicht dadurch auflösen, dass etwa der Regierung nur ein Widerspruchsrecht im Falle „schwerwiegender“ Verwaltungsakte der Zentralbank eingeräumt wird. Dagegen stellen sich diese Probleme nicht, wenn die Aufsicht in einem externen Aufsichtsamt konzentriert wird, das die Aufsicht zwar weitgehend eigenständig wahrnimmt, letztlich aber der Rechts- und Fachaufsicht des Finanzministers unterworfen ist.

Es gibt auch keine „neutrale“ institutionelle Lösung. Zwar ist vorgetragen worden, man könne eine Weisungsabhängigkeit der Bundesbank schaffen, die auf die „nationale Aufgabe“ der Bankenaufsicht beschränkt bliebe und insofern die auf die Geld- und Währungspolitik ausgerichtete Zentralbankunabhängigkeit gemäß Artikel 130 AEUV nicht tangierte („Anstalt in der Anstalt“).[187] Aber das wäre eine schizophrene, kaum zu vertretende Lösung. Der Präsident der Bundesbank kann nicht gleichzeitig in Fragen der Aufsicht weisungsgebunden sein, also der Rechts- und Fachaufsicht des Bundesfinanzministers unterliegen, und in der Beratung der Geldpolitik unabhängig agieren.

[186] In Art. 130 AEUV heißt es: „Bei der Wahrnehmung der ... übertragenen Befugnisse, Aufgaben und Pflichten darf weder die Europäische Zentralbank noch eine nationale Zentralbank ... Weisungen ... einholen oder entgegennehmen“.

[187] Vgl. SVR (2007), Ziff. 226.

Ein Argument, die Finanzmarktaufsicht in der Notenbank anzusiedeln, könnte die Nutzung von aufsichtsrechtlichen Informationen für die Geldpolitik sein.[188] Das erfordert aber keine institutionelle Verknüpfung beider Aufgaben sondern lediglich einen effizienten und reibungslosen Austausch der erforderlichen Informationen.

Bewertung

Insgesamt hält der Beirat eine Konzentration der gesamten Mikroaufsicht (Banken, Versicherungen und Wertpapierdienstleister) in einem eigenständigen Aufsichtsamt für die bessere Lösung, nicht zuletzt weil dies die Unabhängigkeit der Notenbank nicht beeinträchtigen würde. Es könnte fatal sein, wenn international der Eindruck entstünde, dass Deutschland, dessen Zentralbankverfassung in Europa und darüber hinaus prägend gewirkt hat, das Unabhängigkeitsstatut nicht mehr so ernst nimmt.

Außerhalb der Zentralbank kann die Bankenaufsicht ebenso effizient und wirksam organisiert und durchgeführt werden wie in der Zentralbank. Dabei wird es nicht nur darum gehen, die bisher institutionell getrennten Aufsichtsabteilungen zusammenzuführen und neu zu gliedern. Sondern es wird auch notwendig sein, diese Abteilungen um weiteres, hoch qualifiziertes und entsprechend bezahltes Personal zu ergänzen. In diesem Zusammenhang wird es sich empfehlen, entsprechend den Verhältnissen an der Finanzmarktstabilisierungsanstalt (FMSA) oder der Deutschen Flugsicherung eine privatrechtliche Anstellung zu ermöglichen. Die Konzentration der Bankenaufsicht in einem eigenständigen Aufsichtsamt ist heute die dominierende Praxis in den Industrieländern (im Unterschied zu den Schwellen- und Entwicklungsländern), nur in einem Viertel der Fälle ist die Bankenaufsicht der Zentralbank anvertraut (Tabelle 1). Zu diesen Beobachtungen passen die Ergebnisse einer neueren IWF-Studie, wonach in Ländern, deren Aufsichtssysteme seit Anfang der neunziger Jahre reformiert worden sind, die Reformen in den meisten Fällen dazu dienten, die Bankenaufsicht von der Zentralbank in ein externes Aufsichtsamt zu verlagern (Quintin et al. 2007).

188 Peek et al. (1999) finden Evidenz, dass die Nutzung aufsichtsrechtlicher Daten die Güte makroökonomischer Prognosen erhöhen und damit die Grundlage geldpolitischer Entscheidungen verbessern kann.

Tabelle 1: Regelung der Bankenaufsicht

	Anteile in Prozent		
	Alleinige Verantwortung		Geteilte Verantwortung
	Zentralbank	Aufsichtsamt	
Industrieländer (28)	25	57	18
Schwellenländer (32)	56	19	25
Entwicklungsländer (103)	69	7	24

Quelle: Arnone et al. (2007); eigene Berechnungen.

V. Fazit

Die Weltfinanzkrise, die im August 2007 begann und in dem Zusammenbruch der Lehman Bank im September 2008 kulminierte, hat erhebliche Kosten für den Staatshaushalt gehabt. Auch gut zwei Jahre nach Ausbruch dieser Krise sind zahlreiche Fragen der Reform von Bankenregulierung und Bankenaufsicht noch unbeantwortet. Internationale Gremien wie die G20 oder der Basler Ausschuss für Bankenaufsicht haben im vergangenen Jahr Grundzüge einer Neustrukturierung der Aufsichtssysteme vorgelegt, deren Wirkungen derzeit abgeschätzt werden und die letztlich in einer strikteren Regulierung der Tätigkeit von Banken und anderer Finanzinstitute münden sollen.

Nachdem der Beirat in seinen Briefen vom Oktober 2008 und Januar 2009 Maßnahmen des akuten Krisenmanagements vorgeschlagen hat, legt er hiermit Leitlinien für die zukünftige Regulierung des Bankensystems vor. Diese Leitlinien werden von der Einsicht getragen, dass ein Regulierungssystem von klaren Zielvorstellungen bestimmt sein sollte. Grundlegende Ziele der Regulierung sollten sein, die Solvenz der Banken und die Stabilität des Bankensystems zu sichern. Während die Sicherung der Solvenz einzelner Banken vorwiegend auf den Anliegerschutz abstellt, sind zusätzliche Maßnahmen erforderlich, um einen ausreichenden Systemschutz zu gewährleisten. Bei der Erreichung dieser Ziele entstehen gleichwohl Zielkonflikte, die klar benannt und austariert werden müssen. Beispielsweise wird einerseits gefordert, die Banken sollten weniger Risiken eingehen, andererseits aber auch die Wirtschaft in ausreichender Weise mit Krediten versorgen.

Die bisherigen Instrumente der Bankenregulierung und dabei insbesondere die Eigenkapitalregulierung von Banken stellen in erster Linie auf die Sicherung der Solvenz einzelner Banken ab. Systemzusammenhänge kommen bei der Berechnung der zugrunde liegenden Risiken einzelner Bilanzpositionen nur unzureichend zum Ausdruck; hohe Korrelationen zwischen Risiken in Krisenzeiten und Preiseffekte gleichgerichteten Handelns vieler Akteure werden nicht ausreichend berücksichtigt.

Der Beirat kommt zu folgenden Ergebnissen:

1. Zentral für den Erfolg der jetzigen Regulierungsbemühungen ist es, die Eigenkapitalbasis der Banken nachhaltig und massiv zu erhöhen. Mittelfristig soll eine Eigenkapitalanforderung von deutlich über 10 Prozent der ungewichteten Bilanzsumme angestrebt werden. Damit würde das Eigenkapital seine Haftungsfunktion besser übernehmen können, und bestimmte systemische Rückwirkungen von Schieflagen einer Bank würden drastisch eingeschränkt.

2. Gleichwohl kann eine Anpassung des Eigenkapitals an die erhöhten Anforderungen erst nach der Krise und nur schrittweise erfolgen, um mögliche negative Rückwirkungen auf die Unternehmensfinanzierung zu vermeiden.

3. Die in den letzten zwanzig Jahren verfolgte Strategie zu einer immer feineren Risikokalibrierung der Eigenkapitalanforderungen beruht auf einer Illusion der Messbarkeit von Risiken und sollte aufgegeben werden. Missbräuche der Möglichkeiten, die die Risikokalibrierung bietet, sind eine Ursache für den Mangel an Eigenkapital schon im Vorfeld der Krise.

4. Die Regelungen des allgemeinen Insolvenzrechts und des Kreditwesengesetzes (KWG) sind für den Umgang mit Banken-Schieflagen nicht angemessen, da sie zu wenige Möglichkeiten bieten, Systemrisiken zu berücksichtigen. Es sollte ein spezielles Bank-Insolvenzrecht geschaffen werden. Wenn dieses auch systemischen Wirkungen Rechnung trägt, wird die Erpressbarkeit des Staates in einer Krise gemindert.

5. Bei international tätigen Banken ist eine internationale Abstimmung der Interventions- und Abwicklungsmechanismen dringend erforderlich. Die Bundesregierung sollte sich daher dafür einsetzen, dass die für das Finanzsystem wichtigsten Länder in Verhandlungen über ein Abkommen zur Regelung der relevanten Verfahrensfragen und materiellen Fragen eintreten und entsprechende Neuregelungen umsetzen.

6. Zur Verbesserung der Governance der Banken sollte verstärkt das Instrument der persönlichen Haftung der Verantwortlichen in Leitungs- und Aufsichtsgremien eingesetzt werden. Ferner sollten Bonussysteme bestimmten Grundsätzen genügen, die für eine Einbeziehung von Risiken sorgen.

7. Es gibt weitere Reformvorschläge wie eine Abgabe, die sich am systemischen Risiko einer Bank bemisst, die Beschränkung der Tätigkeiten von Banken im Rahmen eines Trennbankensystems, oder die Erstellung von *Living Wills* für Banken. Der Beirat hält diese Vorschläge für wenig überzeugend und betont, dass sie sich teilweise erübrigen, wenn die Eigenkapitalanforderungen massiv erhöht werden. Zudem leiden fast alle dieser Vorschläge daran, dass die explizit oder implizit darin enthaltenen Drohungen letztlich nicht glaubwürdig sind.

8. Die Bankenaufsicht sollte sich weniger ausschließlich auf die erste Säule des Basler Abkommens stützen und bereit sein, im Rahmen der zweiten Säule (Überprüfung der Qualität des Bankmanagements) stärker ihren Ermessensspielraum zu nutzen.

9. Mikroprudentielle Bankenaufsicht bedarf der Ergänzung um eine makroprudentielle Analyse und Aufsicht. Grundsätzlich kann die mikroprudentielle Aufsicht in nationaler Zuständigkeit verbleiben; die makroprudentielle Aufsicht und Analyse sollte allerdings eine internationale Dimension in Europa haben. Dies ist eine sinnvolle Funktion für den geplanten Europäischen Risikorat (ESRB). Jedoch sollte der ESRB zunächst keine Kompetenz zum Aussprechen von Warnungen und Empfehlungen erhalten.

10. Bei der traditionellen Bankenaufsicht erwartet der Beirat, dass eine Konzentration dieser Aufgaben bei der Zentralbank Interessenskonflikte mit sich bringt. Diese könnten die Unabhängigkeit der Zentralbank in geldpolitischen Fragen gefährden. Daher ist der Beirat skeptisch gegenüber einer solchen Konzentration.

Berlin, den 16. April 2010

Die Vorsitzende des Wissenschaftlichen Beirats
beim Bundesministerium für Wirtschaft und Technologie

Prof. Dr. Claudia M. Buch

Das Gutachten wurde vorbereitet von folgenden Mitgliedern des Wissenschaftlichen Beirats beim Bundesministerium für Wirtschaft und Technologie

Professor Dr. Martin Hellwig (Federführung)
Direktor am Max-Planck-Institut zur Erforschung von Gemeinschaftsgütern und
Professor an der Universität Bonn

Professor Dr. Claudia M. Buch (Vorsitzende)
Professor für Wirtschaftstheorie,
insbesondere Geld und Währung,
an der Universität Tübingen

Professor Dr. Hans Gersbach
Professor für Wirtschaftspolitik
CER-ETH – Center of Economic Research
at ETH Zürich, Schweiz

Professor Dr. Roman Inderst
Johann Wolfgang Goethe-Universität, Frankfurt am Main
Fachbereich Wirtschaftswissenschaften
Lehrstuhl für Finanzen und Ökonomie

Professor Dr. Manfred J. M. Neumann
Professor em. für Wirtschaftliche Staatswissenschaften,
insbesondere Wirtschaftspolitik,
an der Universität Bonn

Literaturverweise

Acharya, V., P. Schnabl und G. Suarez (2009). Securitization without Risk Transfer. Stern School of Management New York University.

American International Group (AIG). Annual Report 2007. New York.

Arnone, M., A. Gambini und S. M. Darbar (2007). Banking Supervision: Quality and Governance. IMF Working Paper 07/82. Washington, D.C.

Baltensperger, E. und J. Dermine (1987). Banking Deregulation in Europe. *Economic Policy* 4, 63–109.

Barth, J. R., G. Caprio und R. Levine (2004). Bank Regulation and Supervision: What works best?. *Journal of Financial Intermediation* 13(2), 205-248.

Basel Committee on Banking Supervision (2009). Consultative proposals to strengthen the resilience of the banking sector announced by the Basel Committee. 17.12.2009. Basel. www.bis.org

Beck, T. (2008). Bank Competition and Financial Stability: Friends or Foes? World Bank Policy Research Working Paper WPS 4656. Washington, D.C.

Borio, C. (2009). The Macroprudential Approach to Regulation and Supervision. Mimeo. Basel.

Boyd, J., G. De Nicolo und E. Loukoianova (2009). Banking Crises and Crisis Dating: Theory and Evidence. IMF Working Paper 09/141. Washington, D.C.

Blum, J.M. (1999). Do Capital Adequacy Requirements Reduce Risks in Banking? *Journal of Banking and Finance* 23, 755–771.

Blum, J. M. und M. Hellwig (1996). Die makroökonomischen Wirkungen von Eigenkapitalanforderungen für Banken. In: D. Duwendag (Hrsg.). *Finanzmärkte, Finanzinnovationen und Geldpolitik*. Schriften des Vereins für Socialpolitik, NF 242, Duncker und Humblot. Berlin 1996, 41–71.

Crockett A. (2000). Marrying the Micro- and Macro-prudential Dimensions of Financial Stability. Eleventh International Conference of Banking Supervisors, held in Basel, 20–21 September 2000. https://www.bis.org/review/rr000921b.pdf (Zugriff am 05.05.2010)

Cukierman, A. (1991). Why Does the Fed Smooth Interest Rates?, Federal Reserve Bank of St. Louis (ed.). Monetary Policy on the 75th Anniversary of the Federal Reserve System, St. Louis, 111–146.

De Larosière, J. et al. (2009). The High Level Group on Financial Supervision in the EU Report http://ec.europa.eu/internal_market/finances/docs/de_larosiere_report_en.pdf

Demirguc-Kunt, A. und E. Detragiache (2002). Does deposit insurance increase banking system stability? An empirical investigation. *Journal of Monetary Economics* 49(7), 1373–1406.

Deutsche Bundesbank (2010). Statistische Beihefte Reihe 1 Bankenstatistik, IV. Strukturzahlen, Gesamtinstitute. Frankfurt a. M.

Deutsches Institut für Wirtschaftsforschung (DIW) (2006). *Evaluierungsuntersuchungen zur Bewertung der Aufsicht der Kreditwirtschaft und Erstellung eines Erfahrungsberichts*. Forschungsprojekt im Auftrag des Bundesministeriums der Finanzen. Berlin.

Dodd, R., und P. Mills (2008). Outbreak: U.S. Subprime Contagion. *Finance and Development* 45(2), 14–18.

Duffie, D. (2007). Innovations in Credit Risk Transfer: Implications for Financial Stability. Mimeo, Stanford University. Stanford, CA.

EU Commission (2009a). Proposal for a Regulation of the European Parliament and of the Council on Community macro prudential oversight of the financial system and establishing a European Systemic Risk Board, COM/2009/0499 final.

EU Commission (2009b). Proposal for a Council Decision entrusting the European Central Bank with specific tasks concerning the functioning of the European Systemic Risk Board, COM/2009/0500 final.

EU Commission (2009c). Proposal for a Regulation of the European Parliament and of the Council establishing a European Banking Authority, COM/2009/0501 final.

EU Commission (2009d). Proposal for a Regulation of the European Parliament and of the Council establishing a European Insurance and Occupational Pensions Authority, COM/2009/0502 final.

EU Commission (2009e). Proposal for a Regulation of the European Parliament and of the Council establishing a European Securities and Markets Authority, COM/2009/0503 final.

EU Commission (2009). Public consultation regarding possible changes to the Capital Requirements Directive, http://ec.europa.eu/internal_market/consultations/docs/2009/capital_requirements_directive/CRD_consultation_document_en.pdf (24 July 2009)

Europäisches Parlament (2009). Proposal for a Regulation of the European Parliament and of the Council Establishing a European Banking Authority. COD/2009/0142.

Europäische Zentralbank (EZB) (2010). Stellungnahme zu drei Vorschlägen für Verordnungen des Europäischen Parlaments und des Rates zur Einrichtung einer Europäischen Bankaufsichtsbehörde, einer Europäischen Aufsichtsbehörde für das Versicherungswesen und die betriebliche Altersversorgung und einer Europäischen Wertpapieraufsichtsbehörde. CON/2010/5.

Europäische Zentralbank (EZB) (2009). Opinion on a proposal for a Regulation of the European Parliament and of the Council on Community macro-prudential oversight of the financial system and establishing a European Systemic Risk Board and a proposal for a Council Decision entrusting the ECB with specific tasks concerning the functioning of the European Systemic Risk Board. CON/2009/88.

Europäische Zentralbank (EZB) (2009). Stellungnahme vom 26. Oktober 2009., Amtsblatt der Europäischen Union C 270/2. CON/2009/88.

Fischer, K.-H. und C. Pfeil (2004). Regulation and Competition in German Banking: An Assessment. In: J. Krahnen und R. Schmidt (Hrsg.). *The German Financial System*. Oxford University Press, 291–349.

Frenkel, M. und M. Rudolf (2010). Die Auswirkungen der Einführung einer Leverage Ratio als zusätzliche aufsichtsrechtliche Beschränkung der Geschäftstätigkeit von Banken, Gutachten für den Bundesverband deutscher Banken. Vallendar.

Gersbach, H. und V. Hahn (2010). Banking-on-the-average Rules. Center for Economic Policy Researc. CEPR Discussion Paper. May. London.

Hackethal, A., und R. H. Schmidt (1999). Financing Patterns: Measurement Concepts and Empirical Results. Discussion Paper No. 33.Working Paper Series: Finance and Accounting, University of Frankfurt.

Haldane, A. (2009). Banking on the State. Bank of England. http://www.bis.org/review/r091111e.pdf.

Hayek, F. A. v. (1960). *The Constitution of Liberty* Routledge. London.

Hellwig, M. (2009). Systemic Risk in the Financial Sector: An Analysis of the Subprime-Mortgage Financial Crisis. *De Economist* 157, 129–208.

Hellwig, M. (2005). Market Discipline, Information Processing, and Corporate Governance. In: K. J. Hopt, E. Wymeersch, H. Kanda, H. Baum (Hrsg.). *Corporate Governance in Context: Corporations, States, and Markets in Europe, Japan, and the US.* Oxford University Press.Oxford, 379–402.

Hellwig, M. (1995). Systemic Aspects of Risk Management in Banking and Finance. *Schweizerische Zeitschrift für Volkswirtschaft und Statistik* 131, 723–737.

Hopt, K. J., C. Kumpan und F. Steffer (2009). Preventing Bank Insolvencies in the Financial Crisis: The German Financial Market Stabilisation Acts. *European Business Organization Law Review* 10, 515–554.

Hüther, M. et al. (2009). Arbeitsweise der Bankenaufsicht vor dem Hintergrund der Finanzmarktkrise. Institut der Deutschen Wirtschaft (IW).Gutachten für das Finanzministerium. Köln.

International Monetary Fund (2008). Financial Stress and Deleveraging: Macro-Financial Implications and Policy. *Global Financial Stability Report.* October 2008. Washington D.C.

King, M. (1990). International Harmonization of the Regulation of Capital Markets. *European Economic Review* 34, 569–577.

Lutter, M. (2009). Bankenkrise und Organhaftung. *ZIP-Zeitschrift für Wirtschaftsrecht.* 197ff.

Meh, C. und K. Moran (2008). The Role of Bank Capital in the Propagation of Shocks. Bank of Canada Working Paper 2008-36. Ottawa.

Neumann, M. J. M. (2009). Internationale Finanzkrise und die Geldpolitik der Europäischen Zentralbank. *Perspektiven der Wirtschaftspolitik* 10(4), 367–388.

OECD (1992). *Banks Under Stress.* Paris.

Peek, J., E. S. Rosengren und G. M. B. Tootell (1999). Is Bank Supervision Central To Central Banking? *The Quarterly Journal of Economics* 114(2), 629–653.

Popper, K. (1979). *Das Elend des Historizismus.* Siebeck/Mohr. Tübingen.

Quintin, M., S. Ramirez und M. W. Taylor (2007). The Fear of Freedom: Politicians and the Independence and Accountability of Financial Sector Supervisors. International Monetary Fund. IMF Working Paper 07/25. Washington D.C.

Sachverständigenrat zur Begutachtung der gesamtwirtschaftlichen Entwicklung (2009). *Die Zukunft nicht aufs Spiel setzen: Jahresgutachten 2009/2010.* Bonifatius GmbH Buch-Druck-Verlag. Wiesbaden.

Sachverständigenrat zur Begutachtung der gesamtwirtschaftlichen Entwicklung (2008). *Die Finanzkrise meistern – Wachstumskräfte stärken: Jahresgutachten 2008/2009.* Bonifatius GmbH Buch-Druck-Verlag. Wiesbaden.

Sachverständigenrat zur Begutachtung der gesamtwirtschaftlichen Entwicklung (2007). *Das Erreichte nicht verspielen: Jahresgutachten 2007/2008*. Bonifatius GmbH Buch-Druck-Verlag. Wiesbaden.

Sinn, H.-W. (2009). *Kasinokapitalismus*. Econ (Berlin).

Taylor, J. B. (2008). Housing and Monetary Policy: In: *Housing, Housing Finance, Monetary Policy*. Federal Reserve Bank of Kansas City (Hrsg.), 463–476.

The High-Level Group on Financial Supervision in the EU (2009). Chaired by Jacques de Larosière, Report, 2009. http://ec.europa.eu/internal_market/finances/docs/de_larosiere_report_en.pdf (5. 1. 2010).

UBS (2008). Shareholder Report on UBS's Writedowns, http://www.ubs.com/1/e/investors/shareholderreport/remediation.html.

Wissenschaftlicher Beirat beim Bundesministerium für Wirtschaft (1997). Wagniskapital, Gutachten vom 25./26. April 1997; BMWA-Studienreihe 95 (1).

Wissenschaftlicher Beirat beim Bundesministerium für Wirtschaft (2008). Zur Finanzkrise. Brief an den Bundesminister für Wirtschaft und Technologie Michael Glos vom 10. Oktober 2008. Berlin

Wissenschaftlicher Beirat beim Bundesministerium für Wirtschaft (2009). Zur Bankenregulierung in der Finanzkrise. Brief an den Bundesminister für Wirtschaft und Technologie Michael Glos vom 23. Januar 2009. Berlin.

Zuberbühler, D. (1996). Capital Requirements for Market Risks Based on Inhouse Models: Aspects of Quality Assessment: In M. Hellwig und M. Staub (Hrsg.) *Schweizerische Zeitschrift für Volkswirtschaft und Statistik* 132, 755–776.

Gutachten vom 26. November 2010

Thema: Überschuldung und Staatsinsolvenz in der Europäischen Union

Der Wissenschaftliche Beirat beim Bundesministerium für Wirtschaft und Technologie hat sich in mehreren Sitzungen, zuletzt am 26. November 2010, mit dem Thema

„Überschuldung und Staatsinsolvenz in der Europäischen Union“

befasst und ist dabei zu der nachfolgenden Stellungnahme gelangt.

I. Anlass

Zwei ihrer Mitgliedsländer ist die Eurogruppe mit Krediten zur Hilfe geeilt, Griechenland zuerst und dann Irland. In beiden Ländern ist im vergangenen Jahrzehnt der Weg in die Überschuldung, vor allem auch in hohe externe Verschuldung beschritten worden. In Irland haben sich im Rahmen eines Wirtschaftsbooms vor allem die Agenten des privaten Sektors, insbesondere die Banken, mit einem Mehrfachen des Sozialprodukts sehr hoch gegenüber dem Ausland verschuldet. In Griechenland dagegen war es hauptsächlich der Staat, der die günstigen Finanzierungsbedingungen der Währungsunion zu extensiver Verschuldung nutzte. Dabei stand er nicht allein, denn seit dem Beginn der Währungsunion hat eine Reihe von Euro-Mitgliedsländern wiederholt und teils auch über mehrere Jahre anhaltend die Regeln des Stabilitäts- und Wachstumspaktes nicht eingehalten. In den zuständigen Gremien der Europäischen Union ist das zwar analysiert und kritisiert worden, es ist aber niemals zu einer Sanktion gekommen. Die Gründe für diese Entwicklung sind vielfältig. So mag der mit der Einführung des Euro verbundene Wegfall der Möglichkeit zu geräuschloser Staatsfinanzierung durch Inflation das Ausweichen einzelner Euro-Mitgliedsregierungen in die offene Überschuldung begünstigt haben. Auch war der Stabilitäts- und Wachstumspakt in den Jahren 2003–2005 aufgeweicht worden, indem die Fortführung von Defizitverfahren gegen Frankreich und Deutschland ausgesetzt wurde und bei anschließender Reform einzelner Regeln des Pakts die Liste der zu akzeptierenden Anlässe für eine Schuldenfinanzierung erweitert wurde. Und schließlich unterliegt die in den Stabilitäts- und Wachstumspakt aufgenommene Sanktionsdrohung dem Kalkül politischer Opportunität. Zu einer Sanktion könnte es nur kommen, wenn sich im Ecofin-Rat eine qualifizierte Mehrheit dafür fände.

Das Erschrecken über die Zahlungsunfähigkeit Griechenlands und die Befürchtung, weitere Euro-Mitgliedsländer könnten ihre Kreditwürdigkeit verlieren, haben zu dramatischen Aktionen der Politik geführt. Entgegen dem Geist des Vertrages von Maastricht, wenn auch vielleicht nicht dem Wortlaut, entschloss sich die Eurogruppe mit dem Rettungspaket für Griechenland erstmals, ein Mitglied vor der Zahlungsunfähigkeit zu bewahren. Mit dem Anfang Mai 2010 folgenden, auf drei Jahre angelegten großen Rettungsschirm sandte sie das Signal aus, dass sie auch in künftigen Zahlungskrisen Mitgliedstaaten mit Krediten zur Seite springen werde. Inzwischen wurde sogar öffentlich empfohlen, dass ein Land wie Irland den Rettungsschirm in Anspruch nehmen solle, und nachdem Irland zugestimmt hat, ist nicht auszuschließen, dass weitere Länder prüfen, ob sie Irlands Beispiel folgen sollten. Denn es kann nicht darauf gezählt werden, dass ein vergleichbar günstiger Bailout auch nach 2013 noch zu erreichen sein wird. Beim Treffen des Europäischen Rats von Ende Oktober 2010 hat man sich darauf verständigt, für die Zeit danach einen dauerhaften „Krisenmechanismus" – den European Stability Mechanism (ESM) – einzurichten und dies durch eine begrenzte Änderung des Unionsvertrags zu legitimieren. Zudem hat die Eurogruppe beschlossen, dass von Juni 2013 an standardisierte Umschuldungsklauseln in sämtliche neue Anleiheverträge der Mitgliedstaaten aufgenommen werden sollen, damit in einem künftigen staatlichen Insolvenzfall die privaten Anleger an der Schuldenrestrukturierung beteiligt werden können.

Die einzigartigen Stützungsmaßnahmen sind damit begründet worden, dass es sich um eine Krise des Euro handele, die Gefahr der Ansteckung weiterer Mitgliedsländer bestehe und der Bestand der Währungsunion insgesamt gefährdet sei. Tatsächlich gab es keine Währungskrise. Es handelte und handelt sich vielmehr um eine Krise der Überschuldung einzelner Euro-Mitgliedstaaten, namentlich Griechenlands. Zwar wurde inzwischen auch für Irland ein Hilfskreditpaket geschnürt, um die Stabilisierung des irischen Bankensystems zu erleichtern. Trotzdem kann bislang von einer Bedrohung des Bestands der Eurozone keine Rede sein. Das wäre anders, wenn man anzunehmen hätte, dass eine größere Anzahl von Mitgliedstaaten kurz vor der Erklärung der Insolvenz steht. Das war und ist nicht der Fall.

In diesem Gutachten setzt sich der Beirat zunächst mit den bisher kurzfristig getroffenen Maßnahmen zur Eindämmung der Krise kritisch auseinander (Kapitel 2). Die Krise gibt Anlass zu fragen, ob und in welcher Weise der Stabilitätspakt verändert und ergänzt werden sollte, damit schwerwiegenden Fehlentwicklungen künftig frühzeitiger und wirksam vorgebeugt werden kann. Dazu werden auf der europäischen Ebene derzeit verschiedene Reformideen ventiliert, mit denen sich der Beirat kritisch befasst (Kapitel 3). Es gilt zu klären, welche ordnungspolitischen Maßnahmen zur Sicherung einer stabilen Haushaltsführung in den Mitgliedstaaten sich anreiztheoretisch gesehen empfehlen und wie sie umgesetzt werden könnten. Der Beirat befürwortet die Einführung einer Insolvenzregelung und spricht sich insbesondere für eine verstärkte Orientierung an der Schuldenstandsnorm und eine Verbesserung der Information über Fehlentwicklungen im Bereich der öffentlichen Haushalte aus. Das Ziel aller Maßnahmen muss Vorbeugung sein. Es geht darum, die Anreize der Mitgliedstaaten zu verstärken, ihre Haushaltspolitik dauerhaft stabilitätsgerecht zu führen, und so das Risiko einer erneuten Schuldenkrise in der Eurozone zu reduzieren.

Der Schwerpunkt dieses Gutachtens liegt auf Fragen einer zunehmenden Überschuldung und der Insolvenz von Mitgliedstaaten der Europäischen Union. Der Beirat erkennt an, dass seit 2008 die Haushaltslage einzelner Euro-Mitgliedstaaten durch die internationale Finanzkrise und die anschließende Rezession vorübergehend schwer beeinträchtigt worden ist und dass in Ländern wie Irland und Spanien hausgemachte Immobilienkrisen zu den finanzpolitischen Schwierigkeiten beigetragen haben. Aber diese speziellen Entwicklungen sind nicht Gegenstand dieses Gutachtens.

II. Rettung durch Gewährleistung?

1. Die Maßnahmen

Paket Griechenland

Das Rettungspaket für Griechenland umfasst Kreditzusagen in Höhe von € 110 Milliarden und ist auf eine Laufzeit von drei Jahren begrenzt. Den Hauptanteil in Höhe von € 80 Milliarden bringen die Mitgliedstaaten der Eurozone auf. Den restlichen Betrag in Höhe von € 30 Milliarden stellt der Internationale Währungsfonds (IWF). Circa 80 Prozent der Kreditzusagen sind zur Ablösung fällig werdender Schuldtitel bestimmt, 20 Prozent zur Finanzierung neuer Ausgaben. Die Höhe der auf die einzelnen Mitgliedstaaten entfallenden Beiträge richtet sich nach deren Kapitalanteilen an der Europäischen Zentralbank (EZB), allerdings beteiligt sich die Slowakei nicht. Die Kredite werden in Raten ausgezahlt und sind auf die Erfüllung eines mit der griechischen Regierung vereinbarten Anpassungsprogramms konditioniert.[189]

[189] Vgl. European Commission, SEC(2010) 560.

Das auf drei Jahre angelegte Programm ist das Ergebnis eines Beschlusses der Eurostaaten, dem ein sich über mehrere Monate hinziehenden Verhandlungsprozess zwischen der EU-Kommission und der griechischen Regierung vorausging. Die im Oktober 2009 neu gewählte griechische Regierung hatte das für das Jahr 2009 zu erwartende Defizit drastisch von 3,5 Prozent des Bruttoinlandsprodukts (BIP) auf 12,7 Prozent revidiert, aber zunächst keine Maßnahmen zur Korrektur ergriffen. Auf Vorschlag der Kommission beschloss der Rat daraufhin im Februar 2010, Griechenland solle sofort drastische Haushaltskorrekturen einleiten, so dass das Defizit innerhalb von drei Jahren auf weniger als 3 Prozentpunkte sinken werde. Und zwar sollte das strukturelle Defizit in den Jahren 2010 und 2011 um jeweils 3,5 Prozentpunkte und in 2012 um weitere 2,5 Prozentpunkte verringert werden.[190] Konkret wurden dem Land Maßnahmen der Kürzung von Staatsausgaben, insbesondere der Gehälter und der Beschäftigtenzahl im öffentlichen Dienst, aufgegeben und zudem die Erhöhung der Steuereinnahmen, hauptsächlich über eine Anhebung der Mehrwertsteuer und die Einführung eines progressiven Tarifs in der Einkommensteuer. Auch wurde Griechenland zu einer Reform der staatlichen Rentenversicherung verpflichtet.

Im März 2010 kündigte die griechische Regierung für das Jahr 2010 zusätzliche Kürzungen des Haushalts im Umfang von 2 Prozentpunkten des BIP an. Daraufhin kam es am 11. April im Rat zur Einigung auf ein Hilfspaket für Griechenland in Höhe von € 30 Milliarden für das erste Jahr einer Dreijahresperiode; das Paket sollte durch Hilfen des IWF in Höhe von € 15 Milliarden aufgestockt werden. Zu diesem Zeitpunkt war allerdings schon bekannt, dass Griechenlands Haushaltsdefizit für das Jahr 2009 nicht 12,5, sondern mindestens 13,6 Prozentpunkte betragen hatte und die Rezession 2009/10 schärfer ausfiel, als noch im Januar 2010 angenommen worden war. Als es daher ab Mitte April zu einem steilen Anstieg der Risikoprämie auf griechische Staatsschuld kam, verständigten sich die Euro-Mitgliedstaaten auf ein Dreijahrespaket in Höhe von € 30+80 Milliarden und lockerten unter anderem aufgrund einer verschlechterten Wachstumsprognose die zuvor verlangten Defizitziele.[191] Das ursprünglich für das Jahr 2012 angestrebte 3-Prozent-Ziel wurde um zwei Jahre auf das Jahr 2014 verschoben und die in den Jahren 2011 bis 2013 zu erreichenden Defizitziele wurden großzügiger bemessen.[192]

190 Entscheidung des Rats v. 16. Februar 2010 (2010/182/EU).
191 Vgl. Council of the European Union, ECOFIN 250, 7. May 2010.
192 Die Defizitziele wurden wie folgt revidiert: 2011: 7,6 statt 5,6 Prozent; 2012: 6,5 statt 2,8 Prozent; 2013: 4,9 statt weniger als 3,0 Prozent; vgl. Council of the European Union, ECOFIN 250, 7. May 2010.

Europäischer Rettungsschirm

Der am 10. Mai vom Ecofin beschlossene Schirm zur Rettung überschuldeter Euro-Mitgliedstaaten vor der Zahlungsunfähigkeit gegenüber ausländischen Gläubigern hat ein Volumen in Höhe von € 500 Milliarden.[193] Davon ist ein vorrangig in Anspruch zu nehmender Betrag in Höhe von zunächst bis zu € 60 Milliarden ein finanzieller Beistand der Union aus dem Haushalt der Gemeinschaft, der Europäische Finanzielle Stabilisierungsmechanismus (EFSM). Weitere Kredite in Höhe von bis zu € 440 Milliarden werden von den Mitgliedsländern der Eurogruppe über einen als Zweckgesellschaft konstruierten Hilfsfonds, die European Financial Stability Facility (EFSF), bereitgestellt.[194] Bewilligungen sollen wie im Falle des Griechenlandpakets konditional erfolgen, also von der Durchführung spezifischer finanz- und wirtschaftspolitischer Auflagen seitens des um Hilfe nachsuchenden Staates abhängig gemacht werden.

Als Rechtsgrundlage für den Beistand seitens der Union wird Art. 122 (2) AEUV in Anspruch genommen, der eine Unterstützung im Katastrophenfall durch die Europäische Union vorsieht. Die Höhe der dafür im Rahmen des EFSM mobilisierbaren Finanzmittel ist auf den Spielraum begrenzt, um den die bewilligten Ausgaben des Gemeinschaftshaushalts die in langen periodischen Abständen zu bestätigende Eigenmittel-Obergrenze unterschreiten.[195] Der Beistand steht allen Mitgliedern der EU offen. Er soll durch die Ausgabe von Anleihen der Kommission finanziert werden und ist als eine Dauereinrichtung vorgesehen („*as long as needed to safeguard financial stability*").[196] Der quantitativ weit bedeutsamere Beistand der Mitgliedstaaten beruht dagegen auf einer zwischenstaatlichen Vereinbarung außerhalb des Unionsvertrages und ist auf drei Jahre begrenzt. Anträge zur Inanspruchnahme dieses Teils des Rettungsschirms können nur bis spätestens Juni 2013 gestellt werden.

Im Unterschied zum Hilfspaket für Griechenland, über das monatelang verhandelt wurde, ist der quantitativ sehr umfassende Rettungsschirm fast über Nacht, jedenfalls innerhalb weniger Tage, erdacht und

193 Er wird durch Kreditlinien des IWF in Höhe von bis zu € 250 Milliarden ergänzt.

194 Vgl. Council of the European Union, ECOFIN Press Release 9596, 9./10. May 2010. Zum genauen Wortlaut der Verordnung siehe auch Fußnote 7.

195 In Art. 2 (2) Verordnung (EU) Nr. 407/2010 des Rates v. 11. Mai 2010 zur Einführung eines europäischen Finanzstabilisierungsmechanismus heißt es, die Höhe der ausstehenden Darlehen oder Kreditlinien ist „auf den bei den Mitteln für Zahlungen bis zur Eigenmittel-Obergrenze vorhandenen Spielraum begrenzt." Da der jährliche Spielraum derzeit etwas mehr als € 15 Milliarden beträgt, könnten bis zum Ende des aktuellen Finanzrahmens 2013 gut € 60 Milliarden mobilisiert werden.

196 Vgl. Council of the European Union, ECOFIN 263, Council Regulation establishing a European financial stabilisation mechanism, 10. May 2010.

beschlossen worden. Bei einem relativ kurzfristig einberufenen besonderen Treffen der Staats- und Regierungschefs der Eurogruppe am Freitag, den 7. Mai 2010, erläuterte der Präsident der EZB die zugespitzte Lage an den Finanzmärkten und verglich sie mit der Reaktion der Märkte im September 2008, als die Bank Lehman Brothers zusammengebrochen war.[197] In der Sitzung kam man überein, einen Auftrag an die Kommission zu erteilen, bis zum außerordentlichen Treffen des Ecofin am 9. Mai 2010 einen Vorschlag für einen Europäischen Finanziellen Stabilisierungsmechanismus vorzulegen. In der Ecofin-Sitzung am 9./10. Mai ging es dann weniger um die quantitative Dimension des Rettungsschirms als um Fragen, wie die Finanzhilfen der Mitgliedstaaten organisiert werden sollten. Sollte es sich um Kredite handeln, wie es Deutschland wünschte, oder konnten es auch Kreditgarantien sein, wie dann beschlossen wurde? Sollte die Durchführung des Kreditprogramms im Rahmen des in Form einer Zweckgesellschaft neu einzurichtenden Hilfsfonds EFSF der Kommission übertragen werden, wie diese vorschlug, oder sollten, wie jetzt vorgesehen worden ist, die Euro-Mitgliedstaaten die Kontrolle über den Fonds behalten? Und schließlich ging es um die Frage, ob der Art. 352 AEUV zur Rechtsgrundlage des Kreditprogramms erklärt werden sollte, was die Kommission vorgezogen hätte. Um deutschen Bedenken entgegenzukommen wurde das Programm stattdessen auf eine zwischenstaatliche Ad-hoc-Vereinbarung gegründet.[198]

Ankauf von Staatsanleihen durch die Europäische Zentralbank

Die EZB reagierte auf den dramatischen Anstieg der Risikoprämie auf griechische Staatsschuld am 3. Mai 2010, indem sie die im Rahmen des Refinanzierungskreditgeschäfts übliche Mindestanforderung an die Qualität eingereichter Pfänder für Schuldpapiere des griechischen Staates vollends aufhob, nachdem sie schon Anfang April die Mindestsicherheitsanforderung generell herabgesetzt hatte. Die EZB rechtfertigte den vollständigen Verzicht auf eine Mindestqualität griechischer Pfänder mit einer positiven Einschätzung des von Griechenland vorgelegten Anpassungsprogramms.[199]

197 Zum Verlauf der politischen Diskussion in der Eurogruppe am 7. Mai vgl. die aufschlussreiche, ausführliche Studie von Peter Ludlow, A View on Brussels in the Last Resort – The European Council and the Euro Crisis, Spring 2010, Eurocomment Briefing Note Vol. 7, No. 7/8, June 2010.

198 Art. 352 AEUV regelt, wie und in welchen Grenzen der Union Befugnisse erteilt werden können, die im Vertrag nicht vorgesehen sind.

199 EZB Press Release, 3 May 2010.

Am 10. Mai gab die EZB den Beschluss bekannt, entgegen ihrer bisherigen Praxis künftig auf Euro lautende staatliche Schuldpapiere im offenen Markt zu erwerben.[200] Zur Begründung wurde angegeben, es gelte, „dysfunktionale" Marktsegmente funktionsfähig zu machen und so den Transmissionsmechanismus der Geldpolitik wieder herzustellen. Es wurde betont, dass die generellen Liquiditätswirkungen der Interventionen durch Gegengeschäfte neutralisiert werden würden. Ende Oktober 2010 beliefen sich die kumulierten Ankäufe der EZB von Staatsanleihen auf rd. € 63,5 Milliarden.

Der Fall Irland

Das Kreditpaket zur Stützung Irlands beträgt € 85 Milliarden, wovon € 17,5 Milliarden auf Irland selbst entfallen und sich der Anteil externer Finanzierung zu 1/3 auf den IWF und 2/3 auf europäische Länder aufteilt. Irland hatte seit Mitte der 1990er Jahre einen Immobilienboom erlebt, in dessen Verlauf sich das Immobilienpreisniveau vervierfachte. Wie in den USA brach der Boom Ende 2006 ab und es setzte ein Abwärtstrend ein, der noch immer anhält. Inzwischen sind die Immobilienpreise um fast 40 Prozent gefallen mit der Folge, dass viele Hypothekarkredite notleidend werden.[201] Die Regierung hat zur Stützung der Banken Anfang des Jahres die staatliche National Asset Management Agency (NAMA) gegründet. Sie wird den irischen Banken bis Ende 2010 gewerbliche Hypothekarkredite im Buchwert von € 73 Milliarden zum Preis von € 31 Milliarden abkaufen, also mit einem drastischen Abschlag in Höhe von durchschnittlich 58 Prozent.[202] Die Banken erhalten im Gegenzug staatlich garantierte Senior Notes. Diese Papiere werden von der EZB als Pfänder im Refinanzierungskreditgeschäft akzeptiert. Die Refinanzierungskredite der irischen Zentralbank lagen Ende Oktober 2010 mit € 130 Milliarden um € 38 Milliarden höher als Ende 2009.[203]

2. *Analyse und Bewertungen*

Das Maßnahmenpaket ist in der Öffentlichkeit – auch und gerade von Ökonomen – scharf kritisiert worden.[204] Der Beirat richtet seine Kritik auf folgende Punkte.

200 EZB Press Release, 10 May 2010.
201 Vgl. Irish Life Permanent.
202 Vgl. McDonagh, B., Opening Statement to Committee on Public Accounts, NAMA, 18 November 2010.
203 Vgl. Central Bank of Ireland, Report, Table A.2 Financial Statement.
204 Vgl. z.B. Fuest et al., „Zehn Regeln zur Rettung des Euro", FAZ v. 18.06.2010, S. 10.

Eine Währungskrise?

Die Bürgschaften für Griechenland sind von der Politik damit begründet worden, dass die Stabilität des Euro und der Eurozone in Gefahr gewesen sei. Dies ist in weiten Teilen der Öffentlichkeit so verstanden worden, dass die griechische Krise zu einer dramatischen Abwertung des Euro hätte führen können, wenn die Euro-Mitgliedsregierungen keine Hilfsmaßnahmen beschlossen hätten. Tatsächlich war die im Frühjahr 2010 zu beobachtende Abwertung nicht unbedingt – und keinesfalls allein – mit der Überschuldung Griechenlands und einer dadurch ausgelösten Spekulation zu erklären. Sie war vielmehr Teil einer Abwertungstendenz, die bereits im Jahr 2009 eingesetzt hatte und die als eine Normalisierung gewertet werden konnte, nachdem der Euro zuvor in den Jahren 2005-2008 um rd. 30 Prozent aufgewertet hatte (Schaubild 1).

Schaubild 1: Der US-Dollarkurs des Euro

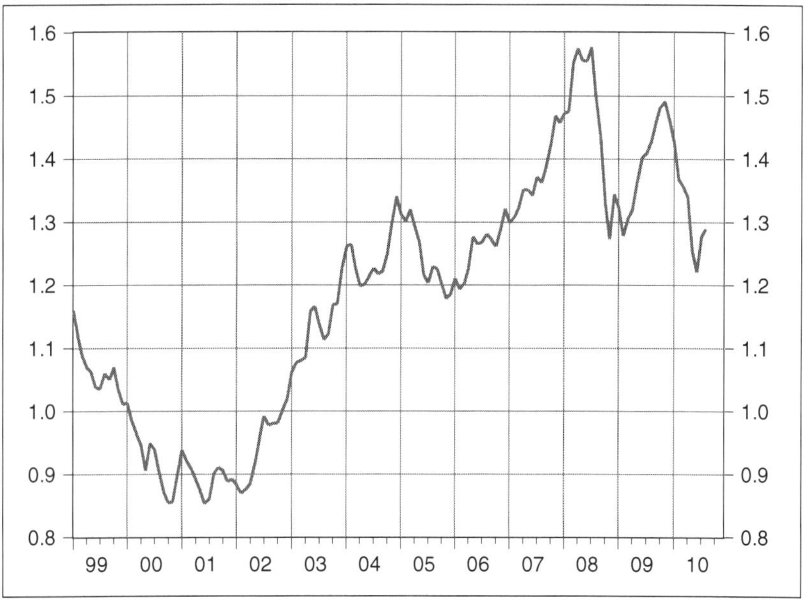

Daten: EZB.

Die kurzfristig ausgeprägte Abwertung war auch darauf zurückzuführen, dass die amerikanische Wirtschaft in den ersten beiden Quartalen des Jahres 2010 stark wuchs, während das Wachstum im Euroraum zunächst gering blieb. Eine ähnlich begründete Abwertung hatte es 1999–2001 gegeben. Damals war der Euro noch weit stärker gefallen, und hatte sogar die Parität zum Dollar erheblich unterschritten. Insgesamt lässt sich aus der Entwicklung des Euro-Wechselkurses nicht der Schluss ziehen, dass die griechische Schuldenkrise eine Währungskrise auslöste, die den Wert des Euro ernsthaft gefährdete.

Gefahr von Ansteckungseffekten?

Im Frühjahr 2010 gab es in der Öffentlichkeit auch die Befürchtung, dass die Flucht von Anlegern aus der griechischen Staatsschuld zu Ansteckungseffekten auf den Schuldtitelmärkten anderer Euro-Mitgliedsländer führen konnte, bei den umlaufenden Anleihen in den Sekundärmärkten ebenso wie bei der Neuemission. Solange nur das relativ kleine Griechenland von spekulativen Kursbewegungen an den Märkten seiner Staatsanleihen betroffen war, konnte das den Bestand des Euro kaum ernstlich tangieren. Wenn andererseits mehrere Euro-Mitgliedsländer aufgrund steigender Risikoprämien und versiegender Nachfrage nach Neuemissionen sich plötzlich dazu entschlossen hätten, es Griechenland gleich zu tun und die Euro-Gruppe um finanzielle Unterstützung zu bitten, dann hätte sich schon die Frage gestellt, ob die Eurozone als Ganzes in ihrem Bestand gefährdet war. Ob sich ein solches Risiko aufbaute, war unsicher, aber fraglos von den Regierungen vor dem Beschluss des Rettungsschirms Anfang Mai 2010 zu untersuchen.

Für die Einschätzung, ob mit einer Ansteckung der Märkte für Staatsanleihen für Länder wie Portugal, Irland, Spanien oder gar Italien gerechnet werden musste, standen die strukturellen Defizite und die Bruttoschuldenstände im Vordergrund, wie sie im April 2010 bekannt waren (Tabelle 1). Die höchsten öffentlichen Schuldenstände des Jahres 2009 waren damals für Griechenland (115 Prozent) und für Italien (116 Prozent) zu verzeichnen. Das strukturelle Defizit Italiens war mit knapp 4 Prozent auf Dauer sicherlich nicht tragbar, aber Griechenlands strukturelles Defizit lag 2008/09 sogar über 10 Prozent. Eine weitere problematische Besonderheit der öffentlichen Schuldenlage Griechenlands war, dass mehr als drei Viertel der ausstehenden Staatsschuld im Wert von 89 Prozent des BIP von ausländischen Anlegern gehalten werden, und dies vor dem Hintergrund eines anhaltenden Zahlungsbilanzdefizits in Höhe von rund 10 Prozent des BIP. Portugals Staatsverschuldung gegenüber dem Ausland war mit 59 Prozent des BIP weit geringer. Spaniens lag sogar bei nur 28 Prozent. Insgesamt ist festzustellen, dass zwar auch Länder wie Irland oder Portugal, weniger Italien und Spanien, spezifische Budgetprobleme zu lösen hatten, ihre Verschuldungslagen im Frühjahr 2010 aber keineswegs als ähnlich fragil eingeschätzt wurden wie die Griechenlands.

Tabelle 1: Strukturelles Defizit und öffentlicher Schuldenstand

Alle Angaben sind in Prozent des BIP und basieren auf dem Informationsstand vom April 2010. Eigene Berechnungen auf Grundlage von Ausgangsdaten der Europäische Kommission und der Bank für Internationalen Zahlungsausgleich.

	Griechenland	Portugal	Spanien	Irland	Italien
Strukturelles Defizit 2008/09	10,2	5,6	7,1	8,0	3,7
Schuldenstand 2009	115	77	53	64	116
Davon im Ausland	89	59	28	46	51

Der Fall Irlands zeigt jedoch, dass diese Analysen zu kurz gegriffen waren und mögliche Ansteckungsmechanismen weitaus komplexer sein können.[205] Zudem mögen die Rettungsmaßnahmen in Griechenland und Irland Erwartungen geweckt haben, die neue Probleme geschafft haben, etwa indem sie Erwartungen auf weitere Hilfsmaßnahmen und mögliche Spekulationen förderten.

Die Bailout-Regel des Art. 125 AEUV

Der Artikel 125 des Vertrags über die Arbeitsweise der Europäischen Union (AEUV) bestimmt, dass weder die Union noch die Mitgliedstaaten für die Verbindlichkeiten einzelner Mitgliedstaaten haften. Er stellt sie ausdrücklich davon frei, für diese Verbindlichkeiten eintreten zu müssen, wenn er die Übernahme von Verbindlichkeiten nicht sogar verbietet.[206] Genau dazu ist es aber nun gekommen. Diese Regel wurde 1991 auf Wunsch der damaligen deutschen Bundesregierung in den Vertrag von Maastricht aufgenommen, um Fehlanreize zu vermeiden, die der gemeinsamen Währung gefährlich werden könnten. Kein Mitgliedstaat sollte im Vertrauen auf eine künftige Unterstützung durch die Partner übermäßige Haushaltsdefizite eingehen und dann zu deren Finanzierung und um die angehäuften Schulden zu entwerten auf eine inflationäre Geldpolitik der Gemeinschaft drängen. Der größte Teil des Griechenland-Pakets dient der Tilgungsfinanzierung auslaufender Staatsanleihen. Das bedeutet, dass die Euro-Mitgliedsländer an die Stelle privater Gläubiger treten.

205 Siehe z.B. die Darstellung der Finanzmarktereignisse Anfang Mai 2010 durch die EZB (EZB Monatsbericht Juni 2010, S. 38–43).

206 Artikel 125 AEUV (1): „... haftet nicht ... und tritt nicht für derartige Verbindlichkeiten ein. ... (2) Der Rat kann ... die Definitionen für die Anwendung der ... in diesem Artikel vorgesehenen Verbote näher bestimmen."

Rat und Kommission berufen sich als Rechtsgrundlage für den EFSM auf Art. 122 Abs. 2 Satz 1 AEUV: „Ist ein Mitgliedstaat aufgrund von Naturkatastrophen oder außergewöhnlichen Ereignissen, die sich seiner Kontrolle entziehen, von Schwierigkeiten betroffen oder von gravierenden Schwierigkeiten ernstlich bedroht, so kann der Rat auf Vorschlag der Kommission beschließen, dem betreffenden Mitgliedstaat unter bestimmten Bedingungen einen finanziellen Beistand der Union zu gewähren".

Dass diese Vorschrift der Union die Kompetenz zum Handeln im Fall Griechenlands gegeben hat, ist schwer zu begründen. Die Höhe der Verschuldung war offensichtlich nicht der Kontrolle Griechenlands entzogen. Dass die Finanzmärkte reagiert haben, hat den Kausalverlauf nicht unterbrochen, den Griechenland durch die Ausgabe der Schuldtitel in Gang gesetzt hat. Deshalb ist unerheblich, dass sich die griechische Schuldtitelkrise, nachdem sie einmal eingetreten war, der unmittelbaren Kontrolle Griechenlands entzog.

Aus ökonomischer Sicht ist bei der Beurteilung, ob ein Sachverhalt sich der Kontrolle entzieht, zwischen kurzer und langer Frist zu unterscheiden. Kurzfristig betrachtet war die griechische Schuldtitelkrise sicherlich ein außergewöhnliches Ereignis das sich, nachdem es eingetreten war, der unmittelbaren Kontrolle Griechenlands entzog. Dabei war es kein unabhängiges Ereignis, sondern die Reaktion der Finanzmärkte auf die von Griechenland verursachte Gefahr. Und langfristig betrachtet wäre es, wie das Beispiel anderer Euro-Länder gezeigt hat, trotz der vorangegangenen internationalen Finanzkrise möglich gewesen, eine Staatsschuldenkrise wie die griechische zu vermeiden, wenn die Regierungen Griechenlands im Jahrzehnt zuvor eine umsichtigere Haushaltspolitik betrieben hätten. Ein besonders eindrucksvolles Beispiel bietet Belgien, das 1998 trotz eines Schuldenstands von 117 Prozent des BIP in die Währungsunion aufgenommen worden war. Dem Land gelang es, innerhalb von zehn Jahren den Schuldenstand auf 65 Prozent herabzudrücken. In Zusammenhang mit der internationalen Finanzkrise ist der Schuldenstand zwar wieder angestiegen, aber die Haushaltslage ist beherrschbar gehalten worden, und die Finanzmärkte haben dies honoriert. Griechenland hätte Ende der 1990er Jahre ebenfalls mit einer zunehmend soliden Haushaltsführung seine Defizitwirtschaft schrittweise abbauen können. Stattdessen haben die griechischen Regierungen die nach dem Eintritt in die Währungsunion überaus günstigen Finanzierungsbedingungen an den Euro-Kapitalmärkten dazu genutzt, den staatlichen Konsum auszuweiten, ohne für entsprechend steigende Steuereinnahmen zu sorgen. So hat sich im Zeitraum 2001–2008 die Schere zwischen Staatsausgaben und Staatseinnahmen um fünf Prozentpunkte des BIP geöffnet –

die Staatsausgabenquote stieg um knapp drei Prozentpunkte, die Einnahmenquote dagegen fiel um gut zwei Prozentpunkte – während im Durchschnitt des Euroraums sowohl die Staatsausgabenquote wie die Einnahmenquote um einen halben Prozentpunkt abnahmen. Fortgesetzte statistische Schönfärberei begünstigte es, dass diese Fehlentwicklung nicht frühzeitig korrigiert werden musste.[207]

[Beginn eines Minderheitsvotums]

Ein Mitglied des Beirats teilt nicht die Auffassung der Mehrheit, dass die Hilfe für Griechenland sowie die Vorkehrungen für ähnliche Fälle ordnungspolitisch zu verurteilen und womöglich sogar nicht mit den Europäischen Verträgen zu vereinbaren sind. In Artikel 125 des Lissabon-Vertrages ist festgestellt, dass in der Europäischen Währungsunion weder die Union noch deren Mitglieder für die Schulden eines Mitgliedstaates haften oder für diese einstehen, und jedenfalls darf etwas anderes auch nicht beschlossen werden. Das ist auch nicht geschehen. Griechenland darf unter gemeinschaftlich bestimmten Bedingungen und in begrenztem Umfang auf gemeinschaftlich bereitgestellte Mittel zugreifen, unter anderem um seinen Schuldverpflichtungen nachkommen zu können. Im Sinne des angelsächsischen Sprachgebrauchs ist das ein Bailout. Es ist kein Bailout im strengen Sinne dessen, was nach Artikel 125 ausgeschlossen ist (... die Union haftet nicht ..., steht nicht ein für ...); der Begriff des Bailout kommt im Vertrag nicht vor. Eine formal strenge Auslegung von Artikel 125 ist auch deshalb angezeigt, weil die Hilfe für Griechenland aufgrund eines Notstands zu beschließen war, für den die Gemeinschaft nach Artikel 122 des Vertrages eine – in diesem Falle mit Artikel 125 konkurrierende – Zuständigkeit hat.

[Ende dieses Minderheitsvotums]

Pauschaler Bailout der Anleger

Die mit dem Griechenland-Paket bereitgestellten Kredite nutzen sowohl dem Schuldner Griechenland als auch seinen Gläubigern. Wenn sich der griechische Staat hätte für zahlungsunfähig erklären müssen, wäre seine Kreditwürdigkeit an den internationalen Finanzmärkten weit stärker beeinträchtigt worden, als es nun der Fall ist. Profitiert haben darüber hinaus die Eigentümer griechischer Staatsanleihen, unabhängig davon ob sie in der Eurozone ansässig sind oder nicht. Rund € 88 Milliarden des Griechenlandpakets dienen der Refinanzierung von Anleihen, die im

[207] Vgl. dazu European Commission, Report on Greek Government Deficit and Debt Statistics, COM 2010 (1).

Zeitraum 2010–2013 fällig werden. Das bedeutet, dass die Eigentümer dieser Schuldtitel ihr eingesetztes Kapital zurück erhalten, obwohl sie in risikobehaftete Papiere investiert hatten und der Risikofall eingetreten ist. Im Rahmen dieses pauschalen Bailouts treten an die Stelle der privaten Gläubiger die Euro-Mitgliedstaaten, letztlich deren Steuerzahler. Wäre das Hilfspaket nicht zustande gekommen, hätte der griechische Staat ein Schuldenmoratorium erklären müssen, um zu Lasten der Anleger eine Herabsetzung von ausstehender Staatsschuld und Zinsverpflichtungen zu erreichen.

Ein Verlust der Zahlungsfähigkeit Griechenlands, so lässt sich einwenden, hätte die Überlebensfähigkeit einiger europäischer Banken in Frage stellen können, die stark in Staatsanleihen hoch verschuldeter südeuropäischer Mitgliedsländer engagiert sind und Ende 2009 externe griechische Staatsschuld im Wert von € 82 Milliarden hielten.

Wenn es den Euro-Mitgliedsregierungen nicht darum gegangen wäre, die drohende Insolvenz Griechenlands abzuwenden, sondern nur darum, die Überlebensfähigkeit der eigenen Banken zu sichern, so hätten sie mit diesen Mitteln im Grunde die Bestände ihrer Banken an griechischer Staatsschuld gleich vollständig übernehmen können. Dies wäre eine mit dem Ziel der Finanzmarktstabilität verträgliche, zielgenauere Lösung gewesen. Diese Alternative hätte es den Mitgliedstaaten zudem ermöglicht, ihre Banken durch Abschläge auf die Ankaufskurse unmittelbar an der Krisenfinanzierung zu beteiligen und damit Mittel einzusparen. Die mit der derzeitigen Lösung erzielte Entlastung Frankreichs (französische Banken halten 38 Prozent der Schuldtitel, Frankreichs Anteil am Hilfspaket beträgt dagegen nur 21 Prozent, Tabelle 2) wäre auch unter der alternativen Lösung möglich gewesen.

Tabelle 2: Externe Staatsschulden bei Banken der Eurozone

Alle Angaben beziehen sich auf Ende 2009 und sind in Milliarden Euro. Eigene Berechnungen basierend auf Daten der Bank für Internationalen Zahlungsausgleich und der Europäischen Kommission.

	Schuldner					Nachrichtlich: Beiträge zum	
Banken der Eurozone	Griechenland	Irland	Portugal	Spanien	Summe	Griechenlandpaket	Rettungsschirm
Frankreich	31	6	21	48	106	16,8	92,3
Deutschland	23	2	10	33	68	22,3	122,8
Andere	28	5	23	24	79	40,9	184,9
Gesamt	82	13	54	105	254	80,0	440,0

Möglicherweise wäre es unter dem Ziel, Banken der Eurozone im Besitz von griechischen Staatsanleihen vor dem Zusammenbruch zu bewahren, sogar ausreichend gewesen, ihre Verbindlichkeiten wie schon in Folge der Lehman-Brothers-Krise im Herbst 2008 mit einer staatlichen Garantie zu versehen. Auch dies wäre zielgenauer und weniger aufwendig gewesen als der pauschale Bailout aller Griechenland-Gläubiger. Dabei hätte man auf die noch bestehenden Rettungsschirme für die Banken zurückgreifen können.

Interessant ist ein Vergleich der Größenordnungen der von europäischen Banken gehaltenen Staatschulden mit den im Rahmen des Griechenland-Pakets und des Rettungsschirms insgesamt zur Verfügung stehenden Mitteln.[208] Die aktuellen und abrufbaren Hilfsmaßnahmen der Euro-Mitgliedstaaten belaufen sich auf € 520 Milliarden und damit auf das Doppelte der Bestände von Banken der Eurozone an externer Staatsschuld Griechenlands, Irlands, Portugals und Spaniens zu Ende 2009 (Tabelle 2), die zusammen genommen € 254 Milliarden betrugen. Dabei sind die Zusagen aus dem Gemeinschaftshaushalt in Höhe von € 60 Milliarden und seitens des IWF in Höhe von € 280 Milliarden noch gar nicht berücksichtigt.

Fehlanreize der Rettungspakete

Kreditbeziehungen können sich nur entwickeln, wenn die Gläubiger darauf vertrauen können, dass der Schuldner ihnen für den vereinbarten Zinsendienst und die vertragsgerechte Rückzahlung der Kreditsumme haftet. Das Hilfspaket für Griechenland und der für den Fall von Zahlungsschwierigkeiten weiterer Euro-Mitgliedsländer vorsorglich gegründete Rettungsschirm sind nicht dazu bestimmt, einen Schuldenüberhang zu beseitigen. Sondern sie sollen dem Schuldner die Rückkehr zu stabilen Staatsfinanzen erleichtern, indem sie es ihm ermöglichen, einen mittelfristigen Konsolidierungspfad einzuschlagen, ohne dabei auf kurzfristige Refinanzierungsschwierigkeiten Rücksicht nehmen zu müssen. Es wird also darauf vertraut, dass der Schuldner tatsächlich bereit und in der Lage ist, das Überschuldungsproblem aus eigener Kraft zu lösen. Allerdings kann die Rückfallmöglichkeit auf Kredithilfen staatliches Fehlverhalten in der Haushaltspolitik und private Sorglosigkeit bei der Anlage von Ersparnissen in staatlichen Schuldtiteln tendenziell begünstigen, weil das Einspringen mit Bürgschaften und Krediten den Haftungszusammenhang lockert.

[208] Betrachtet werden im Folgenden nur die Forderungen von Auslandsbanken gegenüber Griechenland.

Ein Problem dabei ist, dass die Aussicht auf günstigen Versicherungsschutz tendenziell einen Anreiz schafft, die Schadenprävention zu vernachlässigen (*Moral Hazard*). Zwar werden die Gewährleistungen mit der Voraussetzung verknüpft, dass der Schuldnerstaat ein wirtschafts- und finanzpolitisches Programm mit dem IWF und der Europäischen Kommission vereinbart, wie sie beispielsweise der IWF in ähnlicher Weise bei der Vergabe von Krediten an Länder mit Zahlungsbilanzproblemen formuliert. Die Geschichte des IWF zeigt aber, dass die Auflagen meist nur in der akuten Krisensituation eingehalten werden und dass es danach häufig zu einem Rückfall kommt.[209] Wenn einmal ein Hilfsprogramm eingeleitet worden ist, wird es politisch schwierig, wenn nicht unmöglich, es abzubrechen. Das dürfte insbesondere im Rahmen der EU gelten. Der Fehlanreiz wäre geringer, wenn der Schuldnerstaat die verbürgten Hilfskredite, ob sie nun zur Finanzierung frischer Defizite oder zur Ablösung von Altschulden dienen, nur zu einem merklichen höheren Zinssatz erhalten würde.[210] Im Falle Griechenlands ist das nicht der Fall, denn als variabler Zins ist der auf dem 3-Monats-Euribor beruhende Swapsatz für die jeweilige Laufzeit des Kredites und ein Zuschlag von 3 Prozentpunkten bei 3-jähriger Laufzeit (4 Prozentpunkte bei darüber hinausgehender Laufzeit) großzügig vereinbart.

Nachdem mit dem Rettungspaket die Möglichkeit geschaffen worden ist, sich auf drei Jahre zu relativ günstigen Zinskonditionen zu verschulden, ist für jede Regierung eines relativ hoch verschuldeten Euro-Mitgliedslands ein starker Anreiz entstanden, diese Option in Anspruch zu nehmen. Weitere Länder könnten Irland folgen.

Die Fehlanreize der Rettungspakete bleiben nicht auf die Schuldnerstaaten beschränkt. Auch die privaten Gläubiger werden verleitet, künftig übermäßige Risiken bei der Anlage in Staatsschuld einzugehen.

Begünstigung von Staatsschulden durch die Europäische Zentralbank

Die EZB begünstigt griechische Staatsschuld in zweierlei Weise. Zum einen akzeptiert sie griechische Staatsanleihen auch weiterhin als Sicherheiten bei Refinanzierungskrediten, obwohl diese Anleihen nicht mehr ihren ursprünglichen Standards entsprechen, zum anderen hat sie die Politik des Ankaufs von Staatsanleihen am offenen Markt eingeführt.

209 IWF Unabhängiges Evaluierungsbüro (2008).

210 Um die Krise damit nicht unnötig zu verschärfen, hätte vereinbart werden können, dass Griechenland den Aufschlag auf den marktüblichen Zins erst zu einem späteren Zeitpunkt nachzahlen muss.

Durch die generelle Absenkung ihrer Sicherheitsstandards hat die EZB den Marktwert der griechischen Staatsanleihen gestützt und den Marktzins verringert – auch für Neuemissionen. Solange die EZB die Anleihen aber mit einem angemessenen Kursabschlag als Sicherheiten akzeptierte, verhielt sie sich zunächst durchaus marktkonform. Mit ihrem Beschluss vom 3. Mai 2010, die Sicherheitsanforderungen für griechische Schuldtitel ganz aufzugeben, ist sie allerdings von diesem Weg abgewichen und begünstigt seitdem die griechischen Staatsschuldtitel selektiv. Zwar ist die EZB befugt, selbst über ihre Sicherheitsstandards zu entscheiden, aber es ist mit ihrer Unabhängigkeit schwerlich zu vereinbaren, dass die EZB zu Gunsten ausgewählter Euro-Mitgliedstaaten hochriskante Schuldtitel als Pfänder akzeptiert.

Wenn der Verzicht auf Sicherheitsanforderungen für griechische Schuldtitel den Zweck gehabt haben sollte, griechischen Kreditinstituten den Zugang zum Refinanzierungskredit der EZB offen zu halten, dann ist nicht klar, warum die EZB zusätzlich den außergewöhnlichen Schritt getan hat, zum Ankauf solcher Anleihen überzugehen. Sie sendet damit ein gefährliches Signal, das Inflationserwartungen befördern kann. Alle großen Inflationen seit dem 1. Weltkrieg begannen mit der Monetisierung von Staatsschuld. Tatsächlich ist der EZB sehr daran gelegen zu betonen, dass sie die Liquiditätswirkungen der Ankäufe durch Termineinlagen in gleicher Höhe zu binden. Ob dies auf Dauer möglich sein wird, ist offen. Auf lange Zeit wird die EZB die Anleihen nicht wieder absetzen können, denn das würde die entsprechenden Schuldtitelmärkte derangieren. Bei Käufen im offenen Markt trägt die EZB das volle Kursrisiko, und das geht zulasten ihrer Anteilseigner. Im Refinanzierungsgeschäft dagegen ist das nur der Fall, wenn der Schuldner ausfällt und auf die eingereichten Pfänder zurückgegriffen werden muss.

Der Aufkauf von Staatsanleihen am offenen Markt wirft wichtige Fragen auf. Nach Artikel 123 Abs. 1 AEUV ist der EZB der unmittelbare Erwerb von Schuldtiteln der Mitgliedstaaten verboten (d. h. den Erwerb direkt vom Staat als Emittenten).[211] Dahinter steht auch die Befürchtung, dass Mitgliedstaaten andernfalls Druck auf die EZB ausüben könnten, mit dem unmittelbaren Ankauf von Anleihen ihre Defizite direkt zu finanzieren, und dass die EZB die Kontrolle über die Zentralbank-Geldmenge verlieren könnte. Artikel 123 verbietet allerdings nicht, dass die EZB Staatsanleihen der Mitgliedstaaten im Sekundärmarkt kauft. Käufe

[211] Im EU Land Großbritannien wurde 2009 fast das ganze Staatsdefizit durch Käufe von Staatsanleihen (200 Mrd. Pfund) seitens der Bank of England finanziert. Die Vertragsklausel wurde damit umschifft, dass eine Tochtergesellschaft der Bank of England (APF) zwischengeschaltet wurde (Bank of England, Quarterly Review, 1. Quartal 2010, S. 39).

im Sekundärmarkt wirken ökonomisch aber nicht anders als ein direkter Erwerb neuer Emissionen, der verboten ist. Denn der Ankauf umlaufender Schuld durch die Zentralbank ermöglicht es dem betreffenden Staat, sich durch Neuemissionen stärker am Markt zu verschulden, ohne deswegen höhere Zinsen zahlen zu müssen.

Es könnte argumentiert werden, dass ein Ankauf von Anleihen im Sekundärmarkt geldpolitisch angezeigt sein könnte, wenn es einmal dazu kommen sollte, dass die EZB an die Grenzen ihrer Zinssenkungsmöglichkeiten stößt. Aus dieser Überlegung hatten sich die Fed und die Bank of England schon in der Finanzkrise dazu entschlossen, die Zentralbank-Geldmengen durch Offenmarkt-Operationen weiter zu erhöhen (*quantitative easing*). Die EZB kauft allerdings die kurz laufenden Geldmarktpapiere und Anleihen Griechenlands und anderer Mitgliedstaaten allerdings nicht zum Zwecke der geldpolitischen Steuerung, sondern um die Märkte für Staatsschuldtitel dieser Länder liquide zu halten und ihnen damit die Defizitfinanzierung zu erleichtern. Das lädt zu politischem Druck ein. Wenn die EZB diese Geschäfte nicht bald beendet, wird sie damit rechnen müssen, dass sich Regierungen von Euro-Mitgliedstaaten künftig häufiger mit der Aufforderung an sie wenden werden, auch ihre Staatsschuld anzukaufen.

Hilfen für Irland

Die Hilfen für Irland lassen sich sicherlich nicht mit dem starken Konjunktureinbruch und dem Niveau der öffentlichen Verschuldung des Landes rechtfertigen. Trotz eines hohen Defizits von fast 12 Prozent des BIP im Jahr 2009 stieg der öffentliche Schuldenstand auf nicht mehr als 65 Prozent bis Ende 2009 an. Das von der Regierung auf den Weg gebrachte fiskalpolitische Anpassungsprogramm hätte ehrgeiziger sein können, leitet aber jedenfalls eine Rückkehr zu einer stabileren Haushaltsentwicklung ein.

Das eigentliche Problem Irlands bildet bekanntlich der fragile Zustand des Bankensystems. Der in Abschnitt 2.1.4 erwähnte Abbruch des zuvor lang anhaltenden, heftigen Immobilienbooms bedroht aufgrund zunehmender Kreditausfälle bei gleichzeitig weiter nachgebenden Hauspreisen die Überlebensfähigkeit großer Banken.

Das Kreditpaket für Irland soll es dem Staat erleichtern, das Bankensystem zu restrukturieren bzw. zu konsolidieren, also zu verkleinern. Ob das nicht auch ohne umfangreiche staatliche Beteiligung von den Kapitaleignern bewerkstelligt werden könnte, steht dahin. Jedenfalls hat der irische Staat mit den drastischen Bedingungen des als Stabilisierungsmaßnahme gedachten Transfers der gewerblichen Hypothekarkredite in die NAMA das Bankensystem tendenziell geschwächt. Allein für diesen Hypothekarbereich sind die Banken jetzt gezwungen, Abschreibungen in Höhe von € 42 Milliarden vorzunehmen. Hinzu kommen Abschreibungen für den Bereich der nicht-gewerblichen Hypothekarkredite. Daher ist nicht auszuschließen, dass einzelne Banken auch aufgrund der staatlich verordneten relativ hohen Abschreibungen in Schwierigkeiten geraten werden.

Eine offene Frage ist, in wie weit die Interessen von Kapitalgebern aus dem Eurogebiet die Entscheidung der Eurogruppe zugunsten des Hilfspakets für Irland beeinflusst haben. Denn die irischen Banken sind ungewöhnlich hoch verschuldet. Wie aus Tabelle 3 zu ersehen ist, erreichte die Auslandsverschuldung der irischen Banken Ende 2009 ein Niveau von rd. 400 Prozent des BIP.

Tabelle 3: Auslandsverschuldung Ende 2009

Alle Angaben in Prozent des BIP. Eigene Berechnungen auf Grundlage von Ausgangsdaten der Bank für Internationalen Zahlungsausgleich und der Europäischen Kommission.

	Griechenland	Irland	Portugal	Spanien
Banken	47	399	112	73
Staat	89	46	59	28
Andere Nichtbanken	32	527	58	65
Gesamt	168	972	229	166

III. Ordnungspolitische Empfehlungen

Die bisherigen Erfahrungen mit der Schuldenkrise veranlassen eine Prüfung, was verändert werden sollte, um künftige Krisen weniger wahrscheinlich zu machen. Dafür werden im Folgenden verschiedene ordnungspolitische Empfehlungen entwickelt. Zu verbessern sind die Anreize für die Regierungen, haushaltspolitischen Fehlentwicklungen möglichst frühzeitig vorzubeugen. Aber ebenso geht es darum, den Akteuren an den Finanzmärkten mehr Informationen über die mittelfristig zu erwartenden Entwicklungen zu verschaffen. Die wichtigste Reform dürfte sein, im Rahmen der Europäischen Union eine Insolvenzordnung bereitzustellen. Sie würde es erleichtern, wenn es einmal unausweichlich werden sollte, einen Mitgliedstaat auf den Weg einer geordneten Insolvenz zu verweisen. Allein die Existenz einer Insolvenzordnung wäre ein den Artikel 125 AEUV bekräftigendes Signal, dass sich kein Staat darauf verlassen kann, auf jeden Fall finanzielle Unterstützung von den

Partnern zu erhalten, mit der man einer Insolvenz entgeht. Das kräftigt die Anreize zu finanzpolitischer Disziplin in doppelter Weise. Zum einen werden die Regierungen in ihrer Haushaltsführung berücksichtigen, dass sie nicht ohne weiteres mit einer Unterstützung anderer Mitgliedstaaten rechnen können. Zum anderen werden die Haftungsmechanismen auf den internationalen Schuldtitelmärkten gestärkt. Die Anleger werden das Insolvenzrisiko ernsthaft in Betracht ziehen und sich frühzeitig fragen, ob sie sich nicht besser in geringerem Maße an den Schuldtitelmärkten hoch verschuldeter Länder engagieren sollen. Sie werden höhere Risikoprämien in den Zinssätzen verlangen, die ein Staat zu zahlen hat, und dazu wird es frühzeitiger kommen, als es in den ersten zehn Jahren der Währungsunion der Fall gewesen ist.

Eine Einigung auf eine glaubwürdige und praktikable Insolvenzordnung wäre von großer Bedeutung. Sie machte es aber nicht überflüssig, über Regelungen zu verfügen, die dazu beitragen könnten, den Weg in die Insolvenz zu vermeiden. Deshalb ist der Stabilitäts- und Wachstumspakt zu ergänzen.

1. *Eine Insolvenzordnung für den Euroraum*

Ökonomische Grundlagen und Elemente einer Insolvenzordnung

Insolvenzen souveräner Schuldner hat es im Verlauf der Geschichte immer wieder gegeben. Von den derzeitigen Mitgliedstaaten der Eurozone waren Österreich, Griechenland, Deutschland, Portugal und Spanien seit 1824 mindestens einmal gegenüber ihren Gläubigern zahlungsunfähig. Die meisten Fälle staatlicher Insolvenz traten während der Zeit des klassischen Goldstandards auf, in der sich souveräne Schuldner, ähnlich wie unter den Bedingungen der Währungsunion, nicht mittels einer selbst gewählten hohen Inflation der realen Last übermäßiger Verschuldung entledigen konnten.

In einer Währungsunion nimmt die gemeinsame Währung den Mitgliedstaaten ihre geldpolitische Autonomie. Die größere Wahrscheinlichkeit einer staatlichen Insolvenz innerhalb der Währungsunion ist lediglich die Kehrseite des bekannten Arguments, dass hoch verschuldete Staaten von der Mitgliedschaft in der Währungsunion profitieren, weil diese ihr Versprechen dauerhaft niedriger Inflationsraten glaubwürdiger macht als unter den Bedingungen einer nationalen Währung. Im Falle finanzieller Schwierigkeiten bleiben einer überschuldeten Regierung in der Währungsunion nur drei Auswege: drastische fiskalpolitische Konsolidierung, Insolvenz oder ständige Finanzhilfen seitens der anderen Mitglieder der Währungsunion. Die Finanzhilfen des Bundes für Bremen und das Saarland seit Anfang der 1990er Jahre sind ebenso Beispiele für die dritte Option wie die Rettungsaktion zugunsten Griechenlands im Frühjahr 2010. Welcher dieser Auswege zum Regelfall wird, entscheidet letztlich über die Stabilität der gemeinsamen Währung.

Die heftigen Renditeschwankungen im Zuge der griechischen Schuldenkrise haben die Verunsicherung der Finanzmärkte bezüglich der Frage, welchen Ausweg Griechenland und die Gemeinschaft wählen würden, verdeutlicht. Aus der Sicht der Gläubiger sind in einer solchen Situation drei Arten von Unsicherheit relevant:

- Unsicherheit über die Bereitschaft und Fähigkeit des Schuldnerlandes, seine Verbindlichkeiten zu bedienen und den Zugriff auf Sicherheiten zu ermöglichen,
- Unsicherheit über die Art und den Umfang finanziellen Beistands seitens der Europäischen Union, der EZB, des Internationalen Währungsfonds oder einzelner Mitgliedstaaten und
- Unsicherheit über das Verhalten anderer Gläubiger.

Die erste Art von Unsicherheit tritt in allen Kreditbeziehungen auf. Im Fall eines öffentlichen Schuldners ist jedoch die Möglichkeit, auf Sicherheiten zurückzugreifen, in besonderem Maße beschränkt, da die Vermögensgegenstände des öffentlichen Schuldners typischerweise keinen oder nur einen geringen Marktwert haben und sich diese Sicherheiten in der Regel einem unmittelbaren Zugriff des Gläubigers entziehen. Die wichtigste Vermögensposition eines souveränen Schuldners ist seine Steuermacht, deren ökonomischer Wert einerseits davon abhängt, welche Steuer- und Anpassungslasten die Bevölkerung zu ertragen bereit ist, und andererseits von der administrativen Fähigkeit und der politischen Bereitschaft des Schuldners, Steuern zu erheben. Beide Sachverhalte sind von außen nur schwer zu beurteilen, mit der Folge, dass Markterwartungen schon aufgrund geringfügiger Neuigkeiten starken Schwankungen unterliegen können.

Die zweite Art von Unsicherheit resultiert aus der Eigenart der Europäischen Währungsunion, das Prinzip der Eigenverantwortlichkeit souveräner Staaten zu betonen (Art. 125 AEUV), aber auch den Solidargedanken zuzulassen (Art. 122 AEUV). Vor der griechischen Schuldenkrise herrschte in der politischen Öffentlichkeit die offizielle Auffassung, dass die No-Bailout-Bestimmung des Art. 125 AEUV einen finanziellen Beistand für eine überschuldete Regierung ausschließt, während die Finanzmarktteilnehmer annahmen, dass es in Notfällen zu Bailout kommen würde, und daher so gut wie keine länderspezifischen Risikoprämien verlangten. Erst als die Euro-Regierungen am 12. Oktober 2008 beschlossen, größere Geschäftsbanken nicht ihrem Schicksal zu überlassen, sondern sie notfalls zu retten, wurde man sich in den Finanzmärkten der spezifischen Länderrisiken bewusst, und es kam zu einem ersten deutlichen Anstieg der Risikoprämien für Anleihen insbesondere der schwächeren Staaten. Im Verlauf der Krise wurde dann in zahlreichen Äußerungen europäischer Politiker das in Art. 122 AEUV genannte Solidaritätsprinzip in den Vordergrund gerückt, verbunden mit dem Versprechen, die Gemeinschaft werde Griechenland nicht fallen lassen.[212] Da es jedoch weder eine Insolvenzordnung für staatliche Schuldner noch ein Verfahren zur Gewährung finanziellen Beistands gab und die Kommission eine solche auch nicht initiierte, wurde eine Lösung des griechischen Schuldenproblems zunächst immer weiter hinausgeschoben. Den Märkten war es überlassen, zu raten, welches Prinzip sich durchsetzen würde, mit der Folge, dass die Markterwartungen sich durch jede neue Nachricht änderten. Erst als die Schuldenkrise sich vollends zuspitzte, ergriffen die Regierungen in aller Eile Notmaßnahmen, die viele Fragen offen ließen. Die Hektik der Ereignisse und die geradezu feierliche Beschwörung, das Risiko eines Zusammenbruchs der Eurozone abgewendet zu haben, verdeutlichen vor allem Eines: Ohne ein Regelwerk für den Fall einer staatlichen Schuldenkrise und Insolvenz ist der Grundsatz, überschuldeten Regierungen keinen gemeinschaftlichen Beistand zu leisten, wenig glaubwürdig, weil den politisch Verantwortlichen im Krisenfall jede Möglichkeit besser erscheint als die, die Regierung eines Mitgliedstaates mit der Erklärung der Zahlungsunfähigkeit einer Entwicklung zu überlassen, von der sie nur vage Vorstellungen haben.

Die dritte Art der Unsicherheit resultiert aus dem klassischen Koordinationsproblem zwischen den Gläubigern im Fall einer drohenden Insolvenz. Es hat zwei Aspekte. Vor dem Eintritt der Insolvenz besteht aus der Sicht jedes Gläubigers das Risiko, dass alle anderen Gläubiger ihre Forderungen an den Schuldner abstoßen mit der Folge, dass der Wert dieser Forderungen verfällt. Jeder einzelne Gläubiger hat daher den Anreiz, seine Forderungen möglichst schnell abzustoßen und von einer Refinanzierung auslaufender Schuldtitel Abstand zu nehmen, selbst wenn die Verschuldung der betroffenen Regierung noch keine übermäßige Höhe erreicht hat. Dieses Verhalten der Gläubiger kann die Entstehung einer Schuldenkrise beschleunigen oder sogar auslösen.

212 Beispielsweise erklärte Währungskommissar Joaquin Almunía am 3. März 2009: *„Wenn eine solche Krise in einem Euro-Staat auftritt, gibt es dafür eine Lösung, bevor dieses Land beim Internationalen Währungsfonds (IWF) um Hilfe bitten muss.“* Er fügte hinzu: *„Es ist nicht klug, öffentlich über diese Lösung zu sprechen, aber die Lösung besteht.“* Bloomberg Press.

Mit dem Eintreten der Insolvenz wird offensichtlich, dass die überschuldete Regierung nicht über ausreichende finanzielle Mittel verfügt, ihre Gläubiger zu bedienen. Dann muss durch Verhandlungen zwischen dem Schuldner und den Gläubigern ein Kompromiss gefunden werden, der einerseits die Regierung zu fiskalischen Anpassungen zwingt und andererseits die Gesamtverschuldung verringert. Falls die Einigung unter den Gläubigern über einen solchen Kompromiss die Zustimmung aller Gläubiger erfordert kann ein einzelner Gläubiger seine Vetoposition ausnutzen, um sich von den anderen Gläubigern auskaufen zu lassen. Daher besteht die Möglichkeit, dass Kompromisse, die von einer breiten Mehrheit der Gläubiger gebilligt werden, nicht zustande kommen, und die Gläubiger am Ende noch weniger erhalten, als unter einer Kompromisslösung möglich gewesen wäre.

Die Lösung einer Schuldenkrise besteht daher in einer Kombination von fiskalischen Anpassungsmaßnahmen, einer Verringerung der ausstehenden Schuld, einer Verlängerung ihrer Laufzeit und einer Reduzierung der Zinslast. Diese Kombination muss so gestaltet werden, dass der Schuldner anschließend wieder einen Zustand dauerhaft tragfähiger öffentlicher Finanzen erreicht. Gleichzeitig muss die Lösung eine annehmbare Verteilung der Lasten zwischen Gläubigern und Schuldnern ermöglichen. Eine Insolvenzordnung für souveräne Schuldner zielt darauf ab, bei der Suche nach einer Lösung die drei Arten von Unsicherheit möglichst gering zu halten. Dazu muss die Ordnung in der Lage sein, die Erwartungen der Marktteilnehmer über das Verhalten der Politik und der anderen Marktteilnehmer effektiv zu steuern, das heißt, sie muss verlässlich und transparent sein. Zugleich muss sie den relevanten wirtschaftspolitischen Entscheidungsträgern Regeln an die Hand geben, wie sie zu verfahren haben, um das Glaubwürdigkeitsproblem des Art. 125 EUV zu beheben. Um Eingriffe in bestehende Verträge zu vermeiden, müsste die Einführung eines solchen Verfahrens einige Jahre im Voraus beschlossen werden. Mit diesem Beschluss müssten sich die Mitgliedstaaten verpflichten, Staatsanleihen nur noch unter den Regeln dieses Verfahrens zu begeben.

Aktuell gibt es nur in den USA ein formales Verfahren für den Umgang mit Schuldenkrisen von Gebietskörperschaften. Und zwar ermöglicht Kapitel 9 der amerikanischen Konkursordnung es Städten und Landkreisen (*municipalities*) Gläubigerschutz nach dem Muster des privaten Gläubigerschutzes (*Chapter 11*) zu erlangen. Im Jahr 2002 legte der Internationale Währungsfonds einen Vorschlag für eine Insolvenzordnung souveräner Schuldner vor.[213] Dieser Vorschlag wurde seinerzeit jedoch insbesondere seitens der Vereinigten Staaten und Großbritanniens abgelehnt.

Staatliche Insolvenz unterscheidet sich von der Insolvenz eines privaten Unternehmens in einer Reihe von Aspekten:

Erstens kann ein souveräner Staat nicht von außen einer Insolvenz unterzogen werden.

Zweitens kann der öffentliche Schuldner im Gegensatz zu einem Unternehmen nicht liquidiert werden. Da der Wert des Vermögens eines öffentlichen Schuldners in besonderem Maße unsicher ist, insbesondere insoweit es um unvermarktbare Infrastruktur geht, ist es unmöglich, auch nur annähernd präzise zu bestimmen, wann sein Nettovermögen negativ wird. Dies bedeutet, dass der Anstoß zu einem Insolvenzverfahren souveräner Schuldner nur von dem Schuldner selbst ausgehen kann.

Drittens kann ein Insolvenzverfahren souveräner Schuldner, im Gegensatz zu privaten Schuldnern, nicht primär darauf abzielen, eine möglichst hohe Auszahlungsquote für die Gläubiger zu erlangen. Der Schuldner muss in der Lage bleiben, seine staatlichen Funktionen ausreichend wahrzunehmen. Insofern ist es etwas irreführend, von einer staatlichen Insolvenzordnung zu sprechen. Vielmehr kommt es darauf an, den Schuldner in eine Position dauerhaft tragfähiger öffentlicher Finanzen zurückzuversetzen. Das liegt auch im wohlverstandenen Interesse der Gläubiger.

Viertens kann ein souveräner Schuldner nicht unter Konkursverwaltung gestellt werden, denn dies würde grundlegenden demokratischen Prinzipien widersprechen. In diesem Sinn verbietet § 904 der US-amerikanischen Konkursordnung dem Konkursgericht, in die Entscheidungen eines öffentlichen Schuldners hinsichtlich der Art und des Umfangs öffentlicher Leistungen für seine Bürger einzugreifen. Da der ökonomische Wert der Steuergewalt eines souveränen Schuldners von der Bereitschaft seiner Bürger, Lasten zu akzeptieren, und von der Qualität seiner Steuerverwaltung abhängt, kann ein zu direkter und einschränkender Eingriff in die internen Angelegenheiten des Schuldners von Außen den Wert des Vermögens verringern und dadurch das Schuldenproblem verschärfen.

213 Vgl. Krueger, A. O. (2002), *A New Approach to Sovereign Debt Restructuring*, Washington DC: 2002, International Monetary Fund (2002), „The Design of the Sovereign Debt Restructuring Mechanism-Further Considerations“, Prepared by the Legal and Policy Development and Review Departments, November 27.

Fünftens erfordert die Lösung einer staatlichen Schuldenkrise eine Institution, die befugt und willens ist, Auseinandersetzungen zwischen dem Schuldner und seinen Gläubigern nach internationalem Recht bindend zu regeln.

Diese Unterschiede schränken die Gestaltung eines Insolvenzverfahrens für souveräne Schuldner gegenüber einer privaten Konkursordnung ein. Das Insolvenzverfahren muss es ermöglichen, Verhandlungen zwischen dem Schuldner und seinen Gläubigern möglichst reibungslos und zielorientiert zu organisieren.

Der Ansatz der Eurogruppe

Mit einer Erklärung von Ende November hat die Eurogruppe den Ansatz für eine Insolvenzregelung skizziert, und dies ist vom Europäischen Rat bekräftigt worden.[214] Danach ergibt sich der folgende, in den Einzelheiten noch auszuarbeitende Plan. Von Juni 2013 an soll in sämtliche neue Anleihen der Mitgliedstaaten eine standardisierte, identische Umschuldungsklausel (*collective action clause*) aufgenommen werden. Die Klausel soll mit Klauseln unter britischem und US-amerikanischem Recht vereinbar sein, wie sie seit dem G10-Bericht über Umschuldungsklauseln aus dem Jahr 2002 üblich geworden sind.[215]

Für die Euro-Mitgliedstaaten müsste die Umschuldungsklausel aus Sicht des Beirats mindestens drei Regelungen festlegen, und zwar

1. den formalen Akt zur Eröffnung des Insolvenzverfahrens, dessen Regeln darauf abzielen, Gläubiger und Schuldnerstaat möglichst rasch zum Austausch relevanter Informationen und zu Verhandlungen zu bringen. Mit der Eröffnung des Verfahrens wäre ein sofortiges Einstellen aller Zins- und Tilgungszahlungen des Staates an seine Gläubiger verbunden;

2. einen besonderen Mechanismus zur Organisation von Verhandlungen zwischen dem Schuldnerstaat und seinen Gläubigern. Anders als im Szenario des Pariser Clubs sollten diese Verhandlungen nicht von einem politischen Gremium, wie etwa dem Ecofin-Rat, geführt werden. Eine Politisierung der Verhandlungen muss vermieden werden. Es geht hier allein um technische Expertise in der Verhandlungsführung. Sie könnte von einer speziellen Abteilung der Kommission geleistet werden, aber ebenso gut auch von einer privaten Institution, etwa einer internationalen Anwaltsfirma;

[214] Statement by the Eurogroup, 28 November 2010.
[215] Vgl. Report of the G10 Working Group on Contractual Clauses, March 2003.

3. eine Regel, die verhindert, dass eine Minderheit von Gläubigern eine breite Mehrheit von einer Einigung mit dem Schuldner abhalten kann. Dazu ist es erforderlich, dass eine qualifizierte Mehrheit der Gläubiger (die z. B. zwei Drittel der Forderungen auf sich vereinigt) eine für alle Gläubiger bindende Einigung beschließen kann.

Darüber hinaus könnte eine Regel nützlich sein, die es erlaubt, die drohende Zahlungsunfähigkeit schon im Vorfeld einer formellen Insolvenz abzuwenden, indem mit den Gläubigern der zu einem Zeitpunkt fälligen Anleihe eine separate Vereinbarung über eine Umschuldung oder einen Haircut getroffen wird, ohne dass die anderen Gläubiger, deren Papiere erst später auslaufen, ihre Forderungen fällig stellen können. Nach den vorherrschenden Verträgen haben regelmäßig Gläubiger eines Staates die Möglichkeit, ihre Forderungen fällig zu stellen, wenn nur mit einer Teilgruppe eine Vereinbarung zur Umschuldung getroffen wird. Dieser Umstand macht aus einer temporären Liquiditätskrise, die möglicherweise wieder überwunden werden kann, eine formelle Insolvenz des Staates mit so weitreichenden rechtlichen Folgen, dass man ihr im Fall des Falles doch wieder mit einem spontan beschlossenen Bailout der Staatengemeinschaft entgegen treten würde. Um die Bankenbeteiligung glaubhaft zu machen, ist es ratsam, ein Verfahren zu schaffen, das partielle Forderungsverzichte bereits vor einer Fälligstellung der gesamten Staatsschuld ermöglicht. Allerdings lädt eine Differenzierung zwischen Gläubigergruppen zu strategischem Verhalten ein, das zu unerwünschten Markteffekten führen kann.

Ökonomische Wirkungen

Eine Insolvenzordnung schafft die Voraussetzungen dafür, dass die Gläubiger eines Staates an der Lösung eines Überschuldungsproblems finanziell beteiligt werden. Sie sorgt dafür, dass die Anpassungslasten nicht vollständig von den Steuerzahlern – im Schuldnerland und in den Ländern, die finanziellen Beistand leisten – getragen werden müssen. Die Aufstellung einer Insolvenzordnung macht damit potenziellen Gläubigern aller Staaten in der Währungsunion bewusst, dass die Stabilität der gemeinsamen Währung nur zu erhalten ist, wenn die Staatsverschuldung der Mitgliedsstaaten einem Insolvenzrisiko ausgesetzt ist. Damit schafft eine Insolvenzordnung Anreize für private Gläubiger, die Finanzpolitik souveräner Schuldner besser als bisher zu überwachen und stärkt somit die Marktanreize für größere Haushaltsdisziplin.

Die Gewährung von finanziellem Beistand an die griechische Regierung seit Frühjahr 2010 ist immer wieder mit dem Hinweis auf mögliche Folgen einer griechischen Staatsinsolvenz für das europäische Bankensystem verteidigt worden.[216] Man könnte daher vermuten, dass das Zulassen der Insolvenz eines Mitgliedstaats die Stabilität des europäischen Finanzsystems erschüttern würde und ein Insolvenzverfahren daher grundsätzlich auszuschließen ist. Diese Vermutung ist aber falsch. Eine Konsequenz der Schaffung eines Insolvenzverfahrens für souveräne Schuldner wäre nämlich, dass die Banken und andere Finanzinstitute von vornherein die Möglichkeit eines partiellen Kreditausfalls auch bei Staaten in Betracht ziehen müssten. Das sollte sie dazu veranlassen, den Anteil staatlicher Schuldpapiere in ihren Portfolios dauerhaft geringer anzusetzen bzw. eine entsprechende Risikoprämie zu verlangen. Eine Anpassung der Bankenregulierung, die die derzeitige Bevorzugung staatlicher Schuldpapiere in den Eigenkapitalvorschriften abschaffte, würde diesen Prozess unterstützen.

Eine verwandte Frage ist, ob die Banken eines Landes, das in die Insolvenz fällt, zwangsläufig in Refinanzierungsprobleme bei der EZB geraten, so dass die Eröffnung des Insolvenzverfahrens geldpolitische Störungen hervorrufen würde. Auch diese Frage ist zu verneinen. Wenn die EZB grundsätzlich klar stellte – was sie im wirtschaftlichen Interesse ihrer Kapitaleigner tun müsste – dass sie die Schuldtitel einer Regierung, die sich in einem Insolvenzverfahren befindet, nicht oder nur zu einem erheblichen Diskont zur Refinanzierung akzeptiert, dann würden die Banken ihre Refinanzierungspolitik von vornherein nicht in großem Ausmaß auf solche Papiere stützen. Infolge der Anpassung ihrer Portfolios würde die Nachfrage nach Schuldpapieren von insolvenzgefährdeten Euro-Mitgliedstaaten frühzeitig fallen und die Nachfrage nach Schuldverschreibungen von Mitgliedstaaten, deren Bonität außer Frage steht, steigen. Dies hätte Zinsänderungen zugunsten letzterer zufolge, die die Marktanreize zu stabilitätsbewusster Finanzpolitik verstärken würden.

2. *Ein ständiger „Krisenmechanismus"?*

Auf deutsch-französische Initiative haben sich die Staats- und Regierungschefs darauf verständigt, vermittels einer begrenzten Vertragsänderung einen „ständigen Krisenmechanismus zur Wahrung der Finanzmarktstabilität im gesamten Euro-Währungsgebiet" einzurichten, der an die Stelle der auf drei Jahre befristeten European Financial Stability Facility (EFSF) treten soll.[217] Der Rat hat die Kommission mit Vorbereitungsar-

[216] Tatsächlich hätte man das Bankensystem der Eurozone mit den verfügbaren Mitteln leicht gegen die Folgen einer griechischen Staatsinsolvenz abschirmen können; vgl. Abschnitt 2.2.4.

[217] Europäischer Rat, Schlussfolgerungen, 28./29. Oktober 2010, CO EUR 18, CONCL 4.

beiten zu den Merkmalen des Mechanismus beauftragt, u.a. zur Rolle der Privatwirtschaft und der Rolle des IWF. Mit dem Krisenmechanismus hat der Rat einen Vorschlag der EZB von Juni 2010 aufgegriffen.[218] Im Folgenden wird zuerst der Vorschlag der EZB charakterisiert (3.2.1), danach werden die ordnungspolitischen Implikationen eines Krisenmechanismus im Spannungsfeld von Währungsunion zu Transferunion analysiert (3.2.2). Schließlich wird auf die Frage von Kredithilfen nach vollzogener Insolvenz eingegangen (3.2.3).

Der Vorschlag der EZB

Die EZB hatte vorgeschlagen, im Rahmen der Eurogruppe eine dauerhafte Institution für Krisenmanagement (‚*a permanent crisis management framework*') einzurichten. Deren Aufgabe sollte es sein, einem Mitgliedstaat der Eurozone als „ultima ratio" Kredite der letzten Zuflucht (‚*last-resort financial support*') zu gewähren, sobald sich die Finanzmärkte, also die privaten Kreditgeber, einer fortgesetzten Finanzierung dieses Staates verweigern. Die Krisenkredite sollten ausschließlich der Finanzierung primärer Defizite dienen und nicht, wie das im Rahmen des Griechenlandpakets zu mehr als zwei Dritteln der Fall ist, auch zur Tilgung bestehender Schulden. Die Krisenkredite sollten überdies mit Auflagen versehen und zu einem Strafzins bereitgestellt werden, um das induzierte moralische Risiko möglichst gering zu halten. Auch regte die EZB an, zu prüfen, ob nicht ein Schuldnerland, das sich in Schwierigkeiten befindet, zur Bereitstellung von Pfändern gezwungen werden sollte. Schließlich sprach sich die Bank dafür aus, dass die Institution für Krisenmanagement ermächtigt werden sollte, am offenen Markt Anleihen des betroffenen Staates zu Marktpreisen zu erwerben. Insgesamt gesehen lief der Vorschlag der EZB praktisch darauf hinaus, die zur Verwaltung des Rettungsschirms von den Mitgliedstaaten eingerichtete Zweckgesellschaft EFSF in etwas verändertem Gewand zu einer Dauereinrichtung der Eurozone zu machen.

Für die EZB hätte die vorgeschlagene Institution den großen Vorzug, auf elegante Weise die selbst gewählte Aufgabe des Ankaufs von Staatsschuldtiteln im offenen Markt wieder aufgeben und dorthin zurückgeben zu können, wo Kurspflege von Staatsanleihen hingehört – zu den emittierenden Mitgliedstaaten. Aber der Vorschlag der EZB ist nicht zu Ende gedacht bzw. nicht vollständig ausformuliert. Vor allem ist nicht klar, wie eine Institution des Krisenmanagements die drohende Insolvenz eines Euro-Mitgliedstaats verhindern könnte, wenn es ihr doch

[218] EZB, Reinforcing Economic Governance in the Euro Area, 10 June 2010.

nicht gestattet sein soll, Kredite zur Ablösung fällig werdender Schulden zu vergeben. Auch bedeuten Ankäufe von Anleihen im offenen Markt nichts anderes als eine Übernahme von ausstehender, privat gehaltener Staatsschuld.

Tatsächlich würde die Konstruktion der vorgeschlagenen Institution stimmig, wenn man als ausdrückliche Annahme hinzufügte, dass ein Mitgliedstaat die Insolvenz erklärt und die Verhandlungen mit seinen Gläubigern abgeschlossen haben muss, bevor er Kredite von der Institution für Krisenmanagement erhalten kann. Diese entscheidende Annahme enthält der Vorschlag der EZB jedoch nicht. Dagegen enthält der Vorschlag der Bundesregierung eine Insolvenzregelung, bei der die Gläubiger neu auszugebender Staatsanleihen an entstehenden Verlusten beteiligt werden. Dies hat die Bundesregierung in den Beschlüssen des europäischen Rates vom 28. Oktober auf den Weg gebracht.

Ordnungspolitische Implikationen

Es geht hier um eine Grundsatzentscheidung. Ist man der Überzeugung, eine Bewältigung von Überschuldungskrisen einzelner Mitgliedstaaten könne nur durch eine großzügige Bereitstellung internationaler Kredite bewirkt werden, dann erscheint es als zwingend, eine dauerhafte Institution für Krisenmanagement einzurichten und ihr die Bekämpfung nationaler Überschuldungskrisen anzuvertrauen. Aber dann würde man den Weg in die Transferunion beschreiten, es sei denn, es gäbe eine flankierende Insolvenzregelung. Denn mit einer dauerhaften Kriseninstitution ohne Insolvenzregelung fördert man *Moral Hazard* bei den Mitgliedsregierungen wie bei deren Gläubigern. Insbesondere politisch schwache Regierungen hoch verschuldeter Länder werden dazu neigen, sich auf die Rückfallmöglichkeit des Krisenmechanismus zu verlassen. Sie werden sich tendenziell dauerhaft zu stark verschulden und die internationalen Finanzmärkte werden es ihnen nicht verwehren. Diese Länder werden schließlich den Krisenmechanismus immer wieder in Anspruch nehmen müssen. Der ständige Krisenmechanismus ohne Insolvenzregelung würde zu einem fortwährenden Kreditmechanismus degenerieren, und der Grad an Finanzmarktstabilität wird nicht zu- sondern abnehmen. Das dürfte schließlich dazu führen, dass eine zunehmende Anzahl von Mitgliedstaaten sich für die Aufstockung des Krisenmechanismus und für die Einführung weiterer Transfermechanismen aussprechen wird. Die Kommission befürwortet seit langem eine Ausdehnung der Ausgabe von Gemeinschaftsanleihen zur Finanzierung von Stützungsoperationen und vor allem auch die Einführung einer europäischen Steuer zur Erweiterung des Gemeinschaftshaushalts. Solange es aber keinen ernsthaften politischen Willen zur Herstellung einer funktionsfähigen politischen Union gibt, müssen der europäischen Ebene direkte Besteuerungskompetenzen verwehrt bleiben.

Hilfen nach der Insolvenz

Anders stellt sich die Sachlage dar, wenn ein überschuldeter Mitgliedstaat sich der Insolvenz stellt, seinen wirtschafts- und finanzpolitischen Kurs durchgreifend korrigiert und einen Neustart beginnt. In diesem besonderen Fall könnte eine koordinierte, begrenzte Kreditgewährung seitens der Euro-Mitgliedstaaten bzw. der Europäischen Union sinnvoll sein, denn erfahrungsgemäß haben Regierungen nach einem Insolvenzverfahren für eine gewisse Zeit keinen Zugang zu den internationalen Kreditmärkten. Dem soll der künftige Europäische Stabilitätsmechanismus (ESM) dienen.[219] Allerdings muss, wie schon erwähnt worden ist, klar sein, dass konkrete Hilfszusagen erst dann erfolgen dürfen, *nachdem* alle Schritte des Insolvenzverfahrens abgeschlossen sind. Dazu gehört, dass eine abschließende Einigung zwischen dem Schuldner und seinen Gläubigern mit einem erheblichen Forderungsverzicht stattgefunden hat, und dazu gehört vor allem anderen, dass der Schuldner ein überzeugendes wirtschafts- und finanzpolitisches Anpassungsprogramm vorgelegt hat und dessen Umsetzung laufend nachweist. Auch dürfen derartige Kredite nicht mit Subventionselementen versehen werden, um neue Fehlanreize zu vermeiden.

Die ordnungspolitisch entscheidende Frage ist also, ob der Europäische Rat darauf bestehen wird, dass die Kredithilfen des geplanten Stabilisierungsmechanismus ESM an die Voraussetzung einer Insolvenz bzw. einer Umschuldung mit ins Gewicht fallender Beteiligung aller Gläubiger an den Sanierungslasten zu knüpfen sind. Die Bundesregierung hatte das schon im Mai 2010 offenbar ebenso gesehen. In ihren Eckpunkten zur Stärkung der Eurozone führte sie klar und konkret aus: „Gehen wir über diese ad hoc-Maßnahme (gemeint ist die EFSF) hinaus, so muss wesentlicher Bestandteil eines festen Krisenbewältigungsrahmens für die Eurozone ein Verfahren für eine geordnete staatliche Insolvenz sein."[220] Aus den danach erschienenen politischen Dokumenten ergibt sich noch kein klares Bild, wie ein solches Verfahren im Einzelnen beschaffen sein könnte und wie es praktiziert werden soll. Die Eurogruppe hat sich Ende November dafür ausgesprochen, dass im Unterschied zu öffentlichen Kreditgebern die privaten Anleger im Falle einer Insolvenz an den Lasten der Schuldenrestrukturierung beteiligt werden sollen, und zwar so,

[219] Vgl. Statement by the Eurogroup, 28 November 2010

[220] Bundesministerium der Finanzen, Eckpunkte der Bundesregierung zur Stärkung der Eurozone, Berlin, 19. Mai 2010, S. 4.

dass die Tragfähigkeit der Verschuldung eines Staates wieder hergestellt wird.[221] Ob mit der Einrichtung des ESM intendiert ist, Kredithilfen im Wesentlichen auf den Fall einer staatlichen Insolvenz zu beschränken, oder ob stattdessen mit Hilfe solcher Kreditvergabemöglichkeiten verhindert werden soll, dass es je zum Feststellen des Insolvenzfalles kommt, bleibt abzuwarten.

Sollte es dazu kommen, dass durch eine zweckentsprechende Anpassung des Europäischen Vertrags die Möglichkeit der Vergabe von Krisenkrediten durch den ESM legitimiert wird, und zwar geknüpft an eine Einigung über einen Forderungsverzicht zwischen dem betreffenden Staat und seinen Gläubigern, dann werden in diesem Zusammenhang auch zwei weitere Sachverhalte zu klären sein. Zum einen ist zu klären, ob die Kredite des Krisenmechanismus an einen prozentualen Mindestsatz des Forderungsverzichts geknüpft werden sollen. Zum anderen muss festgelegt werden, ob die im derzeitigen Rettungsschirm angelegte Zweigleisigkeit der Unterstützung – der Gemeinschaftsfonds EFSM beginnt mit der Kreditvergabe, reicht sie nicht aus, wird sie durch die Fazilität EFSF der Euro-Mitgliedstaaten aufgestockt – fortgeführt werden soll.

Die generelle Vorgabe eines Mindestsatzes des Forderungsverzichts ist zu erwägen, denn eine solche Vorgabe wirkt auf die Bereitschaft der Anleger zum Erwerb staatlicher Schuldtitel und zur laufenden Kontrolle des Emittentenverhaltens zurück. Je höher der Satz des Forderungsverzichts ist, mit dem die Anleger rechnen müssen, falls es zu einer Insolvenz kommen sollte, umso höher muss ex ante die von den Anlegern in der Verzinsung anzusetzende Risikoprämie sein, umso teuerer wird somit für einen Staat die Kreditaufnahme, sobald er sich übermäßig verschuldet. Dies sollte sich stabilitätsfördernd auswirken.

Die im Rettungsschirm angelegte Zweigleisigkeit der Unterstützung fortzuführen wäre nicht effizient. Es empfiehlt sich, den Gemeinschaftsfonds EFSM, der der Disposition der Kommission untersteht, wieder aufzulösen. Wie in Abschnitt 2.1 angemerkt worden ist, wird dieser Fonds aus den Mitteln gespeist, um die die Eigenmittel-Obergrenze die genehmigten Auszahlungen des Gemeinschaftshaushalts übersteigt. Deshalb sind die im Rahmen des EFSM verfügbaren Mittel eng begrenzt. Mit der Auflösung des EFSM würde der Krisenmechanismus in Form einer Zweckgesellschaft in der alleinigen Kompetenz und unter der direkten Kontrolle der Euro-Gruppe unterhalten werden, deren Mitglieder sämtliche Mittel aufbringen.[222]

221 Vgl. Statement by the Eurogroup, 28. November 2010.

222 Der Gemeinschaftsfonds wird dagegen von Mitgliedsländern der EU mitfinanziert, die nicht der Euro-Gruppe angehören.

Es versteht sich, dass die EZB in keiner Weise in eine Finanzierung seitens des Krisenmechanismus einbezogen werden darf. Ebenso sollte jede Art einer Teilnahme der EZB an den Abläufen von Insolvenz- und Unterstützungsverfahren unbedingt vermieden werden. Beides würde die Fähigkeit der EZB beeinträchtigen, eine angemessene Geldpolitik unabhängig zu verfolgen.

3. *Den Stabilitäts- und Wachstumspakt wirksamer machen*

Der Stabilitäts- und Wachstumspakt wurde vereinbart, um zu verhindern, dass die EZB unter politischen Druck gesetzt werden würde, für ein möglichst niedriges Zinsniveau und damit eine tendenziell inflationäre Geldpolitik zu sorgen. Das ist gelungen. Der Pakt sollte darüber hinaus verhindern, dass einzelne Mitgliedsländer des Euroraums den mit dem Eintritt in die Eurozone verbundenen Verlust der Möglichkeit, auf Staatsfinanzierung durch nationale Geldschöpfung zurückzugreifen, als Trittbrettfahrer am unionsweiten Kapitalmarkt durch eine übermäßige Schuldenaufnahme wettmachen würden. Das ist – wie der Fall Griechenland exemplarisch zeigt – nicht gelungen.

Ein wesentlicher Grund für die hohe und teils sehr stark steigende Verschuldung der Euroländer ist, dass Deutschland und Frankreich im Jahr 2003 den normalen Vollzug der damals gegen sie eingeleiteten Verfahren eines übermäßigen Defizits verhinderten. Sie erreichten, dass der Europäische Rat die Defizitverfahren gegen Deutschland und Frankreich gegen den erklärten Willen der Kommission aussetzte. Eine Klage der Kommission gegen diese Umgehung des Vertrages führte nicht zum Erfolg. Der EuGH stellte fest, dass der Rat sich Empfehlungen der Kommission nicht zu Eigen machen müsse. Das bedeutet, dass die Kommission letztlich darauf angewiesen ist, ihre Beschlussvorlagen an der jeweils vorherrschenden Mehrheitsmeinung im Rat auszurichten. Zudem wurde der Pakt auf deutsch-französische Initiative im Jahr 2005 aufgeweicht. Es wurde betont, dass die Ziele der Schaffung von Arbeitsplätzen, der Durchführung von Strukturreformen in den Mitgliedsländern und der sozialen Kohäsion es erforderten, die mittelfristigen Budget- und Defizitziele nach Ländern zu differenzieren und sie insbesondere im Falle von Reformen der Alterssicherung weniger ehrgeizig anzusetzen. Zudem sollte auf das Verdikt des Vorliegens eines übermäßigen Defizits nicht nur im Falle einer Rezession verzichtet werden, sondern auch schon bei einem anhaltend relativ geringen Wachstum der Volkswirtschaft.[223] Der

[223] Vgl. Art. 2, Council Regulation (EC) No 1467/97 in der Fassung 1056/2005, 27 June 2005.

Rat betonte damals, dass nicht Bestrafung, sondern Hilfestellung der Zweck des Verfahrens zu übermäßigen Defiziten sein solle.[224]

Die Erfahrungen, die man mit der damaligen Reform des Pakts gesammelt hat, sind in dem Sinne negativ zu werten, dass seitdem in der Euro-Zone die ausstehenden Staatsschulden schneller angestiegen sind als das Sozialprodukt. Der dramatische Ausbruch der Schuldenkrise Griechenlands hat schlagartig verdeutlicht, dass der Stabilitäts- und Wachstumspakt nicht hält, was man sich lange Zeit von ihm versprochen hat. Darin sind sich die Kommission, die EZB und die Bundesregierung einig.[225]

Seit dem Frühjahr 2010 werden neue Ansätze zu einer effizienten Haushaltsüberwachung durch die Kommission diskutiert. Aus der Sicht des Beirats sollte ein grundlegender Leitsatz der Reformen sein, dass alle Regeln zur Überwachung und Beeinflussung nationaler Haushaltspolitiken auf möglichst frühzeitig einsetzende Korrekturen hinwirken und zudem möglichst automatisch greifen sollten. Spielräume zu einer politischen Verhandelbarkeit der Anwendung von Regeln sind niemals anreizverträglich. Sie haben sich, wie die Geschichte des Stabilitäts- und Wachstumspakts gezeigt hat, als nachteilig für die Haushaltsdisziplin erwiesen, indem sie es der Politik ermöglicht haben, mit immer erneuten nachsichtigen Interpretationen von Fehlentwicklungen die Anwendung des Stabilitäts- und Wachstumspaktes aufzuweichen. Das hat den Weg in die Überschuldung begünstigt. Deshalb gilt es, alle budgetpolitischen Regeln möglichst so zu formulieren, dass ihre Anwendung nicht durch einzelfallbezogene, opportunistische Beschlüsse des Rats verfälscht oder gar ausgehebelt werden kann.

Der wichtigste Reformschritt wäre, der Kommission mehr Macht zu verleihen, die Einhaltung der Regeln des Stabilitäts- und Wachstumspaktes von den Mitgliedsstaaten konkret einfordern zu können. Dazu wäre es notwendig, das Verfahren der ‚umgekehrten Mehrheitsentscheidung' einzuführen. Nach der bisherigen Praxis formuliert die Kommission Beschlussvorlagen, die der Rat mit qualifizierter Mehrheit annehmen oder ablehnen kann. Würde der Kommission das Recht verliehen, anstatt nur eine Beschlussvorlage für den Rat erarbeiten zu dürfen, im Vorgriff selber den Beschluss zu fassen, und könnte dann der Rat auf Antrag des betrof-

[224] Das mag erklären, warum es bisher in keinem einzigen Fall zur Androhung geschweige Verhängung von Sanktionen gekommen ist.

[225] Vgl. European Commission, Enhancing Economic Policy Coordination for Stability, Growth and Jobs – Tools for Stronger EU Economic Governance, COM (2010) 367/2; European Central Bank, Reinforcing Economic Governance in the Euro Area, 10 June 2010; Bundesministerium der Finanzen, Eckpunkte der Bundesregierung zur Stärkung der Eurozone, Berlin , 19. Mai 2010.

fenen Mitgliedstaats den Beschluss nur mit einer qualifizierten Mehrheit aufheben, so wäre das verfahrenstechnisch fraglos ein Gewinn. Die Defizitverfahren ließen sich wesentlich beschleunigen und die Verhängung von Sanktionen bekäme eine reelle Chance. Allerdings setzte die Einführung der umgekehrten Mehrheitsentscheidung bei Verfahrensschritten, die im Vertrag festgelegt sind, eine Änderung des Vertrags voraus. Leider haben sich Frankreich und Deutschland inzwischen dagegen entschieden, die Einführung dieses Verfahrens zu unterstützen.

[Beginn eines Minderheitsvotums]

Ein Mitglied des Beirats teilt nicht die Auffassung der Mehrheit, dass die Sanktionsdrohung des Stabilitäts- und Wachstumspaktes durch die Einführung der „umgekehrten Mehrheitsentscheidung" verschärft werden sollte. Die damit gegebenenfalls geschaffene Vorrangstellung der Europäischen Kommission bei der Feststellung eines Sanktionsfalles ist nicht akzeptabel. Sie wird von der Kommission genutzt werden, nach und nach eine gemeinschaftliche Finanzpolitik zu erzwingen. Eine Währungsunion – die ihren Mitgliedern die Zuständigkeit für die Geldpolitik entzogen und diese einer unabhängigen Notenbank übertragen hat – braucht die Autonomie der Einzelstaaten in der Finanzpolitik, damit diese ihrer Selbstverantwortung gerecht werden können. Was sie auf keinen Fall gebrauchen kann, ist der potentiell enorme Druck von Seiten der Verantwortlichen für eine gemeinschaftliche Finanzpolitik auf die Notenbank, im Falle eines Zielkonflikts in ihrem Sinne zu entscheiden.

[Ende dieses Minderheitsvotums]

Unbeschadet von Einzelheiten der von verschiedenen europäischen Institutionen entwickelten Reformvorstellungen fällt auf, dass man eine Lösung tendenziell in einer frühzeitigen Aufsicht über die nationalen Haushaltsplanungen und einer stärkeren Koordinierung der nationalen Haushaltspolitiken („Europäisches Semester") sowie – als ein ganz neues Feld – einer Überwachung der Wettbewerbsfähigkeit anhand ausgewählter Indikatoren zu suchen scheint, dass man diesbezügliche Aufsichtskompetenzen der Kommission erweitern will und dass die EZB die Kommission dabei unterstützen soll. Es ist derzeit nicht zu erkennen, dass diese Ansätze nennenswerte Wirkungen haben werden.

Auch der Beirat ist der Überzeugung, dass es gilt, den Stabilitäts- und Wachstumspakt wirksamer zu machen, insbesondere Regeln zu entwickeln, die geeignet sind, vorbeugende Wirkung gegen Tendenzen zu Überschuldung zu entfalten. Man muss aber vorsichtig sein, dass es nicht zu einem Überschreiten von Kompetenzen kommt. Die Souveränität über die Planung der staatlichen Ausgaben und Einnahmen liegt allein bei den Mitgliedstaaten; sie wird von den gewählten Mitgliedern der nationalen Parlamente ausgeübt und gegenüber den Wählern verantwortet.

Dagegen haben sich die Mitgliedstaaten im Vertrag dazu verpflichtet, den Schuldenstand und die Neuverschuldung in bestimmten Grenzen zu halten. Das gilt es zu fördern und, wo einzelne Mitgliedsregierungen zu schwach sind, auch durchzusetzen. Es ist richtig, dem Schuldenstandskriterium im Rahmen der Überwachung durch die Kommission ein größeres Gewicht zu geben und der Öffentlichkeit mehr Transparenz über die laufende Entwicklung der Schulden und der Defizite in den Mitgliedstaaten zu verschaffen. Zu befürworten ist auch die Absicht, durch geeignete Fristenverkürzungen den Verlauf der Defizitverfahren zu beschleunigen.

Stärkung des 60-Prozent-Schuldenstandskriteriums

Art. 126 AEUV in Verbindung mit dem Protokoll über das Verfahren bei einem übermäßigen Defizit sieht vor, dass die Mitgliedstaaten als Ausweis haushaltspolitischer Disziplin zwei Referenzwerte der Verschuldung einhalten sollen: die Neuverschuldung, gemessen durch das Haushaltsdefizit, soll nicht mehr als 3 Prozent des BIP betragen, der Bruttoschuldenstand nicht mehr als 60 Prozent.[226] In der Praxis der Überwachung der Haushaltsentwicklungen der Mitgliedstaaten durch die Kommission hat das Defizitkriterium stets eine herausragende Rolle gespielt, während das Schuldenstandskriterium zwar immer mitgeführt, aber wenig betont worden ist. Dies mag damit zu tun haben, dass der aufgelaufene Schuldenstand im Unterschied zu einem frischen Haushaltsdefizit das Ergebnis vergangener Politik ist und kurzfristig nicht verändert werden kann.

Die Konzentration auf die Neuverschuldung hat in allen Mitgliedsländern die Drift in einen steigenden Schuldenstand begünstigt. Während Ende 2001 noch 11 der heutigen 16 Euro-Mitgliedstaaten das Schuldenstandskriterium einhielten, waren es Ende 2008 nur noch 8 Länder.[227] Das Problem einer Drift ist auch aus anderen Zusammenhängen – etwa der früheren Praxis der Geldmengenziele – bekannt. Weil es aufgrund beispielsweise nicht präzis prognostizierbarer Konjunkturschocks nicht immer gelingen kann, die Neuverschuldung auf Kurs zu halten, und es

[226] In Jahren normaler Konjunktur soll für Haushaltsausgleich oder sogar für einen Haushaltsüberschuss in Höhe von 0,5 Prozent des BIP gesorgt werden.
[227] Vgl. European Commission, General Government Data, Part II, Spring 2010, Tb 55B.

zudem bisher in keinem Mitgliedstaat üblich war, ein Zuviel an Neuverschuldung in einer folgenden Periode durch eine Minderverschuldung zu kompensieren – wie das bei einer Schuldenbremse, wenn sie eingehalten wird, automatisch der Fall wäre – kommt es im Verlauf der Jahre zu einem allmählichen Ansteigen der ausstehenden Staatsschuld. Der Referenzwert für den Schuldenstand verliert dann schleichend seine ursprüngliche Bedeutung als Anker der Haushaltsdisziplin.

Der Beirat hält es für geboten, die Ankerfunktion, die der Schuldenstandsnorm von 60 Prozent im Vertrag zugewiesen ist, künftig prononcierter herauszustellen. Das könnte vorzugsweise in der Weise geschehen, dass zusätzlich zu der 3-Prozent-Defizitnorm eine zweite Defizitnorm eingeführt wird, die aus der Schuldenstandsnorm von 60 Prozent für jedes Haushaltsjahr ableitet, welche Höhe der Neuverschuldung die Einhaltung des Schuldenstandskriteriums auf Dauer sichern würde. Diese zweite Defizitnorm kann als Anker-Defizitnorm oder kurz als *Anker-Norm* bezeichnet werden. Die Anker-Norm gibt an, wie hoch das Defizit eines Mitgliedstaats und damit die Neuverschuldung, ausgedrückt in Prozent des BIP, höchstens sein darf, damit kein dauerhafter Anstieg des Schuldenstands über den Referenzwert von 60 Prozent hinaus ausgelöst wird bzw., falls dieser Referenzwert bereits überschritten ist, kein weiterer Anstieg bewirkt wird.[228]

Die Anker-Norm ist definiert als das Produkt von Schuldenstandsnorm und Trendwachstumsrate des nominalen BIP. Sie bezeichnet die Obergrenze für das zulässige Trendwachstum der Verschuldung eines Staates in Abhängigkeit vom Trendwachstum des BIP und kann daher als ein mittelfristig zu realisierender Richtwert interpretiert werden. Weil der Richtwert vom Trendwachstum des BIP abhängt, unterscheidet er sich von Land zu Land. Es handelt sich um eine endogene Variable, deren Güte von der Qualität der Trendschätzungen für das BIP-Wachstum abhängig ist. Es versteht sich, dass es alternative Trendschätzungsverfahren gibt. Die Kommission hat sich im Rahmen der europäischen Haushaltsüberwachung auf die Verwendung eines Hodrick-Prescott-Filters festgelegt.[229] Dieses Verfahren wird im Folgenden auf die von der Kommission für Deutschland veröffentlichten Daten angewendet, um die numerischen Beziehungen zwischen den Defizitabgrenzungen am historischen Beispiel zu verdeutlichen.

[228] Der Zusammenhang zwischen Schuldenstand und Defizit gilt präzis für den Netto-Schuldenstand, aber trendmäßig betrachtet auch für den Brutto-Schuldenstand, auf den der Vertrag abstellt.

[229] Vgl. die Erläuterungen in European Commission, Cyclical Adjustment of Budget Balaces, Spring 2010, S. 10.

Schaubild 2 zeigt für die Jahre ab 2001 im oberen Teil die jährlichen Defizitquoten, die 3-Prozent-Norm des Stabilitäts- und Wachstumspakts und die Werte der Anker-Norm. Die Werte der Anker-Norm entsprechen dem Trendwachstum des BIP, das im unteren Teil des Schaubilds abgebildet ist, multipliziert mit dem Faktor 0,6.[230] Der Vergleich der Kurven von Defizit und Anker-Norm zeigt, dass die deutschen Defizite in den Jahren 2001-06 die Anker-Norm weit überstiegen und damit einen vertragswidrigen Aufbau des Schuldenstands auslösten. Die Brutto-Schuldenstandsquote stieg in diesem Zeitraum von 58,8 auf 67,6 Prozent an. In den beiden folgenden Jahren 2007/08 bildete sie sich vorübergehend leicht zurück, nachdem das Defizit aufgrund einer sehr guten Konjunkturentwicklung die Anker-Norm um mehr als einen Prozentpunkt des BIP unterschritt.

[Beginn eines Minderheitsvotums]

Eine Minderheit wendet sich gegen eine Stärkung des 60-Prozent-Schuldenstandskriteriums mit der Begründung, es könne ein dauerhaftes Überangebot an privater Ersparnis geben. Darauf müsse der Staat mit der Ausweitung seiner expliziten oder auch impliziten Verschuldung reagieren können, um die Beschäftigung aufrechterhalten zu können.

[Ende dieses Minderheitsvotums]

Standardisierte Charakterisierung der Haushaltslage

Prinzipiell könnte daran gedacht werden, die Verletzung der Anker-Norm mit einer Sanktion zu versehen. Zu empfehlen ist das nicht, weil es gute Gründe dafür geben kann, vorübergehend ein höheres Defizit, als die Norm ausweist, zuzulassen, beispielsweise in einer Rezession. Der Wert der Anker-Norm liegt in deren Informationsfunktion. Sie dürfte die finanzpolitischen Diskussionen in den Mitgliedsländern subtil in dem Sinne beeinflussen, generell eine zurückhaltende Schuldenpolitik zu verfolgen.

[230] Das Trendwachstum ist aus einer Hodrick-Prescott Schätzung für die Niveaus der BIP-Referenzdaten (1981- 2009) der Kommission hergeleitet.

Schaubild 2: Deutschlands Defizite und BIP-Wachstum

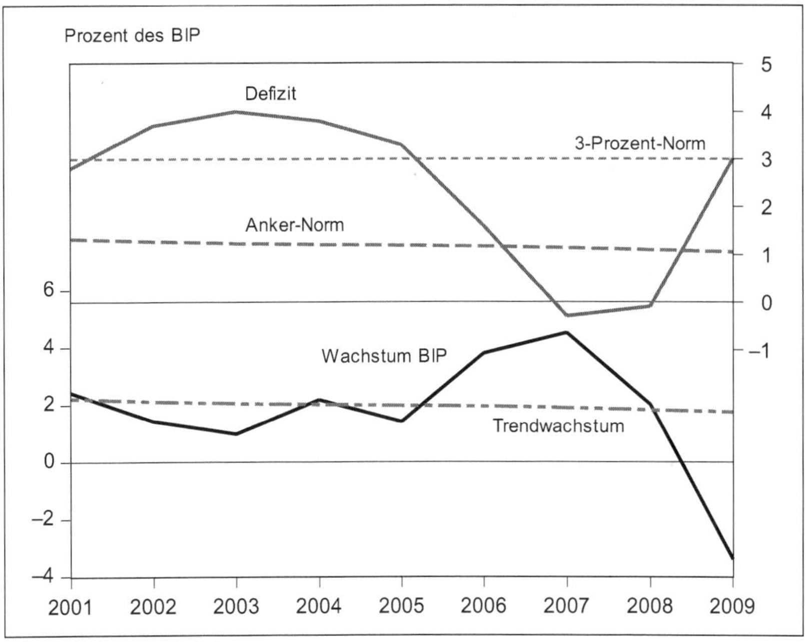

Ausgangsdaten: Europäische Kommission. – Eigene Berechnungen.

Ein Vorzug der Einführung des Konzepts der Anker-Norm ist darin zu sehen, dass in der Öffentlichkeit das kritische Bewusstsein für die Problematik ständig defizitärerer staatlicher Haushalte geschärft würde, weil ihnen mit dieser Norm ein einfach zu verstehender Maßstab zur Beurteilung der Angemessenheit aktueller Haushaltslagen an die Hand gegeben wird. Die Bürger, insbesondere die Akteure an den Finanzmärkten, aber auch die Politiker werden durch die Bekanntgabe der Anker-Norm immer wieder daran erinnert, welcher Grad an Neuverschuldung mittelfristig gesehen nicht überschritten werden darf, um einem allmählichen Abgleiten in die Überschuldung zu wehren. Das dürfte der Einhaltung von Haushaltsdisziplin insofern zu Gute kommen, als die Regierungen der Euro-Mitgliedstaaten immer erneut gezwungen wären, jedes über den aktuellen Wert der Anker-Norm hinausgehende Mehr an Neuverschuldung besonders zu begründen.

Aus den Erfahrungen mit den sensiblen Reaktionen der Finanzmärkte auf das Aufbrechen der Schuldenkrise Griechenlands und dem Verhalten der Politik ist zu lernen, dass die Reaktionen der Finanzmärkte von den Euro-Mitgliedsregierungen weit mehr gefürchtet werden als jede Kritik an ihrer Haushaltsführung aus der Kommission. Tatsächlich sind die bei Nichtbeachtung von Vorschriften des Stabilitäts- und Wachstumspakts vorgesehenen finanziellen Sanktionen, sollten sie denn jemals verhängt werden, harmlos, wenn man sie mit dem Verlustpotential vergleicht, das einer Regierung entstehen kann, sobald die Finanzmärkte das Zutrauen in ihre Zahlungsfähigkeit plötzlich verlieren und die Risikoprämie auf Staatsschuld drastisch heraufsetzen.

Es empfiehlt sich daher zu prüfen, wie dafür gesorgt werden kann, dass die Finanzmärkte und mit ihnen die breite Öffentlichkeit vierteljährlich in der kompakten Form einer statistischen Pressemitteilung über den Stand der Haushaltsführung in sämtlichen Mitgliedstaaten informiert werden, ohne dass es dafür des Beschlusses eines politischen Gremiums wie etwa der Kommission bedarf. So wie schon heute nicht die Kommission, sondern Eurostat, das statistische Amt der Union, regelmäßig und kompakt über Veränderungen des Auftragseingangs oder der Preise informiert, sollte das Amt künftig vierteljährlich in einfacher tabellarischer Form über den Stand der laufenden und zu erwartenden Haushaltsdefizite und der Anker-Norm in sämtlichen Mitgliedsländern berichten. Es ginge darum, regelmäßig vergleichbare Mess- und Schätzergebnisse nach einem klar definierten Verfahren bekannt zu geben. Einer Änderung des Vertrages bedürfte die Einführung der Anker-Norm nicht. Es handelt sich ja nur um einen Indikator, an dessen Verletzung keinerlei offizielle Sanktionen geknüpft sind.

Allerdings ist es vorstellbar, dass die Öffentlichkeitswirkung der statistischen Mitteilungen wesentlich verstärkt werden könnte, wenn Eurostat zusammen mit den statistischen Ergebnissen auch standardisierte Charakterisierungen publizieren würde, die die jeweilige Richtung der Schuldenentwicklung angeben. In Tabelle 4 wird anhand der vergangenen deutschen Haushaltsdefizite beispielhaft eine mögliche Variante standardisierter Charakterisierungen vorgestellt. Drei verbale Urteile werden unterschieden: Ein Defizit wird als „stabil“ ausgewiesen, sofern es von der Anker-Norm um weniger als einen halben Prozentpunkt nach oben oder unten abweicht. Als „überschuldend“ wird eine Haushaltslage bezeichnet, bei der das Defizit um mindestens einen halben Prozentpunkt über der Anker-Norm liegt, als „stabilisierend“, wenn es die Anker-Norm um mindestens einen halben Prozentpunkt unterschreitet. Anders lautende Qualifizierungen sind denkbar, beispielsweise „trenddefizitär“ anstatt „überschuldend“. Die Tabelle vermittelt einen Eindruck, was der deutschen Öffentlichkeit in vielen Zeitungen in Kurzform mitgeteilt worden wäre, wenn das Konzept der Anker-Norm schon in der Vergangenheit geführt worden wäre.

Im Vergleich zur Anker-Norm hat die 3-Prozent-Norm des Stabilitäts- und Wachstumspakts ihre Wegweiserfunktion verloren. Dies mag zum Teil darauf zurückzuführen sein, dass die Norm in vielen Mitgliedstaaten verletzt wird, ohne dass dies Sanktionen nach sich zöge. Aber wichtiger dürfte sein, dass die Norm in der Öffentlichkeit als eine willkürliche Verbotsnorm – vergleichbar der Promille-Alkoholgrenze – angesehen wird. Tatsächlich ist sie das, ebenso wie die im Vertrag festgesetzte 60-Prozent-Norm für den Schuldenstand. Jede Norm ist mehr oder weniger willkürlich, das ist unvermeidlich. Ein besonderes Problem der beiden Maastricht-Normen ist, dass sie nicht mit einander in Einklang stehen. Nur wenn das Wachstum des nominalen BIP eines Landes gerade 5 Prozent betrüge, sicherte die Beachtung der 3-Prozent-Norm für die Neuverschuldung zugleich die Einhaltung der Schuldenstandsnorm.[231]

Tabelle 4: Charakterisierung deutscher Haushaltsdefizite

Eigene Berechnungen auf Basis von Ausgangsdaten der Europäischen Kommission. Stabil = I Überschuss I < 0,5 Prozentpunkte; überschuldend = Überschuss ≥ 0,5 Prozentpunkte; stabilisierend = Überschuss ≤ – 0,5 Prozentpunkte. Angaben in Prozent des BIP.

Jahr	Defizit	Anker-Norm	Überschuss	Charakterisierung	Defizitverfahren der Kommission
1999	1,5	1,5	0,0	Stabil	
2000	1,2	1,4	–0,2	Stabil	
2001	2,8	1,3	1,5	Überschuldend	
2002	3,7	1,3	2,4	Überschuldend	
2003	4,0	1,2	2,8	Überschuldend	übermäßig
2004	3,8	1,2	2,6	Überschuldend	übermäßig
2005	3,3	1,2	1,1	Überschuldend	übermäßig
2006	1,6	1,2	0,4	Stabil	
2007	-0,3	1,1	–1,4	Stabilisierend	
2008	-0,1	1,1	–1,2	Stabilisierend	
2009	3,0	1,0	2,0	Überschuldend	übermäßig

Mit der Einführung der Anker-Norm wird der Zusammenhang zwischen Schuldenstand und Defizit für die Öffentlichkeit transparenter. Während die Anker-Norm die Schuldenstandsnorm spiegelt, gibt die

[231] In den meisten der 16 Euro-Mitgliedsländer ist das nicht der Fall. Es gibt aber immerhin 6 Länder, in denen das durchschnittliche Wachstum des nominalen BIP seit langem über 5 Prozent liegt. Warum auch in diesen Ländern die 3-Prozent-Norm als Obergrenze für die Defizite eingehalten werden soll, ist kaum zu vermitteln.

Differenz zur 3-Prozent-Norm an, um wie viel das Defizit, beispielsweise im Falle einer schwacher Konjunktur, darüber hinausgehen darf.

Es gibt ein weiteres Problem mit den zwei Normwerten des Stabilitäts- und Wachstumspakts. In Jahren normalen Wachstums und ebenso im Durchschnitt über den Konjunkturzyklus soll für ein Defizit von Null, wenn nicht sogar für einen Haushaltsüberschuss gesorgt werden. Wenn ein Mitgliedsland diese Empfehlung, wenn nicht Vorschrift, einhielte, dann würde die Schuldenstandsquote sich nicht bei 60 Prozent des BIP stabilisieren, sondern langfristig gegen Null absinken. Würde dagegen die hier vorgestellte Anker-Norm eingehalten, käme es mittelfristig zur Stabilisierung des relativen Schuldenstands auf dem vorgeschriebenen Niveau.

Sanktionen

Der Stabilitäts- und Wachstumspakt sieht bekanntlich in Art. 126 Abs. 11 AEUV vor, dass der Rat gegen einen Mitgliedstaat Geldbußen „in angemessener Höhe" verhängen kann, sofern zuvor ein übermäßiges Defizit festgestellt und eine lange Reihe von Verfahrensschritten durchlaufen worden ist. Zu solchen Geldbußen ist es noch nie gekommen, nicht nur, weil eine geschickte Regierung dafür sorgen kann, dass sich ein Verfahren über Jahre hinzieht, sondern auch, weil die Kommission dem Rat niemals eine konkrete Geldbuße vorgeschlagen hat. Tatsächlich hat die Kommission unter den gegenwärtigen Bedingungen keinen Anreiz, einen solchen Vorschlag zu machen, weil nach der bisherigen Beschlusspraxis des Rats nicht angenommen werden kann, dass die Staats- und Regierungschefs sich bereit finden würden, ein Mitgliedsland bzw. dessen jeweilige Regierung, durch eine Bestrafung bloß zu stellen.

Nach dem Ausbruch der griechischen Schuldenkrise schienen die Dinge zunächst anders auszusehen. So hatte sich die Bundesregierung in ihren Eckpunkten zur Stärkung der Eurozone von Mai 2010 deutlich dafür ausgesprochen, dass künftig für Sanktionen gesorgt werden sollte, die „früher und effektiver" wirken, und sie hatte vorgeschlagen, das Verfahren übermäßiger Defizite zu beschleunigen. Beidem ist grundsätzlich zuzustimmen. Der Beirat nimmt hier zu zwei Fragen Stellung, zum einen zur Frage der Beschleunigung des Verfahrens, zum anderen zu der Frage, ob es bei finanziellen Bußen bleiben sollte.

Nach Art. 126 Abs. 3 erstellt die Kommission einen Bericht, wenn statistisch festgestellt wird, dass die 3-Prozent-Defizitnorm, die Schuldenstandsnorm oder beide verletzt sind. Zu dem Bericht nimmt der Wirtschafts- und Finanzausschuss Stellung. Kommt die Kommission dann zu der Auffassung, dass ein übermäßiges Defizit besteht oder eintreten wird, teilt sie das dem betreffenden Staat mit, unterrichtet den Rat und empfiehlt ihm Korrekturempfehlungen. Nach Stellungnahme des betroffenen Staates entscheidet der Rat, ob ein übermäßiges Defizit besteht und spricht (vertraulich) Korrekturempfehlungen aus. Der Rat kann sie annehmen oder ablehnen, er kann die Entscheidung auch aufschieben. Der Zeitraum, der zwischen der statistischen Feststellung eines Defizits und der politischen Entscheidung des Rats vergeht, dass tatsächlich ein übermäßiges Defizit bestehe, könnte wesentlich verkürzt werden. Und dies gilt für jeden weiteren Verfahrensschritt, an dessen Ende eine Ratsentscheidung zu treffen ist. Jedes Mal muss die Kommission sich darauf einstellen, dass der Rat ihre Vorlage ablehnt oder die Entscheidung aufschiebt. Wie schon erwähnt worden ist, wäre dem mit der Einführung der umgekehrten Mehrheitsentscheidung beizukommen. Das gesamte Defizit-Verfahren würde beschleunigt, und es würde öffentlichkeitswirksamer, wenn der Rat einen Beschluss der Kommission aufzuheben versuchte. Die Einführung der umgekehrten Mehrheitsentscheidung wäre finanzpolitischer Disziplin förderlich.

Der Vertrag stellt bei Vertragsverletzung auf das Verhängen finanzieller Sanktionen ab. Und die Bundesregierung hatte sich als Sanktionen vorgestellt, dass keine weiteren EU-Strukturmittel bewilligt und – im Extremfall – einbehaltene Strukturmittel sogar gestrichen werden. Finanzielle Sanktionen liegen nahe, werfen aber Probleme auf. Das ist leicht zu sehen, wenn der zu sanktionierende Mitgliedstaat bereits in großen finanziellen Schwierigkeiten steckt, wie das bei einer Überschuldung unvermeidlich ist. Einbehaltene Strukturmittel zu streichen, wirkt zudem nicht dauerhaft, weil der aus einer strukturellen Schwäche resultierende Anspruch eines Landes bestehen bleibt.[232] Und schließlich ist es nicht offensichtlich, dass die Gefahr der Verhängung eines Bußgeldes die Regierung des betreffenden Landes davon abhalten könnte, den Staat zu hoch zu verschulden, wenn ihr die Verschuldung innenpolitisch nützlich ist.

Die Bundesregierung hat vorgeschlagen, die Stimmrechte im Rat für Euro-Mitgliedstaaten „die in grober Weise gegen die Spielregeln der Währungsunion verstoßen" für mindestens ein Jahr zu suspendieren. Der Beirat ist mit Mehrheit der Auffassung, dass ein Entzug des Stimmrechts keine geeignete Sanktion darstellt, weil er politisch weder durchsetzbar noch klug erscheint.

232 Die Kommission hatte der griechischen Regierung als eine Maßnahme zur Verringerung des Defizits 2010 geraten, die EU-Strukturmittel schneller abzurufen.

Wenn es tatsächlich keine realisierbare Möglichkeit geben sollte, den Stabilitäts- und Wachstumspakt durch Beschleunigung des Verfahrens und Schärfung der Sanktionsoptionen wirksamer zu machen, dann wird man in zwei Richtungen weiterführende Überlegungen anstellen müssen: Zum einen ist zu prüfen, ob durch eine Ausweitung des Kreises der zu Klagen gegen europäische Organe Berechtigten ein Druckpotential geschaffen werden könnte. Zum anderen wird man, wenn die Drift der Mitgliedstaaten in die Überschuldung durch die Anwendung des Stabilitäts- und Wachstumspaktes nicht abgebremst bzw. verhindert werden kann, prüfen müssen, ob Deutschland das ihm wie jedem Mitgliedstaat zustehende Veto-Recht in Fragen der gemeinsamen Finanzierung von Stützungsmaßnahmen anwenden sollte.

4. *Schuldenbremsen für alle Mitgliedstaaten*

Die Bundesregierung hat in ihren Eckpunkten zur Stärkung der Eurozone darauf verwiesen, dass Deutschland eine Schuldenbremse eingeführt hat, die sich am mittelfristigen Haushaltsziel des Stabilitäts- und Wachstumspaktes ausrichtet.[233] Sie hat daran den Vorschlag geknüpft, die Mitgliedstaaten sollten sich verpflichten, das Regelwerk des Stabilitäts- und Wachstumspaktes innerstaatlich „verbindlich und glaubwürdig" zu verankern. Tatsächlich könnte die deutsche Schuldenbremse auch für andere Länder ein geeignetes Verfahren sein, Haushaltsdisziplin innenpolitisch durchsetzen zu können.[234] Dies sei näher betrachtet.

Schuldenbremsen zur Ergänzung des Stabilitäts- und Wachstumspaktes

Schon bevor im Jahr 2009 die Schuldenbremse beschlossen wurde, hatte die Föderalismusreform I eine wichtige Abstimmung der deutschen Haushalte mit den Haushaltsnormen der EU gebracht. Dies ist deswegen wichtig, weil sich die in Art. 126 des Vertrags angesprochenen Regeln des Stabilitäts- und Wachstumspaktes an die Mitgliedstaaten richten. Wenn es dort heißt: „Die Mitgliedstaaten vermeiden übermäßige öffentliche Defizite", so ist damit immer der Gesamtstaat gemeint, im Fall Deutschlands also der Bund und die Länder einschließlich der Gemeinden. Verantwortlich gegenüber der EU ist aber allein der Bund. Er hat dafür zu sorgen, dass auch die Länder die Maastrichtregeln einhalten.

233 Vgl. Bundesministerium der Finanzen, Eckpunkte der Bundesregierung zur Stärkung der Eurozone, Berlin, 19. Mai 2010.

234 Zur Begründung einer Schuldenbremse vgl. auch das Gutachten des Wissenschaftlichen Beirats beim Bundesministerium für Wirtschaft und Technologie „Zur Begrenzung der Staatsverschuldung nach Art. 115 GG und zur Aufgabe des Stabilitäts- und Wachstumsgesetzes" v. 24. Januar 2008.

Da aber Bund und Länder nach Art. 109 Abs. 1 GG „in ihrer Haushaltswirtschaft selbständig und voneinander unabhängig“ sind, fehlte es bis dahin an einer innerstaatlichen Mitverantwortung der Länder für die Gesamtverantwortung Deutschlands gegenüber der EU. Diese Lücke zu schließen war eine der Hauptzielsetzungen der im Jahr 2006 beschlossenen Föderalismusreform I nach Art. 109 Abs. 2–5 und Art. 115 GG.

Die deutsche Schuldenbremse hat ein strukturelles Ziel und nimmt auf konjunkturelle Erfordernisse Rücksicht. Strukturell soll der Gesamthaushalt, wie im Stabilitäts- und Wachstumspakt vorgegeben, in normalen Jahren mit einer schwarzen Null schließen. Die Bundesregierung spricht vom Prinzip „annähernd ausgeglichener oder einen Überschuss aufweisender Haushalte“.[235] Nur beim Bund lässt die Schuldenbremse dauerhaft ein strukturelles Defizit in Höhe von 0.35 Prozent des BIP zu.

Anders als der Stabilitäts- und Wachstumspakt reguliert die deutsche Schuldenbremse nicht nur die strukturelle sondern vor allem auch die konjunkturelle Verschuldung. Defizite aus einer vergangenen Rezession sollen im folgenden Aufschwung nicht „vergessen“, sondern in einem Kontrollkonto festgehalten und dann abgetragen werden. Drei Arten von Defiziten werden in den Regelungen der deutschen Schuldenbremse unterschieden:

1. Defizite aus dem Wirken der automatischen Stabilisatoren, die im nachfolgenden Aufschwung automatisch, d.h. ohne besonderen Beschluss abgebaut werden.

2. Darüber hinaus gehende Defizite, die zwingend zurückgefahren werden, wenn sie 1,5 Prozent des BIP überschreiten, und zwar „konjunkturgerecht“, und damit „halbautomatisch“.

3. Defizite aus Naturkatastrophen größeren Ausmaßes, die nach einem besonders beschlossenen Tilgungsplan ohne Automatismus abgebaut werden

Während der Stabilitäts- und Wachstumspakt aus einer Stufenfolge von Warnungen und Beschlüssen von Kommission und Rat besteht, sollen bei der Schuldenbremse die einzelnen Stufen weitgehend automatisch aufeinander folgen. Auf diese Weise soll einer Abkehr von der einmal beschlossenen Strategie vorgebeugt werden. So gesehen sind Schuldenbremsen in größerem Maße zielgerichtet als das Vorgehen des Stabilitäts- und Wachstumspakts, bei dem auf jeder Stufe vom Rat ein Beschluss gefasst werden muss. Allerdings sieht die deutsche Schuldenbremse keine Sanktionen vor, solange Deutschland die Maastrichtregeln einhält und

[235] Bundesrat Drucksache 262/09, S. 9.

der Art. 109 Abs. 5 GG nicht greift. Besonders deutlich wird diese Lücke, wenn ein Bundesland die Regeln der Schuldenbremse fortwährend verletzt und sein konjunkturelles Defizit in ein strukturelles Defizit mündet. Zwar soll in diesem Fall der Stabilitätsrat für Abhilfe sorgen. Doch dieser kann keine Zwangsmaßnahmen gegenüber dem Bundesland ergreifen, wenn dieses seinen Vorschlägen nicht Folge leistet.[236]

Schuldenbremsen als Signal für die Anleger

Nach dem Vorschlag der Bundesregierung würden die nationalen Schuldenbremsen neben die schon bestehenden Regeln des Stabilitäts- und Wachstumspaktes treten. Sie sollen es den Mitgliedstaaten erleichtern, die Maastrichtkriterien einzuhalten. Aber man könnte sich fragen, ob es nationaler Schuldenbremsen überhaupt bedarf, wenn es gelingen sollte, mittels eines Insolvenzverfahrens ein glaubwürdiges Nobailout-Regime zu errichten.

Wäre also der Vorschlag der Bundesregierung damit hinfällig? Das wäre zu einfach gedacht. Denn in einem Nobailout-Regime müssen Schuldenbremsen anders gesehen werden. Sie haben eine besondere Informationsfunktion. Ein Staat, der sich einer Schuldenbremse unterwirft, signalisiert seinen Gläubigern die Seriosität seiner Haushaltspolitik. Entsprechende Erfahrungen gibt es aus der Schweiz, wo eine Reihe von Kantonen Schuldenbremsen eingeführt haben, weil sie gelernt haben, dass sie im Konkursfall vom Bund nichts zu erwarten haben.

Unter diesem institutionellen Aspekt kann es sich auch für EU-Mitgliedstaaten lohnen, Schuldenbremsen freiwillig einzuführen. Freiwilligkeit gewährleistet am ehesten, dass die Schuldenbremse sinnvoll konzipiert, angewandt und auch durchgesetzt wird. Der Anreiz, sich darauf einzulassen, wird umso stärker sein, je weniger man darauf rechnen kann, dass es die Rückfalloption eines Bailout durch die Europäische Union gibt.

IV. Fazit

Der Ausbruch der Schuldenkrise im Frühjahr 2010 hat schlagartig verdeutlicht, dass man sich in einer Reihe von Ländern der Europäischen Union daran gewöhnt hat, Probleme der öffentlichen Haushaltsführung durch den Rückgriff auf steigende Verschuldung scheinbar zu lösen. Die

[236] In § 5 Stabilitätsratgesetz heißt es „(2) Der Bund oder das Land setzt das vereinbarte Sanierungsprogramm in eigener Verantwortung um …“ und in Abs. (3) „Wurden die notwendigen Maßnahmen nicht ergriffen, fordert der Stabilitätsrat den Bund oder das Land erneut auf, die Bemühungen um eine Haushaltssanierung zu verstärken.“

Hilfspakete, die zur „Rettung" Griechenlands und jetzt auch Irlands geschnürt worden sind, werden wenig bewirken, sollten die Regierungen der Mitgliedsländer, nicht nur die dieser beiden Länder, ihre Korrekturaufgaben nicht entschlossen verfolgen. Inzwischen ist für jedermann offenbar geworden, dass die Überwachung der nationalen Haushaltspolitiken durch die Kommission weitgehend wirkungslos geblieben ist. Die Einsicht, dass es institutioneller Reformen auch der Institutionen auf der europäischen Ebene und der Ebene der Mitgliedstaaten bedarf, ist Gemeinplatz.

Die ordnungspolitischen Empfehlungen in diesem Gutachten zielen darauf ab, dem Entstehen von Überschuldungskrisen vorzubeugen. Als wichtigsten Reformschritt unterstützt der Beirat die Einführung einer Insolvenzordnung für die Mitgliedstaaten der EU bzw. der Eurogruppe. Es gilt damit sichtbar klarzustellen, dass sich künftig kein Mitgliedstaat darauf verlassen kann, auf jeden Fall durch finanzielle Unterstützung von den Partnern vor der Insolvenz bewahrt zu werden. Dies sollte dazu beitragen, dass Regierungen sich mehr als bisher um eine solide Haushaltspolitik bemühen, die den Weg in die Überschuldung vermeidet. Es wäre zugleich ein wichtiges Signal an die Investoren, das Risiko einer staatlichen Insolvenz und damit das Risiko des Verlusts eines Teils ihrer Ansprüche ernst zu nehmen. Auch auf diese Weise wirkte schon die bloße Existenz einer Insolvenzordnung positiv zurück auf das Budgetverhalten der Mitgliedstaaten.

Die positiven Signalwirkungen einer solchen Regelung werden aber nur eintreten, wenn darauf verzichtet wird, den Rettungsschirms über 2013 hinaus fortzuführen. Es wäre ebenfalls ein ordnungspolitischer Fehler mit weitreichenden Konsequenzen, sollte der jetzt neu vorgesehene „ständige Krisenmechanismus" wiederum nur zu einem Hilfsfonds zur Rettung von Staaten vor der Insolvenz gemacht werden. Das würde den in den Mitgliedstaaten zu beobachtenden Trend zu Überschuldung nur begünstigen und eine Transformation der Währungsunion zu einer Währungs-cum-Transferunion in Gang setzen. Nicht subventionierte Kredithilfen der Euro-Gruppe darf es in engen Grenzen geben, aber nur unter der Voraussetzung, dass ein Mitgliedstaat sich mit seinen Gläubigern über eine Beteiligung an den Sanierungslasten geeinigt hat.

Es ist zu bedauern, dass die politisch Verantwortlichen in Frankreich und Deutschland darauf verzichten wollen, bei Verfahren, die im Vertrag festgelegt sind, vermittels der Einführung der umgekehrten Mehrheitsentscheidung die Sanktionsdrohung des Stabilitäts- und Wachstumspaktes wirksam zu machen. Dann bleiben nur wenige Ansatzpunkte, die Haushaltsdisziplin in den Mitgliedstaaten zu befördern. Immerhin könnte mehr Transparenz des Vollzugs der Haushalte in der Union die Kontrolle durch die kritische Öffentlichkeit intensivieren. Der Beirat schlägt als zweiten wichtigen Reformschritt vor, die Information der breiten Öffentlichkeit über die Entwicklung der Haushalte in den Mitgliedsländern dadurch zu verbessern, dass Eurostat vierteljährlich eine standardisierte statistische Übersicht über die aktuelle und die geplante Neuverschuldung der Mitgliedstaaten prominent veröffentlicht und zusätzlich zu den aktuellen Haushaltsdefiziten der Mitgliedstaaten ausweist, wie hoch diese Defizite dauerhaft höchstens sein dürften, um mit der Schuldenstandsnorm des Stabilitäts- und Wachstumspakts vereinbar zu sein. Für diesen Transparenzgewinn kann gesorgt werden, ohne den Vertrag ändern zu müssen. Der Beirat unterstützt als dritten wichtigen Reformschritt auch den Vorschlag der Bundesregierung, dass die Mitgliedstaaten, wie in der Schweiz und Deutschland geschehen, nationale Schuldenbremsen einführen, weil dieses Instrument es den Regierungen erleichtern könnte, zu Hause für finanzpolitische Disziplin zu sorgen.

Insgesamt gesehen erscheint die Zeit günstig, wirksame Reformen durchzusetzen. Deutschland hatte erheblichen Anteil an der Schaffung eines soliden Statuts für die Europäische Zentralbank, das sich positiv auf die Union ausgewirkt hat. Die Bundesregierung sollte nicht zögern, jetzt auch auf dem Feld der staatlichen Finanzpolitik mit großer Festigkeit für durchgreifende ordnungspolitische Reformen in der EU einzutreten, damit es zu dauerhafter Finanzstabilität in der Eurozone und darüber hinaus kommt.

Berlin, den 26. November 2010

Die Vorsitzende des Wissenschaftlichen Beirats
beim Bundesministerium für Wirtschaft und Technologie

Prof. Dr. Claudia M. Buch

Das Gutachten wurde vorbereitet von folgenden Mitgliedern des Wissenschaftlichen Beirats beim Bundesministerium für Wirtschaft und Technologie

Professor Dr. Manfred J. M. Neumann (Federführung)
Em. Professor für Wirtschaftliche Staatswissenschaften,
insbesondere Wirtschaftspolitik,
an der Universität Bonn

Professor Dr. Charles B. Blankart
Em. Professor für Wirtschaftswissenschaften
an der Humboldt-Universität zu Berlin

Professor Dr. Roland Vaubel
Professor für Volkswirtschaftslehre
an der Universität Mannheim

Professor Dr. Jürgen von Hagen
Professor für Volkswirtschaftslehre an der Universität Bonn
Leiter des ZEI Bonn

Brief an den Bundesminister für Wirtschaft und Technologie Rainer Brüderle vom 02. Mai 2011

Thema: Zur Novelle des Erneuerbare-Energien-Gesetzes

„Zur Novelle des Erneuerbare-Energien-Gesetzes“

Sehr geehrter Herr Minister Brüderle,

vor dem Hintergrund der dramatischen Entwicklungen in Fukushima hat die Debatte um den energiewirtschaftlichen Strukturwandel in Deutschland eine neue Dynamik gewonnen. Im politischen Diskurs herrscht nun weitgehend Einigkeit, dass der Ausbau erneuerbarer Energien grundlegende Bedeutung für eine zuverlässige, wirtschaftliche und umweltverträgliche Energieversorgung Deutschlands haben soll. Die Herausforderung der nächsten Jahre und Jahrzehnte wird es sein, diesen Strukturwandel mit größtmöglicher Effizienz und Effektivität zu ermöglichen. Die anstehende Novelle des Erneuerbare-Energien-Gesetzes (EEG) soll hierzu Weichen stellen.

In seiner bisherigen Fassung hat das EEG zwar einerseits zu einem starken Wachstum der erneuerbaren Energien geführt, andererseits aber auch hohe Kosten und einige zum Teil gravierende Fehlentwicklungen mit sich gebracht. Beispielsweise ist die derzeitige Förderung erneuerbarer Energien an spezifische Technologien gekoppelt und benachteiligt dadurch die Entwicklung anderer, womöglich überlegener Lösungen. In seiner jetzigen Fassung verdeckt das EEG zudem die Kosten, anstatt sie durch eine öffentliche Ausweisung transparent zu machen und so zur Auffindung der besten Lösungen beizutragen. Mit diesem Brief will der Beirat anregen, die Novellierung des EEG als Chance zu nutzen, das EEG zu einem marktkonformen und damit effizienten Steuerungsinstrument weiterzuentwickeln.

Technologieneutralität anstreben

Der Energiemarkt ist im Umbruch. Heute lässt sich nicht absehen, wie der optimale Energiemix der Zukunft aussehen wird, wo der Strom produziert werden wird, und welche Speichertechnologien in der Zukunft eingesetzt werden. Ob und zu welchen Anteilen der Solarstrom beispielsweise aus Spanien oder Nordafrika oder die Windenergie aus der Nordsee zur deutschen Energieversorgung beitragen werden, ist noch unbekannt. In welchem Maße Stauseen, etwa in der Schweiz oder in Norwegen, dazu verwendet werden sollten, überschüssige Energie zu speichern, oder ob eher dezentrale Speichermöglichkeiten wie Batterien beispielsweise in Elektroautos oder in Form von Nachtspeicherheizungen genutzt werden können, lässt sich derzeit ebenfalls nicht abschätzen. Erst recht gilt dies für unvorhersehbare Innovationen. Umso wichtiger ist es, ein System zu schaffen, das den Kräften des Wettbewerbs freien Lauf lässt und damit dazu beiträgt, die besten und kostengünstigsten Technologien zu finden und an der richtigen Stelle einzusetzen.

Das jetzige System der Förderung der erneuerbaren Energien erfüllt diesen Anspruch nicht. Die Förderung von spezifischen Technologien verzerrt die Forschungs- und Produktionsentscheidungen der Industrie hin zu diesen Technologien. Nicht die Konkurrenz der Erfinder, sondern die Entscheidung des Gesetzgebers bestimmt, welches Verfahren zur regenerativen Energiegewinnung Vorrang haben soll. Das ist riskant, denn der gegenwärtig rasche Fortschritt der Technik in vielen Bereichen der nachhaltigen Energiegewinnung lässt es als ratsam erscheinen, nicht voreilig auf einige bestimmte Technologien zu Lasten anderer Verfahren zu setzen. Ein gutes Beispiel hierfür bietet die Photovoltaik. Die Differenzkosten, d.h. die Kosten der EEG-Umlage über den Strompreis hinaus, für alle bis einschließlich 2010 errichteten Photovoltaikanlagen werden auf 85,4 Mrd. € geschätzt.[237] Dies bedeutet ein gewaltiges Umverteilungsprogramm und riesige Subventionen für eine Technologie, die in 2011 ca. 55 Prozent der EEG-Förderkosten verursachen wird, dabei aber nur 20 Prozent des nach EEG vergüteten Stroms erzeugt oder etwa 3 Prozent des gesamten Stromverbrauchs.[238]

Um in Zukunft die mit den erneuerbaren Energien verbundenen Ziele effizient zu erreichen, sollte daher die Novelle des EEG genutzt werden, um die weitere Förderung der erneuerbaren Energien *technologieneutral* zu gestalten.

Es ist ferner rückblickend zu fragen, in wieweit das EEG als industriepolitisches Instrument zur Förderung neuer, exportierbarer Technologien ein Erfolg war und in wieweit dieser die enormen Kosten rechtfertigt. Angesichts der Novellierung des EEG ist davon abzuraten, auf nicht transparente Weise neben den umweltpolitischen auch industriepolitische Ziele zu verfolgen.

237 Vgl. Frondel, Ritter, Schmidt, Vance (2010); Die ökonomische Wirkung der Förderung erneuerbarer Energien: Erfahrungen aus Deutschland; ZfW 59/2, S. 116

238 Vgl. Prognose der EEG-Umlage nach AusglMechV Prognosekonzept und Berechnung der ÜNB (2010); eigene Berechnungen

Mengen statt Preise festlegen

Bisher wird die Förderung der erneuerbaren Energien über die Einspeisevergütung gesteuert: Bei gegebener Einspeisevergütung werden solange Kraftwerke errichtet, wie die Kosten der Erstellung geringer sind als die erwarteten Einnahmen. Wenn die Kosten der Erstellung, insbesondere die Technologiesprünge in der Herstellung solcher Kraftwerke, bei der Bemessung der Einspeisevergütung falsch eingeschätzt werden, kann dies zu einem Boom an Kraftwerken führen, der eventuell so nicht erwartet war. So wurde 2007 kalkuliert,[239] dass die EEG-Umlage im Jahre 2016 etwa rund 1,5 Cent pro Kilowattstunde im Maximum betragen würde. Insbesondere der rasante Ausbau der Photovoltaik hat dazu geführt, dass diese Umlage bereits 2010 bei 2 Cent pro Kilowattstunde lag, in 2011 sind es etwa 3,5 Cent pro Kilowattstunde. Auch wenn die errichtete Kapazität an erneuerbaren Energien durch eine regelmäßige Degression der Vergütungssätze prinzipiell gesteuert werden kann, so zeigt doch die bisherige Erfahrung mit dem EEG, dass diese (Fein-)Justierung nicht unproblematisch ist.

Eine Alternative zur Steuerung über den (Subventions-)Preis ist die Steuerung der zu installierenden Kapazität. Da jetzt größere Projekte insbesondere in der Offshore-Windenergie anstehen, könnte eine Ausschreibung hierfür ein Modell sein. Der Wettbewerb würde darum stattfinden, wer zu den geringsten Subventionskosten den Windpark bauen würde. Ausschreibungsmodelle sind für alle Technologien und auch technologieneutral vorstellbar.

Integration in den Strommarkt ermöglichen

Die jetzige Form der Einspeisevergütung führt auch zu Verzerrungen in der Erzeugung von Strom. Durch den Einspeisevorrang der erneuerbaren Energien und die konstante Vergütung speist etwa ein Produzent von Windkraft immer dann seinen Strom ins Netz ein, wenn die Anlage in Betrieb ist. Falls zu diesem Zeitpunkt ein Überangebot an Strom vorliegt, müssen andere Kraftwerke heruntergefahren werden, was Stilllegungskosten verursacht, die möglicherweise beim Windkraftbetreiber geringer wären. Auf diese Art sind die negativen Strompreise an der Leipziger Strombörse zu erklären: die Betreiber konventioneller Kraftwerke sind sogar bereit, dafür zu zahlen, weiter Strom liefern zu können. Negative Preise erfüllen eine wichtige Lenkungsfunktion. Dasjenige Kraftwerk oder derjenige Windpark sollte die Energieerzeugung

[239] Vgl. BMU (2007): Hintergrundinformationen zum EEG Erfahrungsbericht 2007, S. 13.

herunterfahren, der dies zu den geringsten Kosten bewerkstelligen kann. Die Integration der erneuerbaren Energien in den Preismechanismus des Strommarkts würde dies ermöglichen. Bei bestehenden Anlagen kann eine teilweise Integration über eine optionale Marktprämie erfolgen; bei Neuanlagen wie zum Beispiel den oben erwähnten Offshore-Windparks sollte die Marktintegration direkt erfolgen.

Die Marktintegration hätte einen weiteren Vorteil. Bei einem zunehmenden Ausbau der erneuerbaren Energien müssten diese auch einen Teil der Regelenergie übernehmen. Die Regelenergie dient dazu, das Stromangebot und die Stromnachfrage kurzfristig auszugleichen. Hierzu fehlen in der jetzigen Förderstruktur für die Anbieter erneuerbarer Energien die Anreize. Eine Integration der erneuerbaren Energien in den Regelenergiemarkt könnte Preissignale senden, um diese Technologien auch als Anbieter von Systemdienstleistungen zu fördern.

In der jetzigen Form der Förderung der erneuerbaren Energien spielen zudem die privaten und industriellen Verbraucher eine untergeordnete Rolle. Die EEG-Umlage wird pauschal auf alle Verbraucher bis auf wenige Ausnahmen im Bereich der energieintensiven Unternehmen des produzierenden Gewerbes umgelegt. Auch die geplanten Auflagen für die Sanierung von Immobilien oder zur Schadstoffemission von Fahrzeugflotten geben dem Verbraucher zu wenige Anreize zur Verhaltensänderung. „Smart grids", die dem Verbraucher die Möglichkeit geben, seine Nachfrage knappheitsorientierten Strompreisen anzupassen, sind ein Schritt in diese Richtung.

Internationale Rückkoppelungen berücksichtigen

Richtet man den Blick nur auf nationale Klimaziele, ohne internationale Rückwirkungen zu berücksichtigen, treten weitere Probleme auf. Führt man etwa den Anteil von Kohlekraftwerken an der Stromerzeugung in Deutschland zurück, bezieht aber gleichzeitig vermehrt Kohlestrom aus dem Ausland, ist dem Klimaschutz nicht gedient. Vordergründig würden die ambitionierten nationalen Klimaziele zwar schneller erreicht, aber global gesehen würde die erhoffte Einsparung nicht eintreten. Viel gravierender noch wäre eine Verdrängung der energieintensiven Industrien. Wiederum wäre dem Klima nicht gedient, wenn dieselben Anlagen im Ausland errichtet werden, wo möglicherweise laxere Anforderungen an den Klimaschutz gestellt werden. Hinzu kommt der Verlust an Arbeitsplätzen, den eine solche Verlagerung mit sich bringen würde. Aus diesen Überlegungen folgt, dass der Strompreis beim Endkunden international wettbewerbsfähig bleiben muss.

In diesem Zusammenhang gilt es auch, das Zusammenspiel der verschiedenen Instrumente zur Vermeidung von Emissionen im Auge zu behalten. Der Beirat hat sich in seinem Gutachten vom 16.1.2004 („Zur Förderung erneuerbarer Energien"), sowie in seinem Brief vom 5.12.2008 („Europäisches System des Handels von CO_2-Emissionen") dazu geäußert. Der Ausbau des CO_2-Emissionshandels, sowohl hinsichtlich der beteiligten Länder wie auch hinsichtlich der beteiligten Sektoren der Volkswirtschaft, verspricht die Einsparung von CO_2-Emissionen auf volkswirtschaftlich möglichst günstige Weise. Je deutlicher die Preissignale hierdurch sind, desto geringer wird die Notwendigkeit einer separaten Förderung der erneuerbaren Energien. Insbesondere würde dann vermieden werden, dass durch die Subventionierung erneuerbarer Energien in Deutschland der Preis für CO_2-Emissionslizenzen sinkt, wodurch andere Emittenten in Europa geringere Anreize bekämen, ihre eigenen Emissionen zu reduzieren.

Die anstehende Novelle des EEG bietet die Chance, einige der oben geschilderten Fehlentwicklungen zu korrigieren. Allerdings stößt die Neugestaltung des Marktes für regenerative Energien durch nationale Regelungen an die klimatisch und meteorologisch gegebenen Grenzen des nationalen Handlungsspielraums. Als Fernziel wären daher die Integration der erneuerbaren Energien in den europäischen und globalen Energiemarkt bei gleichzeitiger internationaler Koordinierung der Klimapolitik wichtige Schritte hin zu einer nachhaltigen und preisgünstigen Energieversorgung.

Mit freundlichen Grüßen

Professor Achim Wambach, Ph.D

(Stellvertretender Vorsitzender des Beirats

Gutachten vom 25. November 2011

Thema: Realwirtschaftliche Weichenstellungen für einen stabilen Euro

Der Wissenschaftliche Beirat beim Bundesministerium für Wirtschaft und Technologie hat sich in mehreren Sitzungen, zuletzt am 25. November 2011, mit dem Thema

„Realwirtschaftliche Weichenstellungen für einen stabilen Euro"

befasst und ist dabei zu der nachfolgenden Stellungnahme gelangt.

I. Anlass

„Das Ziel einer Einigung Europas verpflichtet." Mit diesen Worten endet ein Gutachten des Wissenschaftlichen Beirats des Bundesministeriums für Wirtschaft aus dem Jahre 1994.[240] In dem damaligen Gutachten geht der Beirat ausführlich auf die Implikationen des Vertrags von Maastricht und den Grundsatz der Subsidiarität in der Wirtschaftspolitik ein. Auch wenn die Hoffnung bestand, dass mehr wirtschaftliche Integration positive Wirkungen auf den Prozess der politischen Integration Europas entfalten könnte, so war dem Beirat doch bewusst, wie schwierig es sein würde, weitere wirtschaftliche Integration *ohne* institutionell gesicherte politische Kohärenz zu erzielen.

Heute, anderthalb Jahrzehnte später und mehr als ein Jahrzehnt nach der Einführung des Euro, sehen Viele den europäischen Integrationsprozess erneut an einem Scheideweg.[241] Ohne umfassende Reformen, so wird befürchtet, werden Unterschiede in der Wirtschaftskraft und die fortdauernde Schuldenkrise den Bestand des Euro gefährden. Erkenntnisleitend war einst und ist jetzt die Überlegung, dass ein funktionierender Währungsraum einer gewissen realwirtschaftlichen Homogenität und der strikten Umsetzung der Nicht-Beistands-Klausel (des no-bail-out Prinzips) bedarf. Ist beides nicht gegeben, so die Befürchtung, wird eine Währungsunion früher oder später an den Interessensgegensätzen ihrer Mitglieder zerbrechen. Für die Lösung dieses Problems werden in der gegenwärtigen Diskussion zwei gegensätzliche politische Antworten vorgeschlagen, entweder die Einhaltung des Regelwerkes durchzusetzen, möglicherweise mit

[240] Vgl. Gutachten des Wissenschaftlicher Beirat beim BMWi „Ordnungspolitische Orientierung für die Europäische Union" vom August 1994.

[241] Ähnliche Zäsuren hat es auch in früheren Währungsunionen gegeben, und sie führten zu Änderungen des institutionellen Regelwerks (Bordo und Jonung 1999).

einer kleineren Gruppe von Mitgliedern, oder die Währungsunion durch eine starke wirtschaftspolitische Zentralautorität zu komplettieren.

Nachdem sich der Beirat vor einem Jahr mit Fragen der öffentlichen Verschuldung in der Eurozone beschäftigt hat,[242] greift er in dem vorliegenden Gutachten das Thema der realwirtschaftlichen Rahmenbedingungen für den Euro auf. Ob mangelnde realwirtschaftliche Konvergenz maßgeblich zu der gegenwärtigen Krise beigetragen hat und inwieweit der Übergang zu einer stärker zentralisierten Finanz- und Wirtschaftspolitik nötig ist, wurde angesichts der Aufgaben einer kurzfristigen Krisenbewältigung in der öffentlichen Debatte in den Hintergrund gerückt. Den tiefer liegenden realwirtschaftlichen Ursachen der gegenwärtigen Krise gelten die nachfolgenden Überlegungen. Die in raschem Fluss befindliche tagesaktuelle Diskussion um das Krisenmanagement und die Verteilung der bislang aufgelaufenen Schuldenlasten wird nur insofern berücksichtigt, als sie langfristige realwirtschaftliche Weichenstellungen betrifft.

Die gegenwärtige Krise hat sich bislang weitgehend als Krise der Staatsfinanzen verschiedener Euro-Mitgliedsstaaten ausgeprägt, die erhebliche Rückwirkungen auf die Funktionsweise der Finanzmärkte entwickelt hat. Die Krise der Staatsfinanzen ist im Wesentlichen auf Strukturprobleme der Mitgliedsstaaten zurückzuführen. Die massiven Rückkoppelungen zwischen Staatsfinanzen und Finanzmärkten nähren die Befürchtung, dass ohne durchgreifende wirtschaftliche und politische Reformen das Eurogebiet in seiner jetzigen Form keinen fortdauernden Bestand haben könnte.

Das Gutachten hat vier wesentliche Empfehlungen und Schlussfolgerungen. Erstens setzt eine funktionierende Währungsunion keine Konvergenz der Pro-Kopf-Einkommen voraus. Sie benötigt aber Anreize, eine übermäßige Verschuldung in den Mitgliedsländern zu vermeiden. Zweitens kann fiskalische Disziplin durch strengere Sanktionen bei Verletzung haushaltspolitischer Kriterien und die Einhaltung der Nicht-Beistands-Klausel erreicht werden. Drittens sind durchgreifende Strukturreformen der Produktmärkte und Arbeitsmärkte, der Finanzmärkte und der Systeme der sozialen Sicherung erforderlich. Viertens sind weitergehende Maßnahmen wie der stärkere Ausbau fiskalischer Transfersysteme in der Eurozone oder ein formales Verfahren zur Vermeidung und Korrektur makroökonomischer Ungleichgewichte nicht notwendig. Vorbehalten sind Krisenmaßnahmen, die jedoch in diesem Gutachten nicht behandelt werden.[243]

[242] Vgl. Gutachten des Wissenschaftlichen Beirats beim BMWi „Überschuldung und Staatsinsolvenz in der Europäischen Union“ vom November 2010.

[243] Kriterien, denen ein Krisenmechanismus genügen muss, hat der Beirat in seinem Gutachten „Überschuldung und Staatsinsolvenz in der Europäischen Union“ vom November 2010 entwickelt.

Das Gutachten ist wie folgt aufgebaut: In Abschnitt 2 werden die realwirtschaftlichen Entwicklungen im Euroraum in das Blickfeld gerückt. Es werden Ursachen für diese Entwicklungen und mögliche Anpassungsmechanismen in einem Währungsraum vorgestellt. In Abschnitt 3 werden wirtschaftspolitische Optionen zu der Frage diskutiert, wie eine nicht nachhaltige Verschuldungssituation vermieden werden kann. In Abschnitt 4 werden die wirtschaftspolitischen Schlussfolgerungen zusammengefasst.

II. Realwirtschaftliche Konvergenz im Eurogebiet

Vielfach wird realwirtschaftliche Konvergenz als Voraussetzung für eine funktionierende Währungsunion gesehen. Ein optimales Währungsgebiet soll nach dieser Auffassung einander ähnliche Volkswirtschaften umfassen, in denen erstens die konjunkturellen Schwankungen in etwa gleichgerichtet verlaufen und zweitens die Pro-Kopf-Einkommen auf ungefähr derselben Höhe liegen. Das erste Postulat ist nicht richtig. Sind die Konjunkturbewegungen nicht synchron, so kann eine einheitliche Geldpolitik auf regionale Preisbewegungen zwar nicht reagieren. Aber das ist auch nicht die Aufgabe; die Aufgabe ist vielmehr die Erhaltung der Geldwertstabilität im Gesamtraum. Die nationale Fiskalpolitik kann hingegen auf konjunkturelle Schwankungen reagieren. Das zweite Postulat ist ernster zu nehmen. Unterscheiden sich die Niveaus der Realeinkommen in den Mitgliedsländern stark, so können Anreize entstehen, die gemeinsame Notenbank und die Koordinationsgremien der Finanzpolitik immer wieder dahin zu drängen, dass sie Rücksicht nehmen auf das Ziel eines Ressourcentransfers hin zu den ärmeren Ländern. Geben sie diesem Drängen nach, erhöhen sich die Inflationsrisiken und die Risiken einer Überschuldung einzelner Mitgliedstaaten. Solche Fehlanreize werden allgemein als weniger erheblich angesehen, wenn die Einrichtung einer Währungsunion einen schon bestehenden Prozess der Konvergenz bei den Realeinkommen unterstützt oder beschleunigt. Sofern dies nicht der Fall ist, sehen manche es als unumgänglich an, die Währungsunion durch weitreichende Transfer- und Gewährleitungspflichten der Mitgliedstaaten zu ergänzen.

Im Folgenden wird zunächst gezeigt, dass Länder mit unterschiedlichen Pro-Kopf-Einkommen sehr wohl eine Währungsunion bilden können (Abschnitt 2.1). Dennoch kann es in einer Währungsunion aus dreierlei Gründen zu Problemen kommen:

- Weil es keine Wechselkursänderungen gibt, die nationalen konjunkturellen Bewegungen entgegenwirken, sind alternative Ausgleichsmechanismen über die Faktormärkte (Abschnitt 2.3) oder staatliche Absicherungssysteme (Abschnitt 2.5) erforderlich.
- Es können gravierende Probleme der Wettbewerbsfähigkeit entstehen, wenn in einigen Ländern die Lohnkosten und Preise stärker steigen als im Rest des Währungsgebiets (Abschnitt 2.4).
- Erwartungen eines finanziellen Beistands können dazu führen, dass die Zinsen nicht mehr das Risiko einer Zahlungsunfähigkeit des jeweiligen Landes korrekt widerspiegeln und damit Anreize zu einer überhöhten Verschuldung bieten (Abschnitt 2.2).

1. *Realwirtschaftliche Entwicklung*

Für eine Bestandsaufnahme der realwirtschaftlichen Konvergenz in Europa ist es erforderlich, zwischen dem Niveau der Einkommen und deren Wachstumsraten zu unterscheiden. Denn eine Konvergenz der Pro-Kopf-Einkommen erfordert eine Divergenz der Wachstumsraten: ärmere Länder können nur dann wirtschaftlich aufholen, wenn ihre Pro-Kopf-Einkommen längere Zeit schneller wachsen als die reicherer Länder. Dass solche Aufholprozesse langwierig sein können, ist aus der Wachstumsforschung gut dokumentiert. Untersuchungen zur Angleichung regionaler Einkommensunterschiede zeigen, dass sich in der Vergangenheit in den USA, aber auch in großen Teilen Europas, die Pro-Kopf-Einkommen im Schnitt um 2 Prozentpunkte pro Jahr angeglichen haben (Barro und Sala-i-Martin 1991, Sala-i-Martin 1996).[244]

Ob eine Öffnung der Märkte die Konvergenz der Realeinkommen fördert oder hemmt, ist aus theoretischer Sicht nicht eindeutig zu beantworten. Ist technischer Fortschritt weitgehend exogen und gibt es keine relevanten langfristigen Barrieren für die räumliche Verteilung von Arbeit und Kapital, dann ist eine Konvergenz der Einkommen zu erwarten. Spielen aber Agglomerationsvorteile wie die Nähe zu Absatzmärkten, zu Zulieferern und zu Konkurrenten eine Rolle und erhöht dies den technischen Fortschritt, so ist eher eine Divergenz der Einkommen zu erwarten.

[244] Ähnliche Untersuchungen sind auch für Konvergenzprozesse innerhalb von Ländern durchgeführt worden. Die Lücke zwischen den Pro-Kopf-Einkommen zwischen Nord- und Süditalien hat sich beispielsweise weniger schnell (Daniele und Malanima 2007), die zwischen West- und Ostdeutschland (vgl. z. B. Keller 2000) schneller als mit zwei Prozentpunkten geschlossen.

Schaubild 1: Divergenzen der Pro-Kopf-Einkommen

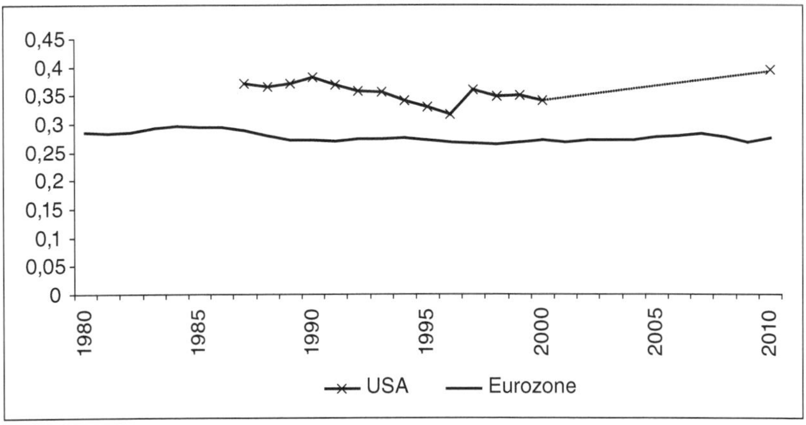

Schaubild 1 zeigt die Variationskoeffizienten des realen BIP pro Kopf, die berechnet werden als Standardabweichung geteilt durch den Mittelwert des realen BIP pro Kopf, jeweils berechnet in US-Dollar. Für das Eurogebiet werden Deutschland, Frankreich, Spanien, Italien, Griechenland, Portugal, Niederlande, Belgien, Österreich und Irland berücksichtigt. Für die US Bundesstaaten liegen für die Jahre 2001-2009 keine Angaben über die realen Pro-Kopf-Einkommen vor; im Jahr 1997 ist die Berechnungsmethode verändert worden.

Quellen: Für Europa: International Monetary Fund, World Economic Outlook Database, April 2011, Für die USA: Bureau of Economic Analysis, Regional Economic Accounts; eigene Berechnungen.

In der Europäischen Union haben sich die Unterschiede in den Pro-Kopf-Einkommen zwischen den Mitgliedern in den siebziger Jahren ein Stück weit angeglichen (Boldrin und Canova 2001, Giannone et al. 2009). Dieser Konvergenzprozess hat sich in den letzten drei Jahrzehnten für die Kernländer des Eurogebiets weitgehend abgeflacht. Seit Beginn der 1980er Jahre haben sich die Unterschiede in den Pro-Kopf-Einkommen zwischen den ursprünglichen Mitgliedern des Eurogebiets faktisch nicht verändert. Diese Abweichungen lagen im Zeitablauf geringfügig unterhalb der entsprechenden Werte für die US Bundesstaaten (Schaubild 1). Betrachtet man die EU insgesamt, so haben zwischen 1980 und 2000 die Unterschiede zwischen den Pro-Kopf-Einkommen auf Länderebene zwar abgenommen, die Einkommensungleichheit innerhalb der einzelnen Länder auf regionaler Ebene hat hingegen zugenommen (Sapir et al. 2003). Auch andere Indikatoren der Konvergenz wie die Entwicklung der Lohnstückkosten ergeben für die USA und die Eurozone vergleichbare Muster (Trichet 2011). Insgesamt ist regionale Konvergenz der Pro-Kopf-Einkommen in keinem der beiden Währungsgebiete stark ausgeprägt.

Interessant ist ein Vergleich zwischen dem Eurogebiet und den USA auch bezüglich der Entwicklung der Arbeitslosigkeit. In den vergangenen Jahrzehnten hat sich in Europa ein relativ hohes Niveau der Arbeitslosigkeit aufgebaut (Blanchard 2006), aber auch in den USA hat die Arbeitslosigkeit beispielsweise Anfang der 80er Jahre ein Niveau von knapp 10 Prozent erreicht. Unmittelbar vor Beginn der Finanzkrise im Jahr 2007 lag die Arbeitslosenquote im Eurogebiet mit 6,5 Prozent höher als in den USA (4,6 Prozent); im Jahr 2010 waren beide Regionen nahezu gleichauf mit 9,7 Prozent in Europa und 9,6 Prozent in den USA.[245] Hinter diesem ähnlichen Durchschnittswert verbergen sich allerdings für Europa regional weitaus größere Unterschiede in den Arbeitslosenquoten als in den USA. In den USA betrug 2011 der Variationskoeffizient (d.h. das Verhältnis zwischen der Standardabweichung der Arbeitslosenquoten und deren Mittelwert über die Bundesstaaten hinweg) 0,25. In den Ländern der Europäischen Währungsunion lag dieser Wert im Jahr 2010 mit 0,47 nahezu doppelt so hoch. Eine Erklärung hierfür ist die geringere regionale Mobilität der Arbeitskräfte in Europa. In absoluten Zahlen bedeutet dies: die höchste Arbeitslosenquote in den USA verzeichnete Nevada mit 13,5 Prozent[246] die höchste in Europa Spanien mit über 20 Prozent. Interessant ist für Europa vor allem auch der Zeitverlauf, denn von Beginn des Jahrtausends bis zum Beginn der Krise hatten sich die Arbeitslosenquoten noch deutlich angenähert.

Auch hinsichtlich der Produktivität und Innovationskraft gibt es erhebliche Unterschiede zwischen den einzelnen Ländern des Euroraums. Die höchsten Forschungs- und Entwicklungsausgaben (F&E) relativ zum BIP haben Deutschland und die skandinavischen Länder mit über bzw. um 3 Prozent; die Benelux-Staaten, UK, Irland, Frankreich, Österreich, Estland, Slowenien und Zypern liegen mit gut 2 Prozent im Mittelfeld; die süd- und osteuropäischen Staaten liegen mit 1 Prozent oder weniger am Schluss der Rangliste (OECD 2011). Damit investieren die südeuropäischen Staaten im Durchschnitt weniger als die Hälfte des Anteils am BIP für F&E als die Spitzengruppe. Ein ganz ähnliches Bild zeigt sich, wenn man die Zahl der Forscher und das Personal im Bereich F&E oder aber die Zahl der Patentanmeldungen miteinander vergleicht. In Ländern mit weniger Investitionen in Forschung und Entwicklung ist der Anteil der Unternehmensinvestitionen in F&E relativ gering und die wenigen Investitionen, die von privater Hand getätigt werden, gehen zum

[245] Alle Angaben beruhen auf *Eurostat* und sind jahresdurchschnittliche Arbeitslosenquoten.

[246] Diese Angabe bezieht sich auf einen monatlichen Wert für September 2011 und wurde vom *Bureau of Labor Statistics* berechnet. Sie ist daher mit den *Eurostat* Angaben nicht vollständig vergleichbar.

allergrößten Teil auf das Konto von ausländischen multinationalen Unternehmen.

Über Länder hinweg gut vergleichbare Produktivitätsangaben gibt es kaum. Relativ leicht zu berechnen ist die Arbeitsproduktivität, also der pro Arbeitsstunde erwirtschaftete Produktionswert. Hinsichtlich des Niveaus der so gemessenen Produktivität lagen im Jahr 2010 gemäß Angaben von *Eurostat* Griechenland (18 €), Spanien (24 €) und Portugal (14 €) deutlich unterhalb des Wertes für das Eurogebiet insgesamt (33 €). Auch die Lohnstückkosten haben sich unterschiedlich entwickelt. Zwischen 2001 und 2009 stiegen die Lohnstückkosten in den Ländern des Eurogebiets durchschnittlich um 2,9 Prozent pro Jahr. Diese Rate lag in Deutschland mit 1,8 Prozent unterhalb des Durchschnitts; in Griechenland (3,9 Prozent), Spanien (4,5 Prozent), Italien (3,3 Prozent) und Portugal (3,1 Prozent) oberhalb des Durchschnitts.[247] Ein Grund für das Auseinanderlaufen der Lohnstückkosten in der Europäischen Wirtschafts- und Währungsunion sind die Rahmenbedingungen auf den Produktmärkten- und den Arbeitsmärkten (Lebrun und Pérez 2011).

2. *Geldpolitik und Zinsen*

Während in den letzten Jahrzehnten in dem heutigen Eurogebiet keine ausgeprägte realwirtschaftliche Konvergenz zu verzeichnen war, haben sich nach Gründung der Währungsunion die nominalen Zinsniveaus rasch angeglichen (Schaubild 2). Bis zum Ausbruch der weltweiten Finanzkrise ist es auch dabei geblieben. Diese Zinskonvergenz betrifft nicht nur die geldpolitisch gesetzten Zinsen und die Renditen auf Staatsanleihen. Auch die Kredit- und Einlagenzinsen der Geschäftsbanken haben sich angenähert (Schaubild 3).

Die Entwicklung der staatlichen Anleiherenditen reflektiert den Wegfall des Wechselkursrisikos und die Angleichung der Inflationserwartungen, die bis dahin die unterschiedlichen Zinsspreads im Wesentlichen bestimmt hatten (Ehrmann et al. 2011).[248] Ausfallrisiken traten nicht sofort an deren Stelle. Möglicherweise sind die Ausfallrisiken an den Märkten eine Zeit lang nicht zuletzt deshalb als gering eingeschätzt worden, weil es Erwartungen auf einen bail-out gegeben hat. Erst als es bail-

[247] Angaben beruhen auf Berechnungen von *Eurostat.*

[248] Dieser Studie zufolge, in der die Auswirkungen der aktuellen Staatsschuldenkrise noch nicht berücksichtigt werden konnten, hat fiskalpolitische Konvergenz keinen bedeutenden Einfluss auf die Zinskonvergenz gehabt. Für eine Analyse der Zinsentwicklung und der Risikoprämien im Eurogebiet vgl. auch Schuknecht et al. (2009). Buiter und Sibert (2005) argumentieren, dass die Refinanzierungspolitik der EZB einen Einfluss auf die Risikoprämien im Eurogebiet gehabt hat.

out-ähnliche Maßnahmen tatsächlich gab, setzte sich die Einschätzung durch, dass diese wohl nicht ausreichen würden. In welchem Umfang solche Erwartungsbildung anfänglich zu Konvergenz und schließlich zu Divergenz der Nominalzinsen beigetragen hat, lässt sich empirisch nicht ohne weiteres messen. Seit Beginn der Finanzkrise im Jahre 2007 jedenfalls sind die Zinsdivergenzen wieder größer geworden, zeigen also zunehmende Unterschiede in den Risikoprämien an.

Schaubild 2: Inflation und Nominalzinsen

(a) Inflation (%)

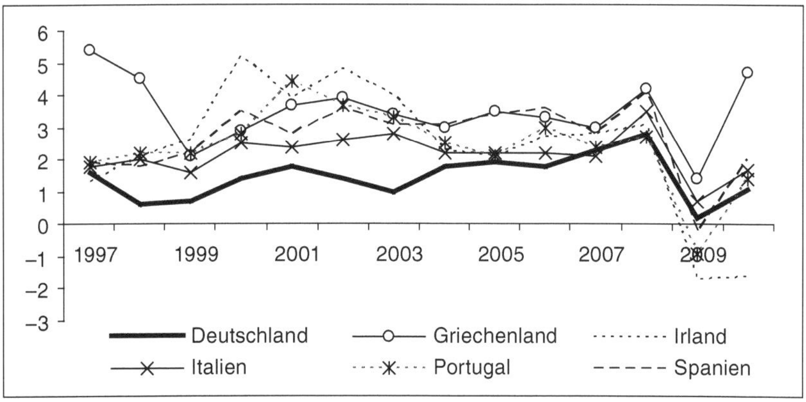

(b) Nominalzinsen (%)

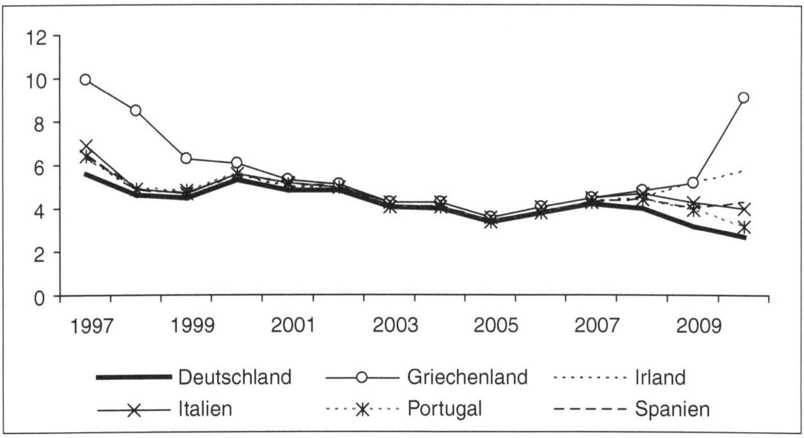

Nominalzinsen sind die jahresdurchschnittlichen Umlaufsrenditen festverzinslicher Staatsschuldpapiere mit einer Restlaufzeit von mindestens drei Jahren. Die Inflation ist bezogen auf den harmonisierten Verbraucherpreisindex.

Quellen: Sachverständigenrat, EZB *Statistical Data Warehouse*, eigene Berechnungen.

Schaubild 3: Streuung der nominalen Zinssätze von Geschäftsbanken im Eurogebiet

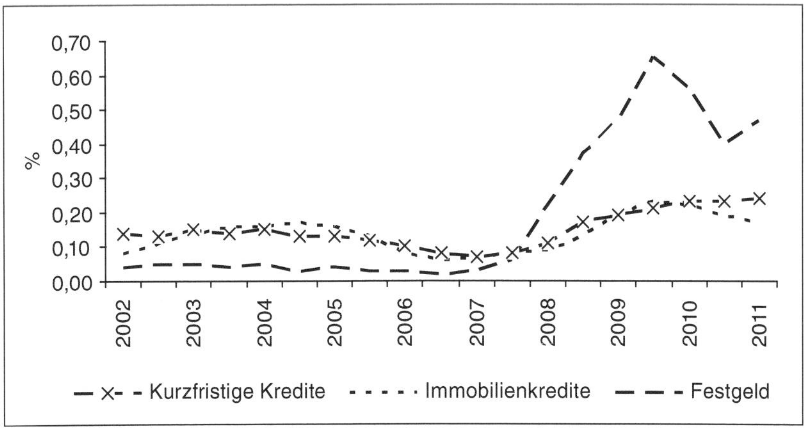

Dargestellt wird der Variationskoeffizient, d. h. die Standardabweichung der Zinsen über alle Mitglieder der Eurozone hinweg relativ zu dem Mittelwert der Zinssätze. Kurzfristige Kredite sind Kredite mit einer Laufzeit von weniger als einem Jahr. Angaben für das Jahr 2011 beziehen sich auf den September.

Quellen: Europäische Zentralbank (EZB) *Statistical Data Warehouse*, eigene Berechnungen.

Problematisch kann eine von zu optimistischen Erwartungen getriebene Konvergenz der Nominalzinsen vor dem Hintergrund unterschiedlicher realwirtschaftlicher Entwicklungen sein. Denn bei ähnlichen nominalen Zinsen führen Unterschiede in den nationalen Preisentwicklungen (Schaubild 2) dazu, dass sich die Realzinsen unter Umständen in einer Währungsunion erheblich unterscheiden können. In Ländern mit hohen Preissteigerungsraten sind die Realzinsen niedrig, und die Nachfrage ist entsprechend hoch (Sinn 2010). Unternehmen, Haushalte und Regierungen in Ländern mit hohen Preissteigerungsraten haben einen Anreiz, sich zu verschulden.

Verschuldungsanreize im Bereich der öffentliche Haushalte entstehen insbesondere dann, wenn die Auslagerung der geldpolitischen Zuständigkeiten an eine Zentrale den Einzelstaaten den Fehlanreiz gibt, nicht nur auf länderspezifische Nachfrageschocks, sondern auch auf nationale Kostenschocks mit einer Ausweitung der Haushaltsdefizite zu reagieren (Uhlig 2003). Das stellt die EZB vor das Dilemma, entweder solche Schocks nach dem Verhaltensmuster einer konservativen Zentralbank mit Zinserhöhungen zu beantworten, damit aber auf den Euroraum als Ganzes zu übertragen, oder aber – wenn die Geldpolitik den ganzen Euroraum und nicht einzelne Länder im Blick hat – nicht zu reagieren.

Dieser Fehlanreiz könnte in der Tat wirksam gewesen sein, denn Änderungen der Lohnstückkosten sind mit Änderungen der Nettoauslandsverschuldung korreliert (vgl. Abschnitte 2.3 und 2.4).

Interessant ist in diesem Zusammenhang ein Blick in die Geschichte: Wie schon im klassischen Goldstandard ist die Aufnahme der jeweiligen Länder in den Euroraum von den Märkten offenbar als Gütesiegel für fiskalpolitische Zuverlässigkeit interpretiert worden – und ebenso wie damals haben manche Staaten mit laxer Fiskalpolitik reagiert. Vor dem Ersten Weltkrieg führte das teilweise zur Suspendierung des Goldstandards in Südeuropa, im Falle Griechenlands zum Staatsbankrott von 1893 und zur Verfügung einer strikten, bis zum Ersten Weltkrieg bestehenden Finanzkontrolle durch die Gläubiger (Bordo und Rockoff 1996, Fishlow 1985, Flandreau und Zumer 2004).

3. Leistungsbilanzen und Kapitalströme[249]

In der aktuellen Diskussion werden Leistungsbilanzsalden oftmals als Indikatoren wirtschaftlicher Ungleichgewichte herangezogen; entsprechend sollen Verfahren zur Korrektur makroökonomischer Ungleichgewichte eingesetzt werden (vgl. Abschnitt 3.3). Allerdings verkennt diese Diskussion, dass Leistungsbilanzsalden per se kein Indikator für realwirtschaftliche Probleme sind. Leistungsbilanzdefizite reflektieren zumeist einen Anpassungsmechanismus, der umso besser greift, je besser die nationalen Märkte integriert sind und je weniger Friktionen es auf den Märkten gibt.

Denn ist die Wirtschaftsleistung pro Kopf in einem Teil der Währungsunion gering, weil diese Region schlecht mit Kapital ausgestattet ist, sollten die Renditen für Kapital dort so hoch sein, dass Anreize für Kapitalzuflüsse entstehen. Diese Kapitalbewegungen spiegeln sich in Leistungsbilanzsalden wider: Idealtypisch weisen ärmere Länder, wenn sie rasch aufholen, Defizite in den Leistungsbilanzen und damit Kapitalimporte auf. Die akkumulierte Gesamtverschuldung kann dann später, wenn Leistungsbilanzüberschüsse erzielt werden, wieder vermindert werden. Durch die so entstehenden Kapitalbewegungen gleichen sich realwirtschaftliche Unterschiede tendenziell aus. Zudem kann der Zugang zu internationalen Kapitalmärkten dazu beitragen, dass der gesamtwirtschaftliche Konsum eines Landes von kurzfristigen Schwankungen des Einkommens (d.h. von „asymmetrischen Schocks") in einem geringeren

[249] Für eine Diskussion der Zahlungsbilanzentwicklung in der aktuellen Krise und die Rolle der Salden im Zahlungssystem *Target* vgl. Sinn und Wollmershäuser (2011).

Maße beeinflusst wird, als dies in einer geschlossenen Volkswirtschaft das Fall wäre. Gesamtwirtschaftlich gesehen kann ein Land sich durch internationalen Kapitalverkehr gegenüber Schwankungen des Einkommens gleichsam „versichern".

Die geschilderten Anpassungsprozesse stellen jedoch einen idealtypischen Verlauf der Anpassung dar, bei dessen Beschreibung die im vorherigen Abschnitt diskutierten Fehlanreize ausgeblendet wurden. Eine Analyse der Leistungsbilanzentwicklung und der Kapitalströme in Europa muss auch die Gefahr berücksichtigen, dass es zu einer übermäßigen Verschuldung gegenüber dem Ausland kommt. Dies kann der Fall sein, wenn die Zinsdifferenzen Risikoprämien nicht in ausreichendem Maße widerspiegeln, wenn es Erwartungen über einen möglichen finanziellen Beistand gibt oder wenn andere Kapitalmarktunvollkommenheiten die Kapitalströme beeinflussen. Eine solche Marktunvollkommenheit kommt darin zum Ausdruck, dass die Investitionsentscheidungen inländischer und ausländischer Finanzinstitute die zu Grunde liegenden Risiken in unzureichender Weise berücksichtigt und wesentlich zu einer Kreditausweitung beigetragen haben.[250]

Ein Blick auf die Leistungsbilanzsalden des Euroraums zeigt, dass sich bereits vor Einführung des Euro bestehende Unterschiede tendenziell verstärkt haben (Tabelle 1). Während die Leistungsbilanz des Eurogebiets insgesamt gegenüber dem Rest der Welt seit 1999 nahezu ausgeglichen war, haben die nordeuropäischen Länder Deutschland, Finnland, die Niederlande oder Österreich Überschüsse in ihren Leistungsbilanzen verzeichnet (und damit Kapital exportiert). Die südeuropäischen Länder Griechenland, Italien, Portugal und Spanien haben Defizite erwirtschaftet (und damit Kapital importiert). Im Fall Spaniens und Irlands war der zunehmende Kapitalimport von einer Zunahme der Investitionsquote begleitet, in Griechenland und Portugal dagegen von einem Anstieg des inländischen Konsums (Deutsche Bundesbank 2010).

250 Vgl. Gutachten des Wissenschaftlichen Beirats beim BMWi „Reform von Bankenregulierung und Bankenaufsicht nach der Finanzkrise" vom April 2010.

Tabelle 1: Leistungsbilanzsalden im Eurogebiet (in % des BIP)

	1990–1995	1996–2000	2001–2005	2006–2010
Deutschland	–0,51	–0,95	2,74	6,20
Frankreich	0,12	2,26	0,86	–1,43
Griechenland	–1,74	–4,57	–6,72	–12,23
Irland	1,46	1,43	–1,15	–3,33
Italien	–0,43	1,56	–0,94	–2,92
Niederlande	3,74	4,10	5,04	6,61
Portugal	–0,57	–7,01	–8,23	–10,12
Spanien	–2,19	–1,68	–4,66	–7,78
Eurogebiet insgesamt	n. a.	0,48	0,53	–0,02

Gezeigt werden die durchschnittlichen Leistungsbilanzsalden in Prozent des BIP. Daten für das Eurogebiet insgesamt liegen erst ab 1997 vor.

Quellen: *International Monetary Fund (IMF) World Economic Outlook*; eigene Berechnungen.

Insgesamt hat damit die Nettoauslandsverschuldung der Krisenländer in den vergangenen zehn Jahren deutlich zugenommen. Einige Länder haben eine Nettoauslandsverschuldung, die der wirtschaftlichen Leistung eines Jahres (BIP) entspricht (Tabelle 2). Italien, dessen Staat vorwiegend im Inland verschuldet ist, bildet eine Ausnahme. Den überwiegenden Teil der Auslandsverbindlichkeiten machen festverzinsliche Anlagen, also Bankkredite und Anleihen, aus (Tabelle 2). Der Anteil von Direktinvestitionen und anderen Eigenkapitalanlagen in Form von Aktien ist vielfach gesunken. Im Fall Irlands, wo sich der Anteil der Direktinvestitionen von 17,5 Prozent der Auslandsverbindlichkeiten auf 6,9 Prozent mehr als halbiert hat, ist diese Tendenz besonders augenfällig. Auch für Griechenland und Spanien hat in den letzten zehn Jahren der Anteil festverzinslicher Auslandsverschuldung um knapp 10 Prozentpunkte zugenommen.

In Europa weisen Länder mit hohen Pro-Kopf-Einkommen Überschüsse in den Leistungsbilanzen auf und exportieren gleichzeitig Kapital. Länder mit geringen Pro-Kopf-Einkommen weisen Defizite in den Leistungsbilanzen auf und importieren Kapital. Dieser Zusammenhang zwischen den Pro-Kopf-Einkommen und den Kapitalströmen hat sich nach der Einführung des Euro noch verstärkt (Schmitz und von Hagen 2011), und er entspricht dem, was aus theoretischer Sicht zu erwarten wäre.[251] In höherem Maß als zuvor haben die internationalen Kapitalströme ihre

[251] Einen positiven Einfluss der Einführung des Euro auf die Integration der Kapitalmärkte in Europa zeigen auch Baldwin et al. (2008), Demyanyk et al. (2008), Kalemli-Ozcan et al. (2007, 2010) und Okawa und van Wincoop (2010).

Funktion eines Ausgleichs von unterschiedlichen Einkommensentwicklungen und damit ihre Versicherungsfunktion übernommen (Artis und Hoffmann 2008, Gerlach und Hoffmann 2010). In der Zeit vor Einführung des Euro konnten Einkommensrisiken in geringerem Masse international abgesichert werden, als dies zwischen den US Bundesstaaten der Fall ist (Sorensen und Yosha 1998).

Tabelle 2: Auslandsverbindlichkeiten in ausgewählten Ländern des Eurogebietes

	Nettoauslandsverbindlichkeiten (Bestände) relativ zum BIP (%) (Angaben in Klammern: in Millionen USD)				Anteil der festverzinslichen an den gesamten Verbindlichkeiten gegenüber dem Ausland (%)	
	2001		2009		2001	2009
Griechenland	46 %	(60)	88 %	(289)	82 %	89 %
Irland	15 %	(16)	102 %	(228)	46 %	64 %
Portugal	45 %	(54)	113 %	(265)	75 %	74 %
Spanien	35 %	(215)	95 %	(1388)	61 %	68 %
Italien	10 %	(109)	21 %	(434)	76 %	76 %

Nettoauslandsverbindlichkeiten sind die Differenz der gesamten Auslandspassiva und -aktiva eines Landes, jeweils als Summe aus ausländischen Direktinvestitionen, Portfolioanlagen (Anleihen und Aktienanlagen) und Krediten (Bankkredite und andere festverzinsliche, nicht-verbriefte Verbindlichkeiten). Festverzinsliche Verbindlichkeiten sind die Summe aus Verbindlichkeiten gegenüber Banken und festverzinslichen Wertpapieren (Anleihen), relativ zu den gesamten Verbindlichkeiten gegenüber dem Ausland.

Quellen: *International Monetary Fund*, *International Financial Statistics*, eigene Berechnungen.

Gleichzeitig hat aber nicht nur das Volumen der Kapitalströme zugenommen, die Außenhandelssalden im Eurogebiet sind auch dauerhafter geworden (Berger und Nitsch 2010). Hierfür sind fehlende Strukturreformen mit verantwortlich. Denn der Untersuchung von Berger und Nitsch zu Folge weisen gerade Länder mit wenig flexiblen Arbeits- und Produktmärkten, mit einem stark ausgebauten Kündigungsschutz, mit hohen Haushaltsdefiziten und mit ausgeprägten Konjunkturzyklen höhere Handelsbilanzdefizite auf.

Insgesamt muss berücksichtigt werden, dass beim Beitritt ärmerer Länder zu einem Wirtschafts- und Währungsraum wie dem Eurogebiet zwei Anreize für Kapitalbewegungen gleichzeitig greifen, die es schwierig machen, den Charakter der Kapitalströme richtig einzuschätzen: Zum einen wird in dem Beitrittsland im Zuge seines Aufholprozesses verstärkt (in- und ausländisches) Kapital eingesetzt und so eine Angleichung der Kapitalintensität in Gang gebracht. Im Zuge dieses Vorgangs sollten im Beitrittsland nach und nach die Kapitalerträge fallen und die Löhne steigen;

dies gehört zum Aufholen gegenüber den besser entwickelten Teilen des Währungsraums. Zum anderen aber wollen sich die Einwohner des ärmeren Beitrittslandes möglichst rasch Anschluss an den Lebensstandard der reicheren Länder verschaffen. Damit entsteht einen Anreiz, sich im Vorgriff auf spätere Einkommenszuwächse im Ausland zu verschulden.

Ein Schuldnerland bleibt als solches auch gegenüber den Partnern im Euroraum souverän und kann den von ihm erwarteten Schuldendienst auch verweigern. Versuche zur Eintreibung von Schulden oder zur Sanktionierung einer einseitigen Zahlungseinstellung wirken nur begrenzt, weil bei souveränen Staaten die Wirkung von Sanktionen oftmals an der Grenze des Schuldnerlandes endet. Mögen die weiteren wirtschaftlichen Perspektiven des Schuldnerlands nach einer Zahlungseinstellung auch wenig komfortabel sein, so stellt doch der durch Zahlungseinstellung erzielbare Vorteil eine Drohmöglichkeit gegenüber den Gläubigern dar, die ein nicht souveränes Bundesland nicht hat. Aus diesem Grund sind die gelegentlich angestellten Vergleiche zwischen der Länderverschuldung im Föderalstaat und der Staatsverschuldung in einer Währungsunion nur begrenzt sinnvoll: Nicht Zahlungs*fähigkeit*, sondern Zahlungs*willigkeit* ist die bindende Schranke für eine Teilnahme des Schuldnerlandes an Sanierungsprogrammen (Eaton et al. 1986). Wird das Schuldnerland von einer Krise betroffen, die es stärker zurückwirft als die Gläubigerländer, so wachsen nicht nur die Zweifel der Gläubiger an der Zahlungsfähigkeit, sondern es wird für das Schuldnerland auch die Option der Zahlungsverweigerung attraktiver. Die glaubwürdige Drohung, einseitig die Zahlungen einzustellen, gibt dem Schuldnerland Verhandlungsmacht in Rückverhandlungen mit den Gläubigern, die es ihm ermöglicht, den Schuldendienst zumindest teilweise abzuschütteln (Bulow und Rogoff 1989).

Der Preis, den ein Schuldner bei jedweder Form von Zahlungsausfall einzukalkulieren hat, ist der Verlust seiner Kreditwürdigkeit für eine unbekannt lange Zeit. Die Souveränität, zu entscheiden, ob er seine Schulden bezahlt oder nicht, kann er selbstverständlich nicht straffrei gebrauchen. Der Preis für die Souveränität des Schuldnerlands ist im Falle drohender Überschuldung der sogenannte *sudden stop* in der Zahlungsbilanz. Diese plötzliche Unterbrechung der Kapitalzuflüsse ist unabhängig davon, wie weit sich die Kapitalintensitäten schon angeglichen haben. Souveräne Schuldenkrisen unterbrechen damit den realen Konvergenzprozess; die mit ihnen einhergehenden scharfen Anpassungskrisen zögern den Konvergenzprozess noch weiter hinaus oder kehren ihn zeitweise sogar um.

Souveränität des Schuldners kann also zu Kreditbeschränkungen führen, die den an sich erwünschten realwirtschaftlichen Ausgleich der Preise und des Konsumniveaus auf dem Kreditwege behindern – prinzipiell ist das nicht anders als im einzelwirtschaftlichen Fall, in dem die begrenzte Erzwingbarkeit der Rückzahlung von Schulden zu Kreditbeschränkungen *ex ante* und Kreditausfällen *ex post* führt.

4. *Relative Preise und reale Wechselkurse*

Hinter den auseinander laufenden Entwicklungen der Leistungsbilanzsalden im Euroraum stehen unterschiedliche Entwicklungen der realen Wechselkurse. Denn auch in einer Währungsunion, in der die *nominalen* Wechselkurse fixiert sind, sind die *realen* Wechselkurse ständig in Bewegung.[252] Die reale Veränderung eines Wechselkurses wird von der Entwicklung der relativen Preisniveaus der Länder bestimmt. Der Idee nach soll ein realer Wechselkurs angeben, wie teuer die in einem Land produzierten Waren für das Ausland sind und wie günstig es umgekehrt ist, durch Importe Waren im Ausland zu erwerben. Steigen die Preise im Inland schneller als die im Ausland, so erhöht sich die in Gütereinheiten gemessene Kaufkraft einer Währung – die Währung wertet real auf. In Deutschland stiegen in den Jahren 2000 bis 2010 beispielsweise die Produzentenpreise durchschnittlich um 2,2 Prozent, in Griechenland hingegen um 4,1 Prozent.[253] Dies verteuerte die griechischen Exporte und verbilligte die Importe aus Deutschland. Zu einem Großteil sind diese Unterschiede in den Preissteigerungsraten von unterschiedlichen Lohnentwicklungen getrieben: Die Lohnstückkosten in der Industrie sind in Griechenland in den letzten Jahren deutlich schneller gestiegen als in Deutschland (vgl. Abschnitt 2.1).

Schaubild 2 zeigt die Entwicklung der Verbraucherpreise in ausgewählten Ländern des Eurogebiets. Im Schnitt hat die Preisänderungsrate, gemessen an dem harmonisierten Verbraucherpreisindex, in Deutschland in den Jahren 2000–2010 um 0,5 Prozent unterhalb der des Euroraums insgesamt gelegen. Die Preisänderung in den Krisenländern lag um 1,28 Prozent in Griechenland und 0,81 Prozent in Spanien darüber. Diese Länder haben somit relativ zum Durchschnitt des Eurogebiets real aufgewertet.

Nicht in jeder realen Aufwertung einer Währung ist eine Überbewertung zu sehen. Das Urteil darüber hängt davon ab, welche Faktoren diese Entwicklung verursachen. Der Aufholprozess eines Landes ist typischer-

[252] Neary (2006) diskutiert den Zusammenhang zwischen dem realen Wechselkurs und der „Wettbewerbsfähigkeit" eines Landes. In einer engeren Definition wird der Begriff der Wettbewerbsfähigkeit auf die Wettbewerbsfähigkeit einzelner Unternehmen bezogen, die sich auf den Märkten für ihre Produkte gegen Produzenten aus dem In- und Ausland durchsetzen müssen.

[253] Angaben beziehen sich auf den Preisindex des Verarbeitenden Gewerbes, *Federal Reserve Bank of St. Louis* http://research.stlouisfed.org/fred2.

weise durch eine reale Aufwertung gekennzeichnet. Dies lehren die empirisch inzwischen recht gut bestätigten Überlegungen von Balassa und Samuelson zu dieser Frage.[254] Dabei geht man davon aus, dass kostensenkender technischer Fortschritt bei der Produktion handelbarer Güter stärker ausgeprägt ist als bei der Produktion nicht-handelbarer Güter. Wenn nun die Lohnentwicklung in beiden Sektoren gleichförmig ist, was in der Regel der Fall ist, so kommt es im Zuge eines wirtschaftlichen Aufholprozesses zu einem Anstieg der relativen Preise für die nicht-handelbaren Güter. Diese reale Aufwertung der Währung in diesem Land ist als gleichgewichtig anzusehen, nicht als Überbewertung (Balassa-Samuelson-Effekt). Erst wenn wir eine Aufwertung feststellen, die darüber hinaus geht, haben wir es mit einer Überbewertung zu tun. Ein klarer Fall dafür liegt vor, wenn in einem Land die Preise stärker steigen als im Ausland, während zugleich die Produktivitätsentwicklung hinter der im Ausland zurück bleibt.

Die Veränderung der relativen Preisniveaus ist vermutlich ein Grund, jedenfalls mit ein Grund für die zu beobachtende Entwicklung der Salden der Handelsbilanz und der weiter gefassten Leistungsbilanz (Ahearne et al. 2007, vgl. Abschnitt 2.3). Einen wichtigen weiteren Erklärungsfaktor für die relative Veränderung der Leistungsströme liefert folgender Befund: In mehreren Ländern gab es eine starke Kreditexpansion und hohe Investitionen im Immobiliensektor und zugleich eine besonders starke Zunahme der Lohnstückkosten. Hier waren jedenfalls die niedrigen Zinsen der Motor. Gleichwohl: Insbesondere Griechenland sowie, in schwächerem Maße, Portugal und Spanien haben eine reale Überbewertung erlebt.

Grundsätzlich gibt es zwei Wege einer Korrektur der realen Überbewertung: eine – kurzfristig unumgängliche – „interne" Abwertung durch sinkende Preise und Löhne und eine „externe" Abwertung durch eine Abwertung des nominalen Wechselkurses. Der mittel- und langfristig adäquate Weg ist die Erhöhung der Produktivität.

Die Einbindung in den Euroraum nimmt dessen Mitgliedsländern die Möglichkeit, überhöhte Preise und Löhne durch eine nominale Abwertung auszugleichen. Umso wichtiger ist eine ausreichende Flexibilität der Preise und Löhne im Inland. Dickens et al. (2007) untersuchen den Grad der Rigidität von Reallöhnen und Nominallöhnen in 16 OECD Ländern. Den geringsten Grad der Flexibilität der Nominallöhne weisen dieser

[254] Für Europa gibt es einen engen Zusammenhang zwischen realen Wechselkursen und dem Pro-Kopf-Einkommen als Maß für die Produktivität (Berka und Devereux 2010). Dieser Zusammenhang hat sich durch die Einführung des Euro kaum verändert und ist im Bereich der nicht-handelbaren Güter enger als bei den handelbaren Gütern.

Untersuchung zu Folge Griechenland, Italien und Portugal auf. In Irland hingegen ist der Grad der Flexibilität höher. Dies ist ein Grund dafür, dass bisher die interne Anpassung in Irland vergleichsweise gut gelungen ist. Diese Untersuchung liefert auch Anhaltspunkte dafür, welche Friktionen auf den Arbeitsmärkten eine unzureichende Flexibilität der Nominallöhne begünstigen. So ist die Rigidität der Löhne tendenziell höher in Ländern, die einen ausgebauten Kündigungsschutz und hohe Mindestlöhne relativ zum allgemeinen Lohnniveau aufweisen. Geringer ist sie dort, wo der Abdeckungsgrad zentralisierter Lohnverhandlungen und die Gewerkschaftsdichte hoch sind.

5. Fiskalische Transfers

In der Debatte um die Zukunft des Euroraums ist häufig zu hören, dass in einer erfolgreichen Währungsunion fiskalische Transfers nötig seien. Wenn ein Mitgliedsland in stärkerem Maße als die anderen von einer von außen kommenden konjunkturellen Störung betroffen ist, kann es die Anpassungslast nicht durch Wechselkursänderungen teilweise auf die anderen weiterwälzen. Fiskalische Transfers könnten an Stelle einer Abwertung für mehr Gleichverteilung der Folgen solcher Störungen sorgen. Eine solche kurzfristige abfedernde Funktion eines fiskalischen Transfersystems ist zu unterscheiden von fiskalischen Transfers, die das Ziel haben, langfristig Unterschiede in den Einkommen auszugleichen.

Die bestehenden Systeme interregionaler fiskalischer Transfers sind unterschiedlich stark ausgebaut. In den USA, wo ad hoc-Zahlungen ein relativ großes Gewicht haben, machen Transfers zwischen der föderalen Ebene und untergeordneten Gebietskörperschaften im langfristigen Mittel rund 3 Prozent des Bruttoinlandsprodukts oder 15 Prozent der gesamten Bundesausgaben aus.[255] Während der Krise sind diese Anteile leicht angestiegen. In Deutschland, wo die regelgebundenen Zuweisungen dominieren, hatte der Länderfinanzausgleich in den alten Bundesländern eine ähnliche Größenordnung (2,4 Prozent des BIP im Jahr 1990, vgl. Büttner 2002). Über diesen Mechanismus wird das Umsatzsteueraufkommen in ausgleichender Weise verteilt; hinzukommen horizontale Transfers und ergänzende Zuweisungen des Bundes, die bis zur deutschen Vereinigung nur einen bescheidenem Umfang hatten (Büttner 2002, 2009).

Im Eurogebiet gibt es kein unmittelbar vergleichbares fiskalisches Transfersystem. Allerdings können die Anleihen, die von einer Reihe europäischer Staaten aufgenommen worden sind und die zur jetzigen Schulden-

[255] Vgl. US Census Bureau, Statistical Abstract of the United States 2011, Tabelle 429, S. 268 "Federal Grants-in_Aid to State and Local Governments".

krise beitragen, in dem Maße als Transfers interpretiert werden, in dem es den Schuldnerländern gelingt, die Bedienung dieser Anleihen definitiv zu verweigern oder auf das Ausland abzuwälzen.

Dass es Fiskaltransfers gibt, heißt nicht, dass es sie geben muss. Eine mögliche Zielsetzung solcher Transfers ist ein Ausgleich von Einkommensschocks, verursacht etwa durch einen plötzlichen Nachfrageeinbruch, der nur einzelne Regionen betrifft. Insoweit derartige Schocks a priori jede Region betreffen könnten, wirken die Transfers wie eine Versicherung auf Gegenseitigkeit und führen dazu, dass ein Rückgang des Einkommens einer Region durch Transfers an die Bewohner dieser Region teilweise abgemildert wird.

Dass solche Transfers als eine legitime Staatsaufgabe angesehen werden können, ist keineswegs selbstverständlich. Zumindest müsste aber gezeigt werden, dass sie wirksam sind und dass keine anderen Mechanismen der Versicherung, etwa über die Märkte zur Verfügung stehen. Empirische Arbeiten für die USA zeigen, dass Einkommensschwankungen zwischen den Bundesstaaten kurzfristig nur zu 16 Prozent – und langfristig zu 49 Prozent – auf den Konsum der betroffenen Regionen durchschlagen (Becker und Hoffmann 2006). Jedoch wird nur ein relativ kleiner Teil der Konsumglättung durch fiskalische Transfers bewirkt, der überwiegende Teil durch die Versicherungsfunktion flexibler Arbeits- und Kapitalmärkte,[256] z. B. durch die vergleichsweise hohe Arbeitsmobilität.

In Deutschland war in den Jahren 1970–1994 der staatliche Sektor mit einem Anteil von 50 Prozent der wichtigste Kanal für die Konsumglättung (Hepp und von Hagen 2011a). Über Faktor- und Kreditmärkte wurden 36 Prozent der Einkommensschwankungen ausgeglichen. Für die Zeit nach der Wiedervereinigung haben sich diese Anteile zum Teil deutlich geändert. Für Westdeutschland (Ostdeutschland) werden seitdem 63 Prozent (53 Prozent) der Schocks über Marktmechanismen und 15 Prozent (19 Prozent) durch fiskalische Sicherungssysteme abgesichert. Diese Werte entsprechen in etwa denen für die USA (Astrubali et al. 1995). Zu berücksichtigen ist dabei, dass der Finanzausgleich in Deutschland eine größere Bedeutung für den Ausgleich staatlicher Budgets als für die Glättung des privaten Konsums hat (Hepp und von Hagen 2011b).

Grundsätzlich ist hinsichtlich der Frage, ob eine Transferunion für eine Währungsunion unabdingbar erscheint, der Vergleich mit den Vereinigten Staaten gerade deshalb instruktiv, weil diese einen Bundesstaat darstellen und nicht bloß eine Währungsunion. Wie oben beschrieben, ist der Transferanteil in den Beziehungen zwischen Bundesebene und Ein-

[256] Vgl. Artis und Hoffmann (2011) sowie Becker und Hoffmann (2006).

zelstaaten nicht so hoch wie oft vermutet wird. In den USA wird in den Finanzbeziehungen zwischen Zentralregierung und Einzelstaaten das Prinzip des Nicht-Beistands recht strikt beachtet; die meisten Bundesstaaten der USA haben zudem konstitutionelle Schuldenbremsen eingeführt. In den Finanzbeziehungen wurden und werden also die verschuldeten Einzelstaaten als souverän und eigenverantwortlich behandelt. Insbesondere im 19. Jahrhundert hat das Trennprinzip zwischen föderaler Ebene und Bundesstaatenebene in den USA wiederholt zu Zahlungsausfällen der Einzelstaaten geführt, ohne dass der Staatsverband als Ganzes oder seine Währung davon gefährdet waren. Überdies besaßen die USA bis 1914 keine einheitliche Zentralbank, die der Versuchung zum Eingriff hätte erliegen können. Auch heute erweist sich die Trennung von Bundeshaushalt und den Haushalten der Bundesstaaten als robust, so dass etwa die wiederholten Zahlungsschwierigkeiten Kaliforniens (einer Ökonomie von der Größe Italiens) keine Auswirkungen auf die Bonität der USA insgesamt gehabt haben.

Die Trennung der beiden staatlichen Ebenen hat allerdings Nebenwirkungen. Verzichtet der Gesamtstaat darauf, den Einzelstaaten in fiskalischer Bedrängnis zu Hilfe zu eilen, so liegt die Anpassungslast im Falle der Insolvenz eines Einzelstaates bei den Gläubigern, die von dem Zahlungsausfall betroffen sind. Schuldenkrisen können dann rasch in Finanzkrisen umschlagen, die das Bankensystem der Gläubiger betreffen. Die Furcht vor einer erneuten Bankenkrise ist ohne Zweifel handlungsleitend gewesen bei den Versuchen, die gegenwärtige Schuldenkrise Europas einzudämmen.

Das amerikanische Beispiel zeigt, dass die gegenseitige Übernahme von Budgetrisiken in einer Währungsunion keiner ökonomischen Gesetzmäßigkeit folgt. Auch die Schuldenbremsen des Maastricht-Abkommens waren anders motiviert. Die Sorge galt weniger dem Umgang mit Schuldenkrisen als vielmehr den Anreizen der Zentralbank, fiskalische Defizite durch eine Politik niedriger Zinsen oder die Monetisierung von Staatsschulden abzufedern. In der gegenwärtigen Schuldenkrise sind beide Anreize wirksam geworden und es haben sich Befürchtungen bestätigt, die zur Aufnahme der restriktiven, zuletzt aber wirkungslosen Nicht-Beistands-Klauseln in das Abkommen geführt hatten.

III. Optionen für die Wirtschaftspolitik

Die beschriebenen realwirtschaftlichen Divergenzen im Eurogebiet, die sich in einigen Mitgliedsländern in dauerhaften Leistungsbilanzdefiziten und, was die Wettbewerbsfähigkeit ihrer Unternehmen anbelangt, quasi in einer realen Aufwertung der Währung niederschlagen, haben vielfältige Ursachen. Die Wirtschaftspolitik hat bisher in erster Linie versucht, die dadurch verursachten akuten Probleme der Finanzmärkte zu lösen. Für die Zukunft aber wird es wichtig sein, die realwirtschaftliche Anpassungsfähigkeit innerhalb des Eurogebiets und die Glaubwürdigkeit des Nicht-Beistands-Prinzips zu stärken. Im Folgenden werden zentrale Elemente eines solchen Reformpakets geschildert.

Kern dieses Pakets sollten nicht neue Hilfsprogramme der Europäischen Union sein. Man muss die Union nicht zu einer Fiskal- oder Transferunion umwandeln, um den Euro zu stabilisieren. Man braucht auch keinen im Europarecht verankerten Zwang zum Abbau von Defiziten oder Überschüssen in der Leistungsbilanz einzelner Mitgliedstaaten. Eine Abwertung innerhalb der Währungsunion ist nicht möglich. Sie würde den Austritt eines Mitgliedstaates voraussetzen und kann höchstens die *ultima ratio* sein. Soll die Gefahr eines Austritts von in Not geratenen Mitgliedstaaten vermieden werden, bleibt langfristig nur eine Lösung, die an die Wurzel des Problems geht. Die Wurzel des Problems zu finden, ist nicht schwer. Wenn der institutionelle Rahmen den Marktkräften auf den Produktmärkten und Arbeitsmärkten genügend Raum lässt, werden die Wirtschaftskraft und insbesondere der Export dieser Mitgliedstaaten die Balance wiederherstellen. Wenn die Banken sachgerecht reguliert und Hemmnisse auf den Kapitalmärkten beseitigt sind, wird den Unternehmen in diesen Mitgliedstaaten genügend Kapital zur Verfügung stehen, um das Land wieder kreditwürdig zu machen.

Die nötigen Reformen der Produktmärkte, der Arbeitsmärkte und der Kapitalmärkte können durch europäische Richtlinien und Verordnungen begleitet werden. Welche konkreten Schritte für die einzelnen Länder erforderlich sind, lässt sich nicht in einem festen Regelwerk bestimmen. Daher sollten die nötigen strukturellen Reformen auf der Ebene einzelner Mitgliedsländer der EWU dem Prinzip der Subsidiarität entsprechend in nationaler Verantwortung bleiben. Wichtig ist es jedoch, über bindende fiskalpolitische Regeln und über die Wirkung von Zinssignalen Anreize dafür zu schaffen, die nötigen Reformen einzuleiten.

Im Kern müssen die in Not geratenen Mitgliedstaaten diese Reformen daher selbst bewirken. Nur dann werden die Reformen nachhaltig sein. Die Europäische Union ist kein Bundesstaat. Trotzdem müssen die Bevölkerungen der Geberländer die hohen Lasten der Rettung tragen, wie wenn sie in der bündischen Pflicht stünden. Die Verfassung der Europäischen Union schreibt diese Art und dieses Maß der Hilfe nicht vor. Die Verantwortlichen in den Geberstaaten sollten ihre Hilfe an die Bedingung knüpfen, dass sich die Empfängerländer glaubwürdig auf die

Reformen ihrer Rechtsordnung verpflichten, die die Europäische Wirtschafts- und Währungsunion dauerhaft tragfähig machen. Wenn sie diese Bedingung stellt, verletzt die Bundesregierung den Geist der Europäischen Verträge nicht, sondern sie lebt ihn.

1. *Abbau von Rigiditäten auf Produktmärkten und Arbeitsmärkten*

Die reale Überbewertung der Währung in einzelnen Ländern der Währungsunion kann nicht allein über die Anpassungen der Preise beseitigt werden. Es ist auch eine Verbesserung der Wettbewerbsfähigkeit durch gesteigerte Produktivität erforderlich. Da eine Verschlechterung der Produktivität in den hochproduktiven Ländern kaum im Interesse der Gemeinschaft sein kann, erfordert diese Angleichung eine noch schnellere Erhöhung der Produktivität der Unternehmen in den Ländern mit Leistungsbilanzdefiziten als in den Überschussländern. Die neuere Außenhandelsliteratur zeigt, dass es einen engen Zusammenhang zwischen der Produktivität auf Unternehmensebene, den Kosten der Internationalisierung und der außenwirtschaftlichen Entwicklung eines Landes gibt (Box 1).

Box 1: Produktivität und außenwirtschaftliche Tätigkeit von Unternehmen

Während die traditionelle Außenhandelstheorie vorwiegend Unterschiede in der Faktorausstattung zwischen Ländern als Triebfeder für internationalen Handel untersucht, widmet sich ein neuer Strang der Außenhandelsliteratur dem Zusammenspiel zwischen den Kosten des Marktzutritts und der Produktivität auf Unternehmensebene. Sind die fixen Kosten des Eintritts in Auslandsmärkte hoch, werden es die größeren und produktiveren Unternehmen sein, die diese Kosten am besten tragen können. Gerade die produktivsten Firmen sind es zudem, die auf Märkten, in denen produktive Unternehmen bereits aktiv sind, Fuß fassen können (Baily et al. 1995). Folglich ist die Wahrscheinlichkeit, dass ein Unternehmen exportiert oder gar Direktinvestitionen im Ausland unternimmt, positiv mit der Größe und der Produktivität eines Unternehmens korreliert (Melitz 2003, Helpman et al. 2004). Selbst in Deutschland, das für die Exportstärke mittelständischer Unternehmen bekannt ist, tragen die größten 1 Prozent der Unternehmen einen Anteil von knapp zwei Dritteln zum gesamten Export bei (Ottaviano und Mayer 2007). Die größten 10 Prozent der Unternehmen haben einen Anteil an den Exportumsätzen von 90 Prozent, wobei im Exportumsatz freilich auch die Vorleistungen von kleineren Unternehmen enthalten sind.

Auch umgekehrt kann es einen Einfluss der Exporttätigkeit auf die Produktivität geben: Investitionen, durch die sich die Produktivität der Unternehmen erhöht, lohnen oft erst dann, wenn auf Grund von Senkungen der Handelskosten neue Märkte erschlossen werden können (Lileeva und Trefler 2010). Ein weiterer Kanal der Rückkoppelung zwischen Exporten und Produktivität ergibt sich aus der Tatsache, dass gerade der internationale Wettbewerb einen positiven Einfluss auf die Produktivität der Unternehmen im Inland hat (Baily et al. 1995). Der Wettbewerb im Inland selbst spielt eine weitaus geringere Rolle.

Für viele Länder, einschließlich Deutschland und andere europäische Länder, gibt es umfangreiche empirische Belege, die den Zusammenhang zwischen außenwirtschaftlichen Aktivitäten und der Produktivität von Unternehmen zeigen (Ottaviano und Mayer 2007). Für Deutschland kommt Wagner (2007) zu dem Ergebnis, dass Exporteure produktiver sind als nicht-exportierende Unternehmen und dass produktivere Unternehmen zu Exporteuren werden, während Exportaktivitäten nicht notwendigerweise die Produktivität erhöhen.

Direktinvestitionen im Ausland können als ein Indikator für die Produktivität der Unternehmen gewertet werden; gleichzeitig können Investitionen ausländischer Unternehmen im Inland einen wichtigen Beitrag zur Verbesserung der Produktivität leisten. Einige der derzeitigen Krisenländer weisen jedoch hinsichtlich der Produktivität inländischer Unternehmen, der Präsenz multinationaler Unternehmen und der Attraktivität für ausländische Direktinvestitionen deutliche Defizite auf. Die Größenverteilung der portugiesischen Unternehmen hat sich beispielsweise in den vergangenen Jahrzehnten systematisch verschoben – die Unternehmen sind im Durchschnitt kleiner und nicht, wie man es in einer Phase der Globalisierung erwarten würde, größer geworden (Braguinsky et al. 2011). Griechenland hat mit einem Bestand an Direktinvestitionen im Ausland von 12,3 Prozent relativ zum BIP einen weit unterdurchschnittlichen Anteil im Vergleich zu anderen EU Staaten (55 Prozent). Die Diskrepanz bei den Direktinvestitionen im Inland ist ähnlich hoch mit 13,6 Prozent für Griechenland und 45,5 Prozent für die EU insgesamt.[257] Ein Grund hierfür sind hohe Barrieren des Eintritts in den griechischen Markt: Beim *Doing Business*-Index der Weltbank, der auf einer Vielzahl von Indikatoren der Kosten des Markteintritts beruht, rangiert Griechenland auf Platz 109 von 183 Ländern und damit hinter den meisten anderen europäischen Ländern.[258]

Die Produktivität der Unternehmen und die Offenheit sowohl der Produktmärkte als auch der Arbeitsmärkte sind daher Angelpunkte einer Politik, die auf verbesserte Exportchancen abzielt. Die erforderlichen Schritte sind nicht zu verwechseln mit gezielten industriepolitischen Maßnahmen, die bestimmte Industrien oder Unternehmen betreffen. Vielmehr muss es um eine breit angelegte Förderung von Innovationen und um eine Verbesserung des Marktzugangs gehen. Es sind vor allem folgende Politikbereiche relevant:

Erstens sollten die vielen noch bestehenden Marktzutrittsbeschränkungen wie Produktmarktrestriktionen insbesondere im Dienstleistungssektor abgebaut werden. Im nationalen Bereich finden sich Produktmarktrestriktionen z.B. in Form von nationalen vermeintlichen „Sicherheitsbestimmungen", die tatsächlich jedoch einzelnen Firmen ein Monopol ermöglichen. Da solche Marktzutrittsbeschränkungen und Produktmarktrestriktionen historisch aus der traditionellen Klientelwirtschaft erwachsen sind, ist deren Abbau vor allem eine politische Aufgabe. Auch sollten internationale Marktzutrittsbeschränkungen abgebaut werden, die es gerade kleineren Unternehmen und Unternehmen aus der Peripherie Europas erschweren, auf Auslandsmärkten Fuß zu fassen. Die deutsche Expertenkommission Forschung und Innovation (EFI) zeigt, dass Europa als Wirtschaftsmacht auf Grund der bestehenden Fragmentierung des Binnenmarktes hinter seinen Möglichkeiten zurück bleibt (EFI 2011). Es sollte daher geprüft werden, inwiefern eine Harmonisierung von Regeln unter dem Aspekt des Abbaus von Barrieren des Marktzutritts sinnvoll wäre, ohne dass dadurch der Wettbewerb zwischen verschiedenen Systemen der Regulierung über Gebühr behindert wird.

Zweitens sollte die staatliche Förderung von Forschung und Entwicklung und damit von Innovationen im Unternehmenssektor einer regelmäßigen Überprüfung mit modernen Methoden der Evaluationsforschung unterzogen werden. Gerade in denjenigen Ländern, in denen die Innovationstätigkeit unterdurchschnittlich hoch ist, wird ein relativ großer Anteil der Forschungs- und Entwicklungsausgaben staatlich finanziert (vgl. Abschnitt 2.1). Eine solche Finanzierung sollte allerdings nur dann erfolgen, wenn sie keine privaten Investitionen verdrängt und dort ansetzt, wo private Investitionen in unzureichendem Maße erfolgen. Mit modernen empirischen Verfahren kann auf Grundlage von Mikrodaten

[257] Vgl. UNCTAD, World Investment Report 2010. Auch Deutschland liegt mit einem Bestand an FDI von 21 % unterhalb des Durchschnitts der EU, allerdings ist hier die Notwendigkeit eines Imports ausländischer Technologie und Know Hows weniger stark gegeben als beispielsweise im Fall Griechenlands.

[258] Vgl. www.doingbusiness.org.

bestimmt werden, ob staatliche Förderung von Innovationen diesen Kriterien genügt. Diese Verfahren können somit einen wichtigen Beitrag zur evidenzbasierten Politikberatung leisten.

Drittens können Strukturreformen auf den Arbeitsmärkten eine wichtige Rolle dabei spielen, die Flexibilität der Nominallöhne und letztlich auch die Produktivität der Unternehmen zu erhöhen. Zuerst in den Niederlanden, dann in Dänemark und schließlich auch in Deutschland haben wir erlebt, dass zupackende Arbeitsmarktreformen und eine Zurückhaltung bei Lohnsteigerungen zum Aufbau von Beschäftigung und dem Abbau struktureller Arbeitslosigkeit beitragen können. Man muss freilich hinzufügen, dass die Flexibilisierung der deutschen Arbeitsmärkte auf ein unternehmerisches Umfeld traf, das ebenfalls gerade von Erneuerungen geprägt war, von einer weit verbreiteten Restrukturierung der Unternehmen, erzwungen durch die Erfordernisse der Globalisierung, aber auch angefeuert und begünstigt von einer durchgreifenden Reform der Unternehmensbesteuerung.

Arbeitsmarktreformen können somit einen wichtigen Beitrag dazu leisten, die Anpassungsfähigkeit der Märkte zu fördern. Hierbei sind vor allem zwei Aspekte zu beachten. Erstens sollte bei der Lohnsetzung berücksichtigt werden, wie sich die Löhne im Sektor international nicht-handelbarer Güter entwickeln. Ist es landesweit zu einer starken Erhöhung der Löhne gekommen, muss auch eine Korrektur alle Sektoren betreffen, einschließlich der Sektoren nicht-handelbarer Güter. Zudem sollte ausreichender Spielraum für unterschiedliche Lohnentwicklungen zwischen ähnlichen Sektoren über Ländergrenzen hinweg sein. Um die Wettbewerbsfähigkeit der handelbaren Sektoren in den Krisenländern wieder herzustellen, müssen die Lohnstückkosten dort relativ zu denen in den entsprechenden Sektoren anderer Länder sinken.

2. Verbesserte Funktionsweise der Kapitalmärkte

Auf den ersten Blick scheinen die Regulierung der Banken und die realwirtschaftlichen Entwicklungen nicht viel miteinander zu tun zu haben. Bei genauerem Hinsehen ergibt sich jedoch eine wichtige Verbindungslinie. Integrierte Kapitalmärkte können dazu beitragen, dass sich Kapitalströme schneller an Renditeunterschiede anpassen. Allerdings darf es keine Anreize für eine übermäßige Verschuldung geben. Dieser Aspekt ist gerade vor dem Hintergrund der zunehmenden Integration der Kapitalmärkte in Europa von Bedeutung, denn durch zunehmende internationale Kapitalströme können die Effekte von Verzerrungen auf den nationalen Kapitalmärkten verstärkt werden.

Der Beirat hat in seinem Gutachten vom April 2010 ein umfassendes Konzept zur Neuordnung der Bankenregulierung vorgelegt.[259] Dieses Konzept umfasst als ein zentrales Element signifikant höhere Eigenkapitalanforderungen an Banken, die nicht an den Risikograden der Aktiva ausgerichtet sondern relativ zur ungewichteten Bilanzsumme bestimmt werden sollten. Die Bankenaufsicht sollte ihre Ermessensspielräume stärker nutzen: zudem sollte ein effektives (nationales und internationales) Insolvenzrecht für Banken geschaffen werden, und Haftungsmechanismen auch innerhalb der Banken sollten besser greifen. Die entsprechenden Reformbemühungen auf europäischer Ebene sind derzeit ins Stocken geraten und wichtige Reformelemente werden ausgespart. Beispielsweise müssen Staatsanleihen, die von Mitgliedern des Eurogebiets emittiert werden, auch unter den neuen Regularien nicht mit Eigenkapital unterlegt werden.

Geringe Risikogewichte in den bislang geltenden Regeln für die Eigenkapitalausstattung von Banken dürften gleichwohl mit dazu beigetragen haben, dass die Banken in Europa in relativ hohem Maße Staatsanleihen anderer europäischer Länder gekauft haben. Im derzeitig geltenden Regulierungssystem werden Forderungen gegenüber Regierungen anderer Mitgliedsländer des Eurogebiets nicht in die risikogewichteten Aktiva eingerechnet und müssen daher von den Banken nicht mit Eigenkapital unterlegt werden. Die Entwicklung der vergangenen Monate hat gezeigt, dass diese Investitionen der Banken die ihnen zu Grunde liegenden Risiken nur unzureichend reflektieren. Zusätzlich werden Investitionen in Staatsanleihen dadurch begünstigt, dass sie von den Banken eingesetzt werden können, um regulatorische Liquiditätskennziffern einzuhalten.

3. *Verfahren zur Kontrolle von Leistungsbilanzsalden*

Um für die Zukunft Verschuldungskrisen im Euroraum weniger wahrscheinlich zu machen, wurde vom Rat für Wirtschaft und Finanzen (Ecofin) ein Verfahren zur „Vermeidung und Korrektur makroökonomischer Ungleichgewichte" etabliert.[260] Wirtschaftliche Entwicklungen sollen regelmäßig anhand eines Indikatorensystems (eines sogenann-

[259] Vgl. Gutachten des Wissenschaftlichen Beirats beim BMWi „Reform von Bankenregulierung und Bankenaufsicht nach der Finanzkrise" vom April 2010.

[260] Insgesamt beinhaltet das neue Verfahren sechs Einzelverordnungen, von denen zwei die Verfahren und Sanktionen des Umgangs mit makroökonomischen Ungleichgewichten regeln und vier den neuen finanzpolitischen Rahmen ausgestalten. Die Rechtsvorschriften zur makroökonomischen Koordinierung und Überwachung sind im Amtsblatt der EU, 54. Jahrgang, L 306 vom 23. November 2011 veröffentlicht.

ten „*score board*") überprüft, wirtschaftspolitische Empfehlungen für einzelne Länder sollen gegeben werden und es sollen – bei dauerhafter Nicht-Umsetzung dieser Maßnahmen – Strafzahlungen in Höhe von maximal 0,1 Prozent des BIP eines Mitgliedslandes verhängt werden. Die betrachteten Kennziffern umfassen eine Reihe von Messgrößen, durch die interne und externe Ungleichgewichte abgebildet werden sollen.

Hinsichtlich des Verfahrens zur Vermeidung und Korrektur makroökonomischer Ungleichgewichte wurde Mitte September 2011 beschlossen, sowohl Überschussländer als auch Defizitländer einem Überwachungsmechanismus zu unterziehen. Dabei werden auch Obergrenzen für Überschüsse in der Leistungsbilanz ins Auge gefasst, deren Überschreitungen soll jedoch – anders als bei den Grenzen für die Defizite – nicht mit Sanktionen belegt werden.

Die geplanten Maßnahmen zur Begrenzung von Leistungsbilanzdefiziten müssen kritisch gesehen werden. Numerische Schwellenwerte für Leistungsbilanzdefizite und -überschüsse verkennen die Rolle von Leistungsbilanzsalden für den internationalen Ausgleich von Ersparnissen und Investitionen. Sowohl Überschüsse als auch Defizite sind ein wichtiges Vehikel der Anpassung des internationalen Kapitalverkehrs an die internationalen Leistungsströme oder der Anpassung der Leistungsströme an den Kapitalverkehr. Diese Anpassung zu unterdrücken oder zu reduzieren würde diese wichtige Ausgleichsfunktion erheblich behindern. Gleichwohl muss auf die sich daraus kumulativ ergebende Ausweitung der Gesamtverschuldung gegenüber dem Ausland geachtet werden, die sich innerhalb der Grenzen der außenwirtschaftlichen Leistungsfähigkeit eines Landes halten sollte.

Wollte man die relativen Preise innerhalb Europas steuern und koordinieren, so wäre dies letztlich nur dann möglich, wenn internationaler Handel und Kapitalverkehr in gewissem Umfang begrenzt würden. Das kann nicht Ziel der Politik sein und würde dem Prinzip der Offenheit und Integration von Märkten in Europa diametral entgegenlaufen. Erfolgreicher wird daher eine Strategie sein, die für die Regierungen Europas Anreize setzt, die notwendigen Rahmenbedingungen dafür zu schaffen, dass sich die Unternehmen eines Landes im internationalen Wettbewerb behaupten können. Hierzu ergeben sich, wie oben geschildert, eine Reihe von Ansatzpunkten beim Abbau von Rigiditäten auf Produktmärkten und Faktormärkten.

4. *Fiskalische Transfers*

In der Diskussion um fiskalische Transfers in der Eurozone müssen zwei Aspekte getrennt werden.

Einerseits geht es um die Frage, welcher institutionelle Rahmen geschaffen werden sollte, damit eine übermäßige Verschuldung einzelner Mitglieder der Währungsunion verhindert wird. Der Beirat hat hierzu in seinem Gutachten vom November 2010 Vorschläge unterbreitet. Die Beschlüsse vom September 2011, im präventiven Arm des Verfahrens zur fiskalischen Kontrolle das Prinzip der umgekehrten einfachen Mehrheitsentscheidung einzuführen und im korrektiven Arm das strengere Verfahren der umgekehrten Mehrheitsentscheidung anzuwenden, sind aus Sicht des Beirats sehr zu begrüßen.[261] Während die Stärkung des Stabilitäts- und Wachstumspaktes nützlich sein kann, ist zu bedenken, dass diese nur vor dem Hintergrund einer fundierten Nicht-Beistands-Klausel glaubwürdig erscheint. Der Stabilitäts- und Wachstumspakt kann eine Nicht-Beistands-Klausel ergänzen, aber nicht ersetzen. Die seit Ausbruch der Griechenlandkrise bestehenden Tendenzen, das Prinzip des Nicht-Beistands zu relativieren und durch einen geschärften Stabilitäts- und Wachstumspakt zu substitutieren, scheinen, wenn es am Schluss doch zu einer Rettung durch Transfers kommt, wenig überzeugend.

Andererseits ist zu entscheiden, inwiefern eine Bündelung fiskalischer Ressourcen dazu genutzt werden soll, über Ländergrenzen hinweg (dauerhafte) fiskalische Transfers zu leisten. Derzeit ist das Volumen fiskalischer Transfersysteme in Europa deutlich geringer als in Deutschland oder den USA. Gegen eine Übertragung bestehender Systeme fiskalischer Transfers wie etwa in Deutschland auf Europa sprechen folgende Überlegungen:

Erstens übernehmen fiskalische Transfers auch in bestehenden Währungsgebieten einen weitaus geringeren Teil der Absicherung von Schocks, als dies oft vermutet wird (Abschnitt 2.5). Länder können sich zudem auch ohne den Rückgriff auf fiskalische Transfers von außen aus eigener Kraft gegen Schwankungen des Einkommens absichern. Im Zeitverlauf ist das über den Auf- und Abbau von Haushaltsüberschüssen möglich; in jeder

261 Im sogenannten präventiven Arm müssen die Mitgliedstaaten jährliche Programme vorlegen, aus denen die mittelfristige Haushaltsentwicklung hervorgeht; die korrektive Komponente beinhaltet Maßnahmen zur Begrenzung übermäßiger Defizite. Sanktionen können vom Ecofin-Rat zukünftig nur noch durch einfache Mehrheit (im präventiven Arm) oder qualifizierte Mehrheit (im korrektiven Arm) abgewendet werden („Umgekehrte Mehrheit"). Bislang musste sich im Rat eine Mehrheit *für* Sanktionen finden.

einzelnen Periode können Einkommen aus grenzüberschreitenden Kapitalanlagen einen entsprechenden Risikoausgleich leisten. Die derzeit auf EU-Ebene geplanten Schritte hin zu mehr fiskalpolitischer Regelbindung müssen einer entsprechenden antizyklischen Fiskalpolitik nicht notwendigerweise im Wege stehen. Eine solche Politik erfordert aber den Aufbau von Überschüssen im Staatshaushalt in guten Zeiten, durch die negative konjunkturelle Schwankungen ausgeglichen werden können.

Zweitens bergen fiskalische Transfers die Gefahr, dass nötige Strukturreformen aufgehalten werden. Es ist in erster Linie Aufgabe der nationalen Politik, Rahmenbedingungen dafür zu schaffen, dass Schwankungen der Einkommen aus eigener Kraft abgefedert werden können. Die erforderlichen Anpassungsmaßnahmen sind oft schmerzhaft und erfordern in einigen Bereichen der Wirtschaft Schrumpfungsprozesse. Je größer die Möglichkeiten sind, Anpassungen zu vermeiden, weil Hilfe von außen gewährt wird, umso geringer dürfte der entsprechende Reformdruck sein. Ursprünglich temporäre Schocks könnten dann dauerhafte Auswirkungen haben und damit den Ruf nach dauerhaften Transfers verstärken.

Realwirtschaftliche Anpassungen insbesondere auf den Arbeitsmärkten haben sich durch fiskalische Ausgleichszahlungen in der Tat oftmals verzögert (Boldrin und Canova 2001, Obstfeld und Peri 1998). Erfahrungen mit bestehenden Transfersystemen in Europa zeigen sehr gemischte Erfolge: Sozialtransfers haben nur in bestimmten Ländergruppen zu einem Ausgleich von Einkommensunterschieden beigetragen (Bouvet 2010); Einkommensniveaus in ärmeren Regionen passen sich zwar an die der reicheren Regionen an, nicht aber an deren Produktivitätsniveaus (Checherita et al. 2009) oder an deren Beschäftigungswachstum (Becker et al. 2010a). Fiskalische Transfers tragen demnach Fehlanreize in sich, die bestehende Produktivitätsunterschiede verfestigen können anstatt sie auszugleichen. Schon diese Ergebnisse mahnen zur Vorsicht gegenüber der Vorstellung, eine Transferunion könne nennenswert zur Behebung der Strukturprobleme des Euroraums beitragen.

Drittens werden durch bestehende regionale Transfersysteme nicht nur kurzfristige Schocks ausgeglichen, sondern es wird auch eine langfristige Umverteilung hin zu strukturell schwachen Regionen erzielt. Der Ausgleich der Pro-Kopf Steuereinnahmen zwischen den deutschen Bundesländern liegt beispielsweise bei über 90 Prozent (Konrad und Zschäpitz 2011). Die derzeitigen Struktur- und Kohäsionsfonds auf europäischer Ebene haben einen deutlich geringeren Umfang. Wollte man das deutsche System vom Umfang her auf die europäische Ebene übertragen, würde dies eine massive Ausweitung des EU-Budgets bedeuten. Dies wäre weder ökonomisch sinnvoll noch politisch durchsetzbar. Die Gefahr, dass ein Widerstand gegen mehr fiskalische Transfers auch andere Elemente des Integrationsprozesses in Frage stellt, sollte nicht gering geschätzt werden. Es ist außerdem nicht ersichtlich, warum sich innerhalb Europas eine Umverteilungspolitik – sofern sie denn politisch angestrebt würde – auf die Länder des Eurogebiets beschränken ließe und nicht auch auf andere EU-Staaten ausgeweitet werden müsste.

Eine besondere Rolle in der Fiskalpolitik spielen die sozialen Sicherungssysteme, da deren Leistungen oft über viele Jahre im Voraus als gesetzlich festgelegte Ansprüche quasi verbrieft werden und daher wie Staatsschulden wirken. Insbesondere die umlagefinanzierten Rentenversicherungen haben in Europa eine solche implizite Verschuldung aufgebaut, die in vielen Ländern das Mehrfache der expliziten Staatsverschuldung beträgt. Es ist kein Zufall, dass mit Griechenland und Italien zwei Länder im Mittelpunkt der Krise stehen, die zugleich auch eine besonders ungünstige Altersstruktur und im internationalen Vergleich überaus großzügige Rentenleistungen aufweisen. Da diese Leistungsversprechen mittel- und langfristig in höhere Staatsausgaben und damit, zumindest in der Erwartung, in höhere explizite Staatsschulden münden, verstärken sie den gegenwärtigen Druck der Finanzmärkte. Rentenreformen, die künftige Beiträge und künftige Leistungen wieder in Einklang bringen, reduzieren die gegenwärtigen impliziten und daher auch die erwarteten expliziten Staatsschulden. Leistungskürzungen entsprechen dabei einem impliziten Schuldenschnitt zu Lasten künftiger Rentenbezieher; Beitragserhöhungen belasten dagegen die jüngeren Generationen; beide Optionen sind daher politisch hoch sensibel. Sie sind dennoch ein unabdingbarer Bestandteil einer Strategie, die den Druck der Finanzmärkte abbauen soll.

IV. Wirtschaftspolitische Empfehlungen

Die Diskussion über die Schuldenkrise in Europa hat sich weitgehend auf die Mechanismen des Rettungsschirms konzentriert. Dieses Gutachten lenkt hingegen den Blick auf die realwirtschaftlichen Ursachen der Krise. Die Empfehlungen des Beirats lassen sich in vier Punkten zusammenfassen:

1. Eine Währungsunion braucht für alle Mitglieder verlässliche Anreize, eine übermäßige Verschuldung zu vermeiden. Eine Währungsunion braucht keine Konvergenz der Pro-Kopf-Einkommen: auch Menschen, die unterschiedlich viel verdienen, können das gleiche Geld benutzen. Ein Zusammenhang zwischen beidem besteht höchs-

tens insofern, als sich fiskalische Disziplin der Nationalstaaten leichter erreichen lässt, wenn die Unterschiede in der Wirtschaftskraft von Staat zu Staat nicht allzu groß sind.

2. Um fiskalische Disziplin zu erreichen, müssen strengere Sanktionen bei Verletzung haushaltspolitischer Kriterien einhergehen mit einer durch Taten glaubwürdig gemachten Bekräftigung, dass eine Nicht-Beistands-Klausel gilt und beachtet wird.

3. Durchgreifende Strukturreformen in Produktmärkten und Arbeitsmärkten, in Finanzmärkten und in den Systemen der sozialen Sicherung sollten zu einem Mindestmaß an Homogenität der realwirtschaftlichen Entwicklung führen. Reformen in diesen Bereichen können helfen, auseinander laufende Lohnstückkosten zu vermeiden, und sie verbessern die Anpassungsfähigkeit an unerwartete regionale Entwicklungen („asymmetrische Schocks").

4. Weitergehende Maßnahmen wie der Ausbau fiskalischer Transfersysteme in der Eurozone oder ein formales Verfahren zur Vermeidung und Korrektur makroökonomischer Ungleichgewichte sind nicht notwendig.

Die nötigen strukturellen Reformen auf der Ebene einzelner Mitgliedsländer der EWU sollten dem Prinzip der Subsidiarität entsprechend in nationaler Verantwortung bleiben. Wichtig ist es daher, dass die Regierungen bereits frühzeitige Signale von den Märkten erhalten, wie nachhaltig die wirtschaftliche Entwicklung in Bezug auf die öffentlichen und privaten Finanzen in einem Land eingeschätzt wird. Risikoprämien sind eines dieser Signale, die von den Märkten ausgesandt werden können. Bei der Ausgestaltung des Europäischen Stabilisierungsmechanismus (ESM) sollte daher darauf geachtet werden, dass Marktsignale und Risikoprämien ihre Aufgabe erfüllen können. Die Tatsache, dass einige der Krisenländer in Europa Reformschritte unternehmen, um sich dem Druck der Märkte und dem drohenden Zugriff auf den Rettungsfonds zu entziehen, zeigt, dass diese Anreize sehr wirksam sind.

Berlin, den 25. November 2011

Die Vorsitzende des Wissenschaftlichen Beirats
beim Bundesministerium für Wirtschaft und Technologie

Prof. Dr. Claudia M. Buch

Das Gutachten wurde vorbereitet von folgenden Mitgliedern des Wissenschaftlichen Beirats beim Bundesministerium für Wirtschaft und Technologie

Professor Dr. Claudia M. Buch (Vorsitzende des Beirats) (Federführung)
Professor für Wirtschaftstheorie,
insbesondere Geld und Währung,
an der Universität Tübingen

Professor Axel Börsch-Supan, Ph.D.
Direktor des Munich Center for the Economics of Aging (MEA)
am Max-Planck-Institut für Sozialrecht und Sozialpolitik, München

Professor Dr. Hans Gersbach
Professor für Wirtschaftspolitik
CER-ETH – Center of Economic Research
at ETH Zürich, Schweiz

Professor Dr. Albrecht Ritschl
Professor für Wirtschaftsgeschichte an der Humboldt-Universität
zu Berlin,
Economic History Department, London School of Economics

Professor Dr. Jürgen von Hagen
Professor für Volkswirtschaftslehre an der Universität Bonn
Direktor am Institut für Internationale Wirtschaftspolitik

Literaturverweise

Ahearne, A. G., B. Schmitz, und J. Von Hagen (2007). Current Account Imbalances in the Euro Area. CASE Network Studies and Analyses No. 345.

Altissimo, F., M. Ehrmann und F. Smets (2006). Inflation Persistence and price setting behavior in the Euro Area: A Summary of the IPN Evidence. European Central Bank. Frankfurt a.M.

Artis, M. J., und M. Hoffmann (2008). Declining home bias and the increase in international risk sharing. In: Lars Jonung, Christoph Walker and Max Watson (eds.) *Building the Financial Foundations of the Euro: Experiences and Challenges*, Routledge. 236–252.

Artis, M. J., und M. Hoffmann (2011). The Home Bias, Capital Income Flows and improved Long-Term Consumption Risk Sharing between Industrialized Countries. *International Finance* (in Vorbereitung)

Astrubali, P., Sorensen, B., und O. Yosha (1995). Channels of Interstate Risk-Sharing: United States. 1963-1990. *Quarterly Journal of Economics* 111: 1081–1110.

Auerbach, A. J., W. G. Gale, und B. H. Harris (2010). Activist Fiscal Policy. *Journal of Economic Perspectives* 24(4): 141–164.

Baily, M.N., H. Gersbach, F. M. Scherer, und Frank R. Lichtenberg (1995). Efficiency in Manufacturing and the Need for Global Competition. *Brookings Papers on Economic Activity*: 307–358.

Baldwin, R., V. DiNino, L. Fontagné, R. A. De Santis und D. Taglioni (2008). Study on the Impact of the Euro on Trade and Foreign Direct Investment. European Economic and Monetary Union Working Paper 321.

Barro, R. J., und X. Sala-i-Martin (1991). Convergence across States and Regions. *Brookings Papers on Economic Activity* 22(1): 107–182.

Becker, S. O., Egger, P. H. und M. von Ehrlich (2010a). Going NUTS: The Effect of EU Structural Funds on Regional Performance. *Journal of Public Economics* 94: 578–590.

Becker, S. O., und M. Hoffmann (2006). Intra- and international risk-sharing in the short run and the long run. *European Economic Review* 50: 777–806.

Berger, H., und V. Nitsch (2010). The Euro's Effect on Trade Imbalances. International Monetary Fund. Working Paper 10/226. Washington DC.

Berka, M., und M. B. Devereux (2010). What Determines European Real Exchange Rates? National Bureau of Economic Research. Working Paper 15753. Cambridge MA.

Blanchard, O. (2006). European unemployment: the evolution of facts and ideas. *Economic Policy* (January): 5–59.

Boldrin, M., und F. Canova (2001). Europe's regions: Income disparities and regional policies. *Economic Policy* (April): 207–245.

Boldrin, M., und F. Canova (2001). Inequality and convergence in Europe's regions: reconsidering European regional policies. *Economic Policy* 16(32): 205–253.

Bordo, M., und H. Rockoff (1996). The Gold Standard as a 'Good Housekeeping Seal of Approval. *Journal of Economic History* 56: 389–428.

Bordo, M. D., und L. Jonung (1999). The Future of EMU: What Does the History of Monetary Unions Tell Us? National Buereau of Economic Research (NBER). Working Paper 7365. Cambridge MA.

Bouvet, F. (2010). EMU and the dynamics of regional per capita income inequality in Europe. *Journal of Economic Inequality* 8(3): 323–344

Braguinsky, S., L.G. Branstetter, und A. Regateiro (2011). The Incredible Shrinking Portuguese Firm. National Bureau of Economic Research. Working Paper 17265. Cambridge MA.

Buettner, T. (2002). Fiscal federalism and interstate risk sharing: empirical evidence from Germany. *Economics Letters* 74: 195–202.

Buettner, T. (2009). The contribution of equalization transfers to fiscal adjustment: Empirical results for German municipalities and a US-German comparison. *Journal of Comparative Economics* 37: 417–431.

Buiter, W. H., und A. C. Sibert (2005). How the Eurosystem's Treatment of Collateral in its Open Market Operations Weakens Fiscal Discipline in the Eurozone (and what to do about it). Mimeo.

Bulow, J., und K. Rogoff (1989). A Constant Recontracting Model of Sovereign Debt. *Journal of Political Economy* 97: 155–178.

Checherita C., C. Nickel und P. Rother (2009). The role of fiscal transfers for regional economic convergence in Europe. ECB Working Paper 1029. Frankfurt a.M.

Daniele, V., und P. Malanima (2007). Il prodotto delle regioni e il divario Nord-Sud in Italia (1861-2004). *Rivista di Politica Economica* 97(2): 267–316

Demyanyk, Y., C. Ostergaard und B. E. Sorensen (2008). Risk sharing and portfolio allocation in EMU. European Economy Economic Papers 334. Directorate General Economic and Monetary Affairs. European Commission. Brüssel.

Deutsche Bundesbank (2010). Zur Problematik makroökonomischer Ungleichgewichte im Euro-Raum. Monatsbericht, Juli, Frankfurt a.M.

Deutsche Bundesbank (2011). Die außenwirtschaftliche Position Deutschlands vor dem Hintergrund zunehmender wirtschaftspolitischer Überwachung. Monatsbericht, Oktober, Frankfurt a.M.

Dickens, W. T., L. Goette, E. L. Groshen, S. Holden, J. Messina, M. E. Schweitzer, J. Turunen, und M. Ward (2007). The Interaction of Labor Markets and Inflation: Micro Evidence from the International Wage Flexibility Project.

Eaton, J., M. Gersovitz, J. Stiglitz (1986). The Pure Theory of Country Risk. *European Economic Review* 30: 481–513.

Ehrmann, M., M. Fratzscher, R. S. Gürkaynak, und E. T. Swanson (2011). Convergence and Anchoring of Yield Curves in the Euro Area. *Review of Economics and Statistics* 93(1): 350–364.

Expertenkommission Forschung und Innovation (EFI) (2011). *Gutachten zu Forschung, Innovation und Technologischer Leistungsfähigkeit Deutschlands*. Berlin.

Fishlow, A. (1985). Lessons from the Past: Capital Markets During the 19th Century and the Interwar Period. *International Organization* 39: 383–439.

Flandreau, M. and F. Zumer (2004). *The Making of Global Finance, 1880–1913*, Paris: OECD.

Gerlach, S., und M. Hoffmann (2010). The Impact of th Euro on International Stability and Volatility. In: M. Buti, S. Deroose, V. Gaspar und J. N. Martins (Hrsg.). *The Euro: the first decade.* Cambridge University Press: 648–670.

Giannone, D., M. Lenza und L. Reichlin (2009). Business Cycles in the Euro Area. ECB Working Paper Series 1010/February 2009. Frankfurt a. M.

Hellwig, M. (2011). Quo vadis, Euroland? European Monetary Union between Crisis and Reform. Preprints of the Max Planck Institute for Research on Collective Goods 2011/12. Bonn.

Helpman, E., M. J. Melitz und S. R. Yeaple (2004). Export Versus FDI with Heterogeneous Firms. *American Economic Review* 94(1): 300–316.

Hepp, R., und J. von Hagen (2011a). Interstate Risk Sharing in Germany: 1970–2006. Fordham University and University of Bonn. Mimeo.

Hepp, R., und J. von Hagen (2011b). Fiscal Federalism in Germany: Stabilization and Redistribution Before and After Unification. Fordham University and University of Bonn. Mimeo.

Kalemli-Ozcan, S., B. Sorensen und B. Turan (2007). Where does Capital Flow? A Comparison of U.S. States and EU Countries 1950–2000. *European Economy.* Economic Papers No. 295.

Kalemli-Ozcan, S., E. Papaioannou und J. L. Peydro (2010). What Lies Beneath the Euro's Effect on Financial Integration? Currency Risk, Legal Harmonization or Trade. *Journal of International Economics* 81(1): 75–88.

Keller, W. (2000). From socialist showcase to Mezzogiorno? Lessons on the role of technical change from East Germany's post-World War II growth performance. *Journal of Development Economics* 63(2): 485–514.

Konrad, K. A., und H. Zschäpitz (2011). Die Zukunft der Eurozone. Ökonomenstimme 11. Juli 2011.

Lebrun, I., und E. Pérez (2011). Real Unit Labor Costs Differentials in EMU: How Big, How Benign and Hoe Reversible? IMF Working Paper 11/109. Washington DC.

Lileeva, A., und Daniel Trefler (2010). Improved Access to Foreign Markets Raises Plant-Level Productivity ... for Some Plants. *Quarterly Journal of Economics* 125(3): 1051-1099.

Melitz, M. J. (2003). The Impact of Trade on Intra-Industry Reallocations and Aggregate Industry Productivity. *Econometrica* 71(6): 1695–1725

Mundschenk, S., und J. von Hagen (2003). Fiscal and Monetary Policy Coordination in EMU. *International Journal of Finance and Economics* 8: 279–295.

Neary, P. (2006). Measuring Competitiveness. International Monetary Fund. Working Paper 06/209. Washington D.C.

Obstfeld, M. und G. Peri (1998). Asymmetric shocks: Regional non-adjustment and fiscal policy. *Economic Policy*: 207–247.

OECD (2011). *Main Science and Technology Indicators.* Volume 2011/1. Paris

Okawa, Y., und E. van Wincoop (2010). Gravity in International Finance. Hong Kong Institute for Monetary Research. Working Paper 07/2010. Hong Kong.

Ottaviano, G, and T. Mayer (Hrsg.) (2007). *The happy few: the internationalisation of European firms.* Bruegel. Brüssel.

Sala-i-Martin, X. (1996). The Classical Approach to Convergence Analysis. *Economic Journal* 106(437): 1019–36.

Sapir, A., P. Aghion, G. Bertola, M. Hellwig, J. Pisani-Ferry, D. Rosati, J. Viñals, H. Wallace (2003). An Agenda for a Growing Europe: Making the EU Economic System Deliver. Report of an Independent High-Level Study Group established on the initiative of the President of the European Commission. Brussels.

Schmitz, B., und J. von Hagen (2011). Current Account Imbalances and Financial Integration in the Euro Area. *Journal of International Money and Finance* 30(8): 1676–1695.

Schuknecht, L, J. von Hagen und G. Wolswijk (2009). Government risk premiums in the bond market: EMU and Canada. European Journal of Political Economy 25(3): 371–384.

Sinn, H.-W. (2010). Rescuing Europe. CESifo Forum 11. Special Issue. August. München.

Sinn, H.-W., und T. Wollmershäuser (2011). Target Loans, Current Account Balances and Capital Flows: The ECB's Rescue Facility. National Bureau of Economic Research (NBER). Working Paper 17626. Cambridge MA.

Sorensen, B. E. und O.Yosha (1998). International risk sharing and European monetary unification. *Journal of International Economics* 54(2): 211–238

Trichet, J.-C. (2011). Two Continents Compared. Speech presented at the ECB Watchers Conference on June 10, 2011, Frankfurt a.M.

Uhlig, Harald (2003). One money, but many fiscal policies in Europe: What are the consequences? In: M. Buti (Ed.), *Monetary and Fiscal Policies in EMU*. Cambridge: Cambridge University Press.

von Hagen, J., und C. Wyplosz (2010). EMU's decentralized system of fiscal policy. In: M. Buti, S. Deroose, V. Gaspar, und J.Nogueira Martins (Hrsg.), The Euro. The First Decade. Cambridge: Cambridge University Press.

von Hagen, J. (1992). Fiscal Arrangements in a Monetary Union – Some Evidence from the U.S. In: *Fiscal Policy, Taxes, and the Financial System in an Increasingly Integrated Europe*. D. Fair und C. de Boissieux (Hrsg.). Deventer: 337–359.

Wagner, J. (2007). Exports and Productivity: A Survey of the Evidence from Firm Level Data. *The World Economy* 30(1): 1–21.

Wissenschaftlicher Beirat des Bundesministeriums für Finanzen (BMF) (2010). Brief an Minister Dr. Wolfgang Schäuble „Ohne Finanzmarktreformen keine Lösung der europäischen Staatsschuldenkrise". 20.9.2010. Berlin.

Wissenschaftlicher Beirat des Bundesministeriums für Wirtschaft und Technologie (BMWi) (2010a). Reform von Bankenregulierung und Bankenaufsicht nach der Finanzkrise. April. Berlin.

Wissenschaftlicher Beirat des Bundesministeriums für Wirtschaft und Technologie (BMWi) (2010b). Überschuldung und Staatsinsolvenz in der Europäischen Union. Berlin.

Wissenschaftlicher Beirat des Bundesministeriums für Wirtschaft und Technologie (BMWi) (1994). Ordnungspolitische Orientierungen für die Europäische Union. Berlin.